本书由国际关系学院中央高校基本科研业务费专项资金（3262022T04）资助
本书是国家安全高精尖学科建设科研专项（2019GA19）的阶段性成果

光明社科文库
GUANGMING DAILY PRESS:
A SOCIAL SCIENCE SERIES

·法律与社会书系·

海外经济利益保护制度研究

李秀娜 | 著

光明日报出版社

图书在版编目（CIP）数据

海外经济利益保护制度研究 / 李秀娜著. -- 北京：光明日报出版社，2022.6
ISBN 978-7-5194-6665-7

Ⅰ.①海… Ⅱ.①李… Ⅲ.①国际法—研究 Ⅳ.①D99

中国版本图书馆 CIP 数据核字（2022）第 107628 号

海外经济利益保护制度研究
HAIWAI JINGJI LIYI BAOHU ZHIDU YANJIU

著　　者：李秀娜	
责任编辑：杨　茹	责任校对：李　兵
封面设计：中联华文	责任印制：曹　净

出版发行：光明日报出版社
地　　址：北京市西城区永安路 106 号，100050
电　　话：010-63169890（咨询），010-63131930（邮购）
传　　真：010-63131930
网　　址：http://book.gmw.cn
E - mail：gmrbcbs@gmw.cn
法律顾问：北京市兰台律师事务所龚柳方律师
印　　刷：三河市华东印刷有限公司
装　　订：三河市华东印刷有限公司
本书如有破损、缺页、装订错误，请与本社联系调换，电话：010-63131930
开　　本：170mm×240mm
字　　数：348 千字　　　　　　　　　　　印　张：20
版　　次：2023 年 3 月第 1 版　　　　　　印　次：2023 年 3 月第 1 次印刷
书　　号：ISBN 978-7-5194-6665-7
定　　价：98.00 元

版权所有　　翻印必究

序

当今世界国际格局面临百年未有之大变局，跨国的非传统安全风险促使国家公领域和商人私领域的界限日益模糊，国际贸易和国际投资等传统商人法自治领域日益受到各国政府以国家安全为由进行管制的影响。妥善处理一国的涉外法与国际法和他国法的关系，统筹促进国际经济社会发展成为我们这个时代必须讨论的新议题。

对我国而言，伴随着"一带一路"推进，海外经济利益数量、规模和范围急剧扩大，同时传统安全和非传统安全风险都屡屡出现，尤其存在于海外投资项目及其人员的当地安全风险、能源通道安全风险、东道国政府违约风险、美国经济制裁和法律域外适用带来的不确定性风险等方面，风险大多来自国家或非国家主体的公法行为。为避免和消除海外经济利益风险，传统的民商法方式已经不足以保护我国海外经济利益安全，以行政法或经济法等公法形式保护海外经济利益安全成为急需研究的现实问题。

在各种保护手段中，法律制度的保护方式具有强稳定性、低成本高效率、可预期的公正性等优势，成为海外经济利益保护的重要当代选择。传统上，一国可据保护海外经济利益保护的制度比较有限，效果也相对滞后。海外经济利益保护制度建设成为学界关注的新现象和新问题。李秀娜博士敏锐地把握了这一动向，在国内学界还鲜有深入探讨、国内外有关资料还并不十分系统、丰富的情况下，潜心研究，最终形成了这本专著，提出了若干新的观点并有所创新：

第一，提出海外经济利益的内涵是政府、企业、社会组织和公民通过全球联系产生的、在主权管辖范围以外存在的、主要以国际合约形式表现出来，企业、公民投资海外的正当利益，这种利益的整体构成海外经济利益。海外经济利益保护制度形式上是一国的涉外法律制度，本质上构成全球治理规则的一部分，其制度构建应秉承多重正当性理念，考虑国际正当性、资本输出国的制度正当性和东道国的制度正当性三个方面。国家主权原则是海外经济利益保护制度构建的基石。

第二，在对海外经济利益风险事件全面系统的梳理和归类基础上，将海外经济利益风险划分为当地发展风险、社会安全风险、经济制度风险三大类，相应提出制度解决方案，主要包括国际发展合作制度、海外安全保障制度、经济制裁制度和法律域外适用制度。通过对上述制度的国际合法性进行深度探讨，对各主要国家和地区制度应用的深入梳理，清晰地展现了国际制度和主要资本输出国及地区制度与海外经济利益保护的深层关系。

第三，案例分析十分丰富，历史跨度足够充分，生动地揭示了海外经济利益风险的不同种类所反映的国际法和国内法问题。研究引用了大量的案例资料，包括一手资料，如美国私营安保公司在伊拉克的使用和制度背景、冲突事件及其法律后续，清晰地勾勒出有关事件和案例的前因后果以及法律问题和影响等全过程，具有一定的参考价值。

李秀娜博士在攻读硕士和博士期间就显现出对中资企业在他国法下保护的研究兴趣，并在近年来集中精力研究海外利益保护制度，有很扎实的前期研究积累。本专著的出版是李秀娜博士在该领域取得的又一个重要成果。这些有益的尝试值得肯定与褒扬。希望李秀娜博士在海外利益保护制度研究领域继续深入，取得更多、更好的研究成果，提出更多具有原创性的观点和理论。

是为序。

沈四宝
2022 年 4 月 11 日于北京惠园

目 录
CONTENTS

第一章 海外经济利益保护制度的基本范畴 …………………………… **1**
 第一节 海外经济利益风险种类和制度保护 …………………………… 1
 第二节 海外（经济）利益保护制度研究述评 ………………………… 20

第二章 海外经济利益保护制度的理论依据 …………………………… **32**
 第一节 绝对国家主权理论与海外经济利益保护制度 ………………… 32
 第二节 相对国家主权理论与海外经济利益保护制度 ………………… 40
 第三节 全球化时代的国家主权理论与海外经济利益保护制度 ……… 49

第三章 海外经济利益保护制度的一般理论 …………………………… **57**
 第一节 海外经济利益保护的内涵和多重正当性考察 ………………… 57
 第二节 海外经济利益保护制度的重要原则 …………………………… 68
 第三节 海外经济利益保护制度的两大关切 …………………………… 77

第四章 国际发展合作制度 ……………………………………………… **84**
 第一节 国际发展合作制度的基本理论 ………………………………… 84
 第二节 国际发展合作的国际制度 ……………………………………… 90
 第三节 主要国家和地区的国际发展合作制度 ………………………… 97

1

第五章　海外安全保障制度 ······ **104**
第一节　海外安全保障制度的基本理论 ······ 104
第二节　海外安全保障的国际制度和跨国自律规则 ······ 110
第三节　主要国家和地区的海外安全保障制度 ······ 121

第六章　经济制裁制度 ······ **134**
第一节　经济制裁制度的基本理论 ······ 134
第二节　经济制裁的国际制度 ······ 141
第三节　主要国家和地区的经济制裁制度 ······ 152

第七章　法律域外适用制度 ······ **169**
第一节　法律域外适用制度的基本理论 ······ 169
第二节　法律域外适用的国际制度 ······ 179
第三节　主要国家和地区的法律域外适用制度 ······ 193

第八章　海外经济利益保护制度的中国方案 ······ **236**
第一节　制度现状与中国问题 ······ 236
第二节　制度构建理念和领域廓清 ······ 244
第三节　若干重要制度构建的中国方案 ······ 256

本书主要参考法律文件对照表 ······ **283**

参考文献 ······ **285**

跋 ······ **308**

第一章　海外经济利益保护制度的基本范畴

第一节　海外经济利益风险种类和制度保护

由于社会安全程度差异和东道国对外来经济利益的保护程度不同，较国内经济利益风险的数量和种类而言，海外经济利益风险数量更多、强度也更大。外交、军事等海外经济利益保护方式中，法律保护的稳定性最强、成本最低，也更契合海外经济利益主体下沉的现实。构建海外经济利益保护制度，对海外经济利益风险进行法律保护尤为重要。

一、我国海外经济利益风险

（一）我国海外经济利益大量存在且不断增长

历史上中国就是一个对外贸易大国，对外贸易量巨大，对外贸易基本未中断。汉武帝时期中国开辟了以丝绸之路为代表的贸易途径。宋朝建立了人类历史上最为庞大的帆船舰队和商船队，将对外贸易从陆路转向水路和陆路两条商路并行。明朝以后，欧洲的商人相继涌向中国，中国的对外贸易量快速增长。

新中国成立后到20世纪50年代初，中国基本完成了对生产资料私有制的社会主义改造，同时一直在开展国际贸易的道路上探索前行。1949年9月通过的《中国人民政治协商会议共同纲领》规定我国"实行对外贸易的管制，并采取保护贸易政策"，确定了"独立自主、集中统一"的外贸工作原则和方针。1950年12月，政务院颁布了《对外贸易管理暂行条例》，贸易部颁布了《对外贸易管理暂行条例实施细则》。我国经过国民经济恢复时期、"一五"计划和

"二五"计划的发展,为中国对外贸易奠定了一定的经济基础。1978年党的十一届三中全会明确提出对外贸易在中国经济发展中的战略地位和指导思想,之后我国对外贸易出现了飞速发展的势头,进出口贸易都有快速增长,商品结构也有巨大改善。改革开放以来,我国以"三来一补"等为主要方式吸引外资,加强出口贸易。20世纪90年代后,中国企业开始探索走出国门,到海外进行国际投资和国际合作。时至今日,我国国际贸易和国际投资都已经成为国际社会不可忽视的重要组成部分。

2013年9月和10月,中国国家主席习近平在出访中亚和东南亚国家期间,先后提出共建"丝绸之路经济带"和"21世纪海上丝绸之路"(以下简称"一带一路")后,"一带一路"得到了国际社会高度关注和有关国家积极响应。[①] 近几年来,我国在对外贸易和投资的持续推动下,海外利益数量、规模和范围急剧扩大。中国商务部发布的《中国对外投资合作发展报告2020》显示,2020年,中国对外全行业直接投资1329.4亿美元,对外承包工程完成营业额1559.4亿美元。[②] 中国2.75万家境内投资者在国(境)外共设立对外直接投资企业4.4万家,分布在全球188个国家(地区),年末境外企业资产总额7.2万亿美元。[③] 2019年,中国境外企业整体经营情况良好,超过七成企业盈利或持平,当年向所在国家(地区)缴纳各种税收总额560亿美元。中国境外企业雇用外方员工数量持续上升,《2019年度中国对外直接投资统计公报》显示,中国境外企业2019年末雇用外方员工226.6万人,占当年末境外企业从业人数的60.5%,较2018年末增加38.9万人,较2017年末增加55.6万人。商务部统计显示,2019年中国对外承包工程、劳务合作业务雇用项目所在国家(地区)人员77.9万人,其中亚洲37.4万人,非洲34.6万人,拉丁美洲3.6万人,欧洲1.5万人,大洋洲0.8万人。[④]

[①] "一带一路"不是一个地理概念,而是欢迎所有国家参与的构建全球治理体系的一部分。目前的建设重点区域是"一轴两翼"的46个国家,"一轴"是指以我国周边国家为主轴,包括哈萨克斯坦等15个国家,"两翼"包括以埃塞俄比亚、津巴布韦、伊朗、罗马尼亚等24国为主体的非洲、中东和中东欧的"西翼",以巴西、智利等6国为主体的拉美国家的"东翼"。
[②] 商务部. 中国对外投资合作发展报告2020 [R/OL]. 商务部网站,2021-02-03.
[③] 商务部,国家统计局,国家外汇管理局. 2019年度中国对外直接投资统计公报 [M]. 北京:中国商务出版社,2020:3-4.
[④] 商务部. 中国对外投资合作发展报告2020 [R/OL]. 商务部网站,2021-02-03.

(二) 海外经济利益风险典型事件

中资企业进入东道国市场开展投资和其他商业活动，我国海外利益与东道国的各种利益交织在一起，导致各方面风险非常大，具体表现多样，问题非常复杂。正如著名社会学家，现代社会学奠基人之一的马克斯·韦伯（Max Weber，1864—1920）所言：

如同海上劫掠肆意妄为的现象，通常会出现在和外国人这样不是同一类的人所进行的商业活动中。在双重伦理的驱使下，人们会在此时做出一些比较过火的事情。如果交易的对象是同一个国家的人的话，那么人们就能够阻止这种事情的发生。①

中国海外经济利益面临国际和地区动荡、恐怖主义、海盗活动等现实威胁，驻外机构、海外企业及人员多次遭到袭击，自然灾害、政府违约、第三国经济制裁、重大疫情等非传统安全问题的危害上升。②

1. 利比亚骚乱事件

2011年2月16日，利比亚第二大城市班加西爆发了反政府抗议、示威活动，冲突持续升级，对在利比亚投资的中资企业造成了相当大的不利影响。根据商务部统计：当时中国在利比亚开展投资合作的企业共有75家，大型项目共有50个，涉及合同金额高达188亿美元，涉及人员3.3万人。③ 在这场动乱中，中国交通建设股份有限公司、中国建筑工程总公司、中国铁路工程总公司、中国水电建设集团等大型中资企业的项目工地遇袭，有一些工作人员因歹徒袭击而受伤。由于骚乱的影响，中方驻利比亚的企业基本都停止了施工，工程项目被迫暂停，设备、工程款等被迫搁置甚至放弃，随后中方进行了大规模的撤侨行动。利比亚骚乱给中资企业造成了巨大损失，以中国铁建股份有限公司为例，当时中国铁建股份有限公司在利比亚有3个工程总承包项目，分别是沿海铁路及延长线（的黎波里—西尔特）、南北铁路（黑谢—塞卜哈）和西线铁路（的

---

① [德] 马克斯·韦伯. 新教伦理与资本主义精神 [M]. 刘作宾，译. 北京：作家出版社，2017：40-41.
② 国务院新闻办公室. 新时代的中国国防 [DB/OL]. 中华人民共和国国务院新闻办公室网站，2019-07-24.
③ 参见盛琴雯. 利比亚动乱引发对国外政治风险的思考 [J]. 进出口经理人，2011（04）：35-36.

黎波里—加迪尔角），合同总额达 42.37 亿美元，骚乱时已完成 6.86 亿美元，未完成合同额 35.51 亿美元。①

2. 马里中资公司遇袭事件

杰内桥项目是马里农业部重点工程，位于马里中部莫菩提区杰内古城附近。中国水电建设集团十五工程局有限公司承包了该水坝桥梁工程项目，项目由 345 米钢结构桥梁、217 扇机械翻板闸门等组成，耗资约 350 亿非洲法郎，约合 4.05 亿元，于 2016 年 3 月中标，预计于 2018 年 7 月竣工。

项目投标阶段和施工前期当地安全形势尚好，但 2017 年开始马里恐怖活动从东部和北部向中部地区蔓延。2018 年 3 月 8 日凌晨 1 时许，25 至 30 名不明身份的武装人员骑着摩托车袭击了工地现场及营地，烧毁工地的吊车、皮卡车、发电机等施工设备和物资，抢走在场五名中方员工的随身手机、电脑等财物。考虑到安全因素，该项目组封闭了工地并撤离人员。②

3. 墨西哥高铁毁约事件

墨西哥高铁项目指连接首都墨西哥城与制造业中心克雷塔罗两座城市之间的高铁项目，长达 210 千米，涉及金额 37.5 亿美元，是第一条拉丁美洲高速铁路项目。2014 年，墨西哥政府向国际社会公开招标该高铁项目，中国铁建股份有限公司、中国南车股份有限公司、4 家墨西哥本土公司组成了中国铁建联合体参与投标。北京时间 11 月 4 日凌晨，墨西哥通信和交通部一度宣布，中国铁建牵头的国际联合体"中标墨西哥城至克雷塔罗高速铁路项目"。北京时间 11 月 7 日下午 2 时左右，墨西哥通信和交通部部长对该国一家电视台称，墨西哥总统恩里克·培尼亚·涅托"撤销了 11 月 3 日的投标结果，并决定重启投标程序"。③

4. 中远航运等企业被制裁事件

2018 年美国开始了新一轮对伊朗的制裁活动。11 月，美国宣布对进口伊朗石油的第三国企业进行制裁，并给出了逐步豁免期限，要求在 2019 年 5 月前彻底禁止进口伊朗石油。在 2019 年 7 月及 2019 年 9 月，先后有珠海振戎、中远海运（大连）有限公司、大连中远海运油运船员船舶管理有限公司、中和石油有

---

① 参见陈丹蓉.中国铁建利比亚项目停工未完合同 36 亿美元［EB/OL］.全景网，2011-03-01.
② 参见顾雪嘉.马里中国公司工地遭数十名武装分子袭击手机电脑被抢［EB/OL］.环球网，2018-03-09.
③ 参见黄烨.墨西哥高铁"毁约"背后［EB/OL］.半月谈网站，2014-11-20.

限公司、昆仑航运有限公司、昆仑控股有限公司和飞马88有限公司等8家企业被美国财政部制裁,宣布将上述公司及个人列入黑名单,冻结其在美国的财产,并禁止美国企业及个人与其发生商业联系,同时禁止向其支付或交易美国资产。原因是美国财政部认为上述8家企业及部分负责人从伊朗向中国进口石油违反了美国对伊朗的制裁法案。上述企业被美国认定具备管辖权的基础甚至是其商业活动使用了美元结算并使用了美国互联网通信方式。

5. 津巴布韦非法外化资金名单事件

津巴布韦新任总统姆南加古瓦2017年11月28日宣布的一项"还钱免罪"政策,要求个人和企业在3个月内把非法获取并转移出境的国有财产交还国库,非法外化资金包括三类:通过未遣返的出口外汇收入进行资金外化、通过境外商品支付进行外化、利用外国银行进行现金或虚假交易来进行资金外化。被指外化资金者们享有三个月的资金回笼宽限期,截止日期为2018年2月28日。交还者将无条件地得到政府的宽恕,否则政府将逮捕并起诉那些没有遵守此期限将资金汇回的人。

2018年3月19日,姆南加古瓦发布一则声明,公布了那些未能按照政府规定及时将资金转回到国内的外化资金者名单。名单上大部分都是砖石开采公司,包括关联中国的公司。名单上的外化资金总额将近10亿美元,其中中国的济南矿业公司被控转移外化资金约3.33亿美元。①

(三)海外经济利益风险种类

海外经济利益属于海外利益的一部分。关于海外利益风险的划分,国内学者提出了不同的划分方式。曾卓将海外利益风险划分为:国际环境类风险②、政治类风险、安全类风险、自然灾害类风险、文化差异类风险、商业类风险。③

---

① 参见四海巡者. 津巴布韦公布非法外化资金者名单,其中包括多个中国企业和个人[EB/OL]. 搜狐网,2018-03-20.
② 国际环境类风险是指我国在海外利益拓展过程中的总体国际环境和形势风险。中国与发达国家包括部分新兴国家在战略资源富集地区的争夺呈现"白热化"态势,与发达国家结构性矛盾上升,与新兴国家竞争面的扩大,带来了我国海外利益风险。国际社会形形色色的"中国威胁论"和"中国责任论",国际社会对我海外利益所在国,如朝鲜、伊朗,进行制裁也会给我海外利益带来风险。
③ 参见曾卓. 中国海外利益面临的主要风险及保护[J]. 江南社会学院学报,2013(03):54-55.

凌胜利将海外风险分为政治、经济、社会和安全四大风险领域。[1] 有的学者并没有对海外利益风险进行标准划分，而是进行了现象描述。吴超认为，海外利益面临的风险挑战主要来源于地缘政治动荡、贸易保护主义、非传统安全威胁、民族主义与反华排华势力的暴力活动等因素，其中地缘政治动荡是影响我国重大海外利益安全的长期因素。[2]

海外经济利益的风险种类与海外经济利益保护制度并不能一一对应。如传统海外政治风险，即东道国国内发生的政治事件，实施的政策，或东道国与其他国家的政治关系发生变化，对我国在东道国投资的中资企业项目和商业活动造成的不确定性。传统海外政治风险确实能够损害海外经济利益，但采取法律制度的手段防止传统海外政治风险的可能性不大，本书并未将其划归制度保护的范畴。从风险形式和可制度化保护角度来看，本书将主要海外经济利益风险类型划分为当地发展风险、社会安全风险、经济制度风险三类。

1. 海外经济利益的当地发展风险

很多中国企业海外投资项目位于发展中国家，由于意识形态和社会制度不同，西方国家和一些发展中国家对中国和平崛起充满戒心，在一些场合攻击我国的和平崛起，称为"中国威胁"，甚至被推至"新殖民主义说"。[3] 一位多年从事援外工作和研究的中国学者在分享自己在非洲的经历时说，非洲有些人认为西方的方式才是援助，而中国的不是。[4] 在这种背景下，我国海外经济利益在东道国社会中的认同度和发展受到制约。

当地发展风险主要是指源于东道国及其周围的政治势力斗争，如观念上、认知上的分歧或矛盾导致东道国对投资国的不信任和域外国干预导致的东道国

---

[1] 参见凌胜利. 中国周边地区海外利益维护探讨 [J]. 国际展望，2018（01）：39-42.
[2] 参见吴超. 我重大海外利益发展现状及对策思考 [J]. 国防，2017（02）：23.
[3] 本书中的发展风险排除在东道国的法律适应风险。法律适应风险属于平等的民商事关系中需要解决的问题，并非针对某国的歧视性规定，主要包括对东道国法律环境调研不充分、尽职调查不全面、投资结构设计有欠缺、资质管理对接不畅和不平衡争议解决条款等。我国目前海外投资主要在道路交通和能源行业，面临的主要法律适应风险包括许可证制度、国际工程的标准转换、劳动力市场的配额式准入和劳资关系、本地采购含量的问题和汇率风险等方面。法律适应风险的防范主要是海外投资企业通过合规管理来做，以许可证制度为例，主要采取与当地公司进行合资平移、在当地成立子公司进行许可证申请等方式规避风险。
[4] 参见刘晴. 发展援助委员会（DAC）发展援助评估体系及其借鉴研究 [D]. 北京：中国农业大学，2018.

政治环境不稳定等。有些研究将当地发展风险归类于非传统政治风险。① 主要表现为政府违约风险，即东道国政府非法解除与投资项目相关的协议或者非法违反或不履行与投资者签订的合同项下的义务。这种情况下，世界上很多国家采取的是被动的、事后的海外投资保险制度，但从补偿的角度弥补本国海外投资者，不能预防当地发展风险。

缅甸的密松水电站项目就是由于海外经济利益的当地发展风险而长期搁置的典型案例。密松水电站项目是缅甸政府自 2001 年开始主动邀请中方参与的项目，2003 年缅甸政府邀请昆明水电勘测设计院就"伊洛瓦底江密松大坝多用途水利项目"进行勘察。在 2006 年 10 月的第三届中国东盟投资峰会上，缅甸政府与中国电力投资集团（后与国家核电技术公司重组组建国家电力投资集团有限公司）达成意向，并于同年签署了谅解备忘录。国家电力投资集团有限公司在自然条件、工程可行性以及环保、当地社群、安全局势方面都做了大量工作，并邀请了第三方国际机构进行论证，在与缅甸方面订立合同的过程中也充分考虑了各种风险。令人意外的是，2011 年密松水电站项目被迫无限期搁置。总结密松水电站给中资企业最大的教训就是陷入了竞争者软实力的包围之中。密松水电站之所以陷入所谓民意的反对，归根结底在于两个说法：一个是密松水电站的选址处是克钦族的宗教圣地，甚至是缅甸国家文化的圣地；另一个是密松水电站可能会带来大坝溃堤的风险。这两个说法细究起来都站不住脚，但确实影响了项目进展。缅甸政府撕毁密松水电站项目合同，我国却很难采用法律途径寻求救济，原因在于缅甸的民族主义情绪因为密松水电站有所膨胀，有的缅甸学者提出，如果缅甸在与中电投的官司中败诉，他们将号召每个缅甸人捐 100 缅币来赔偿。有些缅甸非政府组织成员要求组建一个评估委员会，对包括中缅油气管道在内的中缅合作项目重新进行评估。② 如果我国采取针尖对麦芒的诉讼方式，可能会进而影响中缅关系健康发展。

类似的情况也发生于"高铁出海"过程中。2014 年，墨西哥反对党参议员质疑政府在投标过程中可能存在腐败，认为参与合作竞标的一家墨西哥公司"颇有背景"③，事件发酵最终导致我国高铁中标被毁约。2018 年 5 月 28 日，刚

---

① 参见陈定定，张子轩，金子真. 中国企业海外经营的政治风险——以缅甸与巴布亚新几内亚为例 [J]. 国际经济评论，2020（05）：162.
② 参见李晨阳. 缅甸政府为何搁置密松水电站建设 [J]. 世界知识，2011（21）：26.
③ 参见马芸菲，吕昱江，张守营. 墨党争"误伤"中国高铁竞争优势仍明显 [N]. 中国经济导报，2014-11-11（B01）.

上任不久的马来西亚总理马哈蒂尔在接受《金融时报》专访时确认，由于国内经济的原因，新政府将取消已筹建多年的新加坡至马来西亚首都吉隆坡的高铁项目（即马新高铁），并正在与新加坡政府商谈马来西亚单方面取消该项目后应支付赔偿金的数额。在宣告这个项目"终结"的同时，马来西亚还对另一些涉及中国投资的基础设施项目提出了重新谈判的要求。①2018年7月4日，马来西亚方称因成本太高，正式宣布暂停由中国支持、价值220亿美元（约1460亿元人民币）的三个项目，其中包括东海岸铁路和两个耗资约10亿美元的管道项目。②

"一带一路"沿线国家政局不稳的情况比较多见，政府发生政治动荡或者政党更迭的情况下，执政纲领和有关经济管制措施可能会有所变化，这些变化将影响我国公民、组织和机构海外安全和正当权益以及国家在海外的利益。

2. 海外经济利益的社会安全风险

社会安全风险是东道国由于恐怖主义、海盗、跨国犯罪、自然灾害等原因发生的安全事件，对我国在东道国投资的中资企业项目和商业活动造成的不确定性。海外社会安全风险是由于东道国高犯罪率，基础设施不足，恐怖主义势力扩张及跨境犯罪，警察力量短缺，国际运输通道安全保障力量薄弱等原因造成的。

国际恐怖主义对我国对外投资产生巨大影响，最早针对我国海外人员的恐怖袭击发生在2004年的巴基斯坦。2004年5月3日，中港建设集团有限公司所属第一航务工程勘察设计院的12名工程师乘车前往巴基斯坦瓜达尔港口工地，途中遇路旁一无人车辆发生爆炸，导致中方车辆严重受损，3名工程师死亡，3人重伤，6人轻伤。③巴基斯坦境内"俾路支解放军"在2018年11月对中国驻卡拉奇总领馆进行袭击，在2019年5月对瓜达尔港珍珠大陆酒店进行袭击。为此，外交部和中国驻卡拉奇总领馆连续多次发布安全提醒，要求中国公民暂勿前往巴基斯坦俾路支省。④

---

① 参见马新高铁已进入招标　马来西亚总理说将取消[J].中国政府采购，2018（06）：10.

② 参见张晨静.马来西亚政府正式叫停三个中资参与项目[EB/OL].凤凰网，2018-07-05.

③ 参见罗斯丁，肖小冰.中国工人在巴基斯坦的日子——恐怖袭击就在身边[EB/OL].新浪网，2004-07-13.

④ 参见刘建伟.私营安保公司参与中巴经济走廊安全治理：现状评估与前景展望[J].国际关系研究，2021（01）：112.

3. 海外经济利益的经济制度风险

国际直接投资中，公司进入其他国家的法律和监管体系，产生巨大风险。[1] 经济制度风险是指东道国和第三国的法律制度造成的，表现为贸易摩擦和贸易争端、投资安全审查、禁运措施、经济制裁等的，对我国在东道国投资的中资企业项目和商业活动造成的不确定性。我国海外经济利益高速发展期正值全球经济下行期。受2008年全球金融危机影响，世界主要经济体的经济持续低迷，新兴市场国家的经济表现也增长乏力，贸易保护主义逐渐抬头，中国海外经济拓展和保护面临着更为严峻的外部环境。另外，我国海外投资的行业集中在采矿、基础设施建设等领域，存在投入大、周期长和回报率低的特点，并且还有可能因为周期过长出现毁约、搁置等风险。

东道国内部经济制度给我国海外经济利益带来风险。第一，征收风险。征收风险是指东道国政府对外资企业实行征用、没收或国有化的风险。东道国中央、地方政府不公开宣布直接征用企业的有形财产，而是以种种措施阻碍外国投资者有效控制、使用和处置本企业的财产，使得外国投资者的股东权利受到限制等而构成事实上的征用行为。第二，汇兑限制风险。汇兑限制风险也称转移风险，是由于东道国国际收支困难而实行外汇管制，禁止或限制外商、外国投资者将本金、利润和其他合法收入转移到东道国境外。

来自第三国的海外经济制度风险以中美贸易摩擦最为典型。中美贸易摩擦由来已久，2003年至2005年年底，由美国单方面挑起的一系列贸易摩擦给中美贸易关系蒙上了浓重的阴影，贸易大战似乎一触即发，中美两国进入了前所未有的贸易摩擦期。中美贸易摩擦作为中美经贸关系的一部分，随中美政治关系的发展和国际局势的变幻而发生变化。2018年，特朗普政府不顾中方劝阻，执意发动贸易战，掀起了又一轮的中美贸易争端。2018年3月22日，特朗普签署备忘录，指令有关部门对华采取投资限制措施，拟对价值500亿美元的中国商品征收关税。4月12日，WTO在发布《全球贸易数据与展望》时指出，有迹象显示不断升级的贸易摩擦可能正在影响商业信心和投资决策。[2] 尤其是美国加大了对中国的经济制裁力度，主要包括涉港制裁、涉疆制裁和涉军制裁三个领域，另有一些中国个人和实体因参与与伊朗有关交易等原因被列入制裁名单。

---

[1] HEAD W. Global Business Law: The Business and Practice of International Commercial and Investment [M]. Durham, N.C.: Carolina Academic Press, 2007: 384.

[2] 参见张宇燕，冯维江. 如何理解中美贸易摩擦 [N]. 光明日报，2018-04-24（15）.

美国对第三国的制裁也会对我国个人和实体产生次级制裁效果。

二、我国海外经济利益保护及其问题

一国强健的海外事务管理才能确保国家利益并且提升国际形象,海外经济利益保护体现国家的外交理念和对外政策,不仅仅是经济层面的问题,也是一个国家形象的问题。海外经济利益必须保护,而且必须有效保护。我国的商品出口、原料进口、吸引外资、技术引进、国际旅游、承包工程、劳务出口、境外投资和技术出口等方面都有了长足进展,海外利益已经扩展、延伸至全球,在这种情况下,必须维护和实现我国海外利益。[①] 尤其是在"一带一路"热点和矛盾高发的高风险地带,沿线国家政局不稳,文化形式多样且差异明显,应加强我国海外利益保护能力。[②]

(一)我国海外经济利益保护的成就

我国海外利益出现与改革开放逐步深入关系密切,是"引进来"到"走出去"的必然选择,是改革开放的中国成为"世界之中国"的必然。1992年江泽民在十四大报告中明确指出,要"积极扩大我国企业的对外投资和跨国经营","走出去"战略初现端倪。我国对海外利益保护的态度非常积极,党中央和领导人都反复强调积极保护我国海外利益。

商务部、外交部、国家发展和改革委员会、科学技术部、司法部、人力资源和社会保障部、审计署、国务院国有资产监督管理委员会、国家市场监督管理总局、国家移民管理局、知识产权局等多部门颁布实施政策措施,助力构建以国内大循环为主体、国内国际双循环相互促进的新发展格局。以"一带一路"建设为引领,为中国企业"走出去"参与国际合作搭建平台、创造良好外部环境,维护企业海外合法权益,推动对外投资合作高质量发展。如在外交部推动下,截至2020年10月底,我国同138个国家、30个国际组织签署合作文件。国家知识产权局在《关于进一步加强知识产权维权援助工作的指导意见》中要求加大对"走出去"企业、民营企业、中小微企业、个体工商户等重点对象的维权援助。完善海外维权援助服务作为维权援助工作重点之一,要求加强海外

---

① 参见毕玉蓉. 中国海外利益的维护与实现[J]. 国防, 2007 (03): 7-8.
② 参见崔洪建. "一带一路"建设中的政治安全与海外利益保护[N]. 人民政协报, 2014-10-13 (08).

知识产权纠纷应对指导,加强国家海外知识产权纠纷应对指导中心建设,强化海外知识产权纠纷预警防范,推动海外信息服务平台建设,提升企业海外知识产权风险防控意识和纠纷应对能力。

根据联合国安理会有关决议并经索马里过渡联邦政府同意,中国政府于2008年12月26日派遣海军舰艇编队赴亚丁湾、索马里海域实施护航。主要任务是保护中国航经该海域的船舶、人员安全,保护世界粮食计划署等国际组织运送人道主义物资船舶的安全,并尽可能为航经该海域的外国船舶提供安全掩护。截至2012年12月,共派出13批34艘次舰艇、28架次直升机、910名特战队员,完成532批4984艘中外船舶护航任务,其中中国内地1510艘、香港地区940艘、台湾地区74艘、澳门地区1艘;营救遭海盗登船袭击的中国船舶2艘,解救被海盗追击的中国船舶22艘。2011年2月,利比亚局势急剧动荡,在利比亚的中资机构、企业和人员面临重大安全威胁。中国政府组织了新中国成立以来最大规模的撤离海外公民行动,共撤出35860人。人民解放军派出舰艇、飞机协助在利比亚的人员回国。海军执行亚丁湾、索马里海域护航任务的"徐州"号导弹护卫舰赴利比亚附近海域,为撤离中国受困人员的船舶提供支援和保护。空军紧急出动飞机4架,共飞行40架次,协助1655名受困人员(含240名尼泊尔人)从利比亚转移至苏丹,接运287人从苏丹回国。[①] 2017年上映的《战狼2》和2018年上映的《红海行动》,这两部电影的题材取自我国海外经济利益保护的真实事件,尤其是中国舰队非洲反海盗护航行动和利比亚撤侨行动,受到了中国社会的广泛关注,电影票房也取得了巨大成功,《战狼2》的票房达到了56.8亿元。

新冠肺炎疫情中,为把疫情对商务发展的影响降到最低,我国各政府部门从各自职能出发保护海外安全。例如,商务部发布《关于应对新冠肺炎疫情做好稳外贸稳外资促消费工作的通知》,要求加快实行对外投资备案(核准)无纸化管理,实现全流程网上办理;发挥境外企业和对外投资联络服务平台作用;在境外中资企业商会联席会议机制办公室设立海外疫情应对快速反应机制;协调中介机构为受影响的走出去企业提供法律等咨询服务。国家市场监管总局积极推动国际可再生能源认证互认进程,推荐中国机构加入国际多边互认体系,同时强化企业海外反垄断应诉指导。

---

① 国务院新闻办公室. 中国武装力量的多样化运用 [DB/OL]. 中华人民共和国国务院新闻办公室网站, 2013-04-16.

（二）我国海外经济利益保护中的问题

人类社会在一国范围内维护利益安全的传统手段主要包括警察治安、定罪与量刑的刑事执法、维护经济秩序和社会秩序的行政管理和民事赔偿手段。一旦正当利益存于海外，则保护在国家主权的夹缝中进行，遵守的国际法和各国法复杂易变，传统的国内利益保护方法很难适用。

1. 社会公共安全保护力量供给不足

海外经济利益安全主要由当地国提供安全的社会环境。我国投资的国家中有相当数量的国家法治并不健全、社会安全体制薄弱甚至恐怖主义猖獗，我国的社会安全管理机制鞭长莫及，东道国的社会安全管理机制不足够的情况较为多见。

以中巴经济走廊为例，巴基斯坦军队最大能力是能够为中巴经济走廊建设划拨15000人提供安保，但仅在瓜达尔港巴军就需要部署3000兵力，15000人仅够十个大型项目的安保，而走廊项目的总数远不止这些。警察也是巴基斯坦重要的公共安保力量，但对于特殊时期、特定省份而言，仅仅依靠巴基斯坦的警察力量不现实。例如，旁遮普省警方在2015年公开宣布无足够警力保护在该省的所有中国工人，将把有限警力用于保护本省公共项目上的中国人。对于私营项目上的中国人，则鼓励他们寻求私营安保公司的保护。①

2. 东道国社会接纳度不足

中国企业为东道国创造就业机会、改善民生条件做出了积极贡献，雇用当地员工比例不断增大的同时，由于海外经营经验不足，不熟悉东道国的环境和文化习俗，有的企业不重视承担企业社会责任，与当地的员工及公司周边居民产生纠纷和摩擦，不仅影响企业正常经营，也损害中国的国际形象。如在非洲，中资企业与非洲国家政府合作愉快，共同宣布取得了很多进展。但是，国际社会、地方媒体、学术界和非政府组织对中国投资的批评也屡见不鲜，主要集中在环境问题、劳工保护标准、缺乏透明度和公共沟通方面。南非甚至有政治团体组织反中国的游行示威和中国是否是剥削者的政治辩论。②

我国海外利益保护应该注意提升与当地政府和民间社会的联系，帮助东道

---

① 参见刘建伟. 私营安保公司参与中巴经济走廊安全治理：现状评估与前景展望 [J]. 国际关系研究，2021（01）：110-113.

② IQBAL B A, BAWAT B. Role of India's and China's FDI, Trade and ODA in the Development of African Region [J]. Journal of World Investment & Trade，2013（14）：569.

国加强法治的制度性基础，努力与东道国一起与恐怖主义、武器扩散等国际犯罪和疾病威胁做斗争，在一个美好和谐的东道国投资环境下为海外中国人和中国企业服务。

3. 国际和他国制度环境复杂、冲突加剧

当今世界正经历百年未有之大变局，不稳定性、不确定性显著上升，地区性冲突和国家之间争端不断，国际经济贸易不确定性增加，疫情之下产业链脆弱，国家保护主义抬头，国际形势变化导致国际法和各国国内法的剧烈变动。

近年来国际经济制度停滞不前，甚或面临挫折和失灵，最为明显的例子是世界贸易组织上诉机构停摆事件。根据世界贸易组织的制度规定，上诉机构由7名成员组成，每个上诉案件由3名成员组庭审理；成员任期4年，可连任一次；遇有上诉机构成员空缺时，由所有世贸组织成员组成的争端解决机构通过协商一致方式及时任命新成员。美国自2016年5月阻挠韩籍上诉机构成员张胜和连任起，一直持续反对争端解决机构启动上诉机构新成员选任程序，直至2020年11月30日，世贸组织上诉机构最后一位成员赵宏（中国籍）四年任期届满，正式离任，上诉机构最终停摆。

国际格局剧烈变动期的各国国内法在制定、发布、执行等方面也显示出强对抗性特点，在国家经济安全领域尤为明显。如，国际上的经济制裁和反制裁越来越频繁，成为海外经济利益安全的重大威胁，国际经贸和投资因此面临巨大的不确定性。如美国对伊朗进行经济制裁，各国出口伊朗的商品和服务必然减少，正在进行中的国际经贸面临制裁风险。再如法律域外适用制度，由于各国和地区都想保护海外经济利益，扩展本国法的适用范围，法律域外适用制度快速成为各国讨论热点，并在一些国家的立法中得以体现，极易出现国际立法管辖权冲突。

4. 国家间的共同发展制度有待推进

国际关系历经相互争夺敌视、零和博弈的霍布斯文化状态，彼此竞争、谈判妥协的洛克文化状态，到目前的相互认同、共益互助的康德文化状态。[①] 即使在康德文化状态下，国家的内政外交也遵循着不同的运行逻辑。国内政治按照等级制原则组织运行，追求民主和正义；而国际政治则按照无政府状态原则

---

① 参见［美］亚历山大·温特. 国际政治的社会理论［M］. 秦亚青，译. 上海：上海人民出版社，2008：244-307.

组织运行，追求权力与利益。①

二战后，作为国家之间的共同安全机制的联合国建立，主要解决的是国家之间的政治安全，并取得了很大成功。海外经济利益保护的是公民、组织和机构的正当利益，需要构建国家间的经济安全制度。在国际经济安全制度方面，相关国际机制虽有涉及，但并不完善，传统上由各国行使。如世界贸易组织中的国家安全条款，一直鲜少适用，通常由各国自决。

各国自决的国家安全制度是高政治敏感度的事项，同时也是法律制度相对不完善的事项。即使在美国，如国家安全类的经济制裁事项也很少有司法救济的情况。高政治敏感度事项的国际合作难度也高于一般的国际经济贸易事项。目前国家间的共同经济安全制度往往体现于自由贸易协定和双边投资协定中，作为协定的边缘规定存在，其应用及其效果也尚待进一步体现和观察。

我国国际经济合作中重视自由贸易协定、区域自由贸易协定和双边投资协定的作用，2021年9月16日提交了正式申请加入全面与进步跨太平洋伙伴关系协定（Comprehensive and Progressive Agreement for Trans-Pacific Partnership，CPTPP）的书面信函。受制于国际经济安全制度发展的大制度环境，考虑到协定国家的不同认知情况和国家经济安全，我国的国际共同经济安全相关制度在不断研究中推进。

三、制度保护是我国海外经济利益的必由之路

海外经济利益保护制度是指为保护海外经济利益，国家对在境外的公民、法人和组织的正当权益进行保护的规则、原则和制度的总称。随着全球一体化进程的不断推进，一国政府、企业、社会组织和公民通过全球联系所产生的、在本国主权管辖范围以外存在的、主要以国际合约形式表现出来的海外利益日益受到主权国家的重视，各国均通过外交、军事、立法等方式加强对本国海外利益的保护。对政治、外交或者制度保护的不同选择与资本输出国的国情、国际关系、海外资本量和企业、项目和人员数量密切相关。我国海外资本量巨大，考虑到保护效率和国际接受度，制度保护路径是更为广泛可行的。这并不意味着政治和外交手段就不能采用，而是在特殊情况下，法律制度无法发挥应有效力的情况下，动用政治和外交手段补足海外经济利益保护效果。

---

① 参见李志永. 自主性外交理论：内外联动时代的外交行为与外交战略［M］. 北京：中国社会科学出版社，2016：90-108.

(一) 制度保护是海外经济利益的应选手段

传统上,保护一国海外利益主要依靠外交和军事力量,以军事力量为依托,以外交谈判和磋商为主要方式。英美等西方国家海外经济利益保护的社会需求早于中国四百多年。英国殖民主义者对外进行的侵略扩张早于英国资产阶级革命和英国现代法治建设①,主要采取战争等武力和治外法权等保护手段。英国东印度公司利用船坚炮利,甚至在印度招募军队,加强对海外经济利益的维护,同时用在殖民地实施英国法律等方法维护海外经济利益。对在华经济利益的维护,也通过鸦片战争、租借地等手段开展。19世纪末,很多英国公司都在海外修建港口并拥有自己的军队,也在贸易航道沿岸设立了很多海军基地或殖民地。英国海军基地遍布全球,每隔一段距离就必有一个海军基地或者殖民地。

随着全球化发展和国际经济合作多样化,海外经济利益的存在方式增多,保护方式不能再依靠传统方式。在威斯特伐利亚体系中的平等主权的"文明国家"之间,加强了在国际法的协调下进行海外经济利益保护的力度。美国海外扩张开始于19世纪末,与美国现代法治建设同步进行。美国在现代法治建设的过程中同时处理国内和海外经济利益的法治保障问题,处理国际法和国内法的关系、美国涉外法的效力等问题,在这些领域积累了大量判例和经验。美国二战后取代了英国的国际地位,主导形成了海外经济利益保护模式:以对外援助、法律域外适用为核心的攻击为主的海外经济利益保护法律体系。英国相应调整了涉外制度,形成以外国法院判决的承认与执行为核心的防御为主的海外经济利益保护法律体系。两国海外经济利益保护制度的共同点是海外经济利益保护体系与国内法律体系共生共存,国际法治和国内法治基本协调。

当代国际社会通过《联合国宪章》确立了国家主权平等原则,再不能接受凌驾于国家主权原则之上的保护方式。况且,在东道国发生暴乱和武装冲突时,

---

① 从历史角度审视,英国资产阶级革命开启的法治建设实际上加速了海外殖民进程。英国的殖民历史可以追溯几个世纪,16世纪英国商人开始海外贸易、殖民掠夺和黑奴交易,17世纪初英国开始向印度和北美殖民,19世纪是大英帝国的"全盛时期",到1914年英国占有的殖民地比本土大111倍,是第一殖民大国,自称"日不落帝国"。在殖民扩张过程中,商业资本起了主要作用,殖民掠夺通常由政府授予享有特权的贸易公司进行,商业资本家成为殖民扩张的主要推动者。1688—1689年英国"光荣革命"后,《大宪章》的法治精神回到了英国社会。1689年英国议会通过了限制王权的《权利法案》,奠定了国王统而不治的宪政基础,国家权力由君主逐渐转移到议会,开启了英国现代法治建设的时代。

派出军队和其他力量进行外交保护所耗费的经费巨大,且海外经济利益面临的风险很多时候并没有达到暴乱和武装冲突的程度。宏观上,保护一国的海外经济利益不再能够依据武力进行,而是应该在国际法的范围内进行,同时更为主动地在研究国际法的基础上加强相关涉外法的建立健全,以国内涉外法带动海外经济利益保护。微观上,保护海外经济利益应是权力与权利并存的路径,不能单纯依靠权力或者单纯依靠权利。单纯依靠权力,有可能滥用军事、外交等手段,导致国际关系破裂;单纯依靠权利,则有可能使海外经济利益保护变成"没有牙齿的老虎",陷入希望渺茫、漫无边际的诉讼之中。

目前,我国外交、公安、商务和军事部门分别行使领事保护、跨国警务合作、企业安全培训和海上护航等职能,各司其职,分工相对明确,有效调动了各方力量参与领事保护与服务工作。2015年3月,也门安全局势严重恶化,中国海军护航编队赴也门亚丁湾海域,首次直接靠泊交战区域港口,安全撤离621名中国公民和279名来自巴基斯坦、埃塞俄比亚、新加坡、意大利、波兰、德国、加拿大、英国、印度、日本等15个国家的公民。2017年8月,中国人民解放军驻吉布提保障基地正式投入使用。自开营以来,已为4批次护航编队保障维修器材,为百余名护航官兵提供医疗保障服务,同外军开展联合医疗救援演练等活动,并向当地学校捐赠600余件教学器材。① 中国军队积极推动国际安全和军事合作,完善海外经济利益保护机制。着眼弥补海外行动和保障能力差距,发展远洋力量,建设海外补给点,增强遂行多样化军事任务能力。实施海上护航,维护海上战略通道安全,遂行海外撤侨、海上维权等行动。

(二) 制度保护的相对优势

从法社会学的角度来看,人类所有集体生活都直接或间接地为法律所塑造,法律是存在于社会条件中的基础性的、全方位渗透的事实。② 要持续发展海外经济利益,避免无序和损失,应该为海外经济利益提供法律支持。美国当代法理学家罗纳德·德沃金在《认真对待权利》中对此也有精辟阐释:

如果法律不能充分解决由社会和经济的迅速变化所带来的新型的争端,人们就会不再把法律当作社会组织的一个工具而加以依赖。他们将寻找其他的方

---

① 国务院新闻办公室. 新时代的中国国防 [DB/OL]. 中华人民共和国国务院新闻办公室网站, 2019-07-24.
② 参见 [德] 卢曼·尼克拉斯. 法社会学 [M]. 上海:上海人民出版社, 2013:39.

法来解决他们的争端。他们将通过腐败的方式，例如政治恐吓或肉体威胁来解决他们的争端。一旦如此，法律将日益成为与社会和经济生活无关的事情，政府也会再次失去它的引导该社会的社会与经济发展最有效的手段。①

我国一直是大国，具有联合国安全理事会常任理事国的国际地位，是拥核大国，但是由于我国长期处于社会主义市场经济发展的初级阶段，经济总量大，人均生产总值不高，我国在国际上大而不强，政治大国和经济弱国的矛盾并存。鉴于上述情况，中国始终奉行防御性国防政策②，军事和地域征服从来不会是我国的目标，我国也不会是其他国家进行军事和地域征服的目标。从海外经济利益保护方面讲，一方面，军事力量建设可以为我国海外经济利益保护提供军事支持，需要在授权方式、保护方式和法律责任等方面建立制度依据。另一方面，以军事和外交为依托的海外经济利益保护机制主要应对重大、紧急、突发的海外安全事态，并非海外安全常态处理机制。

我国在处理国际事务时，法治的方式应当更多地得到提倡。国际关系法治化是我国倡导的理念，也是国际社会发展的趋势。善用法治方式解决国际事务是顺应国际关系法治化大趋势，推动和促进国际关系法治化的必然要求。2018年习近平总书记提出："中国走向世界，以负责任大国参与国际事务，必须善于运用法治。"③ 2019年《中共中央关于坚持和完善中国特色社会主义制度推进国家治理体系和治理能力现代化若干重大问题的决定》明确提出"提高涉外工作法治化水平"的要求。2020年习近平总书记进一步在中央全面依法治国工作会议上强调："坚持统筹推进国内法治和涉外法治。"④ 面对海外安全事件从偶发、单发向频发、群发过渡的态势，建立长效安全管理机制尤为迫切。⑤ 海外经济利益保护制度正是社会常态化管理手段的首选，能够满足我国保护海外经济利益常态化的现实需求。

---

① [美]德沃金·罗纳德. 认真对待权利 [M]. 信春鹰，吴玉章，译. 北京：中国大百科全书出版社，2002：2.
② 参见国务院新闻办公室. 新时代的中国国防 [DB/OL]. 中华人民共和国国务院新闻办公室网站，2019-07-24.
③ 习近平. 在中央全面依法治国委员会第一次会议上的讲话 [M] // 习近平. 论坚持全面依法治国. 北京：中央文献出版社，2020：225.
④ 习近平. 以科学理论指导全面依法治国各项工作 [M] // 习近平. 论坚持全面依法治国. 北京：中央文献出版社，2020：5.
⑤ 参见崔守军. 中国海外安保体系建构刍议 [J]. 国际展望，2017（03）：83.

海外经济利益保护制度是全过程保护，涵盖拓展、维持、保护和退出的过程。海外经济利益保护在各个阶段的重点是不同的。在海外经济利益拓展阶段，重点在于缔结双边或多边条约、提供援助、开放市场、开发资源等方面；在海外经济利益维持阶段，重点在于反恐、在不干涉内政基础上的全方位合作、保障中资企业及其中国公民的安全、开展文化交流塑造中资企业形象等方面；在海外经济利益保护阶段，重点在于面对风险威胁时的紧急应对预案、安保措施和手段、军事护航等方面；在海外经济利益退出阶段，重点在于安全撤出资本和人员、外汇汇出等善后事宜。

（三）涉外属性对国际法的需要

涉外法是与一国相关的国际法、法制架构和法治进程，与该国没有关联的国际法不是该国的涉外法。国际法是国家之间的法律，或者说主要是国家之间的法律，是以国家之间的关系为主要对象的法律。[①] 现行国际法基本上是二战后建立的，包括以联合国制度为核心的国际公法体系，以世界贸易组织制度为核心的国际经济法体系，碎片化的国际投资法体系和仍然处于碎片化的国际私法体系。

在法治化程度相对提高的当代国际社会，国际法与国家利益的各个层次已经形成了共生共长的共同体关系，国际法不仅是获取与维护各个层次国家利益的工具，生成与维护相关国际法律制度本身就是各个国家（至少大多数国家）的国家利益。[②] 国际法与国内法代表法律变革中的国际因素和国内因素的互动，在一个全球化的时代，一国的国内法会受到国际法影响、受其他国家及地区法律制度的影响是一个客观事实，一国法律制度的发展不可能在封闭的环境中进行。把国际法与国内法割裂开来，认为它们是两个不相干的独立体系的理论在全球化的时代显然过时了。[③] 涉外法调整一国与该国之外的行为体之间的互动关系，此类互动关系具有"溢出性"影响，如关于国家主权豁免的国内法的适用或国内法的域外管辖。正如规范法学派凯尔森所言：

[①] 参见王铁崖. 国际法 [M]. 北京：法律出版社，2001：1.
[②] 参见刘志云. 国家利益的层次分析与国家在国际法上的行动选择 [J]. 现代法学，2015（01）：140.
[③] 参见朱景文. 中国特色社会主义法律体系：结构、特色和趋势 [J]. 中国社会科学，2011（03）：39.

国内法不能由国际法创造以及国际法不能导源于国内法这种传统观念是不正确的。在国内法和国际法之间并无绝对的界限。一些规范就其创造来说，因为是由国际条约所建立的，因而具有国际法性质；而就其内容来说，可能是有国内法的性质，因为它们建立了一个相对集权的组织。而反过来，一些规范，就其创造来说，因为是由一个国家的行为所制定，因而具有国内法性质，但就其内容来说，却可能具有国际法性质，因为它们构成了一个相对分权的组织。①

我国著名国际法学家梁西教授认为国际法和国内法是两个不同而又密切联系的法律体系，并将其概括成"国际法与国内法相互联系论"。② 中国实施了改革开放之后才出现涉外法的名字。当前国际秩序是过去300余年逐步建立起来的，20世纪40年代中国以建设性姿态参与过联合国、世界银行与世界货币基金组织的筹建，后来一段时期中国就游离于世界主流之外。改革开放首要解决的问题就是：外国人到中国来投资做生意，要定居，就涉及怎么样用中国的法律来调整我们和他们的关系。我国涉外法应至少不违反国际法，甚至在国内涉外立法中要更多地体现国际惯例，国际公约当中国际社会广泛接受的那部分法律原则，甚至一些主要的发达国家的法律原则。

海外经济利益保护制度属于涉外法，是我国涉外法治的一部分。中国所提出的涉外法治，特别是涉外关系法治化之中所涵盖的内容，与美国《对外关系法律重述》所涉及的内容比较相近，而与欧盟对外关系法存在差异。③ 涉外法律法规体系是指一国的国内法中用以调整涉外法律关系的法律法规所形成的有机系统。虽然涉外法律法规体系属于国内法律体系的重要组成部分，归属国内法治的范畴，但是由于其调整的法律关系具有涉外因素（或称国际因素），所以相比于其他国内法律法规体系，涉外法律法规体系呈现出更多国际法治的标准和要求，反映着一国的经济开放程度和法治国际化程度，体现出国内法治与国际法治的互动。④ 海外经济利益保护制度内容需要国内立法制定，处理的是在他国的人、事、物及其与外国人的关系，不能只考虑我国的情况。处理涉外事务的时候，不仅要看中国的法律，考虑有关国家的国内法，也要考虑国际法，

---

① [奥]凯尔森. 法与国家的一般理论 [M]. 沈宗灵，译. 北京：中国大百科全书出版社，1995：357.
② 参见梁西. 国际法 [M]. 武汉：武汉大学出版社，2000：18-19.
③ 参见何志鹏. 涉外法治：开放发展的规范导向 [J]. 政法论坛，2021，39（05）：181.
④ 参见黄进，鲁洋. 习近平法治思想的国际法治意涵 [J]. 政法论坛，2021，39（03）：8-9.

特别是中国缔结和参加的国际条约在这个问题上是怎么规定的。

第二节 海外（经济）利益保护制度研究述评

20世纪90年代开始，有学者敏锐地发现我国海外投资受损严重这一现象，并对其展开研究。随着我国"一带一路"不断推进，国内海外（经济）利益保护制度研究全面铺开①，成为学术界显学。学术界对于"一带一路"推进中海外（经济）利益保护制度的价值、必要性方面已经形成共识，海外利益保护制度的重要性得到学界认可，即使是国际政治和国际关系学者也认同法制建设对海外利益保护的重要作用。②

一、海外（经济）利益保护制度的研究现状

国内外海外（经济）利益保护制度研究处于不同的发展阶段。国外从法学角度研究海外（经济）利益保护始于19世纪80年代，国内零星出现于20世纪90年代，国外研究大幅超前于国内研究。海外（经济）利益保护制度研究可以归纳为以下几个方面：基础理论研究、国外制度的借鉴研究、制度体系研究、特定利益的保护措施等。

（一）海外（经济）利益保护制度基础理论

1. 理论基础

国外学者对海外利益保护的研究主要基于主权理论展开，探讨海外利益保护中的主权困境问题，当前人类共同利益保护成为理论重点。Louis Henkin 探讨

---

① 尽管海外利益保护主要关注的是经济利益，但各级国家文件的表述是海外利益保护。从语义学角度来讲，海外利益比海外经济利益范围更为广泛。很多研究并未将海外经济利益单独出来，用海外利益保护来指代海外经济利益保护制度，故本节中海外（经济）利益保护与以经济利益为中心的海外利益保护含义等同。

② 国际政治和国际关系学者同样认为制度建设是海外利益保护的重要手段。譬如，唐昊认为从军事和管理方面加强对中国海外利益保护的动议虽然非常重要，但并非海外利益保护的核心因素。中国应该参与建立全球市场规则和国际机制，并从中获取长远的利益，才是海外利益保护的关键。甄炳禧提出应该完善海外利益保护的法律体系，并应约束我国跨国公司的行为。参见：唐昊. 关于中国海外利益保护的战略思考［J］. 现代国际关系，2011（06）：1-8. 甄炳禧; 新形势下如何保护国家海外利益——西方国家保护海外利益的经验及对中国的启示［J］. 国际问题研究，2009（06）：49-54.

了国际法和国家利益之间的关系,批驳了单边主义者无视国际法的行为,提出应通过国际合作和共同克制建立国际关系的公正和秩序。[1] Michael Byers 认为国际法本身就是一种美国国家利益,二者并不矛盾,美国可以通过参与国际组织和参与国际法来实现国际政治的稳定性,获得国家安全,这种国家利益不能通过孤立主义和单边主义获得。[2] Atsuko Kanehara 探讨了主权与共同利益的关系。国内学者认为海外利益保护制度研究非常必要,李鸣认为海外利益保护法是国际法研究"一带一路"的重点领域[3],刘莲莲等学者的研究从涉及主权理论的角度研究海外利益保护法[4],汪段泳指出不同类型国家对海外利益的界定呈现出一种类似于"马斯洛需求层次"的层级关系。遗憾的是此种理论探讨不多见,且有相当一部分的研究者为国际政治和国际关系学者,导致方向性指引较多,制度研究较少。国内外研究差异反映出各国对自身国家利益、国际定位的认识不同,根源在于国家实力、国际化程度和对国际事务参与深度和广度的级差。[5]

2. 重要原则

海外(经济)利益保护法的重要原则涉及与国际法基本原则、与外交政策的关系,以此明确海外(经济)利益保护制度的目标设定和关注点。海外(经济)利益保护制度是我国外交政策指导下的法律制度系统,服务于我国外交政策,并在法律和外交政策执行上提供解决思路和方法。国内学术界对我国外交

---

[1] HENKIN L. International Law and National Interest [J]. Columbia Journal of Transnational Law, 1986, 25: 1.
[2] MICHAEL B. International Law and the American National Interest [J]. Chicago Journal of International Law, 2000, 1: 257.
[3] 参见李鸣. 国际法与"一带一路"研究 [J]. 法学杂志, 2016 (01): 11-17.
[4] 参见刘莲莲. 国家海外利益保护机制论析 [J]. 世界经济与政治, 2017 (10): 132-133.
[5] 参见汪段泳. 海外利益实现与保护的国家差异——一项文献综述 [J]. 国际观察, 2009 (02): 29-30.

政策是否应该变革以保护海外利益仍有争论①，至于海外利益保护制度如何服务于外交政策，以及协调二者关系方面尚没有研究。

3. 调整方法

英美国家在国内立法时充分考虑海外经济利益保护问题，最初且直至今天对法律域外适用和域外管辖权的研究成果众多。Eric A. Posner 探讨了在对外关系法领域，行政机关的解释是否以及在何种程度上应被给予司法尊重。② John C. Coffee Jr. 认为美国金融法应有域外效力，原因在于金融的发展已经使得传统的自治性质改变了，金融法已经出现了必须由公权力管制的因素，而金融机构的国际化经营状态使得法律的域外效力必须得到重视。③ Austen L. Parrish 阐明了美国最高法近年来对法律域外适用的态度和趋势，认为美国法院已经开始自我抑制法律的域外适用情况，建议通过双边协定等方式解决法律适用问题。④

我国学者传统上主张适用双边协定方式来解决各国法律管制不同的问题，但近几年也有国内学者关注到了法律的域外适用对于海外利益保护的重要性，

---

① 新中国成立以来，坚定不移地奉行独立自主的和平外交政策，这一政策的基本目标是维护中国的独立、主权和领土完整，为中国的改革开放和现代化建设创造一个良好的国际环境，维护世界和平，促进共同发展。海外利益保护和我国的外交政策是什么关系？海外利益保护与我国和平共处五项原则是否相悖？学术界开始从理论层面进行深入探讨，目前形成了两派观点：一派观点认为保护海外利益与我国和平共处原则并不矛盾，可以在和平共处原则指导下开展海外利益保护工作。阎学通认为应在和平共处原则的基础上提倡相互包容，原因在于和平共处原则虽然在发展中国家中得到广泛认可，但是对于发达国家而言，和平共处原则并没有很大认同。一派观点认为变革和平共处的外交政策，积极投入国际事务中，开展海外利益保护。唐贤兴认为，我国海外利益保护需要我国外交政策做出调整。王逸舟从中国庞大的海外利益现状出发，呼吁变革中国现行的"韬光养晦""不干涉"等外交政策原则，以更有创造性、建设性的姿态参与国际事务，在学术界获得了较大的反响。陈松川认为，我国应树立以"义利"为核心的国家利益观，强调义在利先，义利合一，强调保护海外利益并不会损及我国的基本对外政策。参见：阎学通. 无序体系中的国际秩序［J］. 国际政治科学，2016（01）：1-32；唐贤兴. 海外利益的保护与中国对外政策的变化［J］. 江苏行政学院学报，2009（06）：77-82；王逸舟. 创造性介入：中国之全球角色的生成［M］. 北京：北京大学出版社，2013；陈松川. 中国"海外利益"保护战略初探［J］. 当代世界，2012（04）：54-56.

② POSNER E A, SUNSTEIN C R. Chevronizing Foreign Relations Law［J］. Yale Law Journal，2007，116：1170.

③ COFFEE J C Jr. Extraterritorial Financial Regulation：Why E. T. Can't Come Home［J］. Cornell Law Review，2014，99：1259.

④ PARRISH L. A. Fading Extraterritoriality and Isolationism：Developments in the United States［J］. Indiana Journal of Global Legal Studies，2017，24（01）：207.

开始相关研究。孙国平讨论了我国劳动法的域外效力;[①] 宋杰主张通过修订刑法进行海外利益保护。[②] 冯德恒认为中国海外投资法律适用制度存在量质失衡、重内轻外、立场保守等问题,滞后于海外利益拓展和国家角色转变,应明晰利益定位与制度短板,重视国际投资准据法的作用。[③]

(二) 海外(经济)利益保护制度的保护主体、客体和内容

1. 保护主体

学术界基本一致赞同采取多元主体协同保护的方式进行。陈松川认为,我国保护海外利益影响深远,战略上应加强政府、社会、企业等不同层次的合作。[④] 但在国家公权力和社会机制保护海外利益的重点方面意见不一。一种观点认为国家公权力应该在海外利益保护方面发挥主导作用。中国现代国际关系研究院原院长陆忠伟撰文指出,海外利益保护的关键在于建立健全危机管理系统,识别风险、早做预案和果断处置。[⑤] 周忠海对海外投资的外交保护进行了深入探讨,提出外交保护是海外投资保护的最后的也是最有效的途径和方式,可以进一步维护和拓展中国的海外利益。[⑥] 钱皓借鉴加拿大外交部相关机制的建设,探索外交部与国家海外利益保护的路径选择与实施措施。[⑦] 曹琳琳、李敢主要从军事方面切入,对我国海上战略通道风险、能源资源开发风险和基础设施安全等多方面风险,提出军事手段和非军事手段相结合的网络保护模式。[⑧] 李志永分析了警务外交的硬性功效、协调本质、责任延伸与现时保护的特点,主张加强国际警察合作,在打击海外针对我国企业和人员犯罪时发挥作用。[⑨] 夏莉萍关注了地方政府和领事保护问题,主张通过加强地方政府参与领事保护

[①] 参见孙国平. 论劳动法的域外效力 [J]. 清华法学, 2014 (04): 18-46.
[②] 参见宋杰. 刑法修正需要国际法视野 [J]. 现代法学, 2017 (04): 134-149.
[③] 参见冯德恒. 中国海外投资法律适用制度的实证考量与完善路径——以国际投资准据法的趋同化为视角 [J]. 北方法学, 2017 (06): 85-92.
[④] 参见陈松川. 中国"海外利益"保护战略初探 [J]. 当代世界, 2012 (04): 54-56.
[⑤] 参见陆忠伟. 精心打造海外利益保护"金钟罩" [N]. 光明日报, 2015-12-01 (12).
[⑥] 参见周忠海. 海外投资的外交保护 [J]. 政法论坛, 2007 (03): 53-63.
[⑦] 参见钱皓. 加拿大外交部与国家海外利益保护 [J]. 国际观察, 2015 (06): 104-116.
[⑧] 参见曹琳琳,李敢. 试论中国国家海外利益保护的网络构建 [J]. 理论界, 2012 (05): 59-62.
[⑨] 参见李志永. 中国警务外交与海外利益保护 [J]. 江淮论坛, 2015 (04): 123-128, 181.

工作，进而更好保护我国海外利益。① 另一种观点在承认公权力的同时，认为公权力在处理海外利益保护事项时有局限，主张重视建立社会机制防范海外风险。周鑫宇认为，由于他国内部政治波动、失调甚至失控带来的本国利益损失，政府几乎没法通过传统的外交手段来加以充分保护——无论是采取外交交涉、照会甚至是军事干涉。很多海外利益危机的来源和危机的处理，都可能不在政府层面，而在外国社会力量之中。② 吕晓莉、徐青认为，当前中国海外利益的保护机制主要呈现出政府主导和外交保护、领事保护优先的特点。政府主导型的海外利益保护机制存在资源有限的问题，应充分利用行业协会、华人华侨社会网络以及民间组织，吸引社会力量加入中国海外利益保护的常态化的项目。③

2. 保护客体

目前缺乏对客体的总体研究，研究主要是对具体种类的被保护对象的法律保护进行研究。

在海外社会安全利益方面，辛田分析了我国企业和公民人身财产安全保卫工作现状，借鉴国外经验，提出成立私营安保公司，承担海外中国企业和公民的人身财产安全保卫工作。④ 肖河也提出应保证私营安保体系规范发展，增强中国企业海外保护能力。⑤ 滕宏庆讨论了海外公民安全问题，他认为我国海外公民的人身和财产安全遭遇传统和非传统突发事件的共同冲击，出现了前所未有的现实困境。我国海外公民的权利保障要在国家涉外立法构造体系化、国家安全委员会统筹制度化、军队海外维权法定化、外国人法完备规范化四个方面审慎设计，实现国人无处不安全的目标。⑥ 戴德生、王勇分析了美国私营军事安保公司的有关法律制度和发展趋向，提出我国应借鉴和吸取美国的经验和教

---

① 参见夏莉萍. 中国地方政府参与领事保护探析［J］. 外交评论（外交学院学报），2017（04）：59-84.
② 参见周鑫宇. 公共外交与国家的海外利益保护［J］. 世界知识，2015（03）：74.
③ 参见吕晓莉，徐青. 构建中国海外利益保护的社会机制探析［J］. 当代世界与社会主义，2015（02）：134-139.
④ 参见辛田. 中国海外利益保护私营化初探［J］. 国际展望，2016（04）：57-75，154-155.
⑤ 参见肖河. 全球治理视域下私营安保产业国际化研究［J］. 贵州省党校学报，2017（01）：50-56.
⑥ 参见滕宏庆. 我国海外公民的权利克减与法治保障［J］. 理论探索，2016（03）：99-103.

训，完善法律法规，推进我国境外私人安保公司发展。①

在海外经济利益安全方面，何力研究了中国海外能源投资在欧美、非洲和拉丁美洲不同的地缘特点和法律风险，提出了研究国家安全审查制度、完善投资保护协定、加强反恐等法律对策。② 郑蕴、徐崇利认为传统国际投资法体系偏好投资者利益，侵蚀国家主权，具有不公正性，应重视东道国的国内法体系，促进东道国与投资者利益的平衡。③ 梁咏对东道国国内法对海外投资安全的影响进行了深入研究，提出应关注东道国的石油暴利税等国内立法，以保护我国海外投资利益。④

3. 保护内容

在实体法方面，国外学者主要对发展援助展开研究，Gallo Carol 探讨了发展援助的困境和对发展的再认识，主张对"发展"不能用传统经济发展和收入增长的观念，而应该将人的发展置于中心位置，实现包括经济安全在内的人类安全。⑤ Giuseppe Cataldi 对限制性援助中的法律问题进行了深入探讨，认为限制性援助有违发展权、世界贸易组织规则，限制了竞争。⑥ 中国学者也开始关注对外援助研究，刘涛提出，我国援外事业面临着受援助国家经济转型压力大，对外援助管理体系不完善，缺乏完整的对外援助理论指导，政府在援外角色中意识存在错位等多种制约因素。我国亟须优化援外结构，完善管理体系，丰富援外理论，实现援外事业法治化。⑦ 刘艳提出在"合作主义"立法原则的指引下构建中国的《对外经济合作法》。⑧ 韩永红研究指出，我国对外援助在援助规

---

① 参见戴德生，王勇．美国关于私营军事安保公司的法律规制及其对中国实施"一带一路"战略的启示［J］．江海学刊，2017（05）：202-208.

② 参见何力．中国海外能源投资的地缘风险与法律对策［J］．政法论丛，2014（03）：64-71.

③ 参见郑蕴，徐崇利．论国际投资法体系的碎片化结构与性质［J］．现代法学，2015（01）：162-171.

④ 参见梁咏．石油暴利税与中国海外投资安全保障：实践与法律［J］．云南大学学报（法学版），2009（06）：127-133.

⑤ CAROL G. Rethinking the Development Aid Paradigm［J］. Yale Journal of International Affairs，2010，5：146.

⑥ CATALDI G，SERRA G. Tied Development Aid：A Study On some Major Legal Issues［J］. British Yearbook of International Law，2010，20：219.

⑦ 参见刘涛．促进中国对外援助发展的法治化建议［J］．广西政法管理干部学院学报，2016（01）：26-31.

⑧ 参见刘艳．美国《经济合作法》及对中国海外经济立法的启示［J］．亚太经济，2016（01）：70-74.

模、援助领域、援助方式等方面步入转型阶段，现有对外援助法律体系存在结构分散、立法层级低、处罚力度不够、可能与上位法冲突等问题。更为突出的问题是，现有对外援助法律体系的规制欠缺国际法维度的统筹思考。①

双边和多边条约方面，国外学者比较关注的问题是国际反腐败、粮食安全、跨国公司等领域，主张从这些方面切入保护海外经济利益。David P. Lambert 认为全球粮食问题是一个严重的国家安全威胁，会影响全球政治稳定、影响美国的贸易市场和投资环境等，并对美国如何解决全球粮食危机提出了若干建议。② Susan Rose-Ackerman 比较了美国实行严格的海外反腐败法的利弊得失，提出美国在国际上适用美国法律，适用反腐败的标准和规则，虽然有可能损失单个合同的利益，但总体上是符合美国利益的。③ Gustav Brink 探讨了反倾销调查与国家利益保护的关系，认为反倾销调查本身就是一个国家利益问题，但是如果将国家利益作为反倾销调查的一个要件，会非常难以把握。反倾销条例中如果规定了国家利益条款，则该条款只能有限使用。④ 国内学者比较关注的问题是国际反恐，希望通过国际反恐合作保护我国海外利益。刘猛、汪勇、梅建明探讨了反恐情报信息国际交流，提出中国应以《反恐怖主义法》为依归，结合分析我国反恐情报信息国际交流的立法体系和具体规定，建议加强反恐情报信息国际交流的平台和机制等。⑤ 对其他方式保护海外利益涉及不多，何佳馨提出"一带一路"沿线国家涉及三大法系、七大法源，推进彼此之间的法律合作十分艰难和复杂，可以从加强立法，填补法律漏洞；加强执法，完善双边和多边条约和协定体系；重视犯罪治理与司法协助；加强法律文化的交流和沟通；推动"一带一路"沿线国家的法律学术研究等五个路径，推进"一带一路"国家间的法律交流与合作。⑥

---

① 参见韩永红. 中国对外关系法论纲——以统筹推进国内法治和涉外法治为视角 [J]. 政治与法律，2021（10）：88-89.
② LAMBERT D P. Global Food Security: In Our National Interest [J]. Journal of Food Law & Policy, 2012, 8: 99.
③ ROSE-ACKERMAN S. International Anti-Corruption Policies and the U.S. National Interest [J]. American Society of International Law, 2013, 107: 252.
④ GUSYAV B. National Interest in Anti-Dumping Investigations [J]. South African Law Journal, 2009, 126: 316.
⑤ 参见刘猛，汪勇，梅建明. 中国反恐情报信息国际交流的法制规范与推进理路 [J]. 情报杂志，2017（06）：16-21.
⑥ 参见何佳馨. "一带一路"倡议与法律全球化之谱系分析及路径选择 [J]. 法学，2017（06）：92-105.

(三) 海外（经济）利益保护制度的比较研究

国内学者们主要在研究西方国家，尤其是美国的海外经济利益保护机制的基础上，分析海外经济利益保护机制的背景、作用等方面，提出我国海外经济利益保护机制的建议。李众敏将美国海外经济利益保护分为两个阶段，第一阶段是打破老牌殖民国家的资源封锁阶段，第二阶段是协助美国跨国公司全球经营的开拓阶段。他结合案例对上述不同阶段的特点和问题进行了深入分析，提出我国外交应同时服务传统安全和非传统安全，注重立法的稳定性和行政的灵活性并举，加强保护跨国公司行为的几点建议。① 宋莹莹研究发现美国海外经济利益保护机制是翻新与机构多样的完美结合，政府宏观指导与自由市场运转的结合，重视地缘战略部署，法规与情报触及海外经贸与能源投资各方面。同时她也指出美国海外经济利益保护体制的"殖民内核"导致美国与盟国之间存在战略疑虑，新兴国家的崛起也会对美国海外经济利益保护机制提出新的挑战。② 王发龙分析了二战后美国海外经济利益保护的特点，认为其目标明确、机制完备、手段丰富、力量多元，但同时存在着狭隘的国家利益观和实用的外交理念，再加上滥用武力的问题，会削弱美国海外经济利益保护机制的效能。③ 刘宗义对同为发展中大国的印度海外利益保护机制进行了研究，印度通过建立决策和执行机制、制定政策、重视双边和多边国际合作、运用对外援助和军事手段、宣扬民主价值观等观念性力量，并发挥民间力量作用，印度的海外利益保护措施和手段已经成为其全球战略的一部分。印度利用国际机制和通过对外援助、民间力量维护和拓展其海外利益的一些做法，对中国具有借鉴或者警示意义。④

目前对外国海外经济利益保护制度的研究主要是对美国的研究，研究内容在保护机制方面，缺乏法律制度的系统、全面的研究。

---

① 参见李众敏. 美国保护海外经济利益的实践与启示 [J]. 金融发展评论, 2012 (10): 75-84.
② 参见宋莹莹. 简析美国海外经济利益保护机制 [J]. 世界经济与政治, 2012 (08): 107-128+159-160.
③ 参见王发龙. 美国海外利益维护机制及其对中国的启示 [J]. 理论月刊, 2015 (03): 179-183.
④ 参见刘宗义. 印度海外利益保护及其对中国的启示 [J]. 现代国际关系, 2012 (03): 16-23.

二、研究的不足之处

国内海外经济利益保护制度方面的研究著述颇多，很多学者做出了非常有益的探索性研究，也得出了很多具有参考价值的研究结论。但国内海外经济利益法律保护制度的既有研究仍然存在理论基础薄弱，某些领域制度研究较为宏观，和比较研究停留于表面，对内在机理和配套制度缺乏整体研究等问题。

（一）基础理论研究薄弱

海外经济利益保护制度研究重复性论述居多，忽视了对宏观性和本源性的理论问题进行探究，研究结论也相对稳定，差异性不大。很多研究内容停留于配合海外经济利益保护时事的对策性研究，较少进行深入系统的基础性研究。基础理论上的薄弱导致体系性欠缺，成果同质化严重，研究成果之间逻辑联系薄弱。如对海外经济利益保护制度的正当性考量标准方面，几乎不受关注，原因在于忽视了涉外法与国内法的深层差异。

问题表面原因在于未将海外经济利益保护制度作为整体进行系统研究，导致海外经济利益保护制度的共性科学问题、理论立基和逻辑进路并不清晰，就现象研究现象，导致研究成果的理论价值不高。深层次原因主要是缺乏对海外利益保护的宏观审视和全局论证，没有从国际法学的学科视角出发，探索理论研究的合理进路，并进行符合逻辑的深入剖析。缺乏理论指导的海外利益保护制度呈现的状态是零散和缺乏预见性。

（二）制度研究较为缺乏

海外经济利益保护研究整合了越来越多的学科知识，包括外交学、国际政治学、国际关系学、国际法学、管理学等，但这也导致了很多研究彼此之间无法进行有效对话。学者们在各自的学科领域，运用自己熟悉的知识体系对海外利益保护进行研究，割裂比较严重。

国际政治学、国际关系学和国际法学都是研究国际现象的学科，在研究现象上有重合，前两者与国际法学有着天然的密切关系。国际政治学和国际关系学的学者们在海外利益保护研究上发挥了重要作用，他们对海外利益保护原则、海外利益保护机制等方面进行了很多前期研究①,为我国保护海外利益指出了方向。由于学科的研究方法和研究思路不同,国际政治学和国际关系学的学者们长于宏观研究,更关注海外利益的种类、海外经济利益保护的合理性和机制等问题,对具体法律法规关注度不够,阐述问题比较宏观,缺乏能落地的制度和规则研究。如在对外援助制度方面,国内采取国际发展合作理念还是对外援助理念,并无深入研究。

从国际法学角度切入海外利益保护制度具有独特学科优势,因更侧重制度规则研究,以及关注国际规则的运行,有助于将对海外经济利益保护的政策和机制转化为更为具象的可操作的制度规则。

（三）比较研究不够充分

国内学者倾向于向英美国家学习海外经济利益保护制度,主要是学习国外现行法律制度中与海外经济利益保护密切相关的部分。现在国内海外经济利益保护制度的研究多是基于经验、体验式的研究,对英国、美国和印度等国家的海外利益制度研究基本停留于表面,就制度说制度,就现象说现象。

英国和美国都曾经是建立起全球霸权,在全世界开展投资和贸易的国家,都有一整套保护其海外经济利益的思想、机制和制度,而且其演变也反映了英美两国各自对外政策的变化,上述内容都对我国建立海外经济利益保护制度有借鉴意义。由于不了解和没有把握英美国家海外经济利益保护制度的整体框架和形成历史,很难系统和深入地研究国外海外经济利益保护制度的思想、路径和方法及其与该国整体实力和倾向的关联,在研究内容上就有遗漏,且流于表面。

三、本书研究思路和研究意义

（一）研究思路

海外经济利益保护制度研究的任务是对海外经济利益保护的战略思想进行符合法律逻辑的阐发,基于战略思想设计可实施的法律制度。海外经济利益保

---

① 陈晔从中美两国对比的角度切入,论述了中美两国海外利益保护的界定层次、内容、全球地理位置、维护手段方面的不同,指出我国维护海外利益的总体原则。曾卓建议通过建立国家层面的专门协调机制和专门机构,强化国际合作。参见:陈晔. 中美两国海外利益对比分析及启示 [J]. 攀登,2010（06）：28-32；曾卓. 中国海外利益面临的主要风险及保护 [J]. 江南社会学院学报,2013（03）：52-57.

护制度的理论研究主要是法学理论的研究，这种制度理论研究有助于国际社会和各国理解中国的制度设计，也有助于我国更有效地维护国家和公民的海外正当经济利益。

本书的研究目标是形成我国海外经济利益保护制度的理论基础，提出主要制度构建建议。具体研究思路是：以国际法学、国际关系学等学科为理论来源，以文献解读、演绎思辨、案例研究为主要研究方法，解决构建我国海外经济利益保护制度亟须解决的问题。

从我国对外关系问题上讲，海外经济利益保护并不是最终目标，海外经济利益保护只是我国对外关系整体事务中的一部分，不能因为保护海外经济利益而影响与世界其他国家的关系处理。在这方面，美国在中国曾经有过教训。早在孙中山革命时期，孙中山对美国是寄予厚望的，1904年他用英文写的《中国问题的真解决：向美国人民的呼吁》一文中明确要以美国革命为楷模，他写道：

> 我们必须普遍地向文明世界的人民，特别是向美国的人民呼吁，要求你们在道义上与物质上给以同情和支援，因为你们是西方文明在日本的开拓者，因为你们是基督教的民族，因为我们要仿照你们的政府而缔造我们的新政府，尤其因为你们是自由与民主的战士。我们希望能在你们中间找到许多的辣斐德。[1]

但是，由于美国要维护在华既得利益，在孙中山主持广州政府时因为"税余"问题上与北洋政府发生争执时，美国竟然派遣军舰威胁南方政府，对此孙中山极为失望。1923年孙中山在《告美国人民书》中表达了对美国政府这次行动的失望之情，而孙中山晚年联俄，排除其他原因之外，对美国的失望也是重要原因。

（二）研究意义

马基雅维利（Machiavelli）在《君主论》（*The Prince*）中写道：世界上有两种斗争方法：一种方法是运用法律，另一种方法是运用武力。从社会成本和社会稳定等方面看，法律在海外利益保护中应该，也必须作为常态保护手段采用。但海外经济利益保护制度如何定位？如何设计保护路径和方法？目前来讲还是困扰学界的问题，有学者将其称为"法律困境"。[2]

---

[1] 孙中山. 中国问题的真解决：向美国人民的呼吁 [M]. 北京：中华书局，1904：69.
[2] 参见凌胜利. 中国周边地区海外利益维护探讨 [J]. 国际展望，2018（01）：45.

理论上，国内针对构建海外经济利益保护制度的相关研究时间较短，目前还处于体系构建阶段。本书力图通过对海外经济利益保护制度的一些相关理论问题进行系统深入的探讨，从而在理论上对海外经济利益保护制度进行学理化的追溯和比较分析，以期达到对中国海外经济利益保护制度的一些理论问题有所回应。

实践上，中国海外经济利益保护制度在中国法制建设中的意义重大，是我国涉外法的重要组成部分。通过对中国海外经济利益保护制度的研究，我们可以尝试在新时期对外经济发展中探索统筹推进国内法治和涉外法治的新思路和新办法，推动实现在全球法治过程中落实人类命运共同体理念。

第二章　海外经济利益保护制度的理论依据

国家主权理论是国际关系和国际法的基础性概念，也是海外经济利益保护制度的理论依据。国家主权决定了国家与国家之间的关系界限，一个国家适用其法律保护本国公民及其利益的有效范围。有效保护海外利益需要突破国家领土的地域限制，将法律保护扩展到他国领土范围内，同时又不会干涉他国的内政。海外经济利益保护制度构建的是国家和国家之间的利益保护和协调制度，必须在国家主权理论基础上开展。从近现代世界历史、国际关系思想、法哲学和各国对国家主权理论的实践分析，国家主权理论经历了绝对主权理论阶段、相对主权理论阶段，在全球化影响下国家主权理论正在面临着大的转型。

第一节　绝对国家主权理论与海外经济利益保护制度

国家主权是历史性动态概念，在不同历史时期有不同的内涵①，国家主权理论的发展伴随着国际关系和国际社会状态的剧烈变化。在全球化日益成为我们这个时代重要特征时，国家主权理论仍然是处理对外关系的重要理论与制度工具。② 国家主权理论亦与主流哲学思潮密切相关③，每一个国际社会形态剧烈变化的时代，都会促使国家主权理论的大争论和转型发展。尤其是世界主导国的价值观通常是制定国际规范的原则，当世界主导国的价值观发生变化时，国

---

① 参见蔡睿. 欧盟成员国主权的让渡与分享——以欧盟法的效力为视角 [J]. 宜宾学院学报，2015 (01)：94.
② 参见何志鹏. 主权：政治现实、道德理想与法治桥梁 [J]. 当代法学，2009 (05)：7.
③ STACY H. Relational Sovereignty [J]. Stanford Law Review, 2003, 55：2048.

际规范乃至国家主权理论就会发生相应的变化。①

一、绝对国家主权理论时期的国际社会及其思潮

现代意义上的主权国家是在中央集权制的资产阶级民族国家形成后才出现的。17世纪到19世纪的欧洲国际社会异彩纷呈，资产阶级开始在欧洲和北美各国建立资本主义制度，纷纷摆脱了基督教色彩的世俗化国家大量形成。在国内建立资产阶级统治的同时，开始积极对外贸易和殖民扩张。短短将近200年中，发生的大规模战争有百年英法战争（1689—1763）、美国独立战争（1775—1783）、第二次独立战争（1812—1815）、第一次鸦片战争（1840—1842）、第二次鸦片战争（1856—1860）等。这个时期的国际关系基本处于相互争夺敌视、零和博弈的霍布斯文化状态，国际关系的急剧变化推进国家主权理论显著发展。

（一）前《威斯特伐利亚和约》和国家占有论

15世纪初期后，西葡两国成为海上强国，开始在全球范围内扩张，随之而来的是两国冲突不断加剧的难题。1493年5月3日，教皇亚历山大六世给西葡两国颁下诏令：授予西葡两国国王对已发现陆地及岛屿享有所有权、管辖权……西葡两国成为上述土地的领主。但两国冲突并未因此停止。在教皇调停下，两国于次年订立《托德西利亚斯条约》，在佛得角群岛以西370里格处划界，由北至南划分大西洋，是为"教皇子午线"，该子午线将其以西发现的所有陆地及岛屿划属西班牙，以东的划属葡萄牙。②

尽管亚里士多德在《政治学》就开始探讨国家的权力，但对国家主权的探索却是16世纪才开始。《君主论》由马基雅维利于1513年写成，提出了古典现实主义"人性恶"这一中心命题，提出了国际关系中结盟的利弊和后果，提出了军事力量在国家竞争中的重要性。马基雅维利沉醉于自己的国家而丧失道德底线，君主可以毫无忌讳地屠杀敌手满门，凯旋的将军可以为防止君主恩将仇报而揭竿起义，其思想充满了现实主义、功利主义和实用主义色彩。传统国家主权理论来源于国家对内"最高统治者"的观念，让·博丹（Jean Bodin，1530—1596）主张君主主权，他在《国家六书》中指出：主权是国家与其他组

---

① 参见阎学通．无序体系中的国际秩序［J］．国际政治科学，2016（01）：14.
② 参见屈文生．从治外法权到域外规治——以管辖理论为视角［J］．中国社会科学，2021（04）：46-47.

织区分的标志，主权是国家的"绝对的、永恒的权力……是至高的决断之权"，让·博丹的主权说主要是对内主权，他认为主权的内容包括立法、宣战、媾和、任命官吏及要求臣民效忠服从等多种权力。法律应该体现主权，保证社会秩序的安定，并使国家合法化。

（二）《威斯特伐利亚和约》和"文明国家"均势论

"近代国际法之父"胡果·格劳秀斯（Hugo Grotius，1583—1645）在1604—1605年间撰写了长达15章的书籍《论印度》。1605年，格劳秀斯发表了其中的第十一章《论捕获法》。1609年3月，在荷兰东印度公司股东的请求下，格劳秀斯出版了《论印度》的第十二章，取名为《论自由海洋》。格劳秀斯的国际法（尤其是《论捕获法》和《论自由海洋》）是16世纪末期宣布独立的荷兰急迫地参与亚欧香料贸易、牟取巨额利润的一系列历史事件的结果。[1] 在《论捕获法》中，格劳秀斯认为海洋和空气同样，人类可以自由利用，航海对于一切人类是自由的，并驳斥了那种认为海洋属于最初航海国家所占有的主张。《海洋自由论》不仅打破了西班牙、葡萄牙等的海洋独占说的理论根据，而且为全人类建立了自然法则。[2] 1634年，格劳秀斯虽然未能参加威斯特伐利亚和会，但是他的精神和思想深刻影响了《威斯特伐利亚和约》。1674年《威斯特米尼斯丹条约》签订以后，固守海洋支配说的英国，也在默认中放弃了独占支配的主张。

1643—1648年《威斯特伐利亚和约》（Peace Treaty of Westphalia）给予国家在其领土内完全的自主权，国家可以摆脱境外的宗教力量自主处理境内事务[3]，主权国家不再是梵蒂冈下属的领土下属，转变为欧洲的民族国家，近代国际法替代了神圣秩序而产生。主权国家对其境内的一切行为绝对控制[4]，同时确定了国际关系中应遵守国家主权、国家领土与国家独立等原则。由《威斯特伐利亚和约》所构筑的近代国际法体系及其基本原理所赖以运作的前提乃是在万国

---

[1] 参见施诚，施西. 香料贸易与现代国际法的起源 [J]. 贵州社会科学，2017（03）：68.
[2] 参见何其生. 格劳秀斯及其理论学说 [J]. 武大国际法评论，2004（00）：351-352.
[3] LEKA D. Challenges of State Sovereignty Age of Globalization [J]. Acta Universitatis Danubius Juridica，2017，13（02）：61.
[4] KU J，YOO J. Globalization and Sovereignty [J]. Berkeley Journal of International Law，2013，31：211.

法体系中所塑造的理想国家①，带有理想主义色彩。《威斯特伐利亚和约》以国家主权平等原则为建立的基础，即国家无论强弱、无论大小、无论属于何种社会制度，在国际法上的法律地位是平等的。这种平等更多带有理想主义色彩，认为国家和自然人一样，由于普遍联系和特殊联系而产生相互尊重独立、平等的义务。《威斯特伐利亚和约》结束了欧洲牵扯境内外宗教和政治争斗的30年战争，建立起以权力平衡为基础的，互不干涉内部事务的国际理念和方法，也奠定了欧洲很长时期内的相对稳定的基础。

英国1689年颁布《权利法案》后，对内确立了议会君主立宪制，进行第一次工业革命，对外开始殖民扩张，18世纪成为最大的殖民帝国，19世纪在工业革命推动下形成世界市场。从17世纪中叶直至19世纪末，英国不断进行着殖民战争，巩固殖民地和对外贸易利益。这个时期的英国产生了重商主义，代表性的法律是1440年的英国就业法案，规定：带着货物来到英国的外国商人必须将其在英国的所有货币收入转换为英国商品；有海外生意往来的英国商人起码必须把一部分销售货款以现金形式带回国内。马克斯·韦伯在《世界经济简史》中对重商主义进行过深入剖析：

> 重商主义的本质在于将资本主义工业观点运用于政治，把国家当作仅由资本主义企业家构成的国家对待。对外经济政策以占对手最大便宜的原则为基础，以最低的价格进口并以高很多的价格销售。目的在于增强政府的对外关系实力。因此重商主义代表着国家政治权力的发展，居民纳税能力的提高直接导致这种发展的达成。②

英国唯物主义哲学家和政治思想家托马斯·霍布斯（Thomas Hobbes，1588—1679）在《利维坦》中探讨了权力的来源，他将国家主权与领土紧密关联起来，其限度是国家的领土范围内的一切人。写于英国内战时期的持有同样观点的还有英国法学家约翰·奥斯丁（J. L. Austin，1790—1859），他也主张主权具有不可分性和无限性。杰里米·边沁（Jeremy Bentham，1748—1832）的功利主义主权，拟定了永久和平的十四项主张，他认为永久和平的达成，尤其是

---

① 参见许小亮. 从万国法到现代国际法——基于国家理性视角的观念史研究[J]. 环球法律评论，2013（02）：66.
② [德]马克斯·韦伯. 世界经济简史[M]. 李慧泉，译. 上海：立信会计出版社，2018：280-281.

欧洲永久和平的达成，不是诸国家或诸民族合力的结果，而只是特定国家基于自身利益的考量而形成的一种事实状态。

19世纪初，拿破仑战败后，参战国于1814—1815年在奥地利首都维也纳举行会议，重新分配领土恢复君主制和均势。会议通过的《维也纳会议最后议定书》及有关条约、宣言和文件构成了维也纳国际关系体系，建立起新的政治均势，并暂时维持了欧洲列强之间的和平与协调。1815年维也纳会议结束后，俄奥普三国君主在巴黎签署《神圣同盟宣言》。仅仅38年后的1853年克里米亚战争爆发后，维也纳体系彻底瓦解。

（三）回归格劳秀斯和主权国家平等

20世纪上半叶人类进入到"史无前例的混乱"中，第一次世界大战似乎毫无征兆地发生了，挑战国际社会面对危机的处理和善后能力。此时期国际关系思想和国际法领域出现了一个基本趋势，就是"向格劳秀斯的回归"，格劳秀斯理想主义的国际关系理论受到欢迎，第一次世界大战后成为占主流地位的国际关系理论流派[1]，主张限制主权和限制国家行动自由。[2] 国家主权并非客观存在的事实，而是一个假定的概念体系，汉斯·凯尔森（Hans Kelsen，1881—1973）说道：

"国家的主权"并不是一个能或不能加以观察的事实。国家并非"是"或"不是"主权者；它只能被预先假定为是或不是主权者；而这种预定有赖于我们用来研究法律现象范围的假设。如果我们接受国际法的首要地位的假设，那么国家便"不是"主权者。在这种假设下，国家只有在下述相对意义上才能被宣称为主权者，即除国际法律秩序外，别无其他秩序凌驾于国内法律秩序之上，以致国家只直接受国际法的支配。另一方面，如果我们接受国内法的首要地位的假设，那么，国家便"是"原先的绝对意义上的主权者，凌驾于包括国内法在内的任何秩序之上。[3]

---

[1] 参见陈玉聃. 国际法的理想主义和非理想主义观念——兼论格劳秀斯与康德政治学说的二元性[J]. 九江学院学报，2007（04）：31.
[2] 参见时殷弘，霍亚青. 国家主权、普遍道德和国际法——格劳秀斯的国际关系思想[J]. 欧洲，2000（06）：18.
[3] [奥]凯尔森. 法与国家的一般理论[M]. 沈宗灵，译. 北京：中国大百科全书出版社，1995：420.

<<< 第二章 海外经济利益保护制度的理论依据

第一次世界大战后确立了凡尔赛-华盛顿体系，该体系被事实证明是不成功的。1918年11月11日，双方宣布停战开始长达6个月的谈判后，于1919年6月28日在巴黎签署《凡尔赛和约》。根据条约规定，德国损失了13.5%的领土，12.5%的人口，所有的海外殖民地（包括德属东非、德属西南非、喀麦隆、多哥以及德属新几内亚），16%的煤产地及半数的钢铁工业，但总的来讲《凡尔赛和约》既不足以震慑德国也不足以安抚德国。中国不满青岛问题处理①，美国国会亦不满而阻挠，未签署《凡尔赛和约》。② 英国等谈判团代表都对《凡尔赛和约》不满。③ 国际联盟的基础性文件《凡尔赛和约》是惩罚性和平协议规则，其特点：国际社会覆盖面不够广，根基不深，缺乏机制监督规范实施。

1920年1月10日，国际联盟成立，旨在减少武器数量、平息国际纠纷、提高民众的生活水平以及促进国际合作和国际贸易。然而，国际联盟缺乏执行决议的强制力，未能发挥其应有的作用，1946年4月解散，档案全部移交给联合国。第一次世界大战后建立的国际秩序被事实证明是不成功的，短短20年后，第二次世界大战又席卷了世界。

---

① 将德国在山东的权益给日本，触发了五四运动，使得中国北洋政府拒签《凡尔赛和约》。中国于1919年宣布与德国的战事结束，并于1921年与德国另签和约。
② 1917年4月美国参战前后，美国国内盛行孤立主义（Isolationism），主张及早从欧洲事务中脱身。一战中美国通过贸易受益并成为第一经济强国，政府倾向于安抚德国，保证平等的贸易机会并顺利收回战争债务。
③ 英国代表团成员哈罗德·尼科尔森回忆说："我们前往巴黎的时候坚信新秩序会很快建立，而在我们离开巴黎的时候却认为新秩序不过是对旧秩序的玷污。我们抵达巴黎的时候是威尔逊派的学生，而离开巴黎的时候却成了威尔逊派的叛徒。……我们抵达巴黎的时候决心达成一个公正和英明的和平，我们离开的时候却发现强加给敌人的条约既不公正又不英明。"（［英］哈罗德·尼科尔森. 1919年媾和［M］. 康斯特布尔公司，1944：187）美国代表团成员威廉·布里特（William C. Bullitt）谴责《凡尔赛和约》严重违背了民族自决和国家平等的原则，批评威尔逊"没有把我们的战斗进行到底"，默许"世界遭受痛苦的各民族再次被投入到压迫、奴役和瓜分之中"，并愤而辞职。美国国内最激烈的批评来自《民族》（*Nation*）杂志的编辑、左翼人士奥斯瓦尔德·维拉德（Oswald G. Villard）。他在给参议员罗伯特·拉福莱特的信中称，和约是"人类曾经制定的最不公正的媾和文件"，"违背了停战时美国向德国做出的庄严承诺"，"散发着欺骗、复仇和不人道的臭味"。在维拉德看来，和约"不仅保留了旧的邪恶的世界秩序，而且使这一秩序变得更坏"，"构成一个名副其实的潘多拉的盒子"。法军元帅斐迪南·福煦批评《凡尔赛和约》是对德国的"投降"和对法国的"叛卖"，并预言"这不是和平，而是20年的停战"。

二、绝对国家主权理论的主要特点

17 世纪到 19 世纪末期,主权的对内最高性及对外的独立性和不受制约性一直受到主权者及学者们的推崇。① 绝对主权理论认为,主权国家是至高无上的,享有对其领土内的一切人与物的无限法律权力和在与他国关系中的完全的行动自由。除受国家自己意志的约束外,不受任何限制。

(一) 以领土为界的国家主权范围

在传统的国际社会,国家的主权体现为相互尊重领土主权,国家可以在其领土范围内从事管理行为,任何国家不得侵犯其领土内的主权行为。这条原则建立的基础是各国的资本、人员和活动通常在本国领土内进行,跨越国境的资本、人员和企业投资的情况并不频繁,即使在其过程中出现某些纠纷和问题,母国和东道国可以通过外交磋商和双边条约解决问题。格劳秀斯的主权可以转让,但也与领土紧密相连。他在《战争与和平法》第三卷中还主张对取得主权进行节制:

如同在争议战争中可以取得其他财产或权利那样,战胜国也可以取得战败国统治者拥有的权利以及该国人民自己拥有的主权权利。但是,对这种权利的取得只有在惩罚对方的犯罪或者追偿其所欠的某种债务的范围内才可以被允许。②

格劳秀斯认为主权是变动的,可以转让、也可以消灭,他在《战争与和平法》第二卷中阐述了主权转让的条件:

我认为,没有任何东西可以阻止一个国家,甚至一位国王在人民同意的条件下,转让作为该国领土一部分的某一地区的主权,比如,无人居住地或者废弃的土地。虽然国家的一部分拥有选择的自由,同时也拥有拒绝的权利,但是,一个国家的全部领土及其组成部分都是国家不可分割的共同财产,它们应当服

---

① 参见宣增益. 国际私法中主权原则的承载及变迁 [J]. 政法论坛, 2006 (01): 95.
② [荷] 格劳秀斯. 战争与和平法: 第 3 卷 [M]. 马呈元, 谭睿, 译. 北京: 中国政法大学出版社, 2017: 243.

从国家的意志。①

(二)"文明国家"主权平等

格劳秀斯的国家主权理论建立在理性自然法私权基础之上。他认为国家主权与个人权利基本相同,是所有国家都应该普遍接受的,国家之间类似平等的自然人之间的平等主体关系。格劳秀斯认为国际社会的自然状态是战争状态,理性的国际关系规则允许弱国利用结盟权来对抗强国。主权国家之间是平等的,各自主权独立。但这种国家主权平等仅是规则平等,并未考虑到各个国家之间的资源禀赋、发展阶段等差异。绝对国家主权理论导致强国对弱国没有法律义务,强国可以按照自身要求欺凌和剥削弱国,甚至会产生强者通吃的弱肉强食的丛林状态。

三、绝对国家主权理论的局限和影响

(一) 民族国家的利益被忽视甚或无视

这个时期,现代意义上的民族国家并没有成形,诸国家和诸民族之间的对内对外事务分界并没有十分明显。但在民族国家形成的过程中,资本作为重要因素加入这一过程并发挥巨大作用,形成了"资本—民族—国家"的关系,由此使得功利主义思潮贯穿了近代国家主权理论的发展。功利主义替代理想主义,占据国际关系思想的主导位置。在政治理论上,万民法所代表的古典政治理论让位于国家理性观念。近代国际法以国家利益为本位,以平等主权国家的协调意志为基础,帮助和促进各主权国家维护其国家利益和民族利益。② 在国际经济贸易上表现为重商主义。从中世纪到 19 世纪的欧洲各国可以视为一个国际共同体,该共同体具有共同的价值观、基督教传统和基本的国际规则等。但在资本主义发展到一定阶段后,宗教等力量已经无法干扰资本主义制度,资本主义已经脱离了从前的支柱并获得了主导地位,正如马克斯·韦伯所言:

---

① [荷] 格劳秀斯. 战争与和平法: 第 2 卷 [M]. 马呈元, 谭睿, 译. 北京: 中国政法大学出版社, 2016: 126.
② 参见王明远. 全球性环境问题的困境与出路: 自治还是他治?[M]. 北京: 清华大学出版社, 2014: 265.

我们已经无须将任何一种世界观和谋求利润的方式联系到一块儿。当前的资本主义制度能够摆脱一切宗教力量而独立存在，宗教在当下已经无法通过不合理的措施对经济生活造成巨大的影响。社会及商业利益，在这类状况下，一定会主导人们的态度和观念。①

由于理查德·科布登和约翰·布赖特在1838年成立的反谷物法联盟等工业联盟的利益冲击，英国的重商主义在19世纪上半叶最终消失，工业利益的联盟使得工业利益已经无须重商主义支持了。

（二）不利于国际经济交往

绝对主权理论出现早于相对主权理论，在国家主权理论早期占据主导地位，但事实上，主导时期并不长。20世纪初，绝对主权论仍然存在，体现为"国家中心世界观"，但事实证明这种绝对主权论在实践中很难满足国际交往的需要，国际联盟失败的部分原因就是绝对主权观念的影响。② 但国家主权原则在其后的学理和条约法的支持下不断得到确认和强化。近代国际法的国家主权原则和主权平等原则被现代国际法吸收，成为现代国际法的支柱性原则。

第二节 相对国家主权理论与海外经济利益保护制度

20世纪后半叶国家不断分裂③，威斯特伐利亚主权体系崩塌。在殖民地民族主义和种族平等观念带动下，大量殖民地改变其附属地位，成立民族自决基础上的民族国家。新自由主义思潮开始成为国际社会重视和推崇的制度来源。杰里米·边沁，拉沙·法朗西斯·劳伦斯·奥本海（Lassa Francis Lawrence Oppenheim，1858—1919）推动了相对主权理论出现和发展。

---

① [德] 马克斯·韦伯. 新教伦理与资本主义精神 [M]. 刘作宾, 译. 北京: 作家出版社, 2017: 53.
② 参见王中美. 经济主权散论——国际经济法的视角 [J]. 国际经济法学刊, 2004 (01): 410.
③ 1945年联合国会员国为51个，1994年为184个，增加了133个，而在此后的21年里会员国只增加了9个，2015年联合国会员国为193个。

一、相对国家主权理论的国际社会及其思潮

(一)雅尔塔体系和古典经济学

雅尔塔体系是对1945—1991年间国际政治格局的称呼,特点是:以美国和苏联两极为中心,在全球范围内进行争夺霸权的冷战,但不排除局部地区由两个超级大国直接或间接参与的战争。二战后初期,亚洲出现了民族独立运动的高潮。1947年8月,印度和巴基斯坦分别独立。20世纪50年代,埃及、阿尔及利亚等一些北非国家先后取得独立。20世纪50年代中期到60年代末,非洲大陆诞生了30多个独立国家,殖民时代终结。许多新兴民族独立国家不愿介入美苏之间的斗争,希望在两极化的国际格局中保持和平中立,采取不结盟的外交政策。越来越多的第三世界国家加入联合国,在国际政治地位提高的基础上,第三世界国家提出改变旧的国际经济关系,建立相互合作、平等互利的新的国际经济秩序的要求。20世纪70年代前后国际形势风云突变,美苏签署了《限制战略核武器条约》和《反弹道导弹条约》,逐渐结束军备竞赛。中国于1971年恢复了联合国的合法席位,随后又恢复了在联合国下属的各种专门机构的席位。

二战后旋即发生的冷战将世界被意识形态割裂成为两个部分:北约资本主义阵营和苏联社会主义阵营。国际社会围绕美苏两大阵营发生了很多大事件:推行马歇尔计划,建立民主德国,封锁西柏林,建立华盛顿体系,美国经济萧条,俄罗斯社会主义革命,朝鲜战争,越南战争,核威慑引发军备竞赛,古巴导弹事件等。各国在有核威慑的状况下基本实现政治共同安全,经济则主要在两极世界的背景下实现各自体系内的经济运行和安全。

世界贸易组织奉行古典经济学,建立在亚当·斯密的绝对优势理论、大卫·李嘉图的比较优势理论等经典理论之上。世界贸易组织的制度建立在完全的国际贸易自由基础之上,认为扩大对外贸易可以极大促进一国商品总量的增长,增加消耗品总量,但对外贸易不会直接增加一国的总价值。如果存在比较成本差异,国际分工可以带来劳动力节约和效率提高。世界贸易组织通过最惠国待遇的广泛推广和降低关税的制度安排,大幅促进国际贸易高速发展。20世纪中叶资本主义世界发生第二次工业革命,生产力和资本主义工商业大幅提升,资本主义世界市场最终形成。1950—1990年,世界经济增长了5倍,贸易量从

1250亿美元增长到7万亿美元，人口从25亿增加到50多亿。[①]

国际投资中的古典经济学理论脱胎于国际贸易研究，理论基于市场完全竞争的假设，认为各国资本丰裕程度存在的差异导致资本从利率低的国家流向利率高的国家，利率高低与否取决于资本供求关系。对外直接投资在二战后得到快速发展，美国成为当时世界最大的资本输出国，尤其1946—1955年间的资本输出超过了1919—1928年的两倍。

经济学理论界通常认为，古典经济学家们是主张自由主义的，这也是早期资本主义兴起时经济领域的主要指导思想。自由主义最早可以追溯至文艺复兴时期人文主义对于国教权威的对抗。自由主义作为一种思想体系，一直是西方资本主义国家正统的、官方的意识形态。[②] 经典意义上的理性自由主义从16世纪肇始于英国，英国光荣革命中的辉格党人声称人们拥有选择君王的权利，可以视为宣扬人民主权的先驱。自由主义追求保护个人思想自由的社会、以法律限制政府对权力的运用、保障自由贸易、支持私人企业的市场经济、透明的政治体制以保障少数人的权利。

（二）全球化和新自由主义

冷战后，世界上绝大多数国家进入国际社会，中美于1979年1月1日建立正式外交关系。中国于1980年3月和9月先后恢复了在国际货币基金组织和世界银行中的成员国地位。中国结束市场经济的社会主义和资本主义的争论，主动以经济发展进行改革开放。1991年12月25日，戈尔巴乔夫正式承认苏联解体，冷战结束。冷战结束后新诞生了20余个主权国家。1992年欧共体12国领导人签署了《马斯特里赫特条约》（Maastricht Treaty），欧盟成立。欧盟在欧共体的基础上，加入了共同外交和安全政策这一层面，经济上引入了中央银行体系和共同货币的设想。

全球化时代随之到来，经济要素、人员、资金和资产等方面的全球移动大发展，降低国际贸易壁垒成为各国共识，关税被腰斩，监管被弃置，各国政府互相竞争，对企业更加友好，更具有"竞争力"。新自由主义思潮在国际社会开始受到广泛欢迎，无论是在国际组织文件中，还是在英美等主要西方国家的对外政策中，新自由主义经济模式受到推崇。新自由主义形成了一种重要政治力

---

① 参见［美］理查德·哈斯. 失序时代［M］. 黄锦桂，译. 北京：中信出版社，2017：41.
② 参见毛瑞. 自由主义的人权观［J］. 黑龙江生态工程职业学院学报，2011（06）：142.

量,"经济自由"成为具有普遍规范性,横跨不同空间和时间维度的价值模式来审视政治正当性的终极标准。① 新自由主义认为政治不包含追求集体目标和集体利益,要求政府为个体有效地追求其自身目标创造条件。② 新自由主义进而在国际经济贸易和国际投资领域占据主导地位③,创造了一系列新的经济制度和管制规则,成为国际经济理论和国际法律规则制定方向上的主流思潮。

新自由主义与世界贸易组织所奉行的古典经济学非常接近,作为一种意识形态,得以较容易进入国际经济领域。20世纪70年代末之后,以美国为首的西方国家逐步营造了一个以新自由主义理论为指导的国际金融资本垄断集团利益的经济模式④,该经济模式伴随着发达国家在全球经济中的强势向国际社会扩展。其中以华盛顿共识对发展中国家的影响最为巨大。1989年,美国国际经济研究所的约翰·威廉姆森(John Williamson)对拉美国家的国内经济改革提出了10条政策措施,称作华盛顿共识(Washington Consensus)。华盛顿共识是以新自由主义经济政策为核心,以金融和贸易自由化、国有企业私有化为基础的经济发展模式。华盛顿共识主要针对拉美国家和东欧转轨国家,强调"私有化""市场化""自由化"和"全球一体化"。⑤ "华盛顿共识"出台后,美国国际金融垄断资本及其守门人加快了向全球推行新自由主义的所谓"改革"的步伐。

资本国际流动为国家主权原则内容提出了新需求。新自由主义强调的是国家对主权的理解、行使可以有更多的弹性,加之国际政治文化的变化,国家间在主权问题上也可以有更多的合作,这将能在更大程度上抑制战争与冲突。⑥

---

① 参见余成峰.宪法运动的三次全球化及其当代危机[J].清华法学,2016(05):82-83.
② 参见[英]郎·安德鲁.世界贸易组织法律与新自由主义:重塑全球经济秩序[M].北京:法律出版社,2016:1-6.
③ 参见王彦志.新自由主义国际投资机制初探——以国际机制理论为视角[J].国际关系与国际法学刊,2011(00):113.
④ 参见何秉孟.重拾"第三条道路"?——金融危机后美欧的政治思潮与经济选择[J].国外社会科学,2014(06):4-5.
⑤ 以美国为首的西方发达国家借"华盛顿共识"向拉美国家和东欧转轨国家输出新自由主义。进入21世纪以来,新自由主义在拉美退潮,美国和拉美的关系也降到了20世纪90年代以来的最低点。推行新自由主义导致这些国家国有资产大规模流失,经济主权受到削弱。参见孙若彦.后新自由主义时代拉美的反美主义及美拉关系[J].理论学刊,2016(03):111-117;胡运锋.中国特色社会主义与新自由主义的制度比较及启示[J].理论导刊,2016(10):20-24.
⑥ 参见丁松泉,张小敏.国际合作的新自由主义视角[J].国际关系学院学报,2004(03):4.

国家权力空间不再受制于领土的刚性,国家的权力空间边界更具弹性,更为柔韧。国家角色从坐享其成的"统治者"变成一个角逐资本的"竞技场",竞争的核心在于更为弹性的政治与经济资本。① 20 世纪 70 年代前后,国际经济法不再是对贸易制度现有进程的简单扩展和加强,而是对该制度进行真正的重建,包括消除先前的政治承诺和制度内的传统思想。新自由主义倡导"合作利益观"得到国际社会认可,相对国家主权理论得到认可,当然也出现了全球监管不平衡。

二、相对国家主权理论的主要特点

欧洲《罗马条约》签订前②,尤其是第二次世界大战前,战争对于一个国家来讲是有利可图的。《罗马条约》签订后,欧洲国家间更为相互依赖,预示着欧洲国家间的战争将不再有利可图。③ 二战后,主权国家平等原则得到进一步阐发,进入到联合国主权体系,有效地克服了一战后的国际联盟体系的弱点。

(一)重视国际法和国际组织作用

相对主权理论认为,国家主权不是一个无节制的、不负责任的强权,其必须受国际法的约束;而且只有通过国际法,国家主权的行使才能实现维护国家独立和国际社会秩序的目的。国家利益需要保持领土完整和政治独立,这是传统上最为受到重视的国家利益。随着国际社会新威胁出现,领土完整和政治独立也是可以放弃或者让步的。

现代国际政治和国际秩序主要产生于 20 世纪,无论是国际联盟、巴黎和会、华盛顿体系,都带有强烈的国际规则特点,制定符合世界市场统一趋势的国际经济规则成为各国社会的目标。④ 二战后,采取国际法的方式实现和稳定

---

① 参见胡燕,孙羿. 新自由主义与国家空间:反思与启示 [J]. 经济地理,2012 (10):5.
② 《罗马条约》(Treaty of Rome) 是欧洲一体化的重要法律条约。1957 年 3 月 25 日,在欧洲煤钢共同体的基础上,法国、联邦德国、意大利、荷兰、比利时和卢森堡 6 国政府首脑和外长在罗马签署《欧洲经济共同体条约》和《欧洲原子能共同体条约》,两条约被称为《罗马条约》。同年 7 月 19 日到 12 月 4 日,六国议会先后批准,条约于 1958 年 1 月 1 日生效。1967 年,欧洲煤钢共同体、欧洲经济共同体、欧洲原子能共同体的机构合并,统称欧共体。
③ ENGLE E. Beyond Sovereignty—The State After the Failure of Sovereignty [J]. ILSA Journal of International & Comparative Law,2008,15 (01):43.
④ 参见刘志云. 国家利益观念的演进与二战后国际经济法的发展 [J]. 当代法学,2007 (01):87.

国际秩序已经成为国际共识。国际法和国际制度的相继制定和推出，使新的世界政治和经济秩序得以建立，《联合国宪章》等国际条约构成了国际秩序的基本支撑制度体系。

二战后，国际社会总结短时间内发生两次世界大战的教训，对战败国帮扶重建和改造，通过围绕联合国成立一系列主要国际组织和地区性国际组织，在国际社会负责集体安全的维护，以及其他政治、经济和文化的国际协调与合作。国际组织在促进国家与国家之间的交流、达成国际合作、解决国际争端等方面发挥了巨大作用。全球治理依赖于政府间国际组织和非政府组织在国内和国际治理中的作用。① 国际组织和非政府组织可以弥补单纯依靠国家治理的不足，国际组织、非政府组织和国家不同层次的作用，可以促进平等协商，互谅互让，达成共识。② 例如世界贸易组织对于各国关于关税壁垒和非关税壁垒的降低和消除发挥了巨大作用，从实质意义上推动了国际贸易迅猛发展。

（二）保护和限制并行的领土主权

二战后，很多国家对领土主权采取了既保护又限制的做法，不再采取单方向地限制主权的做法。保护方面，现代国际法就预防、禁止和惩治侵略战争和侵略行为进行了专门立法，建立并不断完善了预防、禁止和惩治侵略罪行的法律原则、规则和制度，包括：彻底废弃国家的战争权、确认维护世界和平与安全为普遍性国际义务、构建和发展侵略惩治制度、明确了"侵略"的概念及其侵略行为等。国际社会的上述努力使得领土完整和不可侵犯得到国际社会公认，并赋予领土主权强大的法律屏障。③ 限制方面，国家不得允许任何人在其领土内从事有害他国的行为；国家不得自己或允许他人利用其领土作为对邻国进行颠覆活动或其他犯罪活动的基地；外交人员在驻在国享有外交特权和豁免权等。

"现代国际法之父"拉沙·法朗西斯·劳伦斯·奥本海在其代表作《奥本海国际法》中指出：从属地主权角度来看，有些国际法上的惯例也应尊重，如外交代表的治外法权、商船的通行权等，不得以属地权为由进行干预。从属人主权角度来看，侨居国外的人，虽然接受国籍国管辖，但是所在国政府权力所及

---

① 参见张才国. 新自由主义的意识形态色彩及其批判［J］. 探索，2007（04）：129.
② 参见朱景文. 全球化是去国家化吗？——兼论全球治理中的国际组织、非政府组织和国家［J］. 法制与社会发展，2010（06）：98.
③ 参见张晓芝. 论现代国际法对主权的强化与弱化［J］. 西北大学学报（哲学社会科学版），2008（06）：132-133.

事项仍然适用于该侨民，侨民所属国也应该尊重所在国的属地管辖权。① 英国法理学权威丹尼斯·罗伊德（Dennis Lloyd, 1915—1992）主张相对国家主权论，他批驳了奥斯丁的绝对主权论，他认为，不把"主权"看成主权者可以随性所至创设任何法律的无限权力，而是表现一个国家的独立自主、不受任何上级节制的法律术语更为恰当。②

（三）国家义务在人类共同关切事项上出现

二战后的"新国际法"是指在特定事项上创设出普遍性的，约束民族国家在对待本国国民的待遇上有义务的责任。也有学者主张将其称为"世界法"（World Law）或者"全球法"（Cosmopolitan Law）。③ 1969 年《维也纳条约法公约》第 53 条规定："一般国际法强制规律指国家之国际社会全体接受并公认为不许损益且仅有以后具有同等性质之一般国际法规律始得更改之规律。"意味着国际强行法的效力等级高于国际条约，具有更高的效力等级。起草会议上，阿马多（Amado）称，强行法不是只涉及两个或若干国家个体利益的规则，而是涉及国际共同体的整体利益，缔约国的个别利益必须受制于国际共同体一致承认的最高利益。④ 人权、奴隶制、种族歧视等可以产生"一个国家对国际共同体整体的义务"。1970 年"巴塞罗那电车公司"案判决中，国际法院提出"国家对国际共同体整体的义务"。

国际人权公约是新国际法首要关注的重要事项。早在第二次世界大战结束前，国际人权问题就在国际社会得到关注，并且将保护人权写入了《联合国宪章》。《公民权利和政治权利公约》（International Convention on Civil and Political Rights）赋予公民言论自由、政治团体自由、财产权、生命权、程序司法等权利；《经济、社会和文化权利国际公约》（International Convention on Economic, Social and Cultural Rights）规定了健康权、经济福利和劳动权等。上述两公约都是对一个主权国家内部的事项进行规范。在人权公约影响下，人权观念逐渐深

---

① 参见李天纲. 奥本海国际法 [M]. 岑德彰, 译. 上海：上海社会科学院出版社, 2017: 178.
② 参见 [英] 丹尼斯·罗伊德. 法律的理念 [M]. 张茂柏, 译. 北京：新星出版社, 2005: 148.
③ BEDERMAN D J. Globalization and International Law [M]. New York: Palgrave Macmillan, 2008: 3-54.
④ United Nations Conference on the Law of Treaties: First Session, Vienna, 26 March-24 May 1968, Official Records-Summary Records of the Plenary Meetings and of the Meetings of the Committee of the Whole, A/CONF. 39/11, P. 317.

入人心，国际人权组织的活动得到广泛认同，发生于一国境内的人权事件不再是不能被国际社会关注的事项。

（四）主权合作成为努力方向和现实路径

20世纪90年代以后，新自由主义已上升至超国家层级的规则体系，强调相互依赖和国际合作①，主张建设和巩固一个常规化的新自由主义政治体制，将新自由主义的治理技术、规则和实践经验充分制度化，并借助世界贸易组织和国际货币基金组织等国际性机构向全球扩散，试图减少资本跨界移动的障碍，打开其他国家的市场，供资本积累的全球运行。②

在主权相对论的指引下，出现了主权让渡理论。③ 主权让渡理论的基本做法是将主权这一概念进行层次化分类，区别身份意义上的主权与权能意义上的主权，身份意义上的主权不能让渡，权能意义上的主权可以让渡。以主权的领域为标准可以将其分为政治主权、经济主权和法律主权。以主权领域的敏感程度为标准，又可分为低级政治领域的主权和高级政治领域的主权，前者如经济、税收、反垄断领域，后者如国防、外交和法律等领域，这种划分让我们看到了不同性质的主权权力让渡的难易程度。④ 主权是一个统一体，同时也是可以解析与让渡的，否则就没有全球治理的可能性。⑤

主权让渡理论能够帮助国家在维护国家主权和参与国际合作之间找到平衡点，20世纪中叶开始的欧共体一体化进程就是主权让渡理论在国际社会的示范。欧盟各国构建起一种新的超国家联合体，既保障了各国的主权独立，同时又通过主权让渡这一机制，使部分主权得以共享。这一过程又基于各国的自愿加入或者退出而展开，使欧盟各国在传统与现实、自我与共赢之间找到最佳平衡点。⑥

---

① 参见丁松泉，张小敏. 国际合作的新自由主义视角［J］. 国际关系学院学报，2004（03）：1-2.
② 参见张家睿，宋雨儒. 新自由主义的危机与都市治理——从全球到地方［J］. 人文地理，2017（06）：40.
③ 主权让渡理论在学界尚未形成一种能被普遍接受的学说，对于主权是否可分、欧盟成员国主权让渡的范围和性质以及欧洲联盟的性质等问题，尤其对于主权是否可分的争论仍然十分激烈。
④ 参见葛勇平. 论欧洲联盟成员国的国家主权让渡［J］. 福建江夏学院学报，2013（02）：40-41.
⑤ 参见许章润. 政治立法的主权言说论纲：一个主要基于公民社会和公共空间的观察［J］. 中国法律评论，2014（01）：100.
⑥ 参见王铁崖. 国际法［M］. 北京：法律出版社，1995：93.

三、相对国家主权理论的局限和影响

(一) 内核中的现实主义

由于二战后冷战的影响,国际关系理论中古典现实主义崛起,成为20世纪40—60年代占主导地位的理论派别。古典现实主义的代表人物有修昔底德、马基雅维利,和20世纪英国的爱德华·霍列特·卡尔(Edward Hallett Carr,1892—1982)、美国的汉斯·摩根索(Hans J. Morgenthau,1904—1980)。

古典现实主义认为各国之间的利益冲突和实力不均等使得国家之间的权力争斗不可避免,国际关系的根本取决于权力对比。二战后,《联合国宪章》旨在阻止使用武力方式解决国家之间的分歧,通过建立的权力制衡和经济依赖等防护机制避免了直接冲突。国际关系学之父汉斯·摩根索认为,国际法不能够有效地控制和约束国际舞台上的权力斗争,《联合国宪章》等国际法文件,甚至有效性都成问题。他认为:

国际法是一种原始类型的法律,类似某些未开化社会如澳大利亚土著居民或北加利福尼亚州尤洛克人中所流行的法律。之所以说国际法是一种原始类型的法律,主要是因为它几乎完全是一种分散性的法律。[1]

汉斯·摩根索观察到:主权不是不受法律约束的自由,一个国家对外承担的国际法律义务不会影响该国的主权。主权也不是无视国际法的自由。参加和缔结国际条约并不构成主权丧失。主权在国际法范畴中不是权利义务平等的存在,例如一战后,战败国在军事机构规模、军备、赔偿、经济政策等方面承担义务,但它们仍然是主权国家。主权并不是在政治、军事、经济或者技术方面实际的独立。国与国之间相互依赖,或者在经济、军事上的实际依赖并不损害主权国家的主权。[2] 现实主义者如亨利·阿尔弗雷德·基辛格(Henry Alfred Kissinger,1923—)曾任美国总统国家安全事务助理、国家安全委员会主任、国务卿,在国际政治领域发挥了巨大作用。

---

[1] [美]汉斯·摩根索. 国家间政治:权力斗争与和平 [M]. 徐昕,郝望,译. 北京:北京大学出版社,2006:284.
[2] 参见[美]汉斯·摩根索. 国家间政治:权力斗争与和平 [M]. 徐昕,郝望,译. 北京:北京大学出版社,2006:320-321.

(二) 承认主权可部分让渡

经过两次世界大战的检验，由于核武器、科技革命和相互依赖的发展，世界贸易组织等国际组织的产生和发展，相对主权论较好地反映了国际社会的客观现实及国与国之间的相互关系，成为国家主权理论的主流观点。越来越多的西方学者认为传统的主权国家体系面临着新的挑战，国家主权不可转让的特征正在逐渐发生变化。严格的国家主权原则在世界民商事交往的背景下已经有所变化，人权、国际环境法等领域国家绝对主权已经并不严格。即使是最有权力的国家也可能由于保护其国际交往的自身利益，而在国际或多边利益组织（如经合组织）内牺牲其一部分自主权。正如我国国际法权威王铁崖教授所言：

坚持绝对主权最终将导致否定国际法或否定国家主权。那种不受任何法律的约束，不服从任何条件或限制的绝对主权只有超国家或者世界国家才可能有，然而这样的国家是不存在的。[①]

第三节　全球化时代的国家主权理论与海外经济利益保护制度

马克思和恩格斯在150年前做出的"国家的生产和消费必然成为世界性的"这一论断在今天成为现实。[②] 全球化的概念比较模糊，目前广为接受的概念认为全球化是一种体现了社会关系和交易的空间组织的转变过程，这一过程导致了洲际或区域内的活动，交往和权力的流动和网络的形成。[③] 全球化导致全世界人们不断增加的互动，体现在移民、旅游、贸易、投资、通信等多个领域，总体而言就是或好或坏的跨境影响。[④] 生产要素和服务要素的跨境流动不仅仅是由某些大国主导，广大发展中国家也参与全球生产和销售链，全球化成为世界各个国家都存在的情况。

[①] 王铁崖. 国际法 [M]. 北京：法律出版社，1995：106.
[②] 马克思恩格斯选集（第一卷）[M]. 北京：人民出版社，1972：255.
[③] 参见朱景文，冯玉军."法律与全球化——实践背后的理论"研讨会纪要 [J]. 法学家，2002（06）：116.
[④] 参见 [美] 埃里克·波斯纳. 全球法律主义的危险 [M]. 北京：法律出版社，2016：101.

一、全球化的国际社会及其思潮

全球化进程也带来了全球化挑战，在应对全球化挑战中，想达到的目标和已被证实可行性方案之间存在着差距。没有任何一个国家因为没有联合国的首肯，就放弃它认为有利于其国家利益的行为。① 2003 年伊拉克战争，美国未经安理会决议就发动了战争。在塞尔维亚问题上，美国和欧洲在明知俄罗斯会在安理会上否决武装干涉的情况下，转而将问题提交北约。全球性贸易扩大努力渐渐陷入困境。2001 年的世界贸易组织多哈回合没有达成任何一致。上诉机构法官任命出现障碍。许多国家国内对贸易协定的政治支持在下降，未来促进更加开放的世界贸易体系的前景并不明朗。国际货币基金组织在 2016 年 10 月发布的《世界经济展望》中指出，自 2012 年以来，贸易正以每年 3%的速度增长，不到过去 30 年的平均水平的一半。2011 年，罗德里克在《全球化的悖论》一书中得出结论，"我们不能同时追求民主、民族决心和经济全球化。"2016 年的美国总统大选和英国脱欧公投，为这一论断提供了有力的证据。数百万人投了票，对那些支持更多全球化的运动和机构表示了反对。《全球不平等》（Global Inequality）是发展经济学家布兰科·米兰诺维奇（Branko Milanovi）2016 年出版的一本书，研究认为，相对地来说全球化带来的最主要好处就是，在中国大陆产生的"新兴中产阶级"在不断壮大。但是其所带来的坏处也在于此：绝对地来说，获得最大的收益的、人称"1%"的那部分人，有一半在美国。经济学家理查德·鲍德温（Richard Baldwin）在他最近的一本书《大合流》（The Great Convergence）中指出，全球化带来的收益几乎全都集中到了六个国家。

对于罗德里克和沃尔夫来说，对全球化的政治反应有深刻的不确定性。沃尔夫说："我真的很难确定，我们生活中的这个转变，究竟是昙花一现，还是对于整个世界的根本而深刻的转变，至少跟一战或者十月革命一样重要的转变。"② 他还提到了，他与萨默斯等经济学家已经达成共识：把重点从全球化转移开，已经是一项政治上的优先任务；继续追求更大程度的自由化，对西方世界已经开始不稳定的政治局面而言，无异于火上浇油。罗德里克指出，政治人物和经济学家终于认识到了一个问题，那就是必须通过再培训和更健全的国家

---

① 参见［美］理查德·哈斯. 失序时代［M］. 黄锦桂，译. 北京：中信出版社，2017：136.

② 参见［英］尼基尔·萨瓦尔. 全球化：席卷全球的思潮的兴与衰［N］. 王瞳，译. 卫报，2017-09-14.

福利，对在全球化浪潮中的利益受损的人做出补偿。2019年12月新型冠状病毒肺炎全球大流行后，全球产业链面临挑战，很多国家国际贸易和投资出现衰减。

（一）发达国家难以解决全球经济不平衡难题

新自由主义路线的国际法已经背离了二战后预想中的国际经济新秩序方向，国际法从平衡状态走向了有利于美国的双重标准。① 在国际贸易领域，美国在倡议贸易自由化的同时，拒绝谈判美国国内的农业补贴和配额为代表的农业保护主义。不同的国家、同一国家的不同群体对全球化，特别是对国际规则制定态度差异很大，实际获益与否也有很大不同。② 美国农产品补贴的受益群体是美国农民群体，但韩国农民就会因利益受损而奋起抗争。在国际投资领域，一方面美国拒绝外国人收购美国能源、银行、航空公司等企业；另一方面，主张其他国家出售关键部门的控制权。

新自由主义不仅在20世纪末的世界贸易组织合法性危机中受到重挫，而且被认为是"9·11"事件反映出的全球风险危机的理论原因。③ 随着美国2011年9月进行的"占领华尔街"运动升级，人们对新自由主义的批评达到高潮。④ 沃尔夫说，在过去很长一段时间内，西方经济发生的变化对男性非技工和半熟练技工带来了负面影响，他们的愤怒因此而生。"在工业领域，大量'好工作'消失了，"他说，"以英国为例，50年前大约40%的劳动力受雇于造船、钢铁等制造业，而现在这一比例下降到10%，类似情况发生在美国、法国、德国。"20世纪70年代以来，欧洲和美国低技能工人的实际工资大幅下降，降幅达到20%以上。工人的失业率提高，工作时间也有很大波动。全球化进程应该担负更多的责任。尤其是，发展中国家和发达国家工人之间的竞争，降低发达国家工人的工资，提高了他们失去工作的可能。随着时间的推移，他们将一再被迫面对这样的情境：要么他们就得接受，他们所在的企业可能离开，到世界上的另一个角落去寻找更便宜的劳动力；要么他们就得被迫接受更低的工资，否则就失

---

① 参见［美］迈克尔·赫德森，查林，等. 美国金融霸权与新自由主义［J］. 国外理论动态，2006（07）：8.
② 参见朱景文. 关于法律和全球化研究的几个有争议的问题［J］. 南京社会科学，2010（01）：107.
③ 参见乌尔里希·贝克，王武龙. "9·11"事件后的全球风险社会［J］. 马克思主义与现实，2004（02）：79.
④ 参见何秉孟. 重拾"第三条道路"？——金融危机后美欧的政治思潮与经济选择［J］. 国外社会科学，2014（06）：8.

业。民意调查显示，他们的焦虑和不安全感越来越强烈，所带来的政治影响也越来越明显。

(二) 发展中国家让渡经济主权的后果并不如意

广大发展中国家认识到新自由主义下的主权观，将严重削弱发展中国家的经济主权，损害发展中国家的经济基础和经济稳定，破坏发展中国家经济安全支柱。[1] 新自由主义对国家安全的负面影响并非臆想，而是现实发生在东欧和拉美国家的现实。冷战结束后，西方发达国家在发展中国家推广自由主义后，不管是拉美地区、东欧地区，还是东南亚地区，在经历了短暂的经济复苏后从原来的经济滞胀又掉进了经济增长减速甚至衰退的陷阱。[2] 资料显示，拉美地区在20世纪90年代后，经济增长经历了一个前高后低、逐步衰退的态势：1991年至1994年，经济增长率尚有不足4%，1998年后接连爆发经济或金融危机，经济增长开始下滑并衰退，1999年和2001年经济增长率仅为0.5%和0.3%。被称为推行新自由主义"重灾区"的阿根廷，经济增长更是由此前30年年均增长5.6%，转而陷入经济停滞。与此相应，拉美地区占世界经济总量的比重，也由1960年的8%跌到21世纪初的4%。在原苏东地区，新自由主义政策导向的经济转型带来的后果也相当严重：俄罗斯1989年的GDP曾是中国的2倍多，而在推行新自由主义改革10年后，GDP却仅为中国的1/3。[3]

20世纪90年代，一个国际联盟开始反对全球化，媒体称为"反全球化"运动，参与者则自称为"另类全球化"（Alter-Globalization）或"全球正义"运动。这一运动指出自由贸易政策会带来的毁灭性影响，尤其是对发展中国家，而全球化本应发挥有益的作用。1999年，这一运动达到了高潮：一个由工会和环保人士组成的独特联盟，使在西雅图举行的世界贸易组织会议被迫中止。目前对经济主权让渡的质疑比较多，甚至有学者认为战后构建的国际经济组织，包括世界银行、货币基金组织和世界贸易组织都已经沦为霸权主义的工具，主要为了并且实际上也是实现了美国等发达国家的利益，而非广大发展中国家的利益。

---

[1] 参见张伟. 试论新自由主义危害与发展中国家的经济安全［J］. 河北经贸大学学报，2016（05）：116.

[2] 参见胡运锋. 中国特色社会主义与新自由主义的制度比较及启示［J］. 理论导刊，2016（10）：22.

[3] 参见李文. 新自由主义的经济"成绩单"［J］. 求是，2014（16）：48-51.

二、国际主权理论的全球化挑战

理论上全球化需要各国达成全球治理的共识，形成国际规则，进而继续创新国家主权理论，推进全球治理。然而，全球化趋势下国际法发展迅速且呈现碎片化，除了传统的国际公法、国际私法和国际经济法之外，还出现了若干新的分支，如国际人道法、国际环境法、国际组织法、国际行政法、国际刑法、海洋法、外空法等。在这种情况下，修复碎片化，适应相互联系和相互依赖的国际社会要求，成为国家主权理论需要解决的问题。

（一）国家主权理论无法满足全球治理的需要

全球治理概念主要是针对国家主权的治理方式不足而提出的。① 国际社会治理也就是全球治理，是指对某一全球性的问题通过不同的层次的共同努力，通过多种不同的方法所进行的综合治理。② 全球化要求从全球的视角，而不是单个国家的视角看待不同国家的法律发展。

传统上，维护主权主要是采取武力或者外交途径进行，国际法后来成为国际社会治理的重要工具。在一个利益和价值多元化的国际社会，没有国际规则是不可想象的，同时倡议等软法性质的国际法发挥辅助作用。全球治理之所以要发挥国际组织的作用，只是为了弥补单纯依靠国家治理的不足，而不是取代国家治理。③

20世纪末，新自由主义在全球范围内遭遇失败后，有学者提出在国际关系和国际法中，主权概念并无必要。④ 国际法学界主要两个学派——全球主义学派和国家主义学派同样不看好全球治理，他们认为全球治理更多的是现实主义者隐藏在人权事项后面的政治权力宣言。⑤ 第三次否认主权的思潮是基于全球

---

① 参见朱景文. 反恐与全球治理的框架、法治 [J]. 华东政法学院学报, 2007（01）: 131.
② 参见 [澳] 克里斯托夫·阿尔普, 孙潮等. 全球化与法——一个形成中的交接点 [J]. 南京大学法律评论, 1997（01）: 12.
③ 参见朱景文. 中国特色社会主义法律体系: 结构、特色和趋势 [J]. 中国社会科学, 2011（03）: 39.
④ JACKSON J H. The Great 1994 Sovereignty Debate: United States Acceptance and Implementation of the Uruguay Round Results [J]. Columbia Journal of Transnational Law, 1998, 36: 157.
⑤ SCHEUERMAN W E. Globalization, Constitutionalism, and Sovereignty [J]. Global Constitutionalism, 2014, 3（01）: 102.

化理论对国家主权的挑战，实际上这是一种对全球化的片面理解，一种被全球化的实践不断纠正的误读。尽管随着全球化的进程，国际组织的作用在日益加强，在某些领域甚至对国家主权起到限制的作用。但是，国家在全球治理中担当着任何组织或个人都不可替代的角色。全球治理的任何一个问题，离开国家的作用是根本不可想象的。国家资源主权权利和不损害国外环境义务原则的形成可能代表着国家主权概念在当代的最新发展，使得国家主权这个具有 400 多年历史的概念在 20 世纪后半期出现重要的嬗变。

在全球合作实践中，在部分或者全部主权特权失去时，全世界并没有形成一致意见。① 过去 10 年来，欧盟的影响日渐式微，各国保持对外政策和国防政策的控制，在情报和执法领域也各自为政，经济上也缺乏真正的机构性改革，经济问题丛生。② 时至今日，第二次世界大战以来的世界规则、政策和机构大都走到了尽头，这是无可否认的情况。当前，国际局势正经历着冷战结束以来最深刻的变化，在和平与冲突、发展与衰退、开放与孤立、自由与保守、全球化与逆全球化之间，各国再次面临重大的权衡与选择。③ 国际和国内都出现两极分化现象，全球化造成了失业和工资下降；民族主义有所抬头。如果不做出改变，很可能在政治上带来更糟糕的后果。

（二）领土与国家主权的关系需要重新界定

传统上，国家主权理论演变都伴随着重申国家领土边界和国家之间的不同的方式出现。④ 1933 年《蒙得维的亚国家权利义务公约》将国家应具有确定的领土作为国家成为国际社会主体的四个因素之一。⑤

但在全球化背景下，人员、资本和企业活动跨越国境已经成为常态，频繁发生，领土和国境已经不能成为资本、劳动、信息和思想的阻隔墙，事件的潜在或最终后果不仅仅影响本地，通过全球化传送机制，历史上的主权国家境内

---

① 参见［美］理查德·哈斯. 失序时代［M］. 黄锦桂，译. 北京：中信出版社，2017：98-100.
② 参见［美］理查德·哈斯. 失序时代［M］. 黄锦桂，译. 北京：中信出版社，2017：130-131.
③ 参见陶文钊. 中国的改革开放与有利国际环境的积极营造［J］. 国际展望，2018（03）：10.
④ STACY H. Relational Sovereignty［J］. Stanford Law Review，2003，55：2043.
⑤ 其他三个因素为：永久的人口、政府和与其他国家签约的能力。

事件，延伸范围和影响是全球性的，事实上降低了地理上领土的作用。[①] 世界不再被与地理概念叠加的种族渊源所单一划分，而是快速的全球通信和洲际间移动。国家间呈现的是相互依赖的状态，为适应这种相互依赖的国际关系，需要发展国家主权理论与此相适应。[②]

近年来，以领土为界的主权概念逐渐淡出[③]，但全球化没有像重建或重新排序那样多地消灭空间或领土的差别（地区、国家等）。[④] 全球化所带来的距离、密度与分割，并没有瓦解民族国家本身，反而重塑了国家空间、政府治理的尺度与范围。[⑤] 领土因素在私权中弱化的原因多样，有跨国公司的私人主体的对地域和规范权力的联系的放弃，有国际、区域和非政府的组织发展适用于跨界活动的、远离以地域主权为基础的法律发展，有商务活动管辖权联系的多样性和网络与电子商务的非管辖权性质动摇了传统认为主权的主导方面。[⑥]

主权的领土性在私权领域呈现出弱化现象，经济全球化对传统主权国家之间规范权力的分配提出挑战。如果说过去的主权之争主要集中于政治独立与领土完整，当代的主权理论则更注重于经济内容。[⑦] 全球化引起当代世界法律的深刻变革，变革首先发生在国际贸易和国际投资领域，转入国际金融领域、跨国公司治理、全球劳动标准、全球技术标准、国际知识产权等领域，又波及跨国犯罪、国际反恐、国际反腐败、反人道主义犯罪、保护文化多样性、人员跨境流动、国际互联网和环境治理等一系列领域。在这些领域的治理，需要所有国家的共同努力，通过进行制度性的、规范性的治理，这样就形成了与上述领域相适应的法律全球化。[⑧] 也就是说，法律全球化被全球化进程所催生，并将反作用于全球化。

---

① KU J, YOO J. Globalization and Sovereignty [J]. Berkeley Journal of International Law, 2013, 31: 212.

② ENGLE E. Beyond Sovereignty—The State After the Failure of Sovereignty [J]. ILSA Journal of International & Comparative Law, 2008, 15 (01): 43.

③ PARRISH L. A. Changing Territoriality, Fading Sovereignty, and the Development of Indigenous Rights [J]. American Indian LawReview, 2007, 31: 302-305.

④ 参见［英］约翰·克拉克，晏荣. 后新自由主义？——市场、国家和公共福利的重塑 [J]. 当代世界与社会主义, 2013 (03): 162.

⑤ 参见胡燕, 孙羿. 新自由主义与国家空间: 反思与启示 [J]. 经济地理, 2012 (10): 3.

⑥ 参见宣增益. 国际私法中主权原则的承载及变迁 [J]. 政法论坛, 2006 (01): 96.

⑦ 参见王中美. 经济主权散论——国际经济法的视角 [J]. 国际经济法学刊, 2004 (01): 411.

⑧ 参见朱景文. 关于法律和全球化研究的几个有争议的问题 [J]. 南京社会科学, 2010 (01): 103.

法律全球化既是经济、政治和文化全球化的法律表现，又是其保证。①

从海外经济利益保护角度来讲，一个国家内部存在承载他国利益的个人、企业及其活动，东道国在进行社会管理时，应该充分考虑到这些利益诉求，在社会管理时充分保护外国相关利益主体的诉求。当属地管辖和属人管辖存在冲突时，甚至虽然不存在二者的冲突时，应该在社会管理时不损害其他国家及其公民法人和组织的正当利益。

---

① 参见朱景文. 法律全球化：法理基础和社会内容 [J]. 法制现代化研究, 2000, (06): 342.

第三章 海外经济利益保护制度的一般理论

海外经济利益是国家利益的重要组成部分。在遵循国家主权原则基础上，海外经济利益保护制度需要面对多重正当性考察，既要满足国际法上的正当性，也不能忽视本国法和东道国法的正当性需求。多重正当性要求海外经济利益保护制度遵循国际法基本原则，尊重利益保护的重要原则，注重保护制度有效运行的基本关切等一般理论问题。

第一节 海外经济利益保护的内涵和多重正当性考察

"海外利益"一词最初作为国家利益的一部分，在政治学中使用。政治家们使用国家利益阐述政治活动和政治主张时，经常出现扭曲滥用的情况。① 从国际政治领域进入国际关系领域，国家利益成为现代国际关系理论研究的核心概念，但国家利益概念的具体含义并不清晰。

一、海外经济利益保护的解读

《美国国家利益报告》中将经济利益划分为三个层次："确保国际贸易和投资体系的活力与稳定"是美国"至关重要的利益"；"最大限度地增加国际贸易与投资对美国国内生产总值增长的贡献"是"极其重要的利益"，"所有国家降低正式和非正式贸易壁垒""保护并促进如信息技术领域等国内战略性部门的生产能力"是"重要的利益"。从法学角度定义，海外经济利益是指一国公民、法人和其他社会组织向海外投资，形成的位于境外的经济项目的安全和估值，表

---

① FRANKEL J. National Interest: A Vindication [J]. International Journal, 1968, 24: 717.

现为项目、财产、劳动者或雇工①、信息数据、知识产权、资源和市场等。

(一) 我国海外经济利益保护的概念解析

历史上,中国并未明确地区分国内和国外事务,一般认为世界秩序更多的是中国国内秩序的必然结果。② 认为国家利益指"一切满足民族国家全体人民物质和精神需要的东西","在物质上,国家需要安全与发展,在精神上,国家需要国际社会的尊重与承认"。③ 国家利益是个广义的概念,国家的境内利益和海外利益构成国家利益整体。④

1. 我国海外利益保护起源于经济利益保护

海外利益保护引起中国社会关注缘于 2004 年的巴基斯坦恐怖袭击事件。2004 年 5 月 3 日,中港集团所属第一航务工程勘察设计院 12 名工程师乘车前往巴基斯坦瓜达尔港口工地,途中遇路旁一无人车辆发生爆炸,导致中方车辆严重受损,3 名工程师死亡,3 人重伤,6 人轻伤。同年 5—10 月,巴基斯坦再次发生了 2 起带有政治目的的威胁中国人安全的恐怖袭击事件,震动了中央高层。2004 年 7 月,外交部成立涉外安全事务司,国务院会议研究加强境外人员和机构的安保工作。

中国政府提出海外利益保护的初衷是要保护中国公民和企业在海外的生命和财产安全,尤其是要减少对非国家行为体的袭击造成的人员伤亡和财产损失。⑤ 我国国防部发布白皮书提出保护海外能源资源、战略通道安全和海外机构、人员、资产安全这三大经济利益重点。⑥ 以美国科学情报研究所的 Web of

---

① 劳动者或雇工的人身权与财产有一定关联性,人身权的享有直接决定或影响财产权的享有及行使,对人身权的损害带来受害人和所属法人和其他社会组织的财产性损失。
② 参见 [美] 塞缪尔·亨廷顿. 文明的冲突 [M]. 周琪, 译. 北京: 新华出版社, 2017: 266.
③ 参见阎学通. 中国国家利益分析 [M]. 天津: 天津人民出版社, 1997: 10-11.
④ 西方学者认为国家利益是指国家在国际社会的利益,国家的内政外交仍然是相互分离状态,各自按照各自的逻辑运行,国内政治按照等级制原则组织运行,追求民主和正义,而国际政治按照无政府状态原则组织运行,追求权力与利益。国家在国内不存在国家自己的利益。参见 [美] 亚历山大, 等. 国际政治的社会理论 [M]. 上海: 上海人民出版社, 2000; 李志永. 自主性外交理论: 内外联动时代的外交行为与外交战略 [M]. 北京: 中国社会科学出版社, 2016.
⑤ 参见肖河. "一带一路"与中国海外利益保护 [J]. 区域与全球发展, 2017 (01): 26-27.
⑥ 参见陈积敏. 论中国海外投资利益保护的现状与对策 [J]. 国际论坛, 2014 (05): 39.

Science 中发表于 1994—2015 年间关于海外利益研究的 448 篇英文文献为数据源，利用可视化工具 CiteSpace 的计量分析表明：海外利益的研究热点主要集中在国际金融、对外贸易、直接投资三大方面，模型、外汇、货币政策、对外直接投资是研究焦点和前沿。[1] 海外利益保护侧重于合法经济权益的狭义解释更符合中国政府的实际关注和意图。[2] 现阶段我国海外利益保护是在以经贸投资利益带动并以经贸投资利益为首要表现形式，保护海外经贸投资利益是海外利益保护的核心和最重要组成部分。

国际社会上我国的政治利益、安全利益、文化利益早已经存在，属于传统的海外利益，早于我国海外经济利益保护问题单独存在。2004 年后我国提出的海外利益保护是以经济利益为中心的相关海外利益，传统的政治利益、安全利益、文化利益等海外利益需要适当调整方向，将承载主体扩大至海外公民、组织和中资企业，为海外经济利益保护提供辅助。

2. 海外经济利益是海外利益中必不可少的组成部分

海外利益是国家利益突破国土界限而形成的，是境外的国家利益。在此基础上，中国学者根据不同的认识，对海外经济利益进行定位。共同之处在于，所有学者对海外经济利益是海外利益的组成部分未有质疑。区别之处在于，对海外经济利益在海外利益中是否占据中心位置持有不同观点。

（1）将海外经济利益作为海外利益的一部分。大海外利益观将海外利益区分为海外政治利益、海外经济利益、海外安全利益和海外文化利益等。[3] 陆俊元将国家安全利益划分为政治安全利益、军事安全利益、经济安全利益，其中政治安全利益内容广泛，包括政治稳定、主权独立、国家统一、民族关系稳定等；军事安全利益着重表现为维护领土完整、捍卫祖国统一、防范军事威胁以及军控和防止核扩散；经济安全利益涵盖金融安全、稳定的资金来源和良好的投资环境、资源安全特别是能源安全、市场安全、运输线安全、海外投资安全等。[4] 陈晔提出"海外利益基本内涵分为海外经济利益、海外政治利益、海外

---

[1] 参见项文惠. 海外利益研究热点、趋势及理论基础的知识图谱［J］. 浙江工业大学学报（社会科学版），2016（04）：389-392.

[2] 参见肖河. "一带一路"与中国海外利益保护［J］. 区域与全球发展，2017（01）：25-27.

[3] 持有此种观点主要著述有：阎学通. 中国国家利益分析［M］. 天津：天津人民出版社，1996：23；毕玉蓉. 中国海外利益的维护与实现［J］. 国防，2007（03）：7-8；曾卓. 中国海外利益面临的主要风险及保护［J］. 江南社会学院学报，2013（03）：52-57.

[4] 参见陆俊元. 界定中国国家安全利益［J］. 江南社会学院学报，2001，3（02）：19-25.

安全利益、海外文化利益和海外资源利益",同时比较突出海外资源利益的重要性。① 郎帅认为,海外利益包括海外经济利益(主要表现为进出口贸易、对外投资和国际金融三类),海外政治利益(主要指中国所享有的国际地位、获得的国际认可以及赢得的国际支持),海外人员安全,海外国家形象,国际战略通道安全。② 这种分类方式将传统的外交和军事列入其中。唐昊认为,中国海外利益可以划分为四类:国家安全利益、海外公民权益、海外商业利益和国际社会认同。③ 摒弃了外交、军事等政治利益,更有利于集中考察研究海外利益,防止了海外利益概念过大导致的研究泛化。凌胜利将海外利益分为政治、经济、外交、军事四大领域。④ 吴超对此问题持更加宏观的态度,认为海外利益分为海外政治利益、海外经济利益、海外安全利益和海外文化利益等,其中海外政治利益、经济利益和安全利益可视为重大海外利益范畴,是海外利益拓展和维护需要重点关注的方面。⑤

(2)以海外经济利益为核心认识海外利益,认为海外利益主要是海外经济利益和与之相关的人员安全等利益。于军等将海外利益划分为海外经济利益、海外资源利益、海外制度利益、海外文化利益、海外安全利益五个方面。⑥ 陈志武认为,"中国的海外利益包括人员生命安全、财产安全、资源供应、海外市场拓展等四个方面"。⑦

3. 海外经济利益侧重保护私主体的正当利益

"海外利益保护"一词中"海外利益"并非国家利益的自然拓展,多元主体说认为海外经济利益不同于国家利益,国家利益仅仅是国家层面的利益,而海外经济利益主要是非国家行为主体所持有的局部利益,海外利益这一概念的范畴要比国家利益中的海外部分宽广。国家海外利益是从国家层面即中央政府视角所关注的关系到国家总体利益方面的具体利益,海外利益包含了从社会各个层面即官方和民间、机构和个人各种视角所关注的各种局部利益方面

---

① 参见陈晔. 试析中国海外利益内涵及分布 [J]. 新远见,2012 (07):41-48.
② 参见郎帅,杨立志. 中国海外利益维护:新现实与新常态 [J]. 理论月刊,2016 (11):119-122.
③ 参见唐昊. 关于中国海外利益保护的战略思考 [J]. 现代国际关系,2011 (06):1-8.
④ 参见凌胜利. 中国周边地区海外利益维护探讨 [J]. 国际展望,2018 (01):31-50.
⑤ 参见吴超. 我重大海外利益发展现状及对策思考 [J]. 国防,2017 (02):21.
⑥ 参见于军. 中国海外利益蓝皮书 [M]. 北京:世界知识出版社,2017.
⑦ 参见周程. 审视中国的海外利益——耶鲁大学教授陈志武访谈 [J]. 海内与海外,2006 (01):24-29.

的问题。① 中国海外经济利益是指中国企业、社会组织和公民通过全球联系产生的、在中国主权管辖范围以外存在的、主要以国际合约形式表现出来的中国国家利益。②

(二) 海外经济利益在国际利益布局中的位置

传统上一般认为，经济利益并不是国家利益的最重要组成部分。第二次世界大战之后在国际关系理论与实践占据主导地位的是古典现实主义，他们秉承"权力利益观"，认为权力是国家利益的基本保证，国家利益通过权力得以实现。著名美国政治学家、国际法学家、国际关系理论大师汉斯·摩根索强调，"国际政治的最终目标不论是什么，但权力总是其最直接的目标。争取权力的斗争在时间和空间上都是普遍存在的，是不可否认的经验事实"③。在古典现实主义者看来，经济利益尚未成为国家利益的构成因素，即使有所考虑，也不会是最重要的因素。政治利益，包括对其他国家的民主、人权的支持或否定，对国家来讲是更为重要的因素。20 世纪 60 年代普渡大学将国家利益划分为五类目标：安全利益、发展利益、稳定利益、公正利益和自由利益④，其中并没有经济利益的分类，经济利益被隐含在发展利益中。

当代国际社会中，各国不再以军事和地域征服为首要目标的取向。《联合国宪章》要求，在威胁到国际和平和安全的争端中，涉事国应"通过谈判、调查、调停、和解、仲裁、司法解决、区域机构或协议，或自行选择的其他和平方法求得解决"。联合国安全理事会负责落实《联合国宪章》的规定，负有维护国际和平和安全的首要责任。联合国成员国领土完整和主权地位不容侵犯，已经成为世界秩序传统理念和方法的基石。⑤ 在核威慑的情况下，大国之间发生热战的可能性极低，各国清醒认识到核战争造成的损失是任何利益都无法填平的。

20 世纪 80 年代后，新自由制度主义和新现实主义兴起，两派都认为国家利益包括国家安全和经济福利。新现实主义仍然坚持国际社会处于无政府状态，

---

① 参见陈伟恕. 中国海外利益研究的总体视野——一种以实践为主的研究纲要 [J]. 国际观察, 2009 (02)：9.
② 参见苏长和. 论中国海外利益 [J]. 世界经济与政治, 2009 (08)：13-14.
③ 参见 [美] 汉斯·摩根索. 国家间政治：权力斗争与和平 [M]. 徐昕, 郝望, 译. 北京：北京大学出版社, 2006：55.
④ FILIO C P. Foreign Policy and the National Interest [J]. World Bulletin, 1987, 3：7.
⑤ 参见 [美] 理查德·哈斯. 失序时代 [M]. 黄锦桂, 译. 北京：中信出版社, 2017：42.

国家关注的核心仍然是权力、安全和生存问题，经济利益的实现最终是为国家安全。与新现实主义不同，新自由制度主义提出了"合作利益观"，认为关注权力的经济根源、经济利益的获取以及经济权力的转换更具有解释意义。① 新自由主义的国家利益观来源于对商业自由主义的有条件的接受以及对复合相互依赖的概念的坚持，他们认为经济开放与经济利益的获取是产生和平的必要条件，从而将经济利益纳入国家利益的内涵。② 新自由制度主义也并不认为国家经济利益是国家利益的最重要组成部分，其关注经济利益的最终目的仍然是解读权力。

（三）海外经济利益保护与相关利益保护的关系

传统的海外政治利益、海外安全利益基本停留在国家主体方面，随着经济因素成为国家综合国力的重要组成部分，需要将海外经济利益的承载主体——跨国企业和个人纳入海外政治利益、海外安全利益的考虑范畴。

传统海外政治利益是海外利益保护的重要组成部分，也是国际关系的首要组成部分，但在传统海外政治利益保护中，法律的作用并不显著。英国法学家戴雪坦率地表述了政治和法律的二元论③，且二者逆相关。国际法发挥的作用相当有限，国际法通常在政治利益越小的领域发挥的影响越大，在政治利益越大的领域里影响越小。传统国家政治利益更多地体现为领土主权、军事安全等方面④，保护方式是外交保护和军事保护。对非国家行为主体的海外经济利益进行外交保护、领事保护和军事保护，是传统的海外政治利益保护方式的延伸。

海外安全利益保护的传统承载主体是国家元首、政府首脑、外交官员、外交使团、驻外使馆等国家行为主体，保护方式是以外交保护和军事保护为主，司法保护为辅。在海外安全利益保护中增加对中资跨国企业和海外中国公民等非国家行为主体的保护，面临受害主体少量高频的特点，外交保护和军事保护并不现实，即使采用非战争军事行动也困难重重，东道国的社会安全保护机制

---

① 参见刘志云. 国家利益观念的演进与二战后国际经济法的发展 [J]. 当代法学，2007（01）：85-86.
② 参见刘志云. 国家利益理论的演进与现代国际法——一种从国际关系理论视角的分析 [J]. 武大国际法评论，2008（02）：33.
③ 参见 [日] 篠田英朗. 重新审视主权：从古典理论到全球时代 [M]. 戚渊，译. 北京：商务印书馆，2004：62.
④ 参见 [美] 理查德·哈斯. 失序时代 [M]. 黄锦桂，译. 北京：中信出版社，2017：39-40.

尤其重要。一国领域内，社会安全保护机制通常主要依靠法律制度范畴内的权利维护手段达成，如警察机关执法、司法机关司法和社会安全保卫行业的日常安保等。

海外文化利益是通过国外民众对一个国家的文化产品、道德传统、思想观念、国民素质等文化软实力的正向感知与评价，进而给该国带来的收益，包括文化产业所带来的直接收益，和文化软实力的提升带来的积极影响。① 提升正向感知与评价的传统手段是国际文化交流。海外文化利益和海外经济利益的关联相对间接和隐性，海外中国企业和公民的文化利益保护主要通过规范企业和公民的行为的行政管理手段，和帮助维权的外交和领事保护手段进行。

二、海外经济利益保护的多重正当性考察

正当性是一种获得社会认可的规范性内在，具备正当性的制度可以由义务主体源于内在认可，而不是仅仅根据国家暴力而得到尊重和落实。相互渗透的全球经济背景下，海外经济利益保护成为全球治理的重要部分。受到国际主权原则的制约，资本输出国对海外的公民、组织和项目进行法律保护，需要在本国立法、适用和司法过程中贯彻正当性考察。海外经济利益保护制度的正当性来源于国际社会、资本输出国和输入国的多重正当性。

（一）国际法上的正当性考察

国际法的合法性在于是否能够保证国际秩序稳定。国家会因为在客观利益和主观价值观方面的差别，对一种具体的国际秩序是否具有正义性无法达成共识。② 从人类生存需求的角度讲，建立国际秩序本身具有天然的正义性，但这并不意味着每一种具体的国际秩序都是正义的，这是两个不同层次的问题。为了人类生存需求建立的国际秩序的正义性，是针对无秩序状态下的战争而言的；而国际秩序是否具有公平正义性，则是针对有了秩序后其对所有人是否公平而言的。③ 国际法的合法性与国内法律的合法性含义和要求并不完全一致，国际法的合法性是指规则所具有的强制性和精确性如何，以及在多大程度上解决冲

---

① 参见李海龙. 中国海外文化利益维护研究 [J]. 行政管理改革，2021（08）：57-63.
② 参见阎学通. 无序体系中的国际秩序 [J]. 国际政治科学，2016（01）：11-12.
③ 参见阎学通. 无序体系中的国际秩序 [J]. 国际政治科学，2016（01）：11.

突的权力能够委托给第三方实施。①

尽管国际法在势力接近的平等国家之间更加强固，在势力不等的国家之间，以权力代替法律的引诱似乎很大②，但国际法仍然需要正当性支撑。国际法律规范中，许多道德性、价值性的准则占据了国际法律规范的大幅比例，甚至基本上由这种道德性或价值性的规范所组成，诸如《国际法原则宣言》《各国权利与义务宪章》《世界人权宣言》《斯德哥尔摩宣言》等许多对国际社会产生重大影响的重要国际文件。国际法发展的历史经验表明，尽管在很多时候，国家确实是在基于自身的权力、为了自身的利益而左右着国际法的方向和进程，但是国家始终用公正和善良的名义提出自身的国际法主张和观念，而从来没有赤裸裸地将私利摆在国际法的内容之中，私利始终仅仅是潜伏在国家主张背后的隐身者。③ 正如1969年5月23日签订于维也纳的《维也纳条约法公约》（Vienna Convention on the Law of Treaties, VCLT）④，其序言中分别确认了国家中心的、民族中心的和人权中心的正义原则：

念及联合国人民同兹决心创造适当环境俾克维持正义及尊重由条约而起之义务；鉴及联合国宪章所载之国际法原则，诸如人民平等权利及自决，所有国家主权平等及独立，不干涉各国内政，禁止使用威胁或武力以及普遍尊重与遵守全体人类之人权及基本自由等原则。⑤

国际私法方面，公正原则作为道德性价值也是一项重要的基本原则。20世纪初英国著名国际私法学家戴西（Albert Venn Dicey, 1835—1922）认为，英格兰法院适用外国法，是为了在当事人之间实现公正，公正原则是国际私法存在

---

① 参见［美］罗伯特·基欧汉. 霸权之后：世界政治经济中的合作与纷争［M］. 苏长和，信强，等译. 上海：上海人民出版社，2016：PXIX.
② 参见［美］博登海默. 博登海默法理学［M］. 北京：法律出版社，2015：27-29.
③ HIGGINS R. Problems and Process: International Law and How we Use It［M］. New York: Oxford University Press, 1994：4.
④ 中国于1997年5月9日递交加入书，同年10月3日对中国生效。
⑤ 原文为：1. "Recalling the determination of the peoples of the United Nations to establish conditions under which justice and respect for the obligations arising from treaties can be maintained"; 2. "Having in mind the principles of international law embodied in the Charter of the United Nations such as the principles of the equal rights and self-determination of peoples, of the sovereign equality and independence of all States, of non-interference in the domestic affairs of States, of the prohibition of the threat of use of force and of universal respect for, and observance of, human rights and fundamental freedoms for all".

的基础，为了实现公正原则的法律选择才成为必要。戴西提出的六项法律选择原则中第一项就是关于公正原则，即根据任何文明国家法律正当获得的任何权利，英国法院予以承认和执行；非正当获得任何权利，英国法院不会承认和执行。①

在全球化推动下，平等的国际法已经开始向公平的国际法迈进，如普惠制的实施等。在坚定不移地维护国家主权和国家利益的同时，积极关注人类共同利益的需求，积极参与维护人类共同利益的各项国际活动，履行相应的国际义务。国家要善于正确考量或权衡利益取舍，适时、适当地通过对主权的自愿让渡，为本国赢得更好的发展机会，实现更大的国家利益。绝不能以主权对抗别国利益和人类共同利益，不能在维护主权的旗帜下损害他国和人类共同的利益，也不能以主权为借口逃避相应的国际义务。②

（二）输出国和输入国的正当性考察

不能摆脱本国利益来讨论国际社会的整体利益。③ 共同体是个虚构体，由那些被认为构成其成员的个人组成，共同体的利益是组成共同体的若干成员的利益总和。④

1. 正当性的国内法维度

（1）自然法学派和实证法学派对正当性的理解

法律和法学史上很多思想家将法律和利益、正义结合起来进行考察，由此西方法学产生了两大派别：自然法学派和实证法学派，这两大学派随着社会变迁不断吸取新的研究成果，但始终围绕着法律的正当性和有效性问题展开论证。

正当性需求来源于自然法传统。近代以前，自然法学并未严格区分"规范期望"和"认知期望"。人法的正当性来源于天道和自然，人法和自然世界遵循共同的自然规则。近代社会分层分化后，霍布斯、洛克、卢梭等古典自然法学思想家在对法律的自我描述中不再使用"自然正当"，转而使用"自然权利"，即人法是意志法，属于应然范畴，人法的统一性是人人皆有的理性，自然法转

---

① 参见方杰. 戴西冲突法思想述评 [J]. 河北学刊，2015（04）：176-177.
② 参见张晓芝. 论现代国际法对主权的强化与弱化 [J]. 西北大学学报（哲学社会科学版），2008（06）：137.
③ 参见车丕照. 法律全球化与国际法治 [M]. 北京：清华大学出版社，2014：92.
④ 参见 [英] 杰里米·边沁. 道德与立法原理导论 [M]. 时殷弘，译. 北京：商务印书馆，2009：59.

变成理性法。20世纪中叶以来，由于社会不确定性增加，法条崇拜不再是人类社会的普遍认知，现代自然法学通过强调人权对国家权力的制约，重视采用法的形式要素实现正当性论证。法律系统自我描述方式可以表述为：通过程序性过程正当化实质决定。法律程序至上，并且有不依赖于结果的内在价值。

  按照法律实证主义观点，法哲学借助正义、自由、正当性等概念装置，为法律系统的连续沟通过程生产出沟通前提。① 法律的有效性并非来自一个"理由"，法律的有效性本身就是每种理由的前提。法律不再简单地作为应当的目标追求而存在，同时，"公正"作为伦理目标也被置于法律之外。② 实证法对法律的概念不再是在本体论意义上，而是在功能意义上来考虑。法律的实证主义者将法律理论的领域限于国家所确立和实施的、现实法的技巧分析。③ 由于法律的实证化，对立法决定进行执行的难度在增加，从而使得决定的重心发生偏移。对已成立之法的执行需要依赖两个相互补充的因素：共识和强迫（Consensus and Compulsion）。实证主义法学对正当性的主流观点是：事实上存在着约束性的决定赖以为基础的法律、原则或价值的普遍信念。④

（2）马克思主义法学中的利益和正当性

  马克思主义法学将社会的主导意义从政治转向了经济，指出经济是最为重要的社会力量，社会发展的动力来源于满足物质需要的生产力和生产关系的变迁，从而构造了一种自然—法律的（Natural-Legal）、辩证的社会发展理论。⑤ 马克思揭示了法律根源于物质的生活关系，认为法律所体现的阶级意志是由该阶级的利益所决定的。⑥ 马克思主义法学认为，无论从应然意义上还是实然意义上，法律具有利益性，法律调整的是社会中的利益关系。⑦ 法的现象是为实现社会正义而调整各种利益关系的工具，不存在抽象的正义和抽象的利益，抽象的正义和抽象的利益都会随着社会环境变迁而产生变化。根据内容划分，利益分为经济利益、政治利益、文化利益、军事利益、资源能源利益等；根据整体局部关系划分，利益分为共同利益、整体利益和个体利益；根据归属划分，

---

① 参见［德］卢曼·尼克拉斯.法社会学［M］.上海：上海人民出版社，2013：12-14.
② 参见［德］卢曼·尼克拉斯.法社会学［M］.上海：上海人民出版社，2013：278.
③ 参见［美］博登海默.博登海默法理学［M］.北京：法律出版社，2015：137.
④ 参见［德］卢曼·尼克拉斯.法社会学［M］.上海：上海人民出版社，2013：308-309.
⑤ 参见［德］卢曼·尼克拉斯.法社会学［M］.上海：上海人民出版社，2013：53.
⑥ 参见张文显.法理学［M］.北京：高等教育出版社，2011：41.
⑦ 参见公丕祥.法理学［M］.上海：复旦大学出版社，2016：39-40.

利益分为国际社会利益、国家利益、跨国公司利益、个人利益等。

马克思法学认为法律的正当性与利益性并存。马克思主义法学不否认法律与利益的关系,也不认为经济因子是政治法律史上唯一的和全部的原动因素。① 按照马克思主义的辩证统一的原理,正义是主观与客观的统一,正义在不同时空中会改变其内容,但是正义也有其不变的内容,法律应当是正义的,而正义有其底线。② 法的正当性能够使法律顺利实现社会共识,并保障法律实施。

2. 贯穿多重正当性的制度构造

经济学家倾向于根据是否提高经济效率、个体效用(Individual Utility)、消费者福利和社会总福利(Total Welfare)来判断经济法规则是否具有正当性。③ 从这个角度讲,海外经济利益保护制度的正当性体现为在国际社会促进和平和发展,以及人类共同关切事项的价值认同和实际进步,同时促进资本输出国和东道国的社会发展和经济繁荣。

按照联合国宪章和国际法基本原则,各国有按自己的政策开发和保护自身及其臣民的主权;并且有责任保证在它们管辖或控制之内的活动,不至于损害其他国家及其臣民的正当利益。如在国际环境法领域,1972年联合国《人类环境宣言》宣称"按照联合国宪章和国际法原则,各国有按自己的环境政策开发自己资源的主权;并且有责任保证在它们管辖或控制之内的活动,不至于损害其他国家的或在国家管辖范围以外地区的环境"。④ 1992年《里约宣言》进而宣称"根据《联合国宪章》和国际法原则,各国拥有按照其本国的环境与发展的政策开发本国自然资源的主权,并负有确保在其管辖范围内或在其控制下的活动不致损害其他国家或在各国管辖范围以外地区的环境的责任"。⑤ 这项原则被称为"国家资源主权权利和不损害国外环境责任原则",一般认为该原则已经成为一项国际习惯法原则。⑥ 该原则包括两部分内容,其一是国家资源开发主权权利,即确保一国对其自然资源享有永久主权,并有权自主开发;其二是不损害国外环境的责任,即国家负担在其领土内和可控制的活动不得损害其他国家和公共领域的资源环境的义务。此项原则充分体现了权利和义务对等的原则,

---

① 参见[美]博登海默. 博登海默法理学[M]. 北京:法律出版社,2015:192.
② 参见张文显. 法理学[M]. 北京:高等教育出版社,2011:273.
③ 人权等因素一般不被经济学家用于衡量经济法规则的正当性。
④ 参见王曦. 国际环境法资料选编[M]. 北京:民主与建设出版社,1999:671.
⑤ 参见王曦. 国际环境法资料选编[M]. 北京:民主与建设出版社,1999:677.
⑥ 参见王曦. 主权与环境[J]. 武汉大学学报(社会科学版),2001(01):8.

既使得国家享有主权权利，同时也在其领土内和控制范围内承担主权义务。

作为资本输出国，保护海外利益就必须保护海外利益的权利主体和权利主体的物、行为及其其他利益，这是属人法赋予的正当性。作为资本输出国，要求国家的行为应出于良善的动机和意思。法律不仅仅是个人利益的工具，而且还是促进共同福祉的一种方法。由于权利主体、标的物位于东道国、行为发生于东道国、利益存在于东道国，东道国对于权利主体和物、行为及其他利益也有属地管辖权。协调二者管辖权，达到两国人民的共同福祉，可以满足资本输出国和资本输入国的多重正当性需求。

正当性判断带有浓厚的价值判断色彩，与政策选择有关，正当性判断随着时代、社会的变迁、风俗和道德观念的演化而变化。然而，由于经济全球化带动的法律全球化[1]，能够在一定程度上促进法律制度对正当性有一定的共性认识，至少海外经济利益保护制度所具有或通常应具有的一般目的，是增长社会幸福的总和。[2]

第二节 海外经济利益保护制度的重要原则

海外经济利益保护制度的重要原则是从国际法基本原则派生或引申出来的。这些重要原则在国际法基本原则基础上产生，或者为了实施国际法基本原则而确立，只涉及国与国之间对相互海外经济利益保护的制度指引。

一、遵守和促进国际法原则

国际法是国家之间的法律，是对国家在彼此往来中有法律拘束力的规则、

---

[1] 关于法律全球化的具体含义，朱景文认为法律全球化有四种形式，一是克林顿主义的法律全球化，即运用西方资本主义主流国家的价值观在全球推行其法律观念和规则；其二是世界贸易组织的法律全球化，是通过经济交往而形成统一的经贸规则；其三是法律移植中的法律全球化，是一国或一个地区范围内通行的法律制度由于某种原因而在更广泛的全球推行；其四是社会学意义上的法律全球化，是非国家的国际组织的规则不依赖于国家法律或国际条约而独立地在全球发展，包括跨国公司的内部规则、国际行业组织的规则、标准化合同和国际仲裁机构的仲裁等。参见朱景文．法律全球化：法理基础和社会内容［J］．法制现代化研究，2000（06）：341-358．

[2] 参见［英］杰里米·边沁．道德与立法原理导论［M］．时殷弘，译．北京：商务印书馆，2009：217．

原则和制度的总称。海外经济利益保护制度需要在不同国家领土内进行经济利益法律保护，必然要遵守国际法，尊重国与国之间交往的规则、原则和制度。理论上，国内涉外法律的内容应是由国际法加以决定的，或者不违反国际法的，这种影响就是国际法的主要功能之一。[1] 国际法的范围主要包括：

（一）国际法基本原则

国际法基本原则是国际社会接受并公认为不可损抑，且仅有同等性质的原则方可对其更改的原则。现代国际法的基本原则主要包括：国家主权平等原则、禁止以武力相威胁或使用武力原则、不干涉内政原则、和平解决国际争端原则、善意履行国际义务原则。[2] 国际法基本原则具有各国公认的普遍意义，构成国际法的基础。国际法基本原则具有国际强行法的性质，法律拘束力优于其他国际法原则和规则。一国海外经济利益保护制度需要在国际社会得到认可，在他国适用，发挥应有的保护作用，需要在遵守国际法基本原则的基础上进行。

（二）国际强行法

国际强行法是指国际社会作为整体所接受和承认，不能为各国依其自由意志予以更动或损抑的法律规则。1969年《维也纳条约法公约》第53条规定："条约在缔结时与一般国际法强制规律抵触者无效。就适用本公约而言，一般国际法强制规律指国家之国际社会全体接受并公认为不许损抑且仅以后具有同等性质之一般国际法规始得更改之规律。"国际强行法的内容非常广泛，从对国际法基本原则到个别规范，从空间到海洋，从人类到自然资源，从平时到战时都有国际强行法。主要广为认可的，有关海外经济利益保护的国际强行法包括：禁止海盗行为、禁止战争犯罪、公海自由等。

（三）国际条约

国际条约对于缔约国具有拘束力，"条约必须遵守"。《国际法院规约》第38条第1款把国际条约列为国际法的第一个渊源，特别表明了国际法院在裁判案件时适用国际条约的重要性。不论是双边条约还是多边条约，只要确立诉讼

---

[1] 参见［奥］凯尔森. 法与国家的一般理论［M］. 沈宗灵，译. 北京：中国大百科全书出版社，1995：384.
[2] 参见周忠海. 国际法［M］. 北京：中国政法大学出版社，2007：93.

当事国所明示承认的规则,都是国际法院在裁判案件时所应适用的。

国际条约反映国家间的实力对比。国际法的力量源于国家的意愿、利益与权力的较衡,国际社会中的法律自身没有足够的力量对于国家的实力、意志和利益进行约束。① 国际规则的制定与国家实力密切相关,实践中,国际规则的话语权一直为西方国家所把持。② 海外经济利益保护方面的国际条约包括《建立世界贸易组织的协议》《国际货币基金组织协定》《选择法院协议公约》等。

（四）国际习惯

国际习惯,又称习惯、国际习惯法或习惯国际法,是国家间的默示的协议,出现于国际条约之前。《国际法院规约》规定国际习惯是国际法的主要渊源之一。在国际法内容中,国际习惯占有较大的比重。国际习惯的实质是各国的实践。国际习惯的形成既需要各国重复的类似行为,又需要各国在这种行为中逐步认为有法律义务,是一个渐进过程。当前,由于国际交往的增多和科技的迅速发展,国际习惯形成的时间也大大缩短。

二、重视一般法律原则

一般法律原则是独立的国际法渊源。《国际法院规约》第 38 条第 1 款规定:"一般法律原则为文明国家所承认者"是国际法渊源,但并未说明其具体含义。一般认为,一般法律原则是各国国内法所产生的基于各国之间的共同法律意识的原则。当国际条约和国际习惯缺乏适当的法律原则、规则解决国际争端时,通过演绎、类推等方法从各国法律体系中产生用以解决的原则。

国际法院和各种仲裁庭曾经引用以解决国际争端的一般法律原则的主要内容包括:国际条约优于国内法原则;国家继续性原则和国家独立性原则;用尽国内救济方法的原则;善意和禁止滥用权利的原则;违约导致赔偿义务原则;禁止不当得利的原则;禁止从他人的损害中取得利益的原则;尊重既得权的原则;禁止从自己的不法行为取得利益的原则;判决确定力的原则;当事者平等原则;禁止反言原则;特别法优于普通法的原则;刑法的领土性原则等。

海外经济利益保护需要在遵守东道国法律体系的前提下进行,当东道国尚

---

① 参见何志鹏. 国际法在新时代中国的重要性探究 [J]. 清华法学,2018（01）:18.
② 参见西北政法大学国际法青年学术创新团队. 国际法治:前沿理论与实践 [M]. 北京:法律出版社,2016:19.

未建立起完善的法律制度或者虽有法律制度但执行不力时，一般法律原则是说服和引导东道国立法和执法乃至司法的重要依据。一般法律原则因为得到多数国家的认可，并非来自特定资本输出国的意志，更容易被东道国政府和民众理解和支持。实践中，近年来一般法律原则在国际法的"新"领域中极为有用，国际法或国际特别法规开始调整个人或公司与国家或国际组织签订的契约，例如石油开发特许权契约。

三、国际合作共赢原则

二战后世界构建新型国际政治经济关系中，国际合作是一种关键形式。经济活动的跨国性决定了一国在对经济活动进行调查和执行的时候，可能会需要进入其他主权国家的领土范围。跨国执行程序或者是调查程序需要其他国家的合作才有可能完成。持续性国际合作需要参与各方实现共赢，参与方的利益都可以获得保障。

国际司法协助又称为国际司法互助，是一国法院在另一个国家的请求下代其进行特定的诉讼行为。国际司法协助分为国际刑事司法协助和国际民商事司法协助。国际刑事司法协助是指不同国家的司法机关为履行刑事司法职能的目的而相互提供便利、帮助与合作行为的总和。国际司法合作主要分为双边司法合作、区域司法合作和多边司法合作。双边司法合作是国际司法合作的主要方式，是指两个国家或地区之间通过正式或非正式安排就国际刑事、民商事诉讼互相提供帮助达成一致，通常以签订双边司法合作协定的方式确认合作关系。区域司法合作是指区域内国家之间开展的司法合作，最为典型的就是欧洲司法合作组织。多边司法合作是两个以上的国家或地区在刑事、民事诉讼中开展的司法合作，包括在联合国框架下的合作，例如《联合国反腐败公约》《联合国打击跨国有组织犯罪公约》以及其他国际组织框架下的合作，例如《关于向国外送达民事或商事司法文书和司法外文书公约》（即《海牙送达公约》）、《关于从国外调取民事或商事证据的公约》（即《海牙取证公约》）、《承认及执行外国仲裁裁决公约》及《承认与执行外国民商事判决公约》。

一国的海外经济利益保护制度的执法机关在他国领土内没有执法权，需要国际执法合作。国际执法合作是指各国在适当而且符合本国法律制度的情况下，通过双边或多边协定或者安排等合作形式，在刑事和行政案件中相互合作，以提高执法行动有效性的安排。国际执法合作是一种国际合作，是不同国家执法机构根据本国法律或者参加的国际公约，在惩治国际犯罪、维护国际社会秩序领域相互提供支持、协调配合的一种执法行为，是一个关系到国家主权的实践性很强的问题。① 实践中，资本输出国常常通过领事机构以及警务合作机制来发挥信息资源优势，而将实质执法工作交给东道国。② 国际执法合作的具体形式包括政策对话和人员交流、情报交流、联合调查和联合执法等。

四、充分发挥国际组织作用原则

当前以国家为中心的国际法体系正面临着深刻的变革，由以国家为中心（State-Centered）转向以公民为中心（Citizen-Centered）。③ 近年来，对全球性问题或者国际性问题的解决，国内利益团体、非政府组织、跨国公司和其他团体在其中发挥着重要作用，全球规则制定的功能目前被一个复杂的结构产生，包括政府、政府间国际组织、地区协定、非政府组织和其他非正式团体。④ 政府间国际组织、超国家组织和非政府间国际组织等三类非国家的行为主体正在创造或发展着不同于国家法的新规则和新秩序，这些规则在有效性、权威性上甚至并不亚于国家法。

（一）政府间国际组织

政府间国际组织限制了国家在本国领土以及管辖范围内从事某些特定活动。世界性的政府间国际组织包括综合性的政府间国际组织和专门性的政府间国际组织，其权力来源是国家权力的授予或转移。这种转移当满足以下条件时，国家权力将授予或转移给政府间国际组织：所考虑的问题具有跨国性，成员国的措施不能满意地加以调整；缺少国际组织的措施，而由成员国采取措施，会与国际组织的要求相冲突或破坏其他成员国利益；由于规模或效果上的原因，国际组织措施比成员国措施产生更加明显的利益。⑤

世界贸易组织是 1995 年成立的政府间国际组织，其管辖的国际贸易范围更

---

① 参见朱文奇. 国际刑法［M］. 北京：中国人民大学出版社，2014：301.
② 参见刘莲莲. 国家海外利益保护机制论析［J］. 世界经济与政治，2017（10）：143.
③ ERNST-ULRICH P. Reforming Multilevel Governance of Transnational Public Goods Through Republican Constitutionalism: Legal Methodology Problems in International Law［J］. Asian Journal of WTO & International Health Law and Policy. 2017，12：36.
④ PARRISH L. A. Reclaiming International Law from Extraterritoriality［J］. Minnesota Law Review，2009，93：828.
⑤ 参见朱景文. 全球化是去国家化吗？——兼论全球治理中的国际组织、非政府组织和国家［J］. 法制与社会发展，2010（06）：99.

加扩大,涵盖了货物贸易、服务贸易和知识产权贸易,解决国际贸易争端的机制也更加有效运作,更为突出的是缔结了《贸易政策审议机制》(Trade Policy Review Mechanism,TPRM)。贸易政策审议机制要求一国向世界贸易组织承担通报和受监督的义务,赋予世界贸易组织贸易政策审议理事会审查成员国国内贸易政策的权力。贸易政策审议机制是乌拉圭回合的一项成果,于1988年乌拉圭回合中期审评会议上经部长们临时批准建立,该机制的运作始于1989年,早于世贸组织的成立。该机制将其目的定义为"通过提高各成员国贸易政策和做法的透明度并使之得到更好的理解,有助于所有成员更好地遵守多边贸易协定和适用的诸边贸易协定的规则、纪律和在各协定项下所做的承诺,从而有助于多边贸易体制更加平稳地运行"。贸易政策审议有两种不同的形式,其一是对每一成员阶段性地进行全面的政策审议,其二是世界贸易组织各专门机构在各国政府通知的基础上,对具体的政策措施进行审议。有学者认为,以经济全球化、分工协作共同发展的观点来看,在各领域完全不受限制的绝对主权已然不复存在。贸易政策审议并不构成对成员国主权的削弱,而是对成员国国家利益的实现有相当的积极作用。①

由于欧盟、世界贸易组织等政府间国际组织的成功运作,国家层面经济政策和法律的制定和执行受到了一定促进和发展。问题在于,第二次世界大战之后建立的大部分主要国际组织,都是在西方的利益、价值观和实践基础上建立的。当国际社会形态发生变化,西方的权力相对于发展中国家有所衰落时,这些机构将在压力之下重组。关于联合国安理会常任理事国的席位、世界贸易组织的机制等方面,一直有要求改革的声音出现。

(二)非政府组织

国内非政府组织的发展由来已久,国际社会非政府组织的发展则要晚得多。国际社会非政府组织在国际事务中的兴起和全球性问题相联系,人们面对着越来越多单靠一个国家或者说单靠国家所不能解决的问题。市民社会在经济全球化和一体化过程中开始向国际社会延伸。② 20世纪70年代以来,随着反核运动、女权运动及环保、难民救助、防治艾滋病等领域的一系列社会运动,非政

---

① 参见沈四宝,顾业池.世贸组织透明度原则与中国的法治进程[J].国际商务·对外经济贸易大学学报,2004(01):71.
② 参见王明远.全球性环境问题的困境与出路:自治还是他治?[M].北京:清华大学出版社,2014:283.

府组织得到了空前发展，目前已经成为不可忽视的一种社会力量。在国际法的制定方面，它们通过游说和舆论的方式影响各国政府以及政府间组织的立场，力图使自己的理念能够反映在国际条约当中，还通过对各国实践的影响来促成国际习惯的形成；它们直接参与国际问题的解决，执行一些国际组织、跨国公司以及政府援助的项目；它们监督国家、国际组织、跨国公司国际义务的履行；非政府组织还通过司法来参与国际事务。

《联合国宪章》第71条规定："经济及社会理事会得采取适当办法，俾与各种非政府组织会商有关于本理事会职权范围内之事件。此项办法得与国际组织商定之，关于适当情形下，经与关系联合国会员国会商后，得与该国国内组织商定之。"这成为非政府组织在联合国获得咨商地位的法律依据。[1] 经由这种方式，非政府组织可以为联合国提供有价值的咨询和意见，影响联合国的决策，加强联合国的代表性和民主性。

非政府间国际组织的建立目标和活动具有多样性，有效性具有很大差异。非政府间国际组织开始加入国际法的造法过程当中，积极参加文件的起草，向正式的会议提交建议草案，以观察员的身份甚至作为政府代表团参与谈判等，如世贸组织与非政府组织的联系有三个渠道，即参加世贸组织的部长级会议，参加特殊问题的论坛，世贸组织的日常接触。一些律师也在非政府间国际组织中发挥作用，通过向国内法庭阐述国际法观念，在未经该国国家机关许可的情况下影响法院法官的认知，甚至判决。[2] 但是非政府组织的作用也是有限的，原因有二，其一是非政府间国际组织不是典型的国际法主体，其意见和建议一般仅具有参考性，难以撼动国家主权和国家利益的影响；其二是有些非政府间国际组织有很强烈的国家背景，甚至就是某个国家创建的，其主张和观点难免会受到影响。

非政府组织的治理权力不是来自国家权力，不具有运用国家权力的特征。这种治理权力不同于产生于国家权力授予或延伸的国际组织，它们在国家权力产生之前就存在，在国家权力产生之后作为独立于或制约国家权力的力量仍然

---

[1] 非政府组织按其与经社理事会联系的程度可以分为三种：一般咨商地位、特别咨商地位和列入名册。凡有时能对经社理事会工作做出有效贡献及临时咨商的非政府组织，可以列入登记册。列入名册的组织只能出席与其权限范围有关问题的会议，第一、二类组织可以向经社理事会及其下属机构的公开会议派遣观察员，并做会议发言或发表书面意见，取得各种会议的文件。参见程晓霞. 国际法 [M]. 北京：中国人民大学出版社，1999：226-227.

[2] KOH H H. Transnational Legal Process [J]. Nebraska Law Review, 1996, 75: 181.

发挥重要的作用。国家主权还会受到非政府组织的影响。这些组织通常在解决全球性问题方面发挥巨大作用，例如人权、环境、人道主义救援等领域。世界贸易组织在金枪鱼案中，裁定美国法律禁止进口在不符合美国保护海豚的管制要求的情况下所捕获的金枪鱼的做法，违反了世界贸易组织的自由贸易原则。这一裁定引起了强烈反响，很多环境保护组织和其他非政府组织对这项裁决提出了激烈的批评。① 不考虑这些组织的正面作用，有时候这些组织的活动会超出活动所在国家划定的范围，则有可能会受到该国的限制，甚至禁止。俄罗斯杜马曾经颁布了限制非政府组织的活动，禁止国际特赦组织和人权观察组织向俄罗斯联邦提交报告。

五、聚焦非国家行为主体经济利益原则

海外经济利益直接表现为跨国公司、社团，甚至个人等非国家行为主体的经济利益。全球化背景下的跨国公司可以在多个国家开展营业，设立子公司和分公司。跨国公司在相互依赖的全球经济中发挥着重要影响。跨国公司是经济全球化的载体。跨国公司既是全球治理的对象，也是全球治理的参与者，全球化主要通过跨国公司这一载体或者说代理人加以实现。② 跨国公司的进一步形式是全球公司，全球公司是指大部分（通常为 50% 以上）资产、生产、销售和员工都位于母国之外的公司。

全球经营的跨国公司不仅受到世界性的国际组织（如联合国、经合组织、世界贸易组织）、区域性的国际组织（如欧盟、北美自由贸易区）、跨国公司的母国和东道国以及所在的地方国家权力机关的治理，同时受到跨国公司影响的其他非政府组织（包括工会组织、妇女组织、消费者组织、人权组织、环保组织等）都通过不同的方式参与到跨国公司的全球治理中。跨国公司在这些压力下也不得不注意加强公司治理，注重社会责任。自 20 世纪 90 年代早期以来，许多跨国公司都"自愿"制定或采取社会责任守则。由于国际经济交往相对国内经济交往具有更大的风险和不确定性，从事国际经贸活动的非国家行为主体有足够动力要求本国政府保护其海外利益。其表现方式多种多样，如在他国受到"不公正"的反倾销反补贴指控的商人，有可能求助于本国政府，通过外交

---

① 参见［美］L. B. 斯图尔特，苏苗罕. 二十一世纪的行政法［J］. 环球法律评论，2004（02）：175.
② 参见孙国平. 论劳动法的域外效力［J］. 清华法学，2014（04）：30.

手段寻求"公平的"或更好的结果。

在海外利益保护范畴，非国家行为主体并不总是被动的存在。非国家行为主体可以主动开展海外利益保护行为，通过非国家行为主体的自保行为保护海外利益。如组织海外安保公司为企业提供安全保卫工作，如成立信息公司收集信息辅助保护海外公民和企业等。非国家行为主体从事上述行为比国家政府从事更有优势。国家政府受主权概念框定，并必须在国际条约的范畴内活动，否则将面临外交危机。对于非国家行为主体来讲，上述顾虑都不存在，而且，更为灵活的资本募集方式，更为灵活的股权管理方式，都使得在海外利益保护领域，公司企业等非国家行为主体能够主动发挥作用。

六、兼顾东道国的利益相关方原则

海外经济利益位于资本输出国的领土范围之外，海外直接投资的公司不仅要考虑东道国的监管，而且要受投资者母国和有实质联系的第三国的法律体系影响。[1] 海外经济利益保护制度是资本输出国的国内涉外立法，涉及保护在境外的人和公司、组织和项目等利益。由于这些海外经济利益位于境外，与东道国的人和公司等利害关系人、社会环境和自然环境联系密切，东道国又有自身的法律制度规范，资本输出国的海外经济利益保护制度必须考虑到资本输入国的法律制度和当地政府、民族、种族、社会团体、公众等相关利益方的不同诉求。

中国企业在海外投资中具有明显的优势：投资资金充裕，政府政策支持，廉价劳动力和高效工作手段。但中国企业通常会忽视东道国的利益相关方的利益，仅与政府保持良好的关系，依靠中央和地方政府来处理不同利益相关方的利益。这种方式容易导致环境保护表现不佳，劳工标准低下，缺乏透明度和公开沟通，给利益相关方甚至反对派以口实反对我国投资。兼顾东道国的相关利益方诉求超出了大多数中国企业的能力，需要国家出面，在立法中给予一定的指引与要求。

---

[1] VAN DETTA J A. Politics and Legal Regulation in the International Business Environment: An FDI Case Study of Alstom, S. A., in Israel [J]. University of Miami Business Law Review, 2013, 21: 8.

第三节 海外经济利益保护制度的两大关切

海外经济利益保护制度本质上是一国的涉外国内立法。一国的涉外国内立法在其他国家得到有效执行和适用,发挥法律作用,实现法律效果,同时得到国际社会的认可,是检验立法成效的关键。提高海外经济利益保护制度的成效,需要解决灵活性关切和有效性关切,在对外关系立法和涉外法实施方面进行突破和创新。

一、灵活性关切

尽管国际关系主要是指国际政治关系,国际政治关系往往被视为国际关系中最重要的一个方面,甚至被等同于国际关系,但不可否认,以经济利益为主的海外利益关系也是一种国际关系。① 在国际社会,包括海外经济利益关系在内的国际经济关系受到国际政治关系的深刻影响。

(一)国际关系特点和制度稳定性的矛盾

处理国际关系需要原则性和灵活性共存,以原则性处理稳定的国际关系,以灵活性处理突发因素。国际关系受到地缘、经济、文化、历史等诸多因素的影响,呈现出复杂多变的状态。国际关系既有稳定性的一面,也有灵活性的一面。国际关系的稳定性体现在国家之间的关系受到历史传统和文化因素影响,同时受到国家之间结盟情况的影响,在一定时期内并不是轻易能够改变。但是,国际形势经常出现诸多的突发性和不稳定因素,使国际关系变得颇为复杂,有一定的灵活性。人的能动性和外交家的个人素质会影响事件的发展,这种说法一直成立。

国际关系的灵活性特点,限制了包括海外经济利益保护制度在内的涉外法的适用效能。涉外法具备一般法律的滞后性特点,即使假定了冥思玄想式的利

---

① 国际关系是指国家之间的关系,是国际社会中一切成员跨越国界的互动关系;国际关系有三层含义:其一是指任何成员的任何跨国界关系,包括国家、国际组织,乃至个人之间的跨国界互动关系,其二是国际政治关系,主要是国家主体之间的官方政治关系;其三是对外政策,是一个国家对于其他国家或组织制定和实施的政策。参见白鹤.国际关系实用手册:名词解释[M].北京:现代教育出版社,2008:241.

益，即使对国际关系进行了深度认知，仍然无法处理瞬息万变的国际突发事件。海外经济利益保护制度应考虑到灵活性需求，在立法中解决这一困境。就国际秩序而言，强健与韧性比外交中的技巧更为重要。① 这方面的典型教训就是20世纪初，才华卓绝的俾斯麦打造的普鲁士帝国传承到了缺乏外交智慧的人手中，没落便成为不可避免的宿命。

（二）兼顾灵活性和稳定性进行总体设计

为满足经济外交的灵活性需求，可以将海外经济利益保护权进行合理划分，建立以权利为主、权力为辅的协同保护体系，以权力保护满足灵活性需求，以权利保护满足原则性需求，明确权力和权利作用范围和相互关系。海外经济利益保护制度需要权力保护，这种对外权力保护的设置和行使都应有法可依，这也是涉外法治国家的要求。

法律本身是权力与权利并行的社会调整方式，运用权力调整海外经济利益符合法律的本质特征。罗马帝政前期的五大法学家之一乌尔披亚努斯（Domitius Ulpianus，公元170—228年）首次划分了公法和私法，规定国家公务事项的法律为公法，规定个人利益事项的法律为私法。公法运行依靠的内在力量是权力，私法运行依靠的内在力量是权利。尽管权利最终也是依靠权力得以保障，但两者与法律的关系并不相同。公法与权力的关系是直接的，而私法与权力的关系是间接的。公法的内容直接体现权力的意志，而私法关系中，私法自治体现在双方当事人可以根据自身需要调整双方的权利义务关系，只是在当事方违反了权利义务时，权力作为保障条件出现，确保法律责任的确认和实现。

1. 权力保护确保灵活性

社会活动的复杂性决定社会调整的手段多种多样，调整手段可以分为行政权力调整、法律调整、习惯调整和道德调整。行政权力是政治权力的一种，是一种高效的社会调整手段，是国家行政机关依靠特定的强制手段，为有效执行国家意志而依据宪法原则对全社会进行管理的一种能力。权力的概念一直是复杂而模糊的，有学者称其为"无底的泥潭"。② 一般来说，权力的本质是关系，权力是根据行使者的目的去影响他人行为的能力。权力最终是为了利益，本源

---

① 参见［美］理查德·哈斯. 失序时代［M］.黄锦桂，译. 北京：中信出版社，2017：11.

② DAHL R A. The Concept of Power［J］. Behavioral Science，1957，2：201.

于利益。① 当今公共权力呈现向民众权利的回归，权力出现社会化和国际化等趋向。②

国际法本身就是国家权力分配的反映，国际制度安排的核心内容反映的是国家权力的再分配。国际机构设置的过程通常也是权力分配的过程，其结果通常体现为一种均势。③ 东亚历史上没有发生过欧洲类型的霸权战争，欧洲历史上典型的有效均势体系对于中国是陌生的。④ 韩国和印度两个国家非常重视国际法和国际组织的作用，有效加强了自身海外经济利益的维护和建构。

一国对外关系决策是一个充满智慧和灵活性的领域，但并非没有稳定的因素。对外政策的制定和执行应有制度规范和执行，制度保障下的对外决策能够满足对外政策的科学性和联系性，减少或者杜绝决策失误。将国家实力转化成国际权力所依赖的正是国内的对外权力行使，行使国家对外权力可以在国际上争取更多的制度性权力，与大国相互制衡和交流，与发展中国家谋求共同利益。构筑现代国际关系并不只是基于物质性权力的大国关系能够涵盖的，在社会性权力视野下，国际关系并非极少数国家的"大国游戏"，相反，为数众多的国家具有多样途径和采取不同方式发挥其影响力，国际关系远比物质性权力视角下的"大国游戏"要多元和丰富。⑤ 国家的对外权力的赋予和行使规则、流程都应该有制度规范。中国在对外投资和交往中，也应当加强与国际组织的合作，将自身的海外经济利益塑造为受国际法和国际组织保护和支持的对象，既有利于树立中国的形象，也是维护海外经济利益的重要手段。当前的国际法可能存在对发展中国家不公的现象，中国作为发展中国家的代表，积极参与国际法规的制定，可以更好地维护自己以及广大发展中国家的利益。

2. 权利保护保证稳定性

权力调整有其局限性。博登海默认为：权力在社会生活中代表着搏斗、战争和支配等因素，法律代表着互让、和平和合约等因素。在一个社会制度里，

---

① 关于权力的本源，历史上有强力说、天意说、神授说、祖传世袭说、民意（民授）说、社会契约说、社会实践说、阶级斗争说等。但究其实质，权力无法脱离对利益的追求。
参见漆多俊. 论权力 [J]. 法学研究，2001（01）：19.
② 参见漆多俊. 论权力 [J]. 法学研究，2001（01）：30.
③ 参见阎学通. 无序体系中的国际秩序 [J]. 国际政治科学，2016（01）：15.
④ 参见 [美] 塞缪尔·亨廷顿. 文明的冲突 [M]. 周琪，等译. 北京：新华出版社，2017：267.
⑤ 参见庞珣，权家运. 回归权力的关系语境——国家社会性权力的网络分析与测量 [J]. 世界经济与政治，2015（06）：41.

如果法律统治一切，人们便会努力以和平的方法调整人类关系和避免不断地不必要的斗争。权力是社会生活中的一种扩张的和革命性的力量，法律在本质上是限制的和保守的。① 使用权力手段调整社会关系是一种高成本的调整方式。

处理对外关系的外交事务可以也应当由法律调整。外交不是领袖和外交主管机构的特有领地，决定外交未来的因素很多，其中既包括外交人员的努力，也要有"国家—社会"关系的互动，取决于对人的基本权利的制度性保障。② 法律调整是指国家为了维护某种社会制度，为了维护和发展某些利益，自觉地运用一系列法律手段，对社会关系施加规范性、组织性作用的活动和过程。③ 经过法律确认和调整的利益分配关系，形成法律上的权利义务关系，即法权关系。法律调整源于人们对社会秩序的需求。秩序是事物运动的确定性、连续性和规则性的状态。秩序能够帮助人民进行行为预测和做出行为选择。当今世界，法律逐渐被视为社会控制和社会管理的独立力量，它在社会中看起来是自治的。④

权利和权力的发展演变受制于社会发展状况；权力的社会化是权力向权利的回归，国家权力的社会共同职能化；而地理位置弱化使得人们的国际交往更为关注共同利益。权力对于权利的超越、背离和异化提出了权力制衡的问题，权力制衡分为社会民众对公共机关的权力制衡和当权者自动要求和实行的制衡。

二、有效性关切

制度的"有效性"是指制度在多大程度上能够塑造或影响有关主体的行为，以及制度得到遵守或尊重的程度。有效的海外经济利益保护制度应能够发挥服务、制约、规范、惩罚、示范等作用，也就是说，海外经济利益保护制度应能够通过某种直接或间接的方式在海外得以实施。

（一）域外管理和保护的限制

国家对国内各利益主体的利益分配和保护主要通过国内的社会调整手段，对

---

① 参见博登海默.博登海默法理学［M］.北京：法律出版社，2015：14-15.
② 参见王逸舟，唐永胜，等.大国之道：中国外交转型与调整［J］.世界知识，2016（05）：17.
③ 参见公丕祥.法理学［M］.上海：复旦大学出版社，2016：90.
④ 参见［英］科特威尔·罗杰.法律社会学导论［M］.北京：中国政法大学出版社，2015：44.

于位于其他国家的经济利益,由于受到资本输出国的领土限制,和东道国主权的尊重,传统保护领土内主体的手段不足以保护海外经济利益,传统保护国内公民和企业的刑法、行政法、经济法等制度也无法实现对位于他国领土上的公民和公司的正当利益保护。国籍国的制度资源用于海外经济利益时,不仅效用降低,而且和东道国容易存在管辖权冲突。[1] 海外经济利益保护制度的问题实质,就是适用本国、国际和东道国认可的法律手段保护海外利益主体正当利益的问题。

(二)注重延伸性和防御性保护相结合

海外利益的延伸性保护是指将保护手段触及位于境外的跨国公司和我国公民及其投资的企业的方法。防御性保护是指当海外利益受到侵害时,国内能够采取措施行使管辖权和拒绝承认与执行外国法院判决。

1. 延伸性保护方法使用

一旦商品市场、反垄断、证券市场脱离了资本输出国的法律体系管制,由于各自的利益追求,其商业行为后果有可能会违反资本输出国的法律规定,甚至在某些情况下,可能会威胁国家安全。

(1)发挥国际发展合作的作用,建立制度性保障。在海外利益保护工作中,东道国的法律制度发挥关键作用,直接作用于投资国的海外利益。投资国在对外援助时,不仅应援助受援国的经济项目和文化项目,也应援助受援国加强社会保障和法律保障体系。一般来讲,出资国加强与东道国法律制度合作,加强沟通和交流合作,将出资国企业和公民的正当利益保护需求向东道国政府,通过合法途径沟通和反馈,以争取东道国法律能够保护出资国海外利益。同时,如果东道国司法无法保护出资国海外利益,也可以通过判决的承认与执行等双边司法互助,来保护出资国海外利益。

(2)确认公法的法律域外适用。按照国际私法学的观念,法律的域外效力是产生法律冲突的前提,也是全部国际私法问题的关键。国际私法中所讲的法律冲突,也正是在法律的域外效力得到别国承认的前提下发生的。[2] 国际私法的私法性体现在其主要解决涉外民商事法律冲突,通过确定连接点的冲突规范指向不同国家的民商事法律,并要求法官适用准据法,解决国家间的民商事法律冲突。国际私法是国际民商事秩序得以建立的重要可选取路径,也是符合国

---

[1] 参见刘莲莲. 国家海外利益保护机制论析 [J]. 世界经济与政治,2017(10):126-153.
[2] 参见姚壮,任继圣. 国际私法基础 [M]. 北京:中国社会科学出版社,1981:24.

家主权原则要求的方法。完善国际私法制度能够起到保护海外经济利益的作用，但主要还是依托比较成熟的国际私法制度体系。鉴于目前国际经贸投资领域的法律冲突已经扩展到各国与经济关系密切的行政法和经济法，甚或刑法领域，本书主要关注和探讨的是推进行政法和经济法等公法域外适用的理念和规则。

（3）完善非战争军事行动相关制度。传统的军事手段重点在于防卫，对于保护海外权利和权利主体公民和企业这方面并不关注。近年来，情况有所转变，我国军队在撤侨等工作上发挥了举足轻重的作用。但"兵者，国之大事，死生之地，存亡之道"，不能将其作为主动的、进攻型的保护手段。军事行动耗资巨大，也不可能作为常规的保护方式。2011年利比亚撤侨行动中，中国政府动用海、陆、空三种方式从利比亚撤离3.5万余名中国公民，撤侨开支共计1.52亿美元，人均费用为4 238美元。① 由于军事支援受到能力和制度依据等限制，我国可为建立海外军事基地和海外非战争军事支援提供法律依据，如中国海军护航编队在亚丁湾的常态化护航的国内法依据等。

（4）促进海外公共服务私有化企业式运营。当时世界，很多国家允许社会管理的传统手段私有化运营，例如军队、警察、监狱、司法、情报等方面。在军队警察发挥作用的安全领域，大量存在私营安全保卫公司。私营安保公司能够提供安保、培训、军事任务承包商等服务。美国著名安保公司黑水公司（2011年更名，现名Academi）自1997年成立以来，业务发展迅速，目前涵盖训练中心、靶场、警犬训练、空中警卫、安全顾问等5个子公司，客户包括美国国防部、国务院、运输部、联邦执法部门、跨国公司和外国政府等。关押等监狱的职能在很多国家可以私有化管理，2011年3月，英国司法大臣肯尼斯·克拉克宣布，英国伯明翰监狱、费塞斯通2号监狱等3家监狱将转由私营承包商负责经营。美国的监狱私营更加早。英国警界在20世纪80年代实施的"警务私有化"改革打破公共部门对警察服务的垄断，把一部分警察服务市场化。司法方面，国际上仲裁并没有地域限制，甚至允许临时仲裁，中国国际经济贸易仲裁委员会、北京仲裁委完全可以在海外独立或者与东道国合作建立仲裁中心，受理中资企业和海外中国公民的商事案件，公正裁断。情报方面，美国海外安全顾问委员会（Overseas Security Advisory Council，OSAC）是主要以提供全球安全事项的准确、及时和可付诸行动的信息为手段，帮助美国海外私营机构

---

① PARELLO-PLESNER J, DUCHATEL M. China's Strong Arm Protecting Citizens and Assets Abroad [M]. London：The International Institute for Strategic Studies，2015：114.

处理和减少安全威胁的主要平台,开展工作。海外安全顾问委员会在100多个国家都有活跃的委员会,其定期或定时地向美国私营部门和国务院提供海外安全环境发展信息,发布海外经营和生活的安全指南。

(5)双边方式促进保护延伸。双边条约(包括为了某种目的由3—5个国家签订的条约)是国际法认可的国际法渊源,大量存在的双边国际协定也是保护海外利益的重要组成部分。如普遍存在于各国之间的双边同盟条约、友好条约的一般规范,和双边投资保护协定、避免双重征税协定、军事合作和军事基地条约、国际反恐警务合作协定等具体、详细而有固定期限的条约等。

2. 防御性保护方法使用

(1)规范出资国海外投资的企业行为。出资国企业开展国际投资和贸易等经济活动,首先要遵守当地的法律法规和风俗习惯。例如,当输出国企业销售高科技产品,如果只与第一个买方签订合同、达成交易,但没有进一步签订最终使用限制或者最终使用者限制的条款,那么,最终使用或最终使用者有可能是输出国限制售卖名单上的国家及其企业。其次要规范出资国短期海外行为。随着对外交往从经贸开始,并由经贸推动开始向安全、文化、社会等方面不断扩展,出资国公民和企业海外短期的旅游展览、表演、学术交流等活动日益增加,应对这些行为加以规范。

(2)平衡外国法院判决的承认与执行的防御功能。根据国家主权原则中的"领地管辖权"准则,各国对于部分地或大部分在本国国境内开展的国际(涉外)经济交往活动享有管辖的权利。这种基于领土主权的法院判决,如果违反了我国法律,包括经济法、劳动法、税法等法律时,我国法院可不予承认与执行。同理,外国仲裁裁决如果不符合我国国际利益,也可以在符合《纽约公约》的情况下,不予承认与执行。对外国法院和仲裁机构的判决和仲裁裁决是否予以承认和执行,是我国维护海外利益的一道藩篱。

(3)完善阻断他国法律不当域外适用。面对其他国家滥用管辖权,将本国公法类法律适用于其境外的他国主体,即构成法的不当域外适用。这种基于霸权主义的法律强权,目的在于维护其本国及其企业和公民的不当利益。在这种情况下,被不当适用法律的主体需要本国法的保护,阻断法律强权。国际法上,对于他国法的不当域外适用,可以采取反措施,即阻断法保护本国主体。

第四章 国际发展合作制度

国际发展合作脱胎于对外援助。为成功开拓和维持海外市场，资本输出国需要作为海外市场的不发达东道国政府管理有效、社会稳定、法律制度健全、经济秩序正常。限于发展阶段，很多发展中国家的东道国无力为外来投资者提供理想的投资环境。国际发展合作是国际发展领域的重要手段，可以促进不发达东道国在政治、经济、社会和文化等方面全面发展。通过国际发展合作制度构建，推动海外经济利益与东道国当地社会和民众利益互相促进，共同发展，为本国海外经济利益创造良好的东道国社会环境。

第一节 国际发展合作制度的基本理论

以马歇尔计划为标志，现代意义的国际发展合作起源于美国。早期的国际发展合作充满浓厚的政治色彩和意识形态的渗透，甚至涉及干涉内政的讨论。1961年联合国发展援助委员会成立后，国际发展合作加强了人权色彩，逐渐成为一种国际公共产品。

一、国际发展合作的概念界定

实践中，国际发展合作、对外援助、对外发展援助、国际援助、国际发展援助、官方发展援助、国际合作援助等词经常被混用。这些词的含义虽然有一定联系或类似，但出发点、实施理念和方式差异较大。近年来，国际上用发展合作的概念逐渐代替对外援助的概念，显示出对受援国自身能力和责任的强调。我国2021年1月发布了《新时代的中国国际发展合作》白皮书，官方开始采用"国际发展合作"这一用语。

（一）国际发展合作的含义

西方国家援助非洲等不发达国家时经常使用"国际发展援助"或"对外发展援助"这两个词，其中"发展"（development）一词经常引起发展中国家不适。对于"发展"一词的理解，1990 年联合国开发计划署（United Nations Development Program）在《人类发展报告》（Human Development Report）中建立了人类发展指数（Human Development Index），基于"预期寿命、教育水平和生活质量"三项基础变量，将健康、知识、自由、选择权和有尊严地生活纳入考量，按照一定的计算方法，得出综合指标，用以衡量联合国成员国经济社会的发展水平。①

我国学者的定义也有所差异。李小瑞认为，国际法上的对外援助（foreign aid）是指援助国或国际组织，以提供资金、物资、设备、技术等形式，帮助受援国发展经济、提高社会福利和应对突发危机的活动。② 宋新宁、陈岳认为，对外援助是一个国家或国家集团对另外一个国家或国家集团提供的无偿或者优惠的有偿资金或货物，用以解决受援国或受援组织所面临的政治、经济或困难，或达到援助国家特定目标的一种手段。③ 张郁慧认为，对外援助是援助集团或援助国、援助组织乃至个人出于人道主义、经济、政治等方面动机，以优惠的方式向受援国或国家集团提供物质、技术、人力和资金等帮助的行为。④ 我国 2021 年 10 月 1 日开始实施的《对外援助管理办法》第二条："对外援助是指使用政府对外援助资金向受援方提供经济、技术、物资、人才、管理等支持的活动。"

尽管用语和定义重点不同，但国际社会对国际发展合作的主要特征却颇有共识：①发生了双边或多边的资源转移；②资源转移具有赠予或优惠的成分；③资源的转移兼具公益性和私益性，是国家外交政策的延伸。⑤

---

① 1990 年以来，人类发展指标已在指导发展中国家制定相应发展战略方面发挥了极其重要的作用。之后，联合国开发计划署每年都发布世界各国的人类发展指数（HDI），并在《人类发展报告》中使用它来衡量各个国家人类发展水平。
② 参见李小瑞. 对外援助的国际法律规范分析［J］. 国际关系学院学报，2012（02）：89-98.
③ 参见宋新宁，陈岳. 国际政治经济学概论［M］. 北京：中国人民大学出版社，1999：216.
④ 参见张郁慧. 中国对外援助研究［M］. 北京：九州出版社，2012：20.
⑤ 参见崔杰. 中国对外援助工程项目的实践与启示［J］. 国际经济合作，2020（06）：38-47.

(二) 国际发展合作的种类

1. 限制性援助

限制性援助（Tied Development Aid, TA）是指欧美国家提供发展援助时经常采用的方式。在限制性援助情况下，发达国家向发展中国家提供资金是有条件的，条件就是后者在使用资金的招投标程序中将中标机会赋予前者的公司。某些时候，限制性援助要求必须使用援助国货物和服务的发展援助。如果既限制中标公司，又限制购买货物和服务，即成为"双重限制性援助"。限制性援助广受质疑，因为限制性援助中受援国是商品的接受方，经过援助也不太容易摆脱外部经济依赖，无法实现援助的目的。而且，由于招投标和购买程序受限制，限制性援助也有损包括世界贸易组织在内的国际自由贸易体制正常运行。

2. 官方援助

经济合作与发展组织发展委员会是专门从事国际发展合作的政府间国际组织[①]，该组织常使用"官方发展援助"一词。官方发展援助是指政府官方为了提高贫困地区的生活水平和促进不发达国家的经济发展，向他们提供无偿的赠予或者贷款的优惠，其中至少有20%是无条件的。

二、国际发展合作的历史演变

国际发展合作经历了从援助国和受援国之间的"慈善"性质到国际公共产品性质的变化，不同的定位影响着援助国和受援国之间的关系，以及各自的权利义务内容等。

(一) 国际发展合作的"慈善"性质

国际发展合作的理念来源于消除贫困，联合国章程对国际经济和社会合作消除贫困高度认可和推崇。二战后的国际发展合作以难民救助和战后重建为主要内容，理论基础是人权和人道主义危机构成对国家主权的限制。

1. 人权与国家主权的关系

"人权高于主权"是自由主义对于主权的主张。自由主义者认为人权问题优

[①] 发展援助委员会负责协调向发展中国家提供的官方发展援助，是国际社会援助发展中国家的核心机构。发展援助委员会现有30个成员（29个经合组织成员国和欧盟），另外世界银行、国际货币基金组织、联合国开发计划署、亚洲开发银行、非洲开发银行和美洲开发银行作为常驻观察员参与。

先于主权,不经联合国授权允许,其他国家可以动用武力,干涉一国主权范围内的事务。1999年1月,45名阿尔巴尼亚人在拉查克屠杀中遇害,北约决定引入军事维和部队强行克制。3月23日,《朗布依埃协议》被打破,南斯拉夫排斥外部维和部队,北约准备以武力部署维和人员。1999年3月24日,以美国为首的北约开始对南斯拉夫轰炸,轰炸长达78天。北约对南斯拉夫的轰炸表明美国等北约国家对于主权和人权关系的理解,即对"严重侵犯人权"的行为,可以不由联合国,而是由以美国为首的北约决定;其标准不是按照联合国所确定的标准,而是按照西方的价值观念。然而,人权对一个国家的对外政策并不是决定性影响,即使是举着人权大旗的美国,人权政策也仅是美国对外政策的一部分①,并不是唯一指针。

传统国际法认为,国家主权至高无上。随着人权观念的发展,人类社会在保护人权问题上取得了共识。但在处理人权问题时,如何协调人权和主权的关系,不同国家提出自己的主张。国际社会为了保护人权而又尊重国家主权,二战后联合国实行常任理事国协商一致的原则和一票否决制。只有经联合国授权,才能对主权国家严重侵犯人权的行为加以制裁,这种制裁才具有合法性。

2. "慈善"性质的国际发展合作受到质疑

二战后至20世纪末,发达国家的国际发展合作目的较为单一,主要是推行西方民主价值观。这种国际发展合作模式缺乏灵活性,也容易受到受援助国家的反感。

此时期国际发展合作通常以贷款的方式出现,由欧美国家提供援助,而非洲国家接受援助。对此,发达国家认为国际发展合作是发达国家向发展中国家的"慈善"或者资源流动。对发展中国家而言,受援的现实情况容易产生一种来自殖民地情结的爱国情绪和抵触心理。② 受援国家认为西方发达国家的发展不是自由贸易的贡献,而是殖民地的经济贡献,发达国家在历史上亏欠殖民地国家,发展援助不应该被视为一种"慈善",而应该被认为是一种"欠债还钱"。在这种以权利为基础的国际发展合作中,接受援助的国家被视为权利持有人,而非慈善行为的受益人,援助政府、金融机构和跨国公司更类似于义务人。③

---

① JOSEPH S. Nye Jr. Redefining the National Interest [J]. Foreign Affairs, 1999, 78: 26.
② CAROL G. Rethinking the Development Aid Paradigm [J]. Yale Journal of International Affairs, 2010, 5: 146.
③ UVIN P. Human Rights and Development [M]. Bloomfield: Kumarian Press, 2004: 129.

（二）国际发展合作的公共产品性质

国际发展合作是以全球治理为导向的国际公共产品，需要建立国际规范对其进行规制。经济全球化环境下，国际公共问题随着全球化发展越发得以凸显。不存在纯粹的国内事务，也不存在不受国内事务制约的纯粹的国际事务，一个国家面临的问题可能就是全人类必须共同面临的问题。20 世纪 90 年代，在联合国支持下，由 28 位国际知名人士组成的"全球治理委员会"发表了《我们天涯成比邻》报告，提出了全球治理的概念和主张。核心观点是：全球化的国际社会中国际行为主体多元化，解决全球性问题成了一个由政府、政府间组织、非政府组织、跨国公司等共同参与和互动的过程。这一过程的重要途径就是通过强化国际规范，形成一个具有机制约束力和道德规范力的、能够解决全球问题的"全球机制"。

1. 国际公共产品和对国际社会整体的义务

公共物品是可以供社会成员共同享用的物品，其概念最早出现于 300 年前，由大卫·休谟（David Hume，1711—1776）首次提出。大卫·休谟在《人生论》一书中涉及了公共产品的核心问题，即公共性事务的处理与公共悲剧之间的关系，提出了"搭便车"行为（Free Rider Problem），但他并未有意识地针对公共产品这一问题做深入研究。亚当·斯密进一步指出，公共产品的存在必然导致市场失灵。19 世纪 80 年代，奥地利和意大利的学者将边际效用理论运用到财政学领域，创立了较为系统的公共产品理论。

国际公共物品由国内公共物品的概念延伸而来。1999 年，英奇·考尔（Inge Kaul）等人给"国际公共产品"下了一个相对完整的定义，随后又将概念完善为：国际公共产品是其收益扩展到所有国家、人民和世代的产品。这里的"公共"指公众（包括广泛的人口群体、社会组织、公司），其中全球性公众也包括国家政府在内；"产品"指"东西"（如一个法律框架）或"条件"（如环境稳定）。[①] 英奇·考尔的定义在联合国占据主导地位。

20 世纪 90 年代末，联合国提出全球公共物品的概念，以表述因国家规模太小无法提供而需要由国际社会承担的公益使命。这些人类共同忧思包括防止气候变化、打击国际贿赂、打击恐怖主义、反对饥饿、根除某些疾病、生态问题、

[①] 参见李新，席艳乐. 国际公共产品供给问题研究评述 [J]. 经济学动态，2011（03）：132-137.

海盗问题等议题。联合国秘书长关于《联合国千年宣言》执行情况的《路线图报告》中将国际社会关注的全球公共领域中的全球公共产品分为包括和平、公共健康等在内的十项内容。例如人权是一种公共产品,即无价值产品(No-Use Value Goods),法律意义上即为"对一切的义务"。① "对一切的义务"也叫"对国际社会整体的义务"(Obligations Owed to the International Community as A Whole),或者"对世义务"。

2. 人类共同利益的国际制度

现代国际法在很大程度上改变了国家利益本位,人类共同利益被突出强调。② 国际上一般用"International Interest"指国际社会建立在环境问题上、在毒品等问题共同理念基础上的共同利益。随着国际社会发展,人类共同利益的范围也不断扩大,全球公共物品可以是作为"人类共同遗产"的自然资源和文化资源。

在全球公共物品的范围界定上并不是总能达成一致。③ 除了侵略战争和践踏人权外,核战争、恐怖主义、极端主义、制毒贩毒、人口爆炸、贫困加剧、环境恶化、资源锐减等问题,都日益严重地威胁着全人类。可以说,即使是一个国家主权管辖范围内的资源或活动,如果对人类共同利益产生潜在的不利影响,也将成为国际社会所共同关切的事项。④ 现代联合国主导的国际法更倾向于认可公民的公民权、政治、经济、社会和文化权是不可让渡和不可分割的,这些权利应该处于更为优先顺位,优先对这些权利提供公共产品的多边保护。⑤

国际法律制度在规范共同利益事项时不可或缺。在共同利益这种公共产品提供中,虽然有着共同的利益,却无法达成追逐集体利益的一致行动。这种障碍被称为"集体行动的困境"。针对"集体行动的困境",奥尔森集体行动理论

---

① VAN AAKEN A. Trust, Verify, Or Incentive-Effectuating Public International Law Regulating Public Goods through Market Mechanisms [J]. American Society of International Law's Proceedings, 2010, 104: 154.
② 参见王明远. 全球性环境问题的困境与出路:自治还是他治?[M]. 北京:清华大学出版社, 2014: 271.
③ 如植物基因元是否能够作为全球公共物品一直争论不休,这种争论通常发生在发达国家和发展中国家之间。
④ DRUMBL A. M. Northern Economic Obligation, Southern Moral Entitlement, and International Environmental Governance [J]. Columbia Journal of Environmental Law, 2002, 27: 372.
⑤ ERNST-ULRICH P. Reforming Multilevel Governance of Transnational Public Goods through Republican Constitutionalism: Legal Methodology Problems in International Law [J]. Asian Journal of WTO & International Health Law and Policy, 2017, 12 (01): 33-73.

提出了两大重要定律,即奥尔森第一定律:国际法处理国际事务的模式,各主权国家追寻各自国际利益,以契约性的协调和合作方式解决与自己利益相关的国际问题。奥尔森第二定律:在某些情况下,不论个体如何精明地追逐自己的利益,社会的理性结果也不会自发地出现,只能借助"引导之手"或适当的制度安排,才能取得有效的集体结果。

3. 公共产品性质下的国际发展合作

国际公共产品问题本质是国际公共产品的供给问题,而目前国际公共产品供给的国际融资在很多情况下都是在官方发展援助的背景下进行的。[1] 国际公共产品提供中存在霸权稳定论,认为霸权国家是国际体系的稳定者,霸权国家有意愿也能够提供稳定国际体系的国际公共产品,包括稳定的货币体系、自由的贸易体系、国际安全和国际发展合作等。霸权稳定论者认为二战后的美国为国际体系提供了联合国等政治体系、世界贸易组织等经济体系、核安全等安全体系的国际公共产品,为战后的世界和平和稳定做出了巨大贡献。

国际发展合作的法律规制可以影响国际公共产品提供的公平性、正当性和有效性。一国范围内,由于有强有力的政府和国家治理机制,可以保证向社会提供疾病防治、污染治理等方面的公共产品。在国际层面上,由于缺乏能够解决"集体行动困境"的治理机制,国际公共产品的提供更为困难,任何一个国家的单边行动都无法有效保护公共产品,有效的国际治理是解决国际公共产品提供的关键,国际法和多层次治理机构(Multilevel Governance Institution)是有效实现提供和保护国际公共产品所必需的重要保证。

第二节 国际发展合作的国际制度

国际发展合作的国际制度层面尚未形成统一的制度性规则。在推进国际发展合作评估原则方面,作为国际发展合作最重要参与者的经济合作和发展组织做出了突出贡献,通过《釜山宣言》等国际文件为国际发展合作提供了国际评估原则。各主要援助国也在推动和形成国际发展合作原则过程中,将国际原则有选择地吸收到各国的国际发展合作制度体系中。

---

[1] 参见李新,席艳乐. 国际公共产品供给问题研究评述[J]. 经济学动态,2011(03):132-137.

一、国际发展合作基本理念的演变

从事国际发展合作的主要国际组织包括联合国及其专门机构、经济合作与发展组织（以下简称"经合组织"）、欧盟、石油输出国组织、亚洲开发银行等。其中，联合国及其专门机构和经济合作与发展组织发挥的作用最为突出。国际发展合作的理念共识主要是在联合国框架下推动达成的。在联合国的主导下，国际发展合作的理念已经从以西方为中心的西方良治，逐步转向以国际发展合作为理念的全球经济治理。

（一）《联合国宪章》及其落实

《联合国宪章》第九章专门就"国际经济及社会合作"进行了规定，主要包括三方面内容：第一，联合国会员国负有国际经济及社会合作的责任。第二，联合国大会和经济及社会理事会承担组织国际经济及社会合作的责任。第三，联合国成立专门机构促进国际经济及社会合作。联合国的目标是把各国国民总收入的0.15%用于最不发达国家的官方发展援助。①

在20世纪60年代至20世纪70年代，随着西方双边援助项目的兴起，国际上出现援助监测评估的概念，联合国开始运用评估系统对其援助项目进行管理，最初的主要关注点是工程投入的资金发放问题。20世纪80年代后，发达国家在发展中国家的援助效果遭到了更多质疑，联合国开始调整以"经济增长"战略为中心的传统思路，转之以社会公平和其他的社会经济目标，鼓励发展中国家构建国家监测评估体系为思路规范对外援助。

（二）《联合国千年宣言》与全人类共同责任

2000年，189个国家在联合国首脑会议上签署了《联合国千年宣言》，据此制定的千年发展目标成为国际社会最全面、权威、系统的发展目标体系。千年

---

① 目前联合国系统内有近20个机构从事对外援助，主要包括联合国大会设立的联合国开发计划署、联合国儿童基金会、世界粮食计划署、联合国妇女发展基金会、联合国人口基金、联合国环境规划署、联合国艾滋病规划署、联合国难民事务高级专员办事处等8个附属机构，经济及社会理事会设立的科学与技术发展促进委员会和可持续发展委员会2个附属机构以及国际劳工组织、联合国粮农组织、联合国教科文组织、世界卫生组织、世界银行集团、国际货币基金组织、国际农业发展基金、联合国工业发展组织等8个联合国专门机构三类。这些国际机构的基本文件主要界定其对外援助范围和活动，辅之以报告等机制性规定，并未形成对外援助的共同规则。

发展目标正式将国际发展合作放到全人类共同责任的层面上来，国际发展合作的终极目标是全人类的共同进步，而不是某个国家的一己私利。联合国千年发展目标成为评估国际发展合作目标的重要标准，第一次将这些目标统一成国际发展问题，成为所有国家的共同目标。

联合国开发计划署是世界上最大的负责进行技术援助的多边机构。开发计划署是联合国 2015 年后发展议程中的主要机构之一，在全球范围内帮助各国实现千年发展目标。2000—2015 年，联合国每年监测评估各国对千年发展目标的完成情况，并在网站上公开，有效推动了发达国家国际发展合作具体目标的落实。

（三）《蒙特雷共识》与有效援助

2002 年，联合国在墨西哥蒙特雷召开了筹资发展问题国际会议。会议以有关经济社会发展中的筹资问题为主题，通过了《蒙特雷共识》。《蒙特雷共识》强调，为实现联合国千年首脑会议提出的消除贫困、改善社会情况、提高生活水平和保护环境等各项目标，世界各国携手共同应对全球特别是发展中国家的发展筹资挑战，迈向各方参与的、公平的全球经济体系，消除贫困，实现可持续发展。

《蒙特雷共识》提出了实现这些目标的原则，包括发达国家与发展中国家建立新的伙伴关系，实行适当的政策，实施法制和有效的管理，调动国内资源，吸收国外投资，促进国际贸易，增加官方援助，减轻发展中国家的外债负担等，并首次提出了"有效援助"的概念。"有效援助"是一种新型的援助理念，不是简单的施援方向受援方提供援助资金的单向关系。国际社会同意应该互相增加援助金额，但同时也承认仅仅依靠更多资金并不足够，援助者和受援的发展中国家都希望援助将尽可能有效地使用。

（四）《2030 年可持续发展议程》和国际发展合作

2015 年，联合国 193 个会员国就 2015 年后发展议程达成一致，通过《2030 年可持续发展议程》指导今后 15 年国际发展合作。《2030 年可持续发展议程》序言中阐明：本议程是为人类、地球与繁荣制订的行动计划；旨在加强世界和平和增加自由，顾及各国不同的国情、能力和发展程度，尊重各国的政策和优先事项，得到所有国家的认可，并适用于所有国家。

《2030 年可持续发展议程》包括 17 个可持续发展目标和 169 个具体目标，各国承诺努力使新议程到 2030 年得到全面执行。17 个可持续发展目标涵盖消除贫困与饥饿、健康、教育、性别平等、水与环境卫生、能源、气候变化等。其重点是：消除贫困和饥饿，促进经济增长；全面推进社会进步，维护公平正义；加强生态文明建设，促进可持续发展。实现上述目标需要数以万亿美元的资金，发达国家及时、足额提供官方发展援助非常必要。在筹资方面，要求发达国家充分履行官方发展援助承诺，应及时、足额提供占国民总收入0.7%的官方发展援助，同时进一步对发展中国家减免债务，开放市场。《2030年可持续发展议程》提出大幅增加发展中国家的出口，尤其是到2020年使最不发达国家在全球出口中的比例翻倍。

《2030年可持续发展议程》提出了国际发展合作的理念，从全球经济治理的角度切入，主张维护自由、开放、非歧视的全球贸易体系，推进贸易投资自由化和便利化，消除贸易和投资壁垒，反对和抵制各种形式的保护主义。深化国际金融体系改革，落实已经达成共识的举措，增加发展中国家的代表性和发言权。完善全球投资规则，引导全球发展资本合理流动。

二、国际发展合作国际制度的基本原则

对外援助国际制度尚在形成过程中，但基本原则已经初见雏形。对外援助领域现有的国际制度主要包括三类：第一类是以国际组织基本文件形式缔结的多边条约，对从事国际发展合作的组织及其活动进行规范。第二类是以构建援助体系为内容的多边条约，兼具契约性和造法性功能。第三类是以具体援助安排为内容的双边条约。总的来讲，有关国际发展合作的条约虽然数量众多，但包含共同规则的规范较少，缺乏造法性条约。①

（一）基本原则的形成

经合组织发展援助委员会是经合组织三大委员会之一，向全球提供90%以上的对外援助，被称为"援助国俱乐部"。② 作为具有全球影响力的援助机构，

---

① 参见李小瑞. 对外援助的国际法律规范分析[J]. 国际关系学院学报, 2012 (02): 89-98.
② 经合组织发展援助委员会共有30个成员，分别是澳大利亚、奥地利、比利时、加拿大、捷克、丹麦、芬兰、法国、德国、希腊、匈牙利、冰岛、爱尔兰、意大利、日本、韩国、卢森堡、荷兰、新西兰、挪威、波兰、葡萄牙、斯洛伐克、斯洛文尼亚、西班牙、瑞典、瑞士、英国、美国和欧盟，其中有5个国家都是在2013年加入的。发展援助评估网络不仅仅限于其成员国，除了37个国家级的发展评估机构，还涵盖了9个多边援助机构，其中有6个为发展银行，以及欧盟、国际货币基金组织和联合国开发计划署。

经合组织发展援助委员会先后出台了《发展援助评估原则》《发展援助评估准则》《援助评估质量标准》等一系列文件,这些文件为发展援助评估工作提供了评估依据和评估原则。发展援助委员会的援助评估模式一直是国际发展合作评估的主导,其所倡导的严格的评估技术和实地评估方法得到国际社会公认,也为国际发展合作的基本原则奠定了基础。

1. 《罗马宣言》

2003 年,经合组织发展援助委员会召集援助方和受援方代表,在意大利罗马召开首届援助协调高级别论坛,会议通过了著名的《罗马宣言》。《罗马宣言》首次就发展有效援助达成了共识,各援助方承诺与发展中国家合作,以更好地协调国家间的对外援助活动。

2. 《巴黎宣言》

2005 年,世界经合组织召开的有效援助高层论坛上,参会国家和国际组织共同签署了《关于援助有效性的巴黎宣言》(以下简称《巴黎宣言》),奠定了现有对外援助国际评估框架基础。

《巴黎宣言》对于国际援助评估体系的影响较大,从《巴黎宣言》开始,提倡注重受援国自主权的自主原则、相互问责制原则、协调和同盟的协调原则、提高援助协调性的联系原则和结果导向原则,这些原则均指向援助的有效性问题。评估体系的重点不再是国际发展合作本身,而是重点关注国际发展合作的有效性,如何以评估促进国际发展合作的实效成为讨论的热点,评估的标准和依据受到重视。

3. 《阿克拉行动纲领》

2008 年,第三届援助高层论坛在加纳首都阿克拉举行。大会重新审视了《巴黎宣言》的执行情况,强调要深化受援国在国际发展合作中的主体地位,明确了民间社会组织、私营部门等发展主体在国际发展合作中的重要作用,发展有效性问题得到关注。发展有效性目标着重于实现人权、性别平等、体面劳动和可持续发展。《阿克拉行动纲领》强调只有占发展中国家人民多数的弱势和贫穷人群的权利得到体现和认可,才能最终在消除贫穷和不平等方面取得明显进步。

4. 《釜山宣言》

第四届援助实效性高层论坛于 2011 年 11 月 29 日在韩国釜山召开。160 多个国家和地区的代表在大会上通过了《有关新的全球合作关系的釜山宣言》(以下简称《釜山宣言》)。《釜山宣言》提出了以发展中国家为主的全新国际发展合作方式，将国际发展合作范式从援助有效性转至发展有效性，对实现发展有效性做出了可操作化的要求，宣言认为援助有效性是发展有效性的一部分，是实现发展有效性的必要条件。

《釜山宣言》明确表示构建包含多元主体的全面全球伙伴关系，考虑传统援助主体和新兴援助主体在援助理念上的差异，提出了四大共同原则：尊重发展中国家对优先发展行动的所有权、注重结果、包容且广泛的合作伙伴关系、透明和相互问责。

《釜山宣言》还提出了四大行动计划：深化、扩大并实施发展政策及进程的民主参与；加大取得具体而可持续成果的努力；加大对南南合作（发展中国家—发展中国家）和三边合作（发展中国家—发展中国家—发达国家）的支持，使这些平行合作关系更加适合各国的国情及需要；支持发展中国家调动并利用各种发展资金及活动所付出的努力，同时确保这些不同形式的合作能够对发展产生催化剂一样的作用。

（二）主要基本原则

国际上已经初步形成以发展有效性为核心的理念。经合组织将援助的有效性定义为发展援助目标的实现或者预期实现的程度，也包括援助目标对于援助国的重要意义。

1. 特殊和差别待遇

中国作为发展中国家，主要是"特殊和差别待遇"衍生出的一系列贸易权利主张者而非义务承担者。近年来中国逐渐承担起面向其他发展中国家的"特殊和差别待遇"义务，重点保护最不发达国家人民的发展权。2002年，中国与东南亚国家联盟签订了《全面经济合作框架协议》，对柬埔寨、老挝、缅甸和越南等东盟新成员国给予特殊和差别待遇及灵活性。2006年，中国加入《亚洲及太平洋经济和社会委员会发展中成员国关于贸易谈判的第一协定修正案》后，中国海关总署先后颁布3个文件，将享受"特别优惠关税"政策的国家从非洲扩大到联合国认定的40个最不发达国家。

2. 尊重受援国对发展行动的自主权原则

在对外援助活动中，充分对受援国的政治和权力问题的背景给予关怀，提升发展合作的针对性和可操作性。国际发展合作应最大限度地满足受援国的发展需求，让发展中国家自行制定发展战略，基于受援国本国现状自主领导和实施援助项目，受援国自行查找自身的差距，自主决定下一步应该采取的行动方向。

3. 注重结果原则

以援助成果为导向管理资源和改善决策，确保国际发展合作能够在一定程度上消除贫困，减少不平等，促进可持续发展并加强发展中国家的能力建设。国际发展合作长期以来面对有效性的质疑，甚至会受到援助国国民的质疑，国际发展合作评估就非常重要。建立国际发展合作评估体系、专业的评估执行团队、规范化和结果导向的评估实施体系，有效进行与利益相关者的沟通工具。

发展援助委员会评价国际发展合作的标准主要有五项：（1）项目相关性（relevance）：审查受援国请求在多大程度上适合目标群体、受援国和援助国的利益和优先政策，如援助项目是否符合受援国的需求、援助计划设定和产出是否与总体目标一致等。（2）援助完成度（effectiveness）：衡量援助项目具体执行情况较之于预期目标的完成度。（3）项目影响（impact）：检查项目产生的积极和消极的变化，这包括直接和间接的影响以及预期和意外的影响。（4）援助效率（fficiency）：测量与援助投入相对应的项目产出，以确定项目是否最大化利用了援助资金以及是否达到了预期效果。（5）项目可持续性（sustainability）：检查援助项目效益在项目完成后是否可持续。

4. 包容且广泛的合作伙伴关系原则

官方援助只是解决发展问题的途径之一，应鼓励多样化的合作主体参与到国际发展合作中来，突破以往原有的南北援助范式，将南南合作、多边合作和其他民间团体、私立部门以及慈善团体参与的发展合作模式都纳入新型的全球发展合作伙伴框架内。合作各方之间应持开放、信任、彼此尊重以及相互学习的态度，加强援助协调。

5. 透明和相互问责原则

援助项目的顺利开展，需要援助国和受援国双方民众的支持和理解。援助项目进展和资金去向的透明，能够很大程度上减轻本国民众对援助的疑虑和受援国民众的抵触情绪。2009年，国际社会为了提高各国国际发展合作工作的有效性和向民众公开援助信息，提出了"国际援助透明度倡议"，倡议包含了一套有关发展援助信息的发布标准，要求成员公开国际发展合作的支出明细，共有39个信息公开项目，其中13项为必须公开项目。这是一个自发成立的协商机制，拥有70多个会员。

经合组织成员国大多自愿加入"国际援助透明度倡议"，遵循国际发展合作信息发布标准，在网络公开基本信息；澳大利亚、加拿大等国还启动了有关提高透明度方面的立法工作，从法律制度层面保障援助信息的公开和透明。援助国和开发银行等机构建立并加强了内部监督检查机构、审计机构和与受援国的对话机构，以加强透明度和责任感。具体举措包括：举报机制、扩大内部和外部审计机制，设立调查办公室等。如世界银行修订了员工职业道德诚信守则，建立了对承包商实施制裁的程序，并通过谈判达成了集体协议。

许多援助国、双边和多边机构还试图提高受援国的透明度和问责制。这些活动包括支持创建反腐败委员会，建立调查和司法机构，实施新的公共采购系统以及改善公众财务管理的实践等，还通过加强民间社会团体和与当地团体进行协商，努力建立"外部问责"机制。当地团体等利益相关者还充当项目进展的监督者，报告项目实施中的不足，提供有关腐败可能性的反馈。①

第三节　主要国家和地区的国际发展合作制度

冷战后，西方国家内部出现援助预算的合法性危机，对国际发展合作成效的讨论也逐渐从过程导向转向结果导向。近20年，主要发达国家和以印度、巴西、南非为代表的新兴经济体，都对本国对外援助或国际发展合作管理体制进行不同程度的改革，以适应快速变化的国际国内形势。传统援助国家的对外战略和对外援助政策虽各有不同，但普遍在国际发展合作领域实现了法制化目标，美国、西班牙、英国、加拿大、澳大利亚、韩国、日本、土耳其等国都有专门的国内对外援助法，法国、德国虽未制定对外援助法，但对外援助的规范也已经十分完善。

一、美国国际发展合作法律制度

美国是世界上最早开展对外援助的国家之一，至今已有将近一个世纪的对外援助历史，也是提供对外援助资金额最大的国家。美国对外援助经验比其他援助国和国际组织更加全面和丰富，援助的领域也更加广阔。对于美国而言，国家安全始终是其对外援助活动的最重要目标，同时也是其对外援助立法最基

---

① 参见陈曦. 国际援助透明度的发展沿革及启示［J］. 国际经济合作，2020（05）：14-24.

本的价值取向。①

（一）主要法律依据

二战后美国重视以对外援助的方式换取海外利益，同时也非常重视对外援助法制化。为了促进"马歇尔计划"顺利实施，二战后美国旋即通过了《1948年对外援助法》（Foreign Assistance Act of 1948）②，后颁布了《1961年对外援助法》，并多次对其予以修订。

《1961年对外援助法》分为五编。第一编是关于美国国际经济援助的一般性规定，主要规定发展援助的政策、宗旨、目标、方式、类型等内容；第二编是关于军事援助的规定，主要规定了军事援助的宗旨、条件、授权、对外军售、为保障安全的经济援助、国际军事教育及培训等内容；第三编是关于美国对外援助实施和执行方面的规定，主要规定了对外援助的采购，专利和技术信息、服务及商品的提供，援助资金的交付，外币的使用、管理、评价、报告以及对外援助的限制及禁止条件等；第四编是关于美洲事业倡议的规定，主要规定了某些债务的减免、本金的偿还、新利息的支付、美洲基金的建立及美洲框架协定等内容；第五编是关于热带雨林地区发展中国家债务减免的规定。

美国以《1961年对外援助法》为核心构建了援助法律体系，主要包括授权法案和拨款法案两大类，具体有1961年《和平队法案》、1976年《武器出口控制法案》、1980年《非洲开发基金法案》、1989年《支持东欧民主法案》、1998年《国际宗教自由法案》、2003年《美国领导抗击艾滋病、肺结核和疟疾法案》、2003年《千年挑战法案》，以及历年《财年综合拨款法案》等，还有许多双边和多边的援助互助条约。

美国根据国际形势和实际情况对这些法律加以调整、更新，以便为当时的海外利益保护提供更加恰当的法律保障。③ 美国国际发展合作涵盖内容广，涉政治、经济、文化、教育、医疗和体育等多方面，目的是利用对外援助对外输出美国价值观，形成软实力，服务于美国海外利益保护。

---

① 参见曹俊金，周莹. 美国对外援助法：背景、发展与政策目标 [J]. 国际经济合作，2015（08）：32-38.
② 《1948年对外援助法》由四个专项法案构成，分别是《经济合作法案》《国际儿童紧急基金援助法》《希腊—土耳其援助法》《对华援助法》。
③ 参见王发龙. 美国海外利益维护机制及其对中国的启示 [J]. 理论月刊，2015（03）：179-183.

(二) 重要制度规则

1. 复合性的对外援助目标设定

美国《1961年对外援助法》开宗明义地指出对外援助的五个主要目标：(1) 减缓世界贫困国家极差的物质生活条件；(2) 提高条件以便使发展中国家能够在公平接受福利分配的情况下实现自身经济可持续增长；(3) 鼓励发展中国家的公民和经济权利不断得到尊重和提升；(4) 帮助发展中国家融入开放和平等的国际经济体系；(5) 通过反腐、提高透明度和明确责任等方式促进对外援助的管理。

2. 采用公司制提供对外援助

通过2003年《千年挑战法案》后，美国设立了千年挑战公司，主要负责"千年挑战账户的运作"。千年挑战公司为发展中国家提供援助以促进全球发展，目的在于刺激经济增长，消除极度贫困，促进善治、经济自由及对人员的投资。千年挑战公司和千年挑战账户的设立，有效地减轻了美国国际开发署的负担。

3. 多元主体参与制度

自1961年以来，美国对外援助法律制度体系就一直十分重视和鼓励私人主体和非政府组织参与对外援助工作。现行对外援助法对私人力量和非政府组织参与对外援助设定了多种参与方式：参与美国对外援助项目的筹资；作为美国对外援助的执行力量或合作力量接受并使用援助款；对于提出并主导某些对外援助项目的非政府组织，美国可以参与这些援助项目的执行。

4. 国际规则的国内转化

美国极其注重将软法性质的国际会议文件精神向国内法的转化，如《巴黎宣言》中阐明了相互问责原则后，美国在修订《海外反腐败法》中就贯彻了这一原则，规定海外投资和对外援助要有后续评估行动，未达到指标要求的相关负责人将承担法律责任。这种转化有利于与国际社会保持相同的理念和基本原则，有利于对某些事项用与国际社会相一致的标准进行规制。2016年美国《对外援助透明度和问责法》规定，总统应在18个月内为所涵盖的美国对外援助的目标、绩效指标以及监测和评估计划制定指导方针，并在18个月内向国会详细阐明这些方针。指导方针内容覆盖面十分广泛，包括制定年度监测和评价议程和目标，制订具体的项目监控和评估计划，建立数据收集方法，公开报告评估和相关建议，与学术、国家和国际机构开展合作伙伴关系、协调工作并为监测和评估人员提供可验证的及时数据等。政府问责办公室负责分析并由相应的机构和办公室评估援助实施情况,国务院须在 90 天内更新网站上的相关内容。

二、英国国际发展合作法律制度

近年来,在政府财政紧缩背景下,英国国际发展合作预算依然保持大幅增长。面对国内的问责压力,英国国际发展合作转向与国家利益挂钩。《2015 国际发展(官方发展援助目标)法案》提出,国际发展合作应在减少贫困的同时支持国家利益,国家利益成为英国国际发展合作的重要目标。①

（一）主要法律依据

英国二战后先后颁布了 1945 年《布雷顿森林协议法》、1949 年《殖民地贷款法》、1952 年《殖民地贷款法》、1955 年《国际金融合作法》、1958 年《海外服务法》、1968 年《海外援助法》、1977 年《国际金融、贸易和援助法》等分散性法律。在上述分散的法律法规基础上,1980 年英国颁行了《海外发展和合作法》,整合了上述法律法规的有关规定,对对外援助、英国国内对外援助机构设置和职权等问题进行了全面规定。

21 世纪以来,英国颁布《2002 年国际发展法案》,明确国际发展合作目标为减少贫困,奠定了国际发展部的主导地位②,这部法律成为英国国际发展合作的法律基础。《2006 年国际发展(报告和透明度)法案》要求国际发展部定期向议会报告和公开国际发展合作情况。《2014 年国际发展(性别平等)法案》要求国际发展部在国际发展合作中促进社会性别平等。《2015 年国际发展(官方发展援助目标)法案》是英国首个跨部门援助战略,规定国际发展合作年度支出不少于国民总收入的 0.7%,并提出国际发展合作应在减少贫困的同时支持国家利益。

（二）重要制度规则

1. 国际安全治理成为对外援助的重要目标

最初英国的国际发展合作聚焦消除世界贫困,强调援助的道德属性,致力

---

① 参见曾璐,孙蔚青,毛小菁. 借鉴英国发展多边援助的管理体制 [J]. 国际经济合作,2021(02):56-61.

② 2020 年 6 月,保守党政府首相约翰逊宣布,为使援助和外交形成整体,将国际发展部并入外交和联邦事务部,成立外交、联邦事务和发展部。英国对外援助,包括多边援助服务本国利益的趋势进一步显现。

于将对外援助与短期的政治和经济利益相分割，注重与受援国以及其他援助行动方建立伙伴关系、共同推进减贫事业。但随着经济下行、政府内外对国际发展合作的支持度下降，英国国际发展合作理念和政策开始转变。2015年英国提出了国际发展合作的四个战略目标：维护全球和平，改善安全和治理；提升恢复适应能力和危机应对能力；促进全球繁荣；解决极度贫困、帮助最脆弱的群体。安全目标被放在了首位，提出英国政府将投入更多精力和资源，联合各政府部门的力量来解决冲突和不安全的根源、应对犯罪和腐败。

2. 设定国际发展合作最低数额限制

《2015国际发展（官方发展援助目标）法案》把国际发展合作年度支出达到国民总收入0.7%以法律形式固定下来，为英国的总体援助规模，包括多边援助的稳定打下坚实基础，避免美国和澳大利亚等国家因为执政党更迭引起国际发展合作和多边援助大幅波动的情况。

3. 多边援助与双边援助相配合的援助制度

英国国际发展部将双边援助集中于有限和最有可能发挥作用的部分国家，并通过与多边机构合作在双边援助不便触及的国家和敏感领域开展工作。英国与多边机构在人道主义、政府与公民社会、教育、经济基础建设和卫生等领域开展广泛合作，如通过世界银行、联合国以及全球卫生和教育基金等组织，发展部得以支持萨赫勒和小岛屿发展中国家等脆弱地区。多方式的国际发展合作既可提供全球行动平台，又可协调不同的国家及其体制以快速解决困难问题，多边机构也可提供世界一流的专业知识并实现规模经济。

三、日本国际发展合作法律制度

相对于其他发达国家援助体，日本是极度重视将国际发展合作作为外交手段的国家。[①] 20世纪50年代中期，日本完成国内经济重建任务后，向国际社会回归过程中就开始大规模开展援助活动。日本于1992年制定《官方发展援助大纲》，将对外援助定位于国家长远利益的举措，提出通过对外援助使日本经济受益。1993—2000年，日本的对外援助总量保持世界第一，即使2000年后日本经济陷入低迷，其对外援助仍然基本居于世界前五位，日本国际发展合作活动始

---

① 参见杨焕平．缅甸民主转型背景下日本对缅交往研究［D］．北京：中共中央党校，2017.

终围绕着服务于国家利益的最终目标进行。①

（一）主要法律依据

1992年6月30日，日本通过第一部具有法律效力的《官方发展援助宪章》，提出日本官方发展援助的目的是："以支援发展中国家为经济起飞而进行的自助努力为出发点，通过广泛培养人才、建设包括国内各项制度在内的经济社会基础设施、提供基本生活保障等方式，确保发展中国家资源配置的效率与公正，以及'良好的统治'，在此基础上，实现经济的健康发展。"大纲确定了日本实施官方发展援助的四项原则，即兼顾环境与发展；避免用于军事目的及助长国际争端；在维持国际和平与稳定的同时，从发展中国家应优先把本国资源用于自身经济建设的观点出发，对发展中国家的军事支出、大规模杀伤性武器的开发和研制，以及武器进出口等动向予以密切关注；密切注意发展中国家在促进民主化、引进市场经济以及基本人权保障等方面的动向。

1992年后，日本多次修改了《官方发展援助宪章》，并以《官方发展援助宪章》为核心，建立了一整套援助法律制度体系，主要包括以下两部分。

一是机构及其职能法。1998年《中央省厅等改革基本法》、1999年《外务省设置法》、2000年《外务省组织令》《文部科学省组织令》、2002年《独立行政法人国际协力机构法》等法令明确了管理机构及其与其他部门之间的职能关系。日本外务省是援外政策制定的核心机构，国际协力机构是主要执行机构，该机构根据2008年《独立行政法人国际协力机构法施行令》改革重组，接管了前日本国际协力银行的官方发展援助贷款业务和外交部管理的赠款业务，由技术合作执行机构转变为融合技术援助、优惠贷款和赠款三大援助工具的执行机构，有效加强了三者之间的协调。

二是提升国际发展合作实效法。日本国际发展合作的纲领性文件是由外务省发布的《发展合作大纲》（2015年前称《官方发展援助大纲》），阐述了日本对外援助的基本原则、目标和战略，国际发展合作的使用不再局限于经济合作，和平建设、政治与民主化改革、人权建设和保障将走向合作的更中心位置。日本外务省还制定了"国别援助政策""分部门援助政策"和"发展合作的优先领域"、《官方发展援助评价指引》《国际协力机构反腐败章程》《对外援助合规

---

① 参见刘艳. 战后日本对外援助政策的演变与国家利益的实现 [J]. 国际援助，2015 (05)：82-89.

程序》等发展援助政策。日本国际发展合作法的内容范围不大，但更加重视国际发展合作活动的平等性和实效性，注重将援助国和被援助国定位为伙伴关系，塑造亲和的国际形象，减少被援助国的对抗情绪。

（二）重要制度规则

1. 国际与本国相结合的援助目标设定

日本在《发展合作大纲》第一部分即阐明了国际层面的目标："日本政府承诺支持发展中国家的经济和社会基础设施发展、人力资源开发和机构建设，以及解决贫困、饥荒和诸如环境和艾滋病等全球性问题。"该目标与经合组织发展援助委员会的总原则相一致。

随后，《发展合作大纲》阐明了日本本国国际发展合作的目标诉求。"日本官方发展援助的目标是为国际社会的和平与发展做出贡献，从而帮助确保日本自己的安全与繁荣"；"日本作为世界主要国家之一，决心充分利用官方发展援助，主动解决各种全球性问题。这些努力将在许多方面使日本本身受益，包括促进与其他国家的友好关系和人民之间的交流，以及提高日本在国际舞台上的地位"；"特别重要的是，日本应努力加强与其有特别密切关系的亚洲国家和非洲国家的经济伙伴关系和交流活跃程度"。

2. 改进受援国的法律和经济制度

《发展合作大纲》要求，日本积极协助正在采取积极步骤走向民主化的发展中国家，支持它们向民主制度转变的努力，包括选举援助、政府治理援助等。2018年2月，日本向柬埔寨提供了日本制造的投票箱等选举物资，强调举行能充分反映人民意愿的全国选举的重要性。此外，除了对参与议会管理和选举管理的官员进行"民主思潮"培训外，日方还开展了提高法律专业人员司法准入和执法标准的培训。

3. 与国际标准基本一致的评估标准

作为经合组织发展援助委员会的成员国，日本基本沿用了发展援助委员会制定的针对国际发展合作的评价标准。国际协力机构针对所有援助项目均采用同一个评价系统，但也会根据每个援助项目不同特点做出微调，最后利用国际协力机构开发的评级和宣传系统，统一发布评估结果。针对涉及金额达10亿日元及以上的援助项目，国际协力机构雇用第三方评估机构根据实地调查结果进行外部评估，以确保评估的客观性和透明度，针对涉及金额低于10亿日元的援外项目，国际协力机构委派海外办事处进行内部评估。

第五章　海外安全保障制度

海外安全是在东道国维护出资国的公民和企业的人身和财产安全，安全威胁既包括社会冲突、犯罪活动等东道国国内安全威胁，也包括恐怖主义和海盗等地区和国际安全威胁。由于涉及东道国的内政管辖的敏感事项，且通常不牵涉战争与和平等重大事项，海外安全保障通常采取国家间的国际安全合作和区域安全合作方式进行，更为多见的是采用私营安保公司保障海外安全。海外安全保障制度既包括非战争军事行动制度，也包括私营安保公司海外服务制度，以及国际安全合作方面的规制。

第一节　海外安全保障制度的基本理论

海外安全保障始自18世纪的东印度公司，为保障英国商人在印度的经济利益，东印度公司在印度招募军队开展海外安全保障。二战后殖民地国家纷纷独立，在《联合国宪章》框架下，发达国家更多地采取双边合作的方式保障海外利益。20世纪90年代西方国家裁军之后，私营安保公司成为海外安全保障的主要依托力量。

一、海外安全保障的概念界定

（一）海外安全保障的含义

海外安全保障是指出资国为其在海外的企业、非政府组织以及相关派出人员和雇员提供的风险管理、应急处置和安防体系构建等安防活动。海外安全保障是出资国主动发起的，通过外交保护、国际合作或者私营安保公司等形式向海外的出资国私主体提供安全保障的活动。

1. 海外安全保障与国际安全

国际安全是指国际关系总体上不存在危险，国际社会各成员至关重要的利益未受到威胁的一种状况；也指现实国际社会的和平、发展与合作得到可靠保障，以及人民、国家与国际组织等行为体正常关系得以维持的状况。[1] 国际安全是现代国际公法的基石，一战后的国际联盟和二战后的联合国是在集体安全和和平解决争端原则基础上，维持国际和平和发展国际合作的普遍性组织。

海外安全保障与国际安全是有一定联系的两个概念，区别主要在于：①面对的安全威胁不同。海外安全保障面对的是社会安全风险居多，国际安全面对的主要是战争风险。②保障的对象不同。海外安全保障的主要是跨国公司、机构及其派出和雇佣人员等非国家行为体，国际安全保障的对象是国家行为体；保障手段不同。③海外安全保障主要采取私营安保公司方式，国际安全主要采取军队和战争的方式。

2. 海外安全保障与外交安全

外交安全是指通过与驻在国建立安全、执法和情报关系，从而有效保护外交人员及其家属安全的方式。

与海外安全保障不同，外交安全聚焦的保护对象是外交人员及其家属，美国将外交安全主要归类于硬目标（hard target），通常指具有有效的战斗方法，可以进行自我保护和防卫暴力攻击的人或者物，包括驻外军队、外交使领馆等。硬目标的安全防护一般有机构专门负责，美国外交安全保卫局的主要职责是保卫美国驻扎外国的外交官人身安全，执法区域是在美国驻外使馆领馆内。保障外交安全的国际制度起源早、制度健全，主要有《维也纳外交关系公约》等国际公约支撑。

（二）海外安全保障的对象

海外安全保障的对象是面对海外安全风险的对象，主要包括海外公司和项目的资产、相关派出人员和雇员、国际运输。

1. 海外公司和项目

海外项目包括出资国企业海外投资建立的项目公司及其经营所得、矿产、建设工程等财产集合。花旗集团负责安全事务的行政副总曾在国会听证中，声

---

[1] 参见王帆，卢静. 国际安全概论[M]. 北京：中国人民大学出版社，2016：1.

称花旗集团在100多个国家12000个地点营业,因与美国利益相关,属高风险的攻击目标,他主张对这些海外营业点的反恐责任应由政府和商业机构共同承担,扩大商业机构的防卫措施范围,共享风险评估报告和情报信息。①

在海外经济利益保护领域,海外项目多以物或财产的形式存在,表现为东道国境内的商业机构及其资金、货物、厂房、生产资料、矿产等其他资产。项目公司一般是东道国注册成立的公司,是否属于国家外交保护范围的问题在国际上还未有定论,但其属于国家海外经济利益的一部分。规范这些物或财产的所有和流转的是东道国的民商法体系,一般由东道国国内法和国际私法体系予以保障。保障这些物或财产的安全则由东道国的经济法、行政法或社会法保障,主要由双边安全合作协定和东道国法律规定。

2. 相关派出人员和雇员

海外公司和项目的相关派出人员和雇员在东道国生活和工作,或来往东道国。从服务时间上讲,相关派出人员主要是长期或短期由出资国母公司派驻的人员,雇员主要是海外公司和项目上长期工作的雇佣人员。从法律意义上讲,相关派出人员和雇员可以是拥有出资国国籍的公民,也可以是非出资国国籍的自然人。海外公司和项目的相关派出人员和雇员的人身安全事件不仅影响海外公司运行,还会对海外经济利益造成负面影响,与海外经济利益密切相关。

对于武装力量、恐怖分子、罪犯,乃至违法者来讲,相关派出人员和雇员相对处于无保护状态,是易受攻击的人或物。而且,保护与隐私权是一对负相关的概念,安全保护有可能损害隐私权。对于相关派出人员和雇员,主要在个人的自我防护和自我责任的基础上保护。当发生较为极端的情况时,可以由出资国与东道国进行安全合作,由东道国派驻军队或警察,或允许私营安保公司进行安全保障。

3. 国际运输

国际运输主要通过海上运输和陆路运输进行,运输通道安全是海外经济利益安全的重要组成部分。国际运输安全包括人员和货物安全,还包括交通工具安全、交通通道安全,甚至包括交通环境以及资源安全的维度。

东道国与出资国存在地理上的实际距离,自然资源、机器设备、人员都必须主要通过空运、海运和陆路运输进行国际运输。尤其是国际海上通道历来都

---

① Subcommittee on National Security, Emerging Threats, and International Relations of the Committee On Government Reform [R/OL]. 2005-05-10.

是国际贸易投资大国非常关注的保护对象。为了帮助荷兰东印度公司争夺海上航线，格劳秀斯在《论捕获法》中提出了"主体权利"的概念，即为了实施主张贸易和航行自由的自然法，一个贸易公司可以合法参与反对其他商人，甚至反对主权国家代表的私人战争。在独立而有效的判决缺乏的情况下，他们自己就可以行使这种权利。由于自卫权使个人可以在自己的事业中充当法官和执行者，所以在一定的条件下，像荷兰东印度公司那样的贸易公司必须在国际政治中拥有完全的自主权。当受到葡萄牙的损害和威胁时，它完全有权利武装自己以便捍卫它与亚洲各国王公和民族的贸易。① 当前实践中，各国通常雇用私营安保公司来维护海上通道安全。

二、海外安全保障的历史演变

海外安全保障是个古老的命题，经历了从军事化向非军事化转变的过程。海外安全保障最初的形式主要是以军事和外交手段为主。在全球核威慑平衡之下，军队的安全保障作用逐渐减弱，警察机构、情报机构之间的国际合作对以反恐怖主义等跨国犯罪为主要形式的安全威胁至关重要。除此之外，私营安保公司以其低敏感性，得到包括联合国在内的各国际组织和国家的重视和认可。

（一）传统的军事和外交保障方式

海外军事基地和雇佣军等非战争军事行动是军事保护海外安全的传统方式。海外军事基地最先肇始于古希腊时期，但一国在海外大规模建立军事基地主要还是随着近代西方国家向海外殖民扩张才开始的。为了保护海外利益和维护殖民统治，西方国家纷纷在其殖民地建立海外军事基地。19世纪末，很多英国公司在海外修建港口并拥有自己的军队，也在贸易航道沿岸设立很多海军基地或殖民地。英国海军基地遍布全球，每隔一段距离就必有一个海军基地或者殖民地，这是英国当时保护海外经济利益的方式。二战后，西方国家在其殖民地领土上建立的海外军事基地基本上被当地国家收回。20世纪40年代冷战开始后，基于共同的军事防御和区域集体安全考虑，以美国为首的西方国家又纷纷重新开始在海外设立军事基地。冷战结束以来，由于海盗威胁、恐怖袭击、地区动乱、国际犯罪等非传统安全威胁不断涌现，一国海外军事基地被赋予了维护国

---

① 参见施诚，施西. 香料贸易与现代国际法的起源 [J]. 贵州社会科学，2017 (03)：64-68.

际社会和平与安全的新使命。① 一国在海外建立军事基地的过程中,由于涉及其武装部队在他国领土上进行部署或驻扎的问题,有关国家,特别是基地派遣国必须要遵守国际法的基本原则,尤其是国家主权原则、不干涉他国内政原则和禁止使用武力原则等。②

尽管非战争军事行动这一概念出现很晚,由美军在冷战后提出,但以雇佣军的方式保护海外安全早已有之。古希腊时代,雇佣军逐渐发展起来。捍卫古希腊政权时,出身马其顿的雇佣兵发挥着不可替代的作用,而北非努米底亚的雇佣兵也一直为古埃及英勇地与敌人战斗。到了15世纪时,雇佣军因顽强的战斗力和坚定的宗教信仰而享誉欧洲,也被赋予了浓厚的传奇色彩,其发展达到了巅峰。之后,雇佣军的活动开始偏离理想主义色彩,17—18世纪东印度公司在服务于商人组织和英国政府之间游移,攫取利益。18世纪中后期,雇佣军的发展由巅峰走向没落,他们唯利是图、虐杀平民,性格贪婪残忍、抢劫无辜百姓,大多数为兵痞,作战前逃跑,毫无纪律性,屡屡触犯国际法规则,国际社会也开始一致谴责这些雇佣军。雇佣军会经历如此起伏的变化,实则与其本质有关。为付出丰厚报酬的任何国家服务、弃民族利益和国家利益于不顾是雇佣军的本质。雇佣军投身战斗不是出于维护国家和民族利益的目的,他们也不是冲突任何一方的国民;"Mercenary"是雇佣军一词的英文,意思是"唯利是图的人",雇佣军本质的生动写照就是该词的原意。获得金钱等物质利益是雇佣军参与战斗的真实目的,而如果当敌对方付出更高的物质报酬时,他们通常会选择倒戈,严重地影响了战争队伍的团结性和稳定性。

外交保护是指一国对于另一国国际不法行为给属于本国国民的自然人或法人造成损害,通过外交行动或其他和平解决手段援引另一国的责任,以期使该国责任得到履行。③ 与外交保护密切相关的领事保护尚无广泛接受或讨论的概念。根据《维也纳外交关系条约》,外交保护和领事保护都是保护个人的两种机制,各有特点,有时可以相互转化。外交保护在用尽当地补救办法之后,容易上升为国家间的争端。领事保护往往是外交保护的前奏,与外交保护存在互补

---

① 参见李伯军. 论海外军事基地人员之刑事管辖权的冲突及其解决 [J]. 环球法律评论,2021,43 (01):179-192.
② 参见李伯军. 论海外军事基地的由来、界定及国际法渊源 [J]. 太平洋学报,2021,29 (05):56-69.
③ 这一概念来自联合国国际法委员会第58届会议通过的条款草案,是经委员会二读通过的定义。

关系，但两者存在根本差异。领事保护"代表"的是一种对派遣国国民个人或法人的协助，领事在保护本国国民方面可采取的行动十分有限，领事"负有不干涉该国内政之义务"。领事职务的行使绝不会取代有关个人，在不干涉内政义务的前提下，领事可以做的是，"在接受国法院及其他机关之前担任其代表或为其安排适当之代表"等协助。①

（二）裁军前以国际合作为主的方式

安全是经济和社会发展的重要基础，社会公共安全的保障功能属于主权国家的基本职能。传统上各国政府独占武力的合法使用权②，建立军队、警察力量维护国内的安全稳定，相应地有军队法和警察法等专门法律。为弥补军警力量的不足和节约经费开支，各国政府一般将部分社会安全保障工作交给私营安保公司，但允许私主体提供公共安全维护和保障有可能会带来一系列负面后果，如集团犯罪、黑恶势力、洗钱等。各国在规制私营安保公司时通常会考虑专门立法，例如，日本1972年《安全服务法》、爱尔兰2004年《私营安全服务法》、加拿大不列颠哥伦比亚省2007年《安全服务法》、阿拉伯联合酋长国2008年《关于执行2006年第37号联邦法中私营安保公司的规定》第557号部长令等。历史上受雇佣军影响深重的南非，规制私营安保公司的法律较多，包括2001年《私营安全行业规制法》，2003年《不当行为调查条例》和《上诉及豁免条例》在内的若干条例，详细规定了申请程序、制服和武器标准等内容。

冷战结束后的全球化经济发展中，各国加强安全领域的国际合作以及选择适当的合作模式符合各国国家利益。③ 裁军前的国际安全合作主要通过"军事合作"进行。如法国认为非洲政局的发展变化会直接影响法国的安全，坚持在非洲地区的军事存在。法国在吉布提、塞内加尔、加蓬等国拥有军事基地，与喀麦隆等多个国家签订了防务协定和军事技术合作协议。此外，法国通过与象牙海岸、达荷美、尼日尔等法语非洲国家签订"合作协定"，给予这些国家在政治、经济、外交和教育等方面特权，实际是将其置于控制之下。

---

① 参见何田田. 领事保护之概念辨析和中国领事保护法律的完善 [J]. 宁夏社会科学，2021（04）：97-104.
② WEBER M. The Theory of Social and Economic Organization [M]. New York: Oxford University Press, 1964: 154.
③ IKENBERRY J. After Victory: Institutions, Strategic Restraint, and the Rebuilding of Order After Major Wars [M]. Princeton: Princeton University Press, 2001: 4.

（三）裁军后国际合作与海外私营安保并行的方式

经济全球化需要社会安全保障能够全球化，由于各国政府将维护国内安全稳定视为与主权密切相关的事项，在与他国进行国际安全合作时会非常谨慎。主权国家之间的安全合作受到领土、社会接受度等多方面因素影响发展缓慢，在具有相似历史背景和文化背景的国家之间开展国际安全合作更为可行，换言之，在国家之间具有相互信任的基础上才有可能达成国际安全合作。1999年，在法国的推动下，欧盟科隆首脑会议发表《加强欧洲共同安全和防务政策声明》，决定逐步建立欧盟的共同安全和防务政策。2003年，欧盟安全战略也得以出台。经过十多年的不懈努力，欧盟共同安全和防务政策的机制和部队已经初步建成。

相对而言，依靠私营公司形式推进安全保障全球化更为可行。尤其是对于跨国企业而言，私营安保公司代表着跨国企业安全的未来趋势。[1] 20世纪80年代后期开始，私营安保公司的业务大幅增长。[2] 伴随20世纪90年代冷战结束和美英等国裁军行动深入，西方国家私营安保公司在世界范围内得到了长足发展，据统计全球安保行业的从业人员已达1950万~2550万人，合法拥有170万~370万枪支[3]，全球私营安全服务市场营业额超过1124亿美元，主要被西方私营安保公司控制。私营企业越来越多地雇用私营安保公司从事安保服务。在海盗猖獗的索马里地区，大型船运公司雇用私营安保公司保护船员、船只和货物。美国驻伊拉克巴格达大使馆甚至在其网站上公布了一系列私营安保公司列表，列表上的私营安保公司都可以在伊拉克营业，保护在伊拉克经营和活动的美国公司和公民。

第二节　海外安全保障的国际制度和跨国自律规则

海外经济利益的安全保障包括外交保护、军事保护、国际投资仲裁、国际人权法院、私营安保等国际制度设计，各种保障制度各有特点和利弊。当前，

---

[1] FRICCHIONE K. Casualties in Evolving Warfare: Impact of Private Military Firms' Proliferation on the International Community [J]. Wisconsin International Law Journal, 2005, 23: 774.
[2] ISENBERG D. Private Military Contractors and U.S. Grand Strategy [R/OL]. 2009-10-15.
[3] 参见刘乐."一带一路"的安全保障 [J]. 国际经济评论, 2021 (02)：107-128, 7.

传统的外交保护经长期的被忽视后又引起了国际关注,成熟的战争法体系为当前世界的非战争军事保护提供了国际制度支撑,国际投资仲裁和国际人权法院等司法制度保障面临一定质疑,建立私营安保公司的海外服务的国际制度受阻,在国际自律规则方面却发展起来。

一、海外安全保障国际制度基本理念的演变

第二次世界大战结束后,联合国及相关国际组织在扬弃战争法和外交保护等传统国际法成果的基础上,逐步建立起包括海上运输在内的国际安全制度。从海外安全保障的角度来审视,国际制度呈现碎片化,尚未形成较为系统和成熟的国际制度。

(一)以外交保护保障海外安全

发端于18世纪后期的外交保护是国际法上一项历史悠久的法律制度,是保护本国海外自然人和法人最重要和最基本的法律手段之一。瑞士法学家埃梅里希·德·瓦特尔(Emmerich de Vattel,1714—1769)提出了瓦特尔拟制,即对个人的损害就是对其国家的损害的理论。为保护海外个人和公司的利益,就必须将其上升为国家的利益,因为国家是国际法主体,也更有能力追究另一个国家的责任。一个国家不按照其国际义务对在其领土内的外国人给予待遇,将引起该国的国际责任。① 出于保护资本主义经济利益的需要,诞生于殖民时代的外交保护在相当长时间内带有强权和歧视的色彩。法国、英国和美国代表自己的国民针对拉美国家所谓拒绝司法或没收财产的行为采取包括战争在内的保护措施,拉美发展中国家甚至发展出卡尔沃主义来对抗西方国家外交保护的滥用。

在保护海外公民合法权益的各种途径中,与外交保护最为接近的是领事保护。一国的领事保护是向海外的本国国民提供力所能及的帮助和援助,活动应在属地国家法律允许的限度内进行,并受尊重国家领土主权及不干涉内政等原则的制约。国籍国本身不是领事保护中的当事人,除了领事关系法外,领事保护几乎没有为国际法所关注。②

二战后国家之间双边投资条约发展,外交保护制度外的替代解决机制发挥

---

① 参见〔英〕詹宁斯.奥本海国际法:第1卷(第2分册)〔M〕.王铁崖,译.北京:中国大百科全书出版社,1998:332.
② 参见黄涧秋.论海外公民权益的外交保护〔J〕.南昌大学学报(人文社会科学版),2008(03):93-97.

作用，投资者不愿再以国家为中介寻求耗时耗力的外交保护，外交保护的空间变得更加有限，通过外交保护解决国际纠纷的情况逐渐减少。① 外交保护成为解决投资争议的"剩余机制"，在投资仲裁或其他解决方式都不能被使用时发挥作用。②

（二）个人和投资者为中心的人权法院和投资仲裁机构

20世纪后，经历了国际常设法院以及国际法院半个多世纪的司法实践③，海外安全保障积累了丰富的理论，逐渐形成了较为成熟的国际法制度。④ 传统国际法主要调整的是国家间的权利和义务关系，并不关注私法主体的权益保护，国际仲裁庭的管辖权均限于对作为国际公法主体的"国家"之间的纠纷的解决，对作为私法主体的外国投资者和东道国之间的纠纷不予管辖。随着国家间私法主体流动的频繁，甚至某些条件下，个人可以到国际组织或国际公约建立的人权委员会和投资仲裁机构寻求救济，维护自身权益。外交保护受到的非难越来越多，非难意见认为外交保护这种将个人禁锢在国家管辖权的唯一范围内是过时的制度。传统上，国际投资规则和人权规则并不兼容，人权法院和投资仲裁机构各自独立，在各自裁判范围内行使职责。

《公民权利和政治权利国际公约》第四十一条建立了国家间指控程序，允许一国在该程序中保护本国的海外公民，且当该国诉诸这种程序时，并不必然放弃为本国公民行使外交保护的权利。人权保护程序既可以由国家援引，又可以由个人直接援引。国家间指控程序虽然也是由国家提起，但一国指控他国的依据是他国不履行人权公约下的义务，而不限于本国海外公民的权利受到他国侵害。人权保护机制并不排斥外交保护。《公民权利和政治权利国际公约任择议定书》第五条："委员会不得审查任何个人来文，除非已断定同一事件不在另一国

---

① 国际社会一直没有制定关于外交保护的国际公约，1995年联合国大会授权国际法委员会研究编纂条款草案。张磊. 外交保护中跨国公司国际认定法律制度研究 [M]. 北京：法律出版社，2014：6-7.
② 参见张生. 国际投资条约体系下外交保护的空间 [J]. 中外法学，2017，29（04）：1091-1101.
③ 第一次世界大战后，国际上成立过几个处理外国人提起诉讼的委员会，且国际常设法院也受理过一些关于外交保护的国际诉讼。二战后，建立的国际法院审理多个"外交保护"案件，有代表性的案件如"诺特鲍姆案""巴塞罗那电车公司案"等。
④ 参见眭占菱. 外交保护机制与外国投资者权益保护问题研究 [J]. 金陵法律评论，2015（02）：302-311.

际调查或解决程序审查之中。"如果一国侵害了外国人的权利,而这一权利同时也被承认为是一项人权,没有任何东西可以阻止该外国人的国籍国支持他的求偿。基于目前的国际人权保护机制的广泛性和有效性存在问题,外交保护制度在保护个人权利方面仍然具有重要的现实意义,它可以对人权保护机制的不足起到补充作用。

1965年形成外国投资者权益保护的《华盛顿公约》,赋予了投资者以独立的诉权,外国投资者上升为国际法的求偿主体。1962年,世界经济合作发展组织本想达成一项《保护外国人财产草案》,然而在制定国际投资统一规则的过程中,发现各国在国际投资统一规则方面存在巨大分歧,因而各国一致同意制定全球性的投资规则的希望非常渺茫,故提出先制定有效地、公正地解决投资纠纷的程序,放弃制定实体性投资规则。《华盛顿公约》摒弃了"用尽当地救济""真实国籍"原则。历经半个世纪的实践后,国际投资仲裁就实践效果而言,冗长而昂贵的争议解决程序、救济机制的缺乏以及仲裁程序公开透明度、裁决的不一致性的不足,片面保护投资者利益而忽视了东道国利益等问题引发了对该制度持续的和广泛的批判,国际投资仲裁机制面临着合法性危机。[①] 国际投资仲裁的弱点充分暴露后,投资条约体制下的争端解决迈入了新的阶段。投资仲裁与国家间仲裁有效共存,不少国家开始在缔结双边投资条约时考虑对投资者利用投资仲裁实施限制。《中国—加拿大双边投资条约》规定了当投资争议涉及金融审慎措施的抗辩时,投资仲裁庭应当先向缔约方寻求双方关于该问题的报告,而若缔约双方的金融服务主管部门未在规定时间内达成共同决定,任一缔约方可以将该问题提交国家间仲裁,国家间仲裁的决定对于投资仲裁具有拘束力。

(三)从事后保障开始走向事前防范

实践中,国际投资中的人权和投资安全倾向于事后的救济制度。东道国政府的行为同时违反投资条约和人权条约时,如非法的征收可能会侵犯受到人权条约保护的投资者的财产权。但投资者在提起投资仲裁时很少引用人权诉请,而且只有在严重侵犯自己人权的时候才提起人权诉请。部分原因可能是在大多数投资仲裁中,相关的投资者并不是自然人而是法人。另外一个原因可能在于,人权文件的保护标准低于投资条约和合同中规定的标准。即使在那些涉及投

[①] 参见曹兴国. 国际投资仲裁效率的追求、反思与平衡 [J]. 江西社会科学,2021,41(04):194-203.

者人权的案件中，仲裁庭也很少考虑投资者的人权诉求。①

海外安全保障更应该加强事前安全管理，在国际投资中完善东道国监管、保护跨国公司的项目和人员安全。事前安全管理包括东道国完善的国内法治，和在投资条约中制定人权、社会标准、环境保护、气候维护以及其他可持续发展目标，重点在于东道国内以私营安保公司为主进行安全保障。

私营安保公司与雇佣军的区别明显。2012年联合国颁布了《私营安保公司武装安全服务使用指南》，将适格私营安保公司列为联合国采购名单，私营安保公司的合法性问题不再成为重点，重点在于增强跨国私营安保公司的合法性。②据联合国大会报告，联合国在阿富汗、海地和索马里雇用私营安保公司维护安全。③ 联合国在使用私营安保公司时也出现过问题。2010—2011年联合国在刚果雇用了Saracen Uganda公司提供安保服务，该公司曾经因违反国家法和人权法被联合国记录，并且在2002年的联合国安理会报告中因非法开发刚果自然资源而被列名④，且在2011年联合国索马里监督小组报告中认定该公司的关联公司Saracen International在索马里违反了联合国武器禁运规定。联合国在使用私营安保公司时仍然非常慎重，2013年联合国大会第五委员会提出使用私营武装安全公司应作为保卫安全的"最后一招"来使用，并提示联合国大会在使用私营武装安全公司时，应采取一切措施避免对联合国造成法律上和名誉上的损失。⑤

二、海外安全保障的基本国际制度

（一）武装冲突和武器贸易等军事相关国际制度

战争法包括但不限于战争的开始结束以及法律后果、陆战法规、海战法规、

---

① 参见黄世席. 国际投资争端中投资规则与人权规则适用的冲突与挑战[J]. 当代法学，2018, 32 (04): 119-133.

② 参见肖河. 国际私营安保治理与中国海外利益保护[J]. 世界经济与政治，2018 (01): 96-99.

③ ASSEMBLY G. Reports on the Department of Safety and Security and on the Use of Private Security: Report of the Advisory Committee on Administrative and Budgetary Questions [R/OL]. 2022-09-14.

④ COUNCIL S. Final Report of the Panel of Experts on the Illegal Exploitation of Natural Resources and Other Forms of Wealth of the Democratic Republic of the Congo [R/OL]. 2003-10-23.

⑤ ASSEMBLY G. Programme Budget for the Biennium 2012-2013: Report of the Fifth Committee [R/OL]. 2021-12-29.

中立规则、战争罪犯和惩处等内容,还包括以日内瓦体系和海牙体系为核心的国际人道法。"海牙体系"规定交战各方行为的权利与义务,并限制其在国际武装冲突中杀伤敌方人员所使用的手段和方法;"日内瓦体系"是 1864 年至 1949 年在瑞士日内瓦缔结的四项条约的总称,旨在保护作战部队的伤、病员和不参加敌对行为的战争受难者。① 战争作为一种合法制度的存续时间自 1648 年《威斯特伐利亚和约》的签署始至 1928 年《巴黎非战公约》的签署结束。② 武装冲突法是在否认国家战争权的基础上所建立的,或多或少包含战争法内容。

国际人道法是在战争或武装冲突中形成和发展起来的,基于国际人道原则,规定专门给予战争受难者(包括但不限于武装部队的伤病员、战俘和平民)以必要保护的国际法规范。自国家战争权被废除后,政府与反政府武装之间的武装冲突以及政府与恐怖主义之间的力量博弈也逐步纳入战争法的规制范畴。私营安保公司在很多情况下会涉及敏感业务,私营安保公司业务会涉及武装冲突中的国际人道法方面国际公约。

《武器贸易条约》是国际上第一个监控常规武器国际贸易的多边条约,由联合国大会于 2013 年 4 月 2 日通过,2014 年 12 月 24 日正式生效。③ 核心内容是规定缔约国应建立国家控制系统规范常规武器出口,在出口时应评估这些武器是否会用于侵犯人权、转向非法市场、破坏和平与安全或严重破坏进口国的社会经济发展。条约确立了国际常规武器贸易的基本规则,促进了各国加强常规武器出口管制,还对武器的出口、进口、过境、转运和中介活动都做出了规范,

---

① 海牙法体系包括 1899 年和 1906—1907 年的两次海牙会通过的 1899 年《和平解决国际争端公约》(海牙第一公约)、1899 年《陆战法规和惯例公约》(海牙第二公约)、1907 年《关于战争开始的公约》(海牙第三公约)、1907 年《陆战法规和惯例公约》(海牙第四公约)、1907 年《中立国和人民在陆战中的权利和义务公约》(海牙第五公约),并于 1977 年签署了两个附加议定书。日内瓦体系包括 1864 年《改善战地武装部队伤者病者境遇之日内瓦公约》(日内瓦第一公约)、《改善海上武装部队伤者病者及遇船难者境遇之日内瓦公约》(日内瓦第二公约)、《关于战俘待遇之日内瓦公约》(日内瓦第三公约)和《关于战时保护平民之日内瓦公约》(日内瓦第四公约)。《日内瓦第四公约》于 1950 年 10 月 21 日生效,1977 年 6 月 10 日在日内瓦又签订了《日内瓦第四公约》的两项附加议定书,并于 1978 年 12 月 7 日生效。
② 参见邢广梅. 国际武装冲突法及其相关概念辨析[J]. 西安政治学院学报,2008(02):78-84.
③ 迄今,已有 130 国签约,96 国批约,其中包括法国、德国、意大利、西班牙和英国等主要武器出口国。条约涵盖的武器类型包括"7+1",即"联合国武器登记册"规定的 7 类武器——作战坦克、装甲战斗车、大口径火炮系统、作战飞机、攻击直升机、军舰、导弹和导弹发射器,外加小型武器和轻武器。

有利于打击非法武器贸易。该条约没有禁止向非国家行为体出售武器。

(二) 海上和空运等国际运输安全制度

海洋运输安全的国际制度是海洋法的重要组成部分，是海洋法发展的最初动因。17世纪时，荷兰法学家格劳秀斯为了维护荷兰资产阶级海外扩张的利益，发表了著名的《论海洋自由》，提出所有人依国际法均可自由航行。二战后，联合国多次召开海洋法会议研讨海洋法制度问题，并成立了国际海事组织等专门组织机构，处理海上运输安全议题。联合国多次召开海洋法会议，先后制定了多个涉及海洋运输安全的国际公约，主要有：1972年《国际海上避碰规则公约》、1974年《国际海上人命安全公约》、1978年《海员培训、发证和值班标准国际公约》、1979年《海上搜寻救助公约》①、1982年《联合国海洋法公约》、1988年《制止危及海上航行安全非法行为公约》、2002年《国际船舶和港口设施保安规则》等。

根据航空服务目的的不同，航空器可分为国家航空器和民用航空器。② 民用航空器主要承担商业航空运输服务、通用航空服务、机场服务、航空管制活动和其他活动，与国家服务部门没有实质性联系。海外经济利益保护中的航空安全是民用航空安全，即保证飞行安全、空防安全、客舱安全。目前制止利用航空器犯罪以保障民用航空安全适用芝加哥公约体系，包括七个国际公约和议定书：1963年《关于在航空器内犯罪和某些其他行为的公约》、1970年《制止非法劫持航空器的公约》、1971年《制止危害民用航空安全的非法行为的公约》、1988年《制止在用于国际民用航空安全的非法行为的公约的议定书》、1991年《注标塑性炸药以便探测的公约》、2010年《制止与国际民用航空有关的非法行为的公约》、2010年《制止非法劫持航空器公约的补充议定书》。

(三) 废除雇佣军的东道国社会安全制度

二战后，某些前宗主国利用雇佣军镇压殖民地的民族独立的行径，引起联

---

① 《1979年国际海上搜寻救助公约》1998年修正案是在1998年5月18日，于汉堡签订的条约，自2000年1月1日起生效。
② 1919年《巴黎公约》第三十条规定：国家航空器包括由服役人员指挥的军用航空器和专为国家目的服务的航空器，如邮政、海关、警用航空器。确定航空器是否是国家航空器的决定因素是有关航空器是否受雇于国家服务部门。国家航空器和民用航空器适用的国际公约不同，国家航空器适用华沙公约体系，主要是1929年《华沙公约》。

合国关注和一致反对，国际社会希望通过一些方式遏制雇佣军这一群体，如形成国际习惯、缔结国际条约等。

自20世纪60年代至20世纪末，雇佣军议题成了联合国大会工作中的重要组成部分，联合国大会颁布了一系列决议，打击雇佣军这一军事形式。联合国大会在1968年第2395号决议谴责了葡萄牙未能保证其治下领土独立，并指出：采取一切措施禁止在一国领土内出现招募、训练雇佣军，并付酬参与殖民战争，以违背非洲各国领土完整和主权独立的行为。同年，联合国大会通过了题为"准许殖民地国家及民族独立的宣言"的第2465号决议，第2465号决议的第8段表明了联合国对雇佣军的态度：使用雇佣军对抗民族自由和独立运动是犯罪行为，应予以惩罚，且雇佣军本身违法，各国政府应立法宣布在其领土内招募、资助和训练雇佣军属于违法行为，并禁止其公民参与雇佣军。继而，联合国大会在第2548号决议中重申其立场。1970年联合国大会通过决议宣称"使用雇佣军反对民族自由运动是犯罪行为"。同年，在《联合国宪章下关于国家间友好关系和合作的国际法原则宣言》中阐明："在殖民地地区使用雇佣军对抗民族自由运动是犯罪行为。"1970年联合国大会还发布了第2708号决议和第2727号决议，都阐明了类似观点。1973年12月联合国大会通过了"对殖民地统治和外国统治以及种族主义政权进行斗争的战斗人员的法律地位的基本原则"的第3103号决议，宣布："殖民地和种族主义政权使用雇佣军对抗为自由和独立而战斗的民族自由运动是一种犯罪行为，雇佣军应作为罪犯被惩罚。"

根据联合国宪章，联合国大会决议无权颁布、改变和终止国际法规则，联合国大会致力于推动各国国内立法禁止雇佣军，但成效不明显。1979年联合国大会在第34/140号决议一改以往的谴责态度，宣称要推动国际立法，明确雇佣军的违法性。在20世纪80年代初期，联合国继续发布一系列涉及雇佣军问题决议，谴责雇佣军行为违背了国际法互不干涉内政、领土完整和主权独立等基本原则。1989年联合国通过了《反对招募、使用、资助和训练雇佣军国际公约》（以下简称《反对雇佣军公约》）①，认为训练和雇用雇佣军的行为"应视作所有国家都严重关切的罪行"，犯下此等罪行的人应受到追诉或引渡，以维护《联合国宪章》的宗旨和原则。②《反对雇佣军公约》没有完全禁止雇佣军活动，只禁止目的在

---

① 《反对雇佣军公约》于2001年得以通过生效，但美、中、俄、英、日、法、印等大国均没有加入。
② 参见朱文奇. 雇佣军问题对国际人道法的冲击及影响[J]. 西安政治学院学报，2008，21（05）：89-93.

于推翻或破坏国家宪政体制和领土完整的活动。如果获得国际承认的政府雇用外界力量协助自我保护和改进国防,并不违反该公约。该公约为雇佣军的法律地位做了终结性定性。历经半个多世纪与雇佣军形式的斗争,雇佣军现象已经大为减少。

三、海外安全保障的跨国自律规则

(一)自卫权与武力限制的自律规则

国际人权法关注对个人生命、健康和尊严的保护,传统上国际人权法是以国家为中心的制度体系,这种情况在2012年联合国发布《联合国商业和人权指导原则》后大幅转变。《联合国商业和人权指导原则》为全球商业发展和人权保护建立了三项基本原则:其一,国家有责任保护人权;其二,公司有责任尊重人权;其三,国家和商业企业应为侵犯人权行为提供救济措施。《联合国商业和人权指导原则》要求各国建立商业企业侵犯人权的司法救济和非司法救济途径。联合国人权委员会在监督各国履行《公民权利和政治权利国际公约》时反复强调:当其职能被委托给其他自治性机构时,一国不能免除其公约责任。[①]

武力使用的程度和范围与人权的基本理念密切相关。不能无端剥夺人的生命,这是一项人权的基本原则,只有在自保或保护他人的绝对必要的限度内,才能够在逮捕、阻止拘押人逃跑、平息骚乱和起义中使用致命性武力。[②] 1990年联合国的《执法机关使用武力和枪支的基本原则》适用于各成员国,其中规定了致命性武力使用范围在"自卫或者保卫他人免受紧急的生命和身体威胁",致命性武力不得使用于保护财产。这个限制范围也得到了联合国其他文件的认可。[③] 联合国发言人称:"保护财产不能作为使用致命性武力的有效抗辩,除非

[①] 自1979年8月15日以来,人权委员会基于此种理解,先后发布了基于《公民权利和政治权利国际公约任择议定书》第五条第四款的第5、74、124、1020号公告。《公民权利和政治权利国际公约任择议定书》第五条第四款规定"委员会应向关系缔约国及该个人提出其意见"。

[②] Doswald-Beck L. Human Rights in Times of Conflict and Terrorism [M]. Oxford: Oxford University Press, 2011: 161-171.

[③] Department of Peacekeeping Operations. Policy on Formed Police Units in United Nations Peacekeeping Operations [R/OL]. 2017-01-01.

该保护财产与保护生命相关联。"① 武力可划分为致命性武力（deadly force）和非致命性武力（non-deadly force）。致命性武力会产生实质性的导致死亡的危险和严重身体损伤的危险；非致命性武力包括控制或者限制某人身体的努力，或者制止反抗的行为。

（二）私营安保公司的国际自律规则

国际上私营安保公司的服务范围主要分为三类：一是保护企业和人员的安全，保护货物、地点、事件、过程和信息的安全；二是为军队提供后勤保障、技术支援以及运输安保、军事培训、作战指挥、谋略分析等服务，为政府提供私营监狱、情报分析等服务，为政府提供战斗或与战斗相关的服务；三是直接参与战争。目前全球私营安保公司基本已经放弃了第三类业务，不再直接从事提供作战服务。从事第一类业务的私营安保公司（Private Security Companies，PSCs）与从事第二类业务的私营军事公司（Private Military Companies，PMCs）的区分已经得到社会各界普遍承认。② 私营安保公司主要业务是为公司人员和私人设施提供安全服务，也包括为政府人员海外出行提供安全服务，如英国的DSL、美国的沃克公司。③ 私营军事公司是主要为政府提供战斗或与战斗相关的服务的公司，如美国弗吉尼亚军事职业资源公司（MPRI）、南非私人武装公司（EO）。有的私营安保公司既承接安全服务又承接军事相关业务，这时被合称为"私营军事和安全公司"（Private Military and Security Companies，PMSCs）。

私营安保公司的营业范围是国际性的，而且私营安保公司的母国通常倾向于放松管制，导致私营安保公司的国际管制至关重要。④ 私营安保公司的国际法形成过程缓慢且复杂⑤，跨国自律机制对于域外服务的私营安保公司至关重

---

① HEYNS C. Report of the Special Rapporteur on Extrajudicial, Summary or Arbitrary Executions [R/OL]. 2014-04-01.
② PICKENS L. A. Defending Actions against Corporate Clients of Private Security Companies [J]. U. of Pennsylvania Journal of Business Law, 2017, 19: 603.
③ PICKENS L. A. Defending Actions against Corporate Clients of Private Security Companies [J]. U. of Pennsylvania Journal of Business Law, 2017, 19: 603.
④ SINGER P. War, Profits, and the Vacuum of Law: Privatized Military Firms and the International Law [J]. Columbia Journal of Transnational Law, 2004, 42: 544.
⑤ 参见白雪涛. 私营军事安保公司对国际法的冲击及其规制 [J]. 国际法研究, 2016 (01): 100-118.

要。① 近十年来，私营安保公司跨国自律机制发展迅速，其推动力主要来源于市场力量。② 因私营安保公司疏于管理爆发出丑闻后，通常会被客户抛弃，且会阻止有实力的潜在客户与其签订合同，这种客户流失现象给私营安保公司以极大压力。跨国自律规则的快速发展促进了私营安保公司服务规范化，在一定程度上弥补了国际法律制度发展缓慢和国内法各行其是的缺陷。其中比较著名的是《武装冲突期间各国关于私营军事和安保服务公司营业的相关国际法律义务和良好惯例的蒙特勒文件》（以下简称《蒙特勒文件》）和《私营安保公司国际行为守则》（以下简称《国际行为守则》）。

1. 《蒙特勒文件》

2008年9月，有关国家、国际组织及私营安保公司代表签署了《蒙特勒文件》。③《蒙特勒文件》旨在确保私营安保公司及有关利益主体遵守国际人权法和国际人道法规定的行为准则，并建立一套有关私营安保公司的良好惯例。

虽然《蒙特勒文件》为社会各界所熟知，但实际上《蒙特勒文件》的效用较为有限。首先，《蒙特勒文件》对参与方没有法律拘束力，大大削弱了其效力。其次，《蒙特勒文件》对私营安保公司的规范时间限定在"武装冲突期间"。然而私营安保公司雇员除了在执行任务时遭袭而使用武力自卫，还会参与军事补给、咨询和训练等服务，若依照《蒙特勒文件》狭义的时间限定，则私营安保公司雇员在非武装冲突时期的服务行为将不适用《蒙特勒文件》。再次，《蒙特勒文件》没有规定私营安保公司武装人员在国际人道法下的法律地位，导致在冲突中难以遵守区分原则。最后，虽然《蒙特勒文件》重申各国有义务确保在武装冲突中开展工作的私营安保公司遵守国际人道法和国际人权法，但是相关规定不仅缺乏明确具体的规则指引，也没有规定违法的执行机制。④

2. 《国际行为守则》

2010年11月9日，经过瑞士政府组织和协调，来自15个国家的58家私营

---

① SINGER P. War, Profits, and the Vacuum of Law: Privatized Military Firms and the International Law [J]. Columbia Journal of Transnational Law, 2004, 42: 544.
② PERCY S. Regulating the Private Security Industry: A Story of Regulating the Last War [J]. International Review of Red Cross, 2012, 94: 949.
③ 《蒙特勒文件》签署国最初只有17个，截至2020年2月已有56个国家和包括欧盟在内的3个国际组织签署了该文件。
④ MEHRA A. Bridging Accountability Gaps—The Proliferation of Private Military and Security Companies and Ensuring Accountability for Human Rights Violations [J]. Global Business & Development Law Journal, 2009, 22: 328-329.

安保公司签署了《国际行为守则》。①《国际行为守则》内容范围广泛，不仅仅局限于武装冲突中的行为规则，还包括了非武装冲突时的使用武力和扣留的详细规则。

《国际行为守则》虽然不能替代国内法和国际法，但作为行业自律文件，它有助于树立私营安保公司的国际行动标准，促进私营安保公司向国际客户提供更优质的服务，进而促进对国际人道法和国际人权法的遵守，也为私营安保行业赢得国际社会的理解与支持奠定了基础。但《国际行为守则》的弱点也非常突出，表现在：首先，《国际行为守则》是私营安保公司自愿加入的，并没有法律拘束力；其次，《国际行为守则》没有规定问责机制和违反人权的补救机制；再次，《国际行为守则》也没有合理规定用来验证私营安保公司是否遵守《国际行为守则》的现场检查制度；最后，参会的私营安保公司股东在申诉机制的实体和程序内容方面均没有达成共识。

《国际行为守则》在内容上兼容了美国 PSC1 标准和 ISO28007 标准②，内容的精确度和与国际法及其他标准的符合度得到认可。③ 为保证《国际行为守则》得以切实履行，2013 年 2 月私营安保公司国际行为守则协会正式成立，协会秘书处负责搜集私营安保公司合规经营信息，接受并处理第三方投诉等事务。但《国际行为守则》在补偿人权受害者方面作用还比较有限，在问责机制和违反人权的补救机制方面也没有达到国际人权法在调查、易获得、速度、透明度、补偿、中间裁决等关于补救有效性方面的要求。④

第三节　主要国家和地区的海外安全保障制度

从大航海时代起，西方国家的经济利益开始遍布全球，各国普遍采用军事

---

① 截至 2020 年 2 月，私营安保公司国际行为守则协会已经有 7 个国家政府成员、96 个私营安保公司成员、35 个民间团体和 41 个观察员参加。
② WALLACE S. Private Security Companies and Human Rights：Are Non-Judicial Remedies Effective [J]. Boston University International Law Journal，2017，35：88.
③ JAGERS N. Regulating the Private Security Industry：Connecting the Public and the Private through Transnational Private Regulation [J]. Human Rights & International Legal Discourse，2012，6：76.
④ WALLACE S. Private Security Companies and Human Rights：Are Non-Judicial Remedies Effective [J]. Boston University International Law Journal，2017，35：98.

和外交手段保障海外经济利益安全。推动海外安全保障制度化的主要国家是美国和英国,两国建立起了相对完善、适应自身国际地位、整体实力和本国政治体制的海外安全保障制度体系。

一、美国海外安全保障制度

美国构建了军事、外交和民营相互支撑、相互补充的立体保障海外安全的体系。二战后美国在其他国家设立军事基地网络,通过国务院保护海外的美国企业和美国人。① 美国也是世界上私营安保服务的出口大国,大量使用私营军事公司和私营安保公司保障域外安全。②

（一）主要法律依据

美国并没有一部完整的法律保障海外经济利益安全,相关规定散见于不同的法律制度。

1. 武器贸易和军事司法的军事法体系

美国军事立法权分为四个层次,由国会参众两院和总统共同行使,国会颁布军事法、总统颁布军事命令、国防部部长颁布国防部指令和各军种部长颁布条例条令。

1951年美国制定了《统一军事司法法典》,赋予了美国军事司法体系最广泛的管辖范围。在对人的管辖权上,法典规定下列人员受法典管辖:武装力量现役部队的人员;军校学员;后备役部队人员;武装部队退休人员;在武装力量中服务的非军事人员;被监禁的人员,包括由军事法庭判决在武装力量中羁押服刑的人犯和羁押在武装力量中的战俘;被撤职的军官;退役后被控以欺诈手段退役的人员;逃离武装部队的人员;驻扎在海外基地的人员。在对地域管辖权方面,法典适用于所有美军驻军存在的地区。《统一军事司法法典》所规定

---

① 美国政府领事信息计划包括领事通知和旅游警告,指南包括该国的当地条件、安全情况、犯罪威胁、恐怖活动等社会稳定情况。极端情况下,可以限制护照使用。
② 如2011年5月美国宣布从巴格达撤军时,就将当地的安全工作交由8个私营安保公司负责。但美国对私营安保公司域外服务监管较为不足,各种恶性事件频出。2019年年底,日产汽车公司前董事长卡洛斯·戈恩出逃日本事件中,据传美国私营安保公司介入其中。左甜.日产前董事长戈恩友人:美国一保安公司帮助其逃亡[N].中财网,2020-01-30(01).

的美国军事司法体系的管辖范围由美国本土扩展到所有美国武装力量所及地区①,最根本的目的是维护美国的军事利益和国家安全利益。《统一军事司法法典》强调国内外军事司法的统一,但事实是美军司法机关对于在国外犯罪的军人一再纵容,"驻日冲绳美军强奸案"、意大利"切尔米斯缆车事件"和"阿布格莱特监狱虐囚案"都是如此。② 为了执行《日内瓦公约》等国际公约,1996年美国专门针对战争罪订立了《战争罪法》,作为处理战争罪的一部专门法律,适用于嫌疑人或者被害人是美国武装部队成员的条件下,而不论犯罪行为发生在何地。实践中,《战争罪法》从未被适用过。③

冷战尤其是"9·11"之后,为适应新的国际形势、促进国家利益和反恐需要,美国政府大幅放松防务贸易出口控制。依据《出口管理条例》《武器出口管制法》《国际武器贸易条例》等制度,通过扩大许可证豁免的范围,放松对盟国或友好国家的防务贸易出口控制,美国实现了防务物项或技术更好、更快向盟国或友好国家出口或转移。

2. 政府固有安全功能的授权体系

社会安全的政府功能属性得到美国制度确认。美国 2009 财政年度《国防授权法案》第三百二十一条要求,行政管理和预算局审议澄清"政府固有职能"的定义,并要求制定统一定义,保证只有政府人员或武装力量成员才能在联邦机构的行动中行使政府固有职能。④ 2011 年 9 月 12 日,美国联邦政府采购政策办公室发布了第 11-01 号政策文件,为"政府固有职能"制定了定义和详细判定标准,并列举了一些范例:直接实施刑事调查;起诉和审判职能;军队指挥,特别针对参与战斗或提供战斗支持和服务;战斗等。⑤ 政府固有功能的授权也有限制,美国《联邦采购条例》明确规定:私营安保公司不能被授权实施攻击性工作。为进一步限制政府固有安全职能授权,伊利诺伊州第九国会选区代表简·萧克沃斯基与参议员博内·桑德斯向国会提交了《终止安保工作外包法案》

---

① 参见曹彩云. 对美国军事审判制度理论与实践的理性透视——以"3·11 事件"有关战争罪名适用的可能为视角 [J]. 公民与法(法学版),2013(08):61-64.
② 参见恩志,尹争艳. 评美国《统一军事司法法典》的司法原则 [J]. 西安政治学院学报,2005(05):70-74.
③ 参见联合国. 使用雇佣军侵犯人权并阻挠行使民族自决权问题工作组的报告增编:对美利坚合众国的访问 [R/OL]. 2013-08-05.
④ National Defense Authorization Act for Fiscal Year 2010 [EB/OL]. 2009-10-28.
⑤ GORDON I. D. Performance of Inherently Governmental and Critical Functions [R/OL]. 2011-09-12.

草案，主张不得将政府固有安全职能外包给私营安保公司。尽管法案没有通过，但表明美国国内有进一步主张限制私营安保公司服务的声音。

美国是私营安全公司跨境服务的出口国，并不热衷于用国内立法规制私营安全公司的域外行为①，而更倾向于通过法律促进私营安全公司扩大境外服务。对海外居住的美国公民，美国法律并无授权对其提供安保，而是主要交由私营安保公司，原因有二，一是成本过于高昂；二是安全措施有可能对美国人的自由造成侵害。大多数行之有效的安全措施通常是以限制的方式出现，如限制其活动区域，限定前往国家，要求在住宅、公司携带安全设备等。美国为海外学校配备与驻在国威胁程度相符的设备设施，建立管制侦察小队对海外学校等进行管制。管制活动范围需要法律规定，是否对于居住区之外的学校进行管制活动需要立法授权。即使是美国法律，目前仅允许在居住区域内的海外学校进行管制性监控。

培育和发展与东道国安全机构的联络关系是美国地区安全官员（Regional Security Officers，RSOs）的主要职责之一，同时地区安全官员也协助当地警察提高安全能力。海外地区安全官员有效加强了美国与东道国之间的安全合作，从政府方面加强美国海外经济利益的安全保障。

(二) 重要制度规则

1. 海外军事基地相关制度

二战后，美国普遍采用签署基地协定、部队地位协定（Status of Force Agreement，SOFA）或安全合作条约等双边或多边条约、协定的形式来确定海外军事基地及驻军的法律地位。美国军方在伊拉克战争期间曾向私营安保公司签发"军队地位"令，赋权私营安保公司与军队地位等同。私营安保公司在审判和情报获取时可主动使用武力，这一做法导致了阿布格莱布监狱虐囚丑闻，伊拉克"军队地位"令在虐囚丑闻后遂被废止。

国际法并没有针对一国建立海外军事基地的行为和海外军事基地的法律地位等问题做出明确规定。② 在涉及对一国海外军事基地人员的刑事管辖权冲突

---

① 参见戴德生，王勇. 美国关于私营军事安保公司的法律规制及其对中国实施"一带一路"战略的启示 [J]. 江海学刊，2017（05）：206-207；朱路. 昨日重现：私营军事安保公司国际法研究 [M]. 北京：中国政法大学出版社，2017：107.

② 参见李伯军. 论海外军事基地的由来、界定及国际法渊源 [J]. 太平洋学报，2021，29（05）：56-69.

时，国际法并没有给予明确规定，有关国家大多通过缔结驻军地位协定的方式予以解决。① 在国际法层面，协定是国际条约的一种形式，是国际法主体之间为解决某一方面的具体问题而达成的国际协议。部队地位协定及基地协定通常来自双边或多边条约授权，如美国与部分欧洲国家的部队地位协定及基地协定由《北大西洋公约》授权。在国内法层面，美国宪法规定，条约等同于联邦法律，与其他国会制定的法律具有同等效力。部队地位协定及基地协定均为行政协定，由政府行政部门签署，不需提交国会审议或批准，但受国会制约。

部队地位协定是"国家之间、国家和国际组织之间就一国部队在另一国的地位问题而达成的协议"，"是主权国家之间为管理和平时期一个国家（派遣国）的武装部队在另一个国家（接受国）的领土、领海和领空的军事存在而达成的协定"。② 通常来说，部队地位协定的重点问题包括：人员性质的界定、刑事管辖权的划分、民事管辖权的划分与民事求偿、出入境管理及税务、协定的生效与终止等，相当一部分部队地位协定还约定海外军事基地的相关事宜，包括海外军事基地的位置、建设、使用与归还。此外，部分部队地位协定还涉及武器和制服、车船飞机的运行、争端解决与协定修改、通信保障等内容。

2. 私营安保行业许可及其武力使用制度

21世纪初，美国私营安保公司发生了在伊拉克和阿富汗过度使用武力的事件，一系列事件使得私营安保公司的武力和武器使用成为规制私营安保公司域外服务的焦点领域。总的来讲，美国法律对私营安保公司的海外行为管控较为宽松。

美国《国际武器贸易条例》为私营军事公司独创了两步授权机制，即为了开展防务服务，国务院防务贸易控制理事会需要先后颁布"营业许可证"以及"出口授权"，否则将在美国构成犯罪。同时，美国法律规定私营军事公司可以通过国防部的对外军事销售项目开展业务，不需要任何许可证，从而可以规避《国际武器贸易条例》的监管。在对外军事销售项目中，私营军事公司不是向外国政府提供服务而是向国防部提供服务，国防部再根据和外国政府的合同或安排提供服务，国防部充当了项目的中介者。这种形式既让从事域外安保的公司规避许可证申请程序，又将军事项目牢牢地把控在政府手中。

---

① 参见李伯军. 论海外军事基地人员之刑事管辖权的冲突及其解决 [J]. 环球法律评论，2021，43（01）：179-192.

② 参见杨敏. 二战后美国海外军事基地及驻军协定探析 [J]. 军事史林，2021（08）：72-78.

美国政府责任办公室对国际私营安保公司合同的签订与履行进行监督，监督的程度取决于合同的实质内容，包括合同是否涉及相关的特别法等因素。根据美国《国际武器贸易条例》，私人安保公司与国外政府或非正规武装组织签订服务合同时，必须向国防贸易管制局申请许可证，超过5000万美元的服务合同由美国国会监管①，私营安全公司应主动向国会申报。实践中，私营安保公司为了逃避国会监管，常人为地将一个超过5000万美元的合同分割成几个合同或者通过订立子合同，在表面上使合同标的额减至5000万美元以下。②

美国私营安保公司的武力通常被限制在防御性使用范围内。美国《国际武器贸易条例》管理防务物品和防务服务的出口，防务物品主要是指武器和军事设备，防务服务基本是不涉及武力的，包括向外国人提供设计、发展、监造、制造、生产、组装、测试、维修、维护、修改、操作、非军事化、销毁、加工或使用防务物品等方面的援助（包括训练）；对无论正规还是非正规的外国团体和军队进行军事训练。

3. 境外武器使用的许可制度

美国政府将武装安保公司境外使用武器与本国武器出口相联系，严格要求安保公司的武器使用符合《武器出口管制法》（The Arms Exports Control Act），从而实现对境外武装安保业务的监管。规制武装安保服务出口的具体内容在《武器出口管制法》"武器国际贸易规定"章节，主要内容包括：美国国务院负责审查和发放试图在国外使用武器为外国人提供帮助或服务（包括训练）的申请者的许可证。国际私营安全公司在开展武装安保业务之前，需要首先到国务院军品管制局（The State Department's Office of Defense Trade Controls，DTC）提出申请，申请者的产品如果是在境外从事商业服务行为，由国务院军品管制局负责许可程序审查；同时国务院军品管制局负责协调和解决申请者的产品或者服务中有可能涉及美国政治利益从而导致的任何相关争议；对于获得许可证的申请者，该许可证的有效期是4年或者服务合同的实际履行期限，当然在履行完登记和许可程序后，服务期限还可以修改，但前提是许可证合同条款没有发生实质性的变更。③

---

① BEYANI C，LILLY D. Regulating Private Military Companies Options for the UK Government [R/OL]. 2001-08-01.
② HOLMQVIST C. Private Security Companies：The Case for Regulation [R/OL].
③ 参见吴媛媛. 私营军事公司在国际法上的地位探究 [D]. 北京：清华大学，2007.

为规制私营安保公司向外国客户提供防务服务出口业务①，美国于1998年出台了《国际武器贸易条例》（International Traffic in Arms Regulation，ITAR），该条例包含11个部分176个细则，是美国1968年《武器出口控制法》（Arms Export Control Act）的一部分，此外，该条例只能规范私营安保公司向外国客户提供防务服务，并不能据此来约束私营安保公司承揽的美国政府的官方防务服务任务。为严格监管私营安保公司对外提供防务服务业务，该条例设立了先注册再按照个案申请许可证的两步授权机制②，但在申请许可证时有两个例外：一是和北约成员国、日本、澳大利亚、新西兰等国的合同一般不需要许可证；二是和在联合国与美国武器禁运名单上的国家的合约一般都不会得到许可证。③为规避严格的监管，美国部分私营安保公司，通过参与美国国防部设置的军事服务销售项目来向外国政府、国际组织提供防务服务或军事训练业务。

4. 域外刑事管辖权制度

美国2000年实施了《军事法律域外适用法》，允许美国法院审判私营安保公司的海外犯罪行为。但该法适用范围有限，仅适用于"国防部"的雇员及承包商的犯罪行为，黑水公司等受雇于国务院和其他美国机构的私营安保公司，则不受该法约束。尽管该法修正案又将美国联邦法院的管辖权扩张至为国防部提供支持性任务的其他联邦机构的雇员及承包商，但遗憾的是，范围仍旧有限。

典型案件是"尼苏尔枪击"案，案件审理过程"一波三折"。黑水公司雇员于2008年12月被美国司法部起诉，2009年12月31日哥伦比亚地区法院撤销了对被告的指控，原因是被告的口供有"污点"，证据显示被告的有罪供述是被威胁可能失去工作而获得的。该案的撤销引起了伊拉克政府与民众的强烈不满，也使两国陷入极度紧张的外交关系。美国司法部随后提起上诉，2011年4月22日美国联邦上诉法院认定地区法院适用法律错误。2014年10月22日，哥

---

① 参见《国际武器贸易条例》§120.9 Defense Service，防务服务包含：①无论是在美国还是国外，向外国人提供设计、发展、监造、制造、生产、组装、测试、维修、维护、修改、操作、非军事化、销毁、加工或使用防务物品等方面的援助，包括训练；②无论是在美国还是国外，向外国人提供任何受管制的技术数据；③无论正规还是非正规的外国团体和军队的军事训练，包括在美国或国外或通过函授课程、技术、教育或信息出版物以及各种媒体进行正式和非正式指导、训练帮助、定位、训练练习和军事建议。
② 参见《国际武器贸易条例》§129.3 Requirement to Register，第一步，任何有意提供防务服务的个人或公司必须在国务院防务贸易控制理事会注册；第二步，为开展防务服务，已经注册的个人或公司必须在签订合同前申请许可证，否则构成犯罪。
③ 参见朱路.私营军事安保公司国家法研究［D］.武汉：武汉大学，2011.

伦比亚地区法院陪审团判处 4 名枪杀伊拉克平民的黑水公司雇员谋杀罪名成立。不容忽视的是，黑水公司的服务对象是美国"国务院"而非国防部，意味着该案不能适用《军事法律域外适用法》审判。尽管美国哥伦比亚特区联邦地区法院受理了案件，但案件的管辖权基础并不扎实。

5. 国际标准和行业自律机制

美国国防部提议并资助，美国国家标准协会和 ASIS 标准化组织开发了一系列私营安保公司的标准（ANSI/ASIS Standards on PSCs），主要包括《管理系统的私营安保公司运营的质量—提供指导的要求》（ANSI/ASIS PSC.1-2012）、《私营安保公司运营质量的合格评定及审核管理系统》（ANSI/ASIS PSC.2-2012）、《私营安保公司的质量保证管理体系的阶段性实现的成熟度模型》（ANSI/ASIS PSC.3-2013）、《私营安保公司海上作业的质量保证和安全管理指南》（ANSI/ASIS PSC.4-2013）。ASIS 标准内容详细，且与《蒙特勒文件》及《国际行为守则》保持高度一致。美国国防部和英国外交和联邦事务部为鼓励私营安保公司专业化，要求购买的私营安全服务符合相应 ASIS 标准要求。[①] 这些标准也被引入跨国自律机制，从而有效避免出资国与领土所属国的执法管辖权冲突。

除蒙特勒自律机制和《国际行为守则》机制外，在美英等国的提议下，达成了《安全和人权自愿原则》（Voluntary Principles on Security and Human Rights），为石油和冶炼行业的安全保卫制定规则。《安全和人权自愿原则》主要包括三部分：风险评估，石油企业与公共安全机构合作，石油企业、公共安全机构和私营安保公司合作。2004 年，世界银行要求其贷款的石油冶炼项目必须符合《安全和人权自愿原则》。世界银行属下的国际投资公司和多边担保机构也将《安全和人权自愿原则》的主要内容合并到项目的"环境和社会绩效标准"（Environmental and Social Performance Standards）中。[②]

二、英国海外安全保障制度

英国海外扩张始于 17 世纪，分为殖民时代和后殖民时代，这两个时代英国

[①] SORENSEN K. The Politics of International Law: The Life Cycle of Emerging Norms on the Use and Regulation of Private Military and Security Companies [J]. Griffith Law Review, 2017, 26: 21.

[②] JAGERS N. Regulating the Private Security Industry: Connecting the Public and the Private through Transnational Private Regulation [J]. Human Rights & International Legal Discourse, 2012, 6: 86.

的国际影响力大不相同。对海外经济利益安全,英国主要通过海外军事基地、私营安保和国际合作等方式进行保障。英国建有较为完善的军事法和军售法体系,且多为制定法。海外安全保障的相关制度规定散见于现有法律制度,并无一部专门的法律予以规定。英国是全球第二大私营安保公司母国,英国政府对私营国际安保公司基本推行实用主义的政策,英国外交部认为国际安保公司的武装安保业务可以维护国家安全利益,倾向于放松管理。英国没有建立海外私营安全公司的许可制度。2001 年《私营安全行业法》规定的许可制度只适用于英国领土范围。

(一) 主要法律依据

1. 军事法体系

英国军事立法权主要集中于下议院,上议院拥有最高司法权。国防部可以根据议会制定的法律进行授权立法,根据管理武装部队的实际需要自行制定军事行政管理条例。英国军事立法事项很多附随于政府法案,接受议会的立法前审查和立法后审查。从终极目的来说,对政府法案的立法审查是为了抑制政府通过法案扩张其权力。[①]

英国常备军的产生基础是封建骑士军役制,1689 年英国出台了《叛变法案》,在一定程度上奠定了英国的常备军制度。内容主要包括:军事刑罚,对于士兵的处罚,战争条款,军队牧师的相关条款;关于军事问题审判中的程序正义;对于存疑证据的法庭排除,关于驻外士兵和在国内服役士兵的区别对待等,从实体到程序、从主体到客体,《叛变法案》都做出了较为详细的规定。从总体上来看,英国常备军的行为都处于英国军事法的管辖之下,与此同时军人作为英国公民同样受到英国宪法和其他普通法律的限制。尽管军人身份并不能使该军人免受刑事处罚,但是在相同的犯罪行为下,军人的刑事责任并未较普通公民有更重的刑罚。军人身份不能使之免受民事处罚,但是军人可以不出庭参加审讯,当罚金低于 30 英镑时,该名军人也可以不用被逮捕。[②]

2001 年《国际刑事法院法》规定,如果私营军事公司犯有战争罪、灭绝种族罪等严重罪行,可以追究其责任。由于不是专门针对私营安保公司制定的法

---

① 参见丛文胜,李敏. 论推进我国军事立法的合宪性审查[J]. 苏州大学学报(哲学社会科学版),2019,40(04):5-53,191.
② 参见戴然. 浅谈英国常备军制度的发轫——以 1689 年英国《权利法案》及《叛变法案》为蓝本[J]. 法制与社会,2013(20):38-39.

律，在适用时会遇到"法律迷宫式"难题，增加受害人维权成本和难度。2006年《武装部队法》规定，英国军队雇用的私营军事公司应遵守军事法，只有在特定情况下，才可以主动使用武力，其行为被视为英国的行为受到规范。

2. 军售法体系

2016年英国启动脱欧程序后，成立了全新的国际贸易部，统揽武器装备出口的销售和签发许可证工作。英国军售法宽松，不排斥向特殊敏感国家军售。以非洲为例，英国对非军售范围广泛，近年来随着巨额军售的不断增长，特别是针对一些内乱、独裁和人权记录差的非洲国家出售武器，遭到国内外的批评和指责。然而，这并未能阻止英国对利比亚、埃及和尼日利亚等敏感、特殊国家的军售。①

英国武器装备出口管理的主要法律基础为《武器出口准则》，英国的武器装备出口许可证主要针对出口的武器装备产品和武器装备出口商。英国武器装备出口定义分为"防务类"和"安保类"产品，前者包括高技术系统级武器装备（如作战飞机、坦克和军舰）和关键高价值分系统（如可用于军机军船的高性能发动机、雷达），后者则主要包括技术等次相对较低的武器装备，产品包括轻武器及弹药、车辆、防弹装置、核生化防护和洗消处理、专业通信，安保产品包括门禁、报警、监控、跟踪、防火等较宽泛的概念。对防务类产品，英国更多地强调通过两国政府之间的方式进行销售；对安保类产品则更多地强调市场竞争性，政府不过多参与。②

（二）重要制度规则

1. 海外军事基地等相关制度

英国一直十分注重海外军事基地建设，海外基地是英国维护海外利益、控制战略要道、巩固全球地位和阻止其他大国谋求海权的关键支点。③ 英国早在1713年7月13日就通过与西班牙签订《英西和约》，在西班牙的直布罗陀设立军事基地。④ 截至2015年10月，以驻军人数超过1000人计算，英国拥有10个

---

① 参见薛瑛. 预防冲突原则下英国对非洲军事外交探析 [J]. 国际研究参考，2017（02）：14-20.
② 参见殷晓阳. 英国国防工业和武器装备出口的政策特点 [J]. 国防科技工业，2017（11）：67-68.
③ 参见刘群. 英国的海外利益保护 [J]. 中国投资（中英文），2019（Z1）：28-29.
④ 参见杨志荣. 从《英西和约》看国际条约对海外军事基地的主要约定事项 [J]. 亚太安全与海洋研究，2018（06）：96-108, 124.

海外军事基地，分别部署在爱尔兰、塞浦路斯、德国、直布罗陀、阿富汗、肯尼亚、塞拉利昂、马尔维纳斯群岛、加拿大和文莱。①

1870年《国外服役法》（Foreign Enlistment Act）规制了英国私营安保公司在英国境外从事域外安保业务的行为。因该项法律制定时间较早，距今已超过100年，法案条文中并未表述其直接规范私营安保公司这一实体概念，但该法第四条的规定涵盖到现代国际社会中私营安保公司从事军事安保服务的内容，②根据该法第五条规定，诱使他人出国以接受任何军事委任或参战，是一项犯罪行为。根据这部法律，如果英国的私营安保公司从事的域外安保业务涉及与英国盟国之间的冲突，那么这种业务就有违反该法的可能性。

2. 外交保护制度

作为2006年联合国国际法委员会制定的《外交保护条款草案》的缔约国之一，英国承认对本国公民的外交保护。尽管未将外交保护纳入国内立法范畴，但英国政府相继发表了两项外交政策声明：一是在穷尽所有的法律补救措施，并且与英国国内的基本人权相违背的情形下，英国政府会依据国际人权机制，通过多方呼吁，考虑支持英国公民的外交保护请求。二是当海外英国公民遭遇不公正审判时，英国政府建议他们的律师可以将案件提交到联合国人权事务委员会，同时英国政府也会考虑代表受到不公正待遇的英国公民，直接与相关政府进行外交磋商。

利比亚战争期间，英国空军秘密动用运输机从利比亚境内南部沙漠油田成功营救多名英国被困者，这次营救行动没有得到利比亚卡扎菲当局的任何协助，完全是英军独立完成。2001年12月"干预和国家主权委员会"发布《保护的责任》报告，强调主权国家有责任保护本国公民免遭包括"种族灭绝罪""战争罪""反人道罪"以及"种族清洗罪"在内的四种震惊人类良知的暴行。

3. 武器管制制度

英国对枪支申请并非严格禁止，允许在办理法律手续后持枪，但对枪支管理也有一套详细的规范。英国主要通过1968年《枪支法》对国内枪支进行管

---

① 参见薛瑛. 预防冲突原则下英国对非洲军事外交探析［J］. 国际研究参考，2017（02）：14-20.

② 1870年《国外服役法》第四条：任何英国国民，没有女王的许可，在女王的管辖权内或外，接受或者同意接受任何委任或参与任何与女王处于和平状态的外国本法称之为友邦交战的外国军队或海军的服役，或者任何在女王的管辖权内的英国国民或非英国国民，引诱任何其他人接受或者同意接受任何委任或参与上述外国军队或海军的服役，将构成违反本法的犯罪行为，并将处以罚金和监禁或其中一种。

控,国内具有严格的管理登记制度,该国将枪支分为步枪、手枪、打靶手枪、猎枪和气枪五类。在登记上,分为一般枪支登记和猎枪登记两类。个人需按照枪支类型提供不同的申请材料以进行登记,该法详细规定了枪支登记需提交的证明、登记的检查、撤回、撤销等内容。这部法律并未对域外私营安保公司携带枪支开展业务做出具体规定。实践中,该行为被认为是合法的,前提是私营安保公司安保人员符合《枪支法》规定的持有枪支条件,并合法持有枪支的许可证。

为海上反海盗,英国设置了"开放贸易管制许可证",授权私营安保公司可以在高危海域向商业船只供给、传递、转移小型武器和军火,同时要求私营安保公司不得向其他实体供给、传递和转移武器和军火。然而,英国私营安保公司通过海上移动军火库向其他私营安保公司传递军火武器的情况实际存在。

4. 行业自律方式监管

2002年,英国《私营军事公司——加以规范的几种选择》绿皮书提出了一些积极的建议,主张用法律去管控私营国际安保公司的境外武装安保业务行为,比如将国际安保公司的武装安保业务活动囊括进现行的关于禁止海外军事活动和军事募集的立法中,促进国际安保行业进行自我管理和约束等。绿皮书主张立法规制私营安保公司,似乎立法规制私营安保公司已经近在咫尺。但一年后发生的伊拉克战争改变了英国政府的态度。在伊拉克承接业务的英国私营安保公司主要被美国雇用,英国外交与联邦事务部部长马洛赫·布朗(Malloch Brown)认为私营安保公司业务关系复杂,需要长期的谈判方能立法。2005年英国政府选择反其道而行之,决定对私营安保行业采取自律的方式管理。[1]

在行业自律思路指导下,2006年成立了英国的私营安保公司商会(the British Association of Private Security Companies,BAPSC),成员都是面向全球服务的英国本土私营安保公司。与美国的安保公司不同,英国安保公司主要客户是私主体,而非军队等公主体,也就带来了更多的管制问题。[2] 私营安保公司商会通过提高成员和行业服务标准,以满足国际人权法和国际法要求为主要任务。成员通过签订章程,确认其在营业中承担人权法义务、劳动法义务、尊重

---

[1] JAGERS N. Regulating the Private Security Industry: Connecting the Public and the Private through Transnational Private Regulation [J]. Human Rights & International Legal Discourse, 2012, 6: 77.

[2] COCKAYNE J, SPEERS E, CHERNEVA I, et al. Beyond Market Forces: Regulating the Global Security Industry [M]. New York: International Peace Institute, 2009: 158.

伦理和规范使用枪支。

5. 国际合作保护海外利益制度

英国在 2015 年《国家安全战略与战略防御和安全评估》报告中指出，英国地缘政治的介入和价值判断与其盟友紧密相关，特别是美国、加拿大、欧盟国家、澳大利亚、新西兰和日本。英国认为，美国是盟友关系中全球经济和防御力量的领导力量，英美是北约集体防御和集体安全的核心，而法国和英国则是欧洲大陆两个完全有军事能力和意愿维护全球利益的国家，英国将在 2010 年《兰开斯特宫条约》的基础上，与法国在中东、非洲反对恐怖主义、极端主义和有组织犯罪等领域开展合作。①

---

① 参见薛瑛. 预防冲突原则下英国对非洲军事外交探析［J］. 国际研究参考，2017（02）：14-20.

第六章 经济制裁制度

20世纪以来，替代直接的政治和外交制裁手段，经济制裁成为国际社会比较常见的国家对外措施和国际手段。经济制裁对国际贸易和国际投资产生的影响日渐扩大，正常的国际贸易和国际投资遭遇到经济制裁的情况在日益增多。在经济制裁频仍的背景下进行海外经济利益保护是当前的重要问题。

第一节 经济制裁制度的基本理论

经济制裁是国家实现对外政策目标的工具。经过长期历史演变，经济制裁已经不再是完全出自军事目的，而是逐渐成为一种法律执行措施。经济制裁经由国际政治考量，通过适用国际法或各国国内法发挥作用，是受制裁国和与受制裁国有经贸投资关系的第三国不可避免要面对和解决的现实威胁和制度限制。

一、经济制裁的概念界定

（一）经济制裁的含义

巴里·E. 卡特（Barry E. Carter）将经济制裁定义为："通过采取强制性经济措施，使一国或多国改变其政策，或者至少表明实施国对目标国政策的不同意见。"[1] 迈克尔·P. 马洛伊（Michael P. Malloy）将经济制裁定义为："对目标国或其国民实施的经济、金融禁令，目的在于造成目标国商业与金融交易活动

---

[1] BARRY E. Carter International Economic Sanctions: Improving the Haphazard U.S. Legal Regime [J]. California Law Review, 1987, 75 (4): 1170.

的混乱，以实现特定的对外政策目标。"① 联合国国际法委员会指出：经济制裁能够成为一国存在国际不法行为的应对措施，保留制裁是现代国际法的趋势。

一般而言，经济制裁（economic sanction）是一国通过采取经济胁迫的手段，胁迫其他国家改变其政策或国际行为的强制性经济措施。在国际实践中，经济制裁、军事制裁和政治制裁是常见的国际制裁手段。军事制裁主要是直接针对违法使用武力的国家或严重违背国际人道法的国家，主要方式有武器禁运、军事封锁、停止军事交流等，是最严重的制裁手段。政治制裁主要是国家或国际组织对他国违反国际行为规则或制裁国的价值观念或实现某种目的，而实行的在一定范围内限制被制裁国家政治行为的制裁手段。经济制裁虽与经济相关，但并不服务于经济政策，而是旨在引起被制裁国经济政策的正常预期出现混乱，迫使被制裁国改变某种政治行为或者实施某种行为。由于在国际法上尚未达成共识，正式的法律文本中很少直接使用"经济制裁"这一术语，一般使用"限制性措施"或"强制性措施"。

经济制裁具有工具性和实现目标的非物质性特点，可以发生在生产、销售、收入的使用、财富、商品及服务等领域，具体可表现为：封锁（blockades or quarantine）、抵制（boycotts）、禁运（embargoes）、经济强制（economic coercion）和经济战（economic warfare）等形式。

对被制裁国采取经济制裁的政策目标多样，包括动摇被制裁国的政权、阻止军事冲突或侵略行为、防止核武器扩散、打击恐怖主义、保护人权或者维护民主、反毒品、环境保护等。经济制裁通常会造成经济崩溃，给当地人民带来更大的苦难，但并不一定会达到政治目的。② 经济制裁只对那些以追求经济利益最大化为目标的理性者起作用，对海地兵变和伊朗等地的经济制裁并没有发挥预想作用，因为这些国家的统治者并没有将经济发展作为主要目标。

（二）经济制裁的种类

实施经济制裁的主体可以是国际组织，如联合国，也可以是多个或单个未经国际组织授权的国家。经济制裁形式多样，根据不同的划分标准，经济制裁可以划分为不同的类型。

---

① MALLOY P. M. United States Economic Sanctions: Theory and Practice [M]. London: Kluwer Law International, 2001: 10.
② 参见 [美] 赖斯曼. 国际法：领悟与构建——W. 迈克尔·赖斯曼论文集 [M]. 万鄂湘，王贵国，冯华健，译. 北京：法律出版社，2007：487.

1. 单边制裁和多边制裁

根据制裁国的数量，经济制裁可以分为单边制裁和多边制裁。单边制裁是指某个国家单方面决定和实施的制裁行为。多边制裁是指多个国家或国家集团共同对被制裁方实施制裁的行为。单边经济制裁是一种有效的非武力国际争端解决方式，具有外交政策的信号传递作用，且不受限于先前的国际协议约束，在国际社会中使用频率较高。为了获得更多的国际支持，主导制裁国通常会积极争取更多国家参与制裁，寻求多边制裁。然而，参与实施制裁要付出政治和经济代价，第三国未必愿意参加经济制裁，即使参加也未必会如发起制裁国一样竭尽全力。

2. 初级制裁和次级制裁

根据经济制裁的对象，经济制裁可以分为初级制裁和次级制裁。初级制裁，又称一级制裁，是指直接针对敌对方的制裁。次级制裁，又称二级制裁，是指在初级制裁的基础上，制裁方对被制裁方进行制裁的同时，限制第三国的公司或个人与被制裁方进行贸易经济往来，并对违反规定的第三国公司或个人施加处罚的制裁行为。如在反对恐怖主义的制裁中规定了对向恐怖主义提供帮助和支持的第三方国家、公司和团体的制裁。次级制裁实际就是制裁方将其初级制裁域外生效，通过强制压力迫使第三方参与其初级制裁，从而使单边初级制裁变为事实上的多边制裁。美国是适用次级制裁最多的国家，其做法也被认为违反国际法基本原则，多次被抵制。

(三) 经济制裁与相关概念的界分

1. 经济制裁与出口管制

经济制裁与出口管制是有交叉的不同概念。经济制裁往往针对被制裁的特定国家某种既已存在的政策或行为，没有预先针对特定国家的经济限制措施一般被排除在经济制裁的范畴外。二战后美国主导建立的"巴黎统筹委员会"的目标性就非常明确，即通过阻止苏联、东欧等国获得所需的特定商品和技术来对其政府施加压力，限制其军事潜力的发展。出口管制不仅是经济制裁的手段之一，还可以是国家出于保持竞争优势或避免大规模杀伤性武器扩散等目的，对有关技术和物资出口实行的出口限制。后一种出口管制一般不认为属于经济制裁的范畴，因为其实施目的可以是保持自身的技术优势和物质出口安全等。可以说，出口管制可以作为经济制裁的一种重要手段，但也有自身的价值追求。

2. 经济制裁和贸易争端

随着国际经贸摩擦日渐频繁,各国政府成立了专门机构保护本国的对外贸易,使得各国私人资本之间的斗争,变成了政府间的斗争,即国家间的贸易争端。① 反之,经济制裁所要达到的目标更加多样,难度下降,从颠覆政权和阻止侵略向环境保护和工人权利保护等方面转变,进一步模糊了经济制裁和贸易争端之间的差别。

经济制裁和贸易争端虽然在某些方面有所重合,但是并不完全相同。第一,目的不同。经济制裁通常具有政治属性。② 贸易争端的目的是改变贸易的不公平或者不平衡,为抢夺市场、争夺资源和经济发展空间而利用国家权力向贸易伙伴施压,以保护本国相关产业。第二,合法性不同。经济制裁的合法性经常受到国际社会质疑,特别是将国内经济制裁法律适用于国外时,容易引起相关国家和组织的反弹。贸易报复形式的贸易争端是一种合法行为,尤其是世界贸易组织框架下的贸易报复。③ 第三,行为主体不同。经济制裁的行为主体可以是国家,也可以是联合国这种非国家行为体直接实施;贸易争端的行为主体通常是国家,不包括非国家行为体。第四,持续时间不同。经济制裁持续的时间较长,甚至可以长达半个世纪;贸易争端持续的时间通常较短。

(四)经济制裁与海外经济利益保护

联合国安理会所设立的 26 个制裁委员会针对的国家几乎全部位于"一带一路"沿线。美国和欧盟制裁的重点国家,除了古巴和拉美部分国家之外,也大多位于"一带一路"沿线。④ 经济制裁与我国海外经济利益保护关系密切。

1. 敏感国别项目开发难度变大

经济制裁的手段是通过改变制裁国对被制裁国的经济政策而实现,在实施过程中必然伴随着被制裁国的进出口运输、资金汇兑、项目财产冻结、人员出

---

① 参见李少军. 国际政治学概论 [M]. 上海:上海人民出版社,2002:323.

② 从 1993 年至 1996 年,美国实施的 61 次经济制裁中,22 项针对人权和民主化,14 项针对反恐,9 项针对核扩散,8 项针对政治稳定,8 项针对反毒品,6 项针对侵犯工人权利,3 项针对环境保护。李少军. 国际政治学概论 [M]. 上海:上海人民出版社,2002.

③ 参见柳剑平,刘威. 经济制裁与贸易报复——对经济制裁内涵的再界定 [J]. 思想理论教育导刊,2005(05):36-41.

④ 参见杜涛. 国际商事合同中的经济制裁条款效力研究 [J]. 上海对外经贸大学学报,2020,27(05):6.

入等交易安全的不确定性，从而使被制裁国的交易对手方被动面临海外经济利益受损的危险或威胁。

目前，不仅受到美国全面制裁的有 5 个国家和地区，而且委内瑞拉、俄罗斯、津巴布韦、刚果（金）、伊拉克等多国列于美国制裁项目中，受到美国不同程度的制裁。受美国制裁影响，与这些敏感国别开展国际经贸和国际投资活动，必然承担很多不可预测的风险，在这些市场项目开发的难度有所增加。

2. 已签约合同违约风险上升

受到经济制裁的影响，履行期较长的国际经贸和投资合同有可能面临外部法律环境变化而产生的不确定，甚至陷入承担违规风险或违约风险的两难境地。在美国次级制裁中的清单制裁项下，问题更加凸显。美国设置的一系列制裁清单以非常高的频率进行更新，如果国际经贸和国际投资的交易对手方在合同签订时为清洁实体，而合同履行过程中被美国经济制裁主管部门添加到清单中，该合同产生了涉制裁风险，是否继续履约往往使企业进退两难。

实践中，经济制裁导致的合同履行障碍并不能一定构成债务人继续履行合同的免责事由，如不可抗力、情势变更、合同目的落空等。[①] 根据具体案件涉及的制裁法规定、双方的合同约定、双方合同准据法的不同，会有不同的认定，而问题的关键在于认定国际制裁的实施对于双方合同的履行是否构成法律上的履行不能。

3. 资金汇付安全风险增加

确保汇路畅通和资金收付安全是国际经贸投资企业面临的问题，而美国的经济制裁对国际资金汇付的影响最为显著。在国际经贸和投资领域，企业通常选择以美元进行合同计价和支付。被美国制裁的个人或实体通常不得进入美国金融系统，美国人（包括美国公民、合法永久居民、根据美国法律设立的实体以及位于美国的其他组织等）也不得与被制裁的个人和实体进行任何交易，并且必须冻结其拥有或控制的被制裁个人或实体的财产和财产权益。实践中，出现过由于发货承运船只曾途经受美国全面制裁的国家地区，国际工程承包企业汇路受阻的情况。[②] 自 2022 年 2 月 21 日俄罗斯与乌克兰的冲突开始以来，美国

[①] 经济制裁导致合同履行障碍时，如果债务人可以通过申请许可、采取替换结算货币等商业替代措施，在不违反制裁法的前提下继续履行合同，该种合同履行障碍通常不会被认定为债务人继续履行合同的免责事由。

[②] 参见罗颖, 陈忠. 美国经济制裁背景下的国际工程承包企业制裁合规体系建设 [J]. 国际工程与劳务, 2020（08）: 33-36.

为首的多个西方国家决定将俄罗斯部分银行排除出环球同业银行金融电讯协会（SWIFI）国际结算系统。这一制裁有可能导致在俄中企无法通过俄罗斯银行与境外银行进行安全有效的沟通，从而无法进行跨境资金支付清算。

二、国际经济制裁的历史演变

作为国家的一种对外政治手段和外交策略，经济制裁最早可以追溯到公元前5世纪，雅典人对米加拉人实施经济制裁，禁止米加拉人使用雅典人的港口和市场。① 根据经济历史学家海伦娜·霍夫堡（Helena Hofburg）对国际社会所发生的经济制裁进行统计，第二次世界大战前国际社会一共发生过11次经济制裁。在冷战期间（1945—1990），经济制裁的数量急剧上升至116次。冷战结束后，经济制裁的数量并未减少，反而成为当代国际社会平衡国际关系的重要方式。

（一）由全面制裁向聪明制裁转变

全面制裁（comprehensive sanctions）是指针对被制裁国各个经济领域的无差别的制裁行为，全面制裁一般以彻底摧毁被制裁国为目的。通过对被制裁国进行全面制裁，受制裁国常会出现经济状况急剧恶化，可能引起基本生活必需品无法保障、医疗卫生设备严重缺乏、人民生活水平急剧下降、婴幼儿死亡率大幅度提高等严重的社会问题，甚至会出现人道主义灾难。20世纪90年代，对伊拉克、前南斯拉夫和海地实施了全面制裁，这些全面制裁对平民，尤其是社会最脆弱的阶层造成了严重影响，引起了国际社会对全面制裁的重新审视。

为达到制裁目的同时不造成过大的国际社会影响，聪明制裁（smart sanctions）形式被提出并被一些国家推崇。1995年，五大常任理事国向联合国安理会提出书面建议，要求在经济制裁中降低因制裁导致的对弱势群体的消极影响。同年，时任联合国秘书长布特罗斯·布特罗斯-加利在《和平纲领》补编中强调，实施经济制裁的政策中应当降低负面影响，制裁的效果应更加关注政治方面的效果。加利为制裁措施提出了若干设想，体现了聪明制裁的观念。前联合国秘书长安南先生曾多次呼吁，经济制裁制度应当参考和遵循安理会的制裁模式，同时要求各国在实施制裁时，减少对弱势群体的负面影响。1998年，

---

① 参见［古希腊］修昔底德. 伯罗奔尼撒战争史［M］. 桂林：广西师范大学出版社，2004：73.

安南在其报告中使用了聪明制裁的概念,并在之后的千年报告中提及了有关聪明制裁的概念和理论,聪明制裁的概念得到联合国成员国的广泛认同。

聪明制裁,又称瞄准制裁,主要是指将制裁的矛头直接指向被制裁政权或集团的领导、上层人物与支持该政权或集团的个人或集团,以期尽量减少对"弱势群体"和第三方的消极影响。聪明制裁对人道主义保护的要求更高,在制裁过程中,需要保证制裁行为不影响被制裁国民众的营养和食品安全、饮水和卫生设施、医疗、教育、环境保护等。聪明制裁的制裁方式多被限定于金融制裁、武器禁运、外交制裁、冻结财产、限制进出口等措施。

(二) 个人和实体的参与度提高

联合国和某些国家大量应用聪明制裁方式,受到经济制裁的不再是不特定的全体被制裁国国民,而转变成为特定的个人或实体。这种针对性措施引发纠纷的可能性增大,被制裁主体起诉至各国当地法院,请求对经济制裁进行司法审查的情况越来越多。

譬如,2014年12月30日,根据联合国安理会1999年第1267号决议中的制裁规定,制裁委员会拟订了与基地组织有关联的个人、集团、企业和实体的名单。各国根据该名单冻结指定的资金和其他财政资源,包括由塔利班本身,或是由塔利班拥有或控制的企业,所拥有或直接或间接控制的财产所衍生或产生的资金,并确保本国国民或本国境内的任何人,均不为塔利班的利益,或为塔利班拥有或直接或间接控制的任何企业的利益,提供这些或如此指定的任何其他资金或财政资源,但委员会以人道主义需要为由而逐案核准者除外。据统计,针对第1267号决议认定的制裁诉讼案件总计49例,欧洲法院19例,欧洲人权法院1例;欧盟成员国法院14例;瑞士法院4例;土耳其法院3例;巴基斯坦法院3例;美国法院8例。在49例诉讼案件中,4例胜诉(均为欧洲法院审理),19例败诉后7例提出上诉,2例被发回审理,15例等待审理,其余均被驳回或者撤诉、除名。[①] 从司法判例看,基于欧盟法院一贯以来所确定的判例法的支撑,即使是共同体为执行上述国际条约所确定的义务,也不能优先于尊重人权原则。[②]

---

① 参见李小弟. 单边经济制裁法律问题研究 [D]. 长沙:湖南师范大学,2018.
② 参见廖济贞. 论尊重人权在欧盟法中的优先地位——兼析欧盟法院卡迪系列案 [J]. 哈尔滨工业大学学报(社会科学版),2011,13(04):99-105.

第二节 经济制裁的国际制度

对受制裁国进行经济制裁的条件是该国存在国际不法行为。当该国际不法行为危及国际和平与安全时，国际社会和各国可以对该国进行经济制裁。一国没有做出国际不法行为，而另一国却出于自身利益考虑而对该国施加经济制裁，便可能会丧失了经济制裁的国际合法性。联合国制裁是最典型的维护国际和平和安全的经济制裁形式。反制裁是国家的自助行为，任何国家无论强弱均享有防卫国际不法侵害的自助权利。在国际条约法制度下，"自助"是条约的一方当事国应对其他当事国的"重大违约"行径的救济措施，集中规定于《维也纳条约法公约》第六十条。

一、和平解决国际争端原则

经济制裁是和平解决国际争端的重要方式之一。国际法主体在国际交往中，不可避免会在某些问题上产生争端。国际争端虽然也会发生在非国家主体的国际法主体之间，但主要是国家之间的争端。国际争端一般可以分为法律性质的国际争端和政治性质的国际争端。法律性质的国际争端主要关系国家权利问题，政治性质的国际争端起因于政治利益的冲突。对国际争端进行上述分类在理论上似乎可行，但在实践中，由于国际争端产生的原因、争端的内容和性质十分复杂，法律性质的国际争端往往包含政治因素，政治性质的国际争端又常常以法律争端的形式表现出来。

（一）维护国际和平与安全

避免战争，和平解决国际争端是国际法的重要动因之一，经济制裁的目标也应该是维护国际和平与安全。《联合国宪章》第三十三条声明："任何争端之当事国，于争端之继续存在足以危及国际和平与安全之维持时，应尽先以谈判、调查、调停、和解、公断、司法解决、区域机关或区域办法之利用，或各该国自行选择之其他和平方法，求得解决。"第三十三条表明经济制裁在一定条件下具有某种程度上的国际合法性。

经济制裁的目标清晰地留有战争的味道，能够达到惩罚、阻止和恢复的三个最基本目的，通常用于中断军事威胁或作为更广义的战争的辅助手段。① 在和平解决国际争端成为国际法基本原则的背景下，当受制裁国与制裁国发生国际争端时，经济制裁似乎可以成为替代战争的、有效的、《联合国宪章》认可的争端解决方式。

（二）维护国家安全

《关贸总协定》第二十一条是国家安全例外条款，规定成员国在涉及国家安全利益时可以不执行关贸总协定，譬如不得要求任何缔约方提供其根据国家基本安全利益认为不能公布的资料；不得阻止任何缔约方为保护国家基本安全利益对有关国防的物资和贸易采取其认为必须采取的任何行动；不得阻止任何缔约方根据联合国宪章为维护国际和平与安全而采取的行动。事实上赋予了国家采取贸易限制措施一定的合法性，在特定情形下，贸易限制措施可以被作为经济制裁。

根据国家安全例外条款，在国家认为其基本的安全利益受到以下三种情况的威胁时，可以采取任何贸易限制措施以保护其国家安全利益：第一种情况是核裂变材料的例外，这与1950年生效的反核扩散控制相一致。第二种情况是军火交易以及出于帮助建立军事机构的目的而直接或间接进行的其他货物及原材料的类似贸易，即成员方理论上可以对任何其认为可能会削弱自身军事能力或潜能的货物及服务进行经济制裁。第三种情况是在战争期间或处于其他国际紧急事态中，这种规定范围宽泛，成员方可以借此作为其在非战争的国际紧急事态中所实施的制裁进行开脱。

根据国家安全例外条款进行的制裁行为无须经过其他成员方的批准，甚至无须告知，也无须通过"最低标准的贸易限制"措施的测试。国家安全例外条款对于依照联合国"维护国际和平与安全"义务而采取的贸易制裁行为尤为宽容，基于的安全事由越明显，如巴统管制，制裁就越不会在关贸总协定中被质疑。②

（三）不干涉内政

二战后，尽管不干涉内政原则已经成为国际法的一项重要基本原则，《联合

---

① 参见［美］加利·克莱德·霍夫鲍尔. 反思经济制裁［M］. 杜涛, 译. 上海：上海人民出版社，2019：12.

② 参见［美］加利·克莱德·霍夫鲍尔. 反思经济制裁［M］. 杜涛, 译. 上海：上海人民出版社，2019：110-111.

国宪章》第二条第七款规定:"宪章不得认为授权联合国干涉在本质上属于任何国家国内管辖之事件,并且不要求会员国将该项事件依本宪章提请解决"。联合国大会的一系列决议中也一再确认、重申和强调国家间负有不得以任何形式干涉别国内政的义务,如 1965 年《关于各国内政不容干涉及其独立与主权之保护宣言》、1970 年《关于各国依联合国宪章建立友好关系及合作的国际法原则宣言》、1981 年《不容干涉和干预别国内政宣言》等。

经济制裁的政治目的性与不干涉内政原则并不矛盾。经济制裁的政治目的应是维护国际和平与安全,其前提是受制裁国存在威胁国际和平安全的行为,对这种行为进行经济制裁才具有国际合法性。本质上属于一个国家国内管辖的事件,且未对国际和平与安全产生威胁,则该国不应受经济制裁的威胁和实施。

(四)人权保护

经济制裁在某种程度上与人权保护有一定矛盾,对国际经济制裁进行限制的主张在国际社会一直存在。经济制裁有可能会大幅降低被制裁国家国民的生活水平,造成严重的人道主义灾难。遭受全面经济制裁的古巴、海地、伊拉克、利比亚、朝鲜等国家里,都出现了严重的社会问题。

在经济制裁的同时应注重人权保护,国际法层面上对人权进行保护的国际人权法体系主要包括《经济、社会、文化权利国际公约》《公民权利及政治权利国际公约》《公民权利及政治权利国际公约任择议定书》以及一些关于尊重和保护某类个人或某类权利的特殊性公约。保护的权利内容涉及公民政治权利、经济、社会、文化权利保护,反歧视,危害人类罪行,保护被拘禁人,保护难民、无国籍人、外国人、妇女及儿童权利等。

二、国际不法行为与国家责任制度

客观上,一国的国际不法行为违背了该国所承担的国际义务,即违反了国际法。这种国际不法行为可以是国家对某一国际义务的作为,也可以是国家对某一国际义务的不作为。对国际不法行为所承担的责任就是国际法上的国家责任,也称国家的国际责任。承担国际法上的国家责任方式包括终止不法行为并保证不再重犯、恢复原状、赔偿、补偿、满足、限制主权和刑事制裁等。

(一)国际不法行为是经济制裁的前提条件

一般来讲,经济制裁是对国际不法行为做出的强制反应,国际不法行为是经济制裁实施的前提条件。2001年联合国大会第56届会议通过了《国家对国际不法行为的责任条款草案》，在第十七条规定："一国的行为如构成对国际义务的违背，即为国际不法行为，而不论该义务的起源为习惯法、条约或其他；一国所违背的国际义务的起源不影响该国由于国际不法行为而引起的国际责任。"此外，行为者所实施的行为虽然不为国际法所禁止，却给他方造成了损害性后果，行为者也应承担国家责任。主观上，并非所有的违背国际义务的行为均构成国际不法行为，还必须将违反国际义务的行为归责于国家。只有违反国际义务的行为可归因于国家的行为，才引起国家责任。构成国家责任的不法行为是否可归因于国家的国家行为，只能按照国际法而不能按照国内法判断。

一国对外采取的经济制裁行为应有国际法上的合法依据，否则有可能构成国际不法行为，由制裁国承担国际法上的责任。《联合国宪章》第三十三条为经济制裁国际合法性提供了依据，但是条件并不清晰。第三十三条规定隐含有以下五个条件：①经济制裁应是争端当事国采取的；②经济制裁试图解决的是正在进行中的国际争端；③国际争端的后果严重到足以危及国际和平与安全之维持；④以谈判、调查、调停、和解、公断、司法解决、区域机关或区域办法之利用等方法已经无法解决国际争端；⑤国际争端当事国可以自行选择包括经济制裁在内的和平方法解决国际争端。实践中，国际经济制裁是否同时满足以上五个条件成为制裁国和被制裁国争议的焦点问题。如果国际经济制裁行为不能满足《联合国宪章》第三十三条的条件，有可能被视为国际不法行为，引发包括反制裁在内的国际法上的国家责任。

除了《联合国宪章》以外，其他国际习惯法和国际条约法等国际法渊源，也可以提供给一国发起经济制裁以国际合法性。

（二）经济制裁可作为国际不法行为的反措施

国际法上的国家责任原则为国际经济制裁划定了国际合法性的条件，《国家对国际不法行为的责任条款草案》对经济制裁进行了一定程度上的限制：一方面，国际经济制裁需要满足一定国际法条件，不能单方面根据国内法行使。另一方面，根据国际实践，国家责任的免责条件包括同意、国际不法行为的反措施、不可抗力和偶然事故、危难与紧急状态。如果能够证明国家的国际经济制裁行为属于上述免责条件，则国家不承担国际法上的国家责任。

21世纪以来，对其他联合国国家领土内和其事务的经济制裁和军事干预不断出现，成为国际上一种常见现象。① 很多国家声称本国的经济制裁行为是对他国的国际不法行为的反措施。反措施（countermeasures）是针对他国所犯国际不法行为的一种反应，而使一国不得已采取某种不符合自己对他国原已承担的国际义务的行为。《国家对国际不法行为的责任条款草案》第三十条规定：一国不符合该国对另一国所负义务的行为，如果是该另一国的某项国际不法行为所引起的对抗该另一国的、国际法上合法的措施，则该行为的不法性即不成立。由于反措施是加害方的国际不法行为引起的，所以不法性得以排除。

通常反措施包括一般对抗措施和正当的自卫行为。一般对抗措施是由对方的一般国际不法行为所引起的，对此受害方只能限于采取相应的非武力措施来对抗，如经济制裁、断绝外交关系等。适用反措施在国际法上要受到一定的限制，必须是"国际法上合法的"措施，必须有针对性且适度。无论是反措施还是国际干预，都只能针对国际不法行为的责任国，不能扩大到责任国之外的其他国家。

根据《国际不法行为的国家责任条款（草案）》，受损害的国家可以对国际不法行为负有责任的国家采取对抗措施，以使其遵守其义务（第四十九条）。国际对抗措施不得违反不适用暴力原则（non-use of force）、人权条款（human rights provisions）和领事法（consular law）以及其他一般国际法中的强行规范（peremptory norms）（第五十条），且相对于国家的不法行为该国际对抗措施是一种"适当的回应"（appropriate response）（第五十一条）。国际对抗措施鼓励责任国家履行其义务，一旦责任国家停止其不当行为或者争议已经提交有关法院或仲裁机构，受损国家应给予责任国家谈判协商的机会，并且中止所有的对抗措施（第五十二条）。该草案第四十九至五十四条规定了反措施合法性的条件：

1. 尊重国际法中的强行法

一国采取反措施，不得影响下列义务：①《联合国宪章》中规定的不得实行武力威胁或使用武力的义务；②保护基本人权的义务；③禁止报复的人道主义性质的义务；④依一般国际法强制性规范承担的其他义务。

采取反措施的国家仍应履行其下列义务：①实行它与责任国之间任何可适用的现行解决争端程序；②尊重外交或领事人员、馆舍、档案和文件之不可侵

---

① DOUGLAS H. International Law, State Will and the Standard of Civilization in Japan's Assertion of Sovereign Equality [M]. New York: Palgrave Macmillan, 2013: 201.

145

犯性。

2. 采取反措施应遵循相称原则

反措施必须和所遭受的损害相称,并应考虑到国际不法行为的严重程度和有关权利。

3. 通知和争端解决

一受害国在采取反措施以前应:①根据第四十三条要求责任国按照第二部分的规定履行其义务;②将采取反措施的任何决定通知责任国并提议与该国进行谈判。虽有前述③项的规定,受害国可采取必要的紧急反措施以维护其权利。

4. 临时性措施

在下列情况下不得采取反措施,如已采取,务必停止,不得无理拖延:①国际不法行为已经停止,并且②已将争端提交有权做出对当事国具有约束力之决定的法院或法庭。若责任国不秉诚履行解决争端程序,即不必停止适用。一旦责任国履行其与国际不法行为有关的义务,即应尽快终止反措施。

三、不得作为政治和经济强迫手段

经济制裁制度发展过程中,曾不断出现利用经济制裁进行政治和经济胁迫、损害人权的情形。这种情况是对他国国家主权的侵害,违反了国际法基本原则。联合国及其相关组织在维护国家政治和经济主权方面,一直秉承维护国家主权原则,世界贸易组织甚至开始尝试对经济强制措施进行司法审查。

(一) 联合国大会对政治和经济强迫的谴责

联合国大会先后出台了七份文件对经济制裁实施中的限制性情形做出指引,消除对发展中国家的政治和经济胁迫。

从1989年第44届联合国大会开始,联合国大会几乎每隔一年都会通过一项名为《以单方面经济措施作为向发展中国家进行政治和经济胁迫的手段》的决议。其中2002年的决议内容强调:所有人民都有自决的权利,可以自由决定其所在的政治地位,选择经济发展道路、社会发展以及文化发展建设道路。单方面推行治外强制性经济措施对贸易和金融及经济合作,包括区域一级的贸易和合作产生了消极影响,因为它们违反了公认的国际法原则,并且在区域和国际两级对贸易自由和资本的自由流动构成严重障碍。呼吁国际社会不承认单方面的治外法律以及单方面强加他国公民及他国企业的强制性经济措施。

2011年第66届联合国大会上通过的同名第189号决议中指出:采用单方面

经济胁迫措施对发展中国家的经济和发展努力尤其产生不利的影响，并且对国际经济合作及全世界为建立非歧视性和开放的多边贸易体制所做的努力普遍产生负面影响。此类措施公然违反了《联合国宪章》所载明国际法原则和多边贸易制度的基本原则。因此，决议促请国际社会采取紧急和有效的措施，消除对发展中国家采用既未经联合国相关机关授权，又不符合《联合国宪章》所阐述的国际法原则并且违反多边贸易体制基本原则的单方面经济胁迫措施；呼吁国际社会谴责并抵制强制采用此种措施作为向发展中国家进行政治和经济胁迫的手段。

2018年通过了关于《必须终止美利坚合众国对古巴的经济、商业和金融封锁》的第8号决议等，目的就是引导国际社会通过多边机制，消除单边制裁措施。

（二）联合国贸发会议《阿克拉协定》

联合国贸易和发展会议是联合国的贸易和发展以及金融、技术、投资和可持续发展等互相关联领域的协调中心。单方面经济胁迫措施影响目标国市场准入、投资和运输自由以及公民的经济社会福利，特别是中低收入群体的福利。贸发会议不赞同施加单方面经济措施，作为向发展中国家进行政治经济胁迫的手段。2008年贸发会议第12届大会通过《阿克拉协定》，敦促各国避免发布和实施任何违反国际法及《联合国宪章》的单方面经济、金融或贸易措施。协定强调，有意义的贸易自由化必须处理单方面措施问题，因为这种措施可能作为非关税贸易壁垒；不符合世界贸易组织规则，对实现真正无歧视和开放的贸易体制具有负面影响。国际社会应做出国际努力以减少或消除这些武断的和不公正的非关税措施。

（三）世界贸易组织对安全例外的审查

《关贸总协定》第二十一条国家安全例外为经济制裁提供了条件宽松的合法性选项。第二十一条规定了五方面例外：国家安全信息、核物质、军用物品、战争及国际紧急情况、《联合国宪章》义务。五个条款中只有宪章义务有明确的标准，其他四类条款均表现出较强的"自决性"，即只要出现足以认为危及基本安全利益的行为，就可以援引例外条款。在整个关贸总协定时期乃至世界贸易组织时期都没有对"根本安全利益"的内涵做出明确的界定，以致实践中在适用该条款时缺乏统一的标准。

为避免缔约国滥用国家安全例外条款，1982年11月在关贸总协定缔约方同意下，加入一项劝告性的通知要求，即在"不危及国家最基本的安全利益"的情况下，鼓励制裁国将其"在第二十一条下采取的贸易措施最大限度地"告知其他关贸总协定缔约方。如果没有满足通知的要求，很多制裁行动无法用第二十一条进行辩解，从某种程度上提高了关贸总协定缔约方滥用经济制裁的条件。

20世纪80年代冷战落幕前，国家安全例外开始出现司法审查性。在美国对尼加拉瓜的贸易禁运冲突中，国际法院认为其有权判定该贸易禁运对于美国国家安全是否"必要"并认定该贸易禁运未通过验证。21世纪以来，在乌克兰诉俄罗斯运输限制措施案（DS512）中裁定，世贸成员总体上有权自行判断其"基本国家安全利益"以及相关措施是否是保护该利益"所必须的"，但行使该自决权应基于"善意原则"（good faith），专家组有权对其进行客观审查。

四、联合国经济制裁制度

联合国制裁是最为完善、典型的经济制裁制度，主要针对冲突解决、不扩散、反对恐怖主义、民主化、保护平民等问题实施。联合国第一个经济制裁决议是1968年第253号决议，对罗德西亚实施了全面的贸易禁运。随着国际环境变化和集体安全与和平的发展与延伸，联合国安理会在20世纪90年代后发起的经济制裁远远多于此前45年，成为解决国际和平与安全问题的常用手段。

（一）主要法律依据

《联合国宪章》第七章题为"对于和平之威胁、和平之破坏及侵略行为之应付办法"，授权安理会为维护国际和平与安全采取强制措施，这些强制措施既包括武力措施，也包括制裁等非武力措施。联合国并不是对所有的国际不法行为都会采取制裁措施，只有当国际不法行为达到危及或实际破坏国际和平与安全的程度时，安理会才会采取制裁措施。虽然不是所有的国际不法行为都将危及或实际破坏国际和平与安全，但很难找到一种行为危及或破坏国际和平与安全却并不违背国际法。危及与破坏国际和平与安全的行为与国际不法行为很难分割开来，两者的关系是部分和整体的关系。

联合国的经济制裁是集体制裁，是一种专门的法律制裁机制[1]，具有如下

---

[1] 参见简基松.联合国制裁之定性问题研究[J].法律科学·西北政法学院学报，2005（06）：91-98.

三个特点：①早期联合国制裁往往针对整个国家，晚近联合国制裁开始针对特定的个人和实体，"聪明制裁"成为联合国的常见制裁选择。②从20世纪90年代开始，联合国层面的制裁逐渐由全面的贸易禁运转变为金融制裁，制裁的方式也转变为资产冻结、限制出境和贸易禁运等具体手段。① ③联合国制裁决议具有精确的制裁时限，能够有效及时对危害国际和平与安全的行为做出反应。

联合国制裁的决定往往出于政治考虑的结果，而不是通过法律推理，所依据的程序也不是司法程序，甚至可以说制裁就是安理会5个常任理事国政治考虑之下的结果。根据安理会的表决程序，任何一个常任理事国都可以通过否决票来阻止一个制裁决议的通过。如果对一个国家实施制裁不符合一个常任理事国的国家利益，该决议就没有通过的可能。对南非的制裁就是一个很典型的实例。法律追求的正义和政治追求的和平之间虽然并不能等同，但在联合国制裁这一问题上并不矛盾。

虽然正义理想与和平理想是不同的，但也存在着使这两种理想等同起来或者至少使和平理想代替正义理想的趋势。只有这样一种法律秩序，它并不满足这一利益而牺牲另一利益，反而是促成对立利益间的妥协，以便使可能冲突达到最小的限度，才有希望持久的存在，只有这样一种法律秩序才能在比较永久的基础上为其主体保障社会和平。②

尽管有政治考量和政治目的，联合国制裁仍然是一种法律制裁，联合国制裁所维护的秩序是法律秩序，要确保执行的是法律规则。《联合国宪章》的规则是一种调整国际政治关系的规则，但宪章的存在方式是国际法规则存在的方式，即"造法性条约"的国际法形式。

（二）重要制度规则

1. 决定和实施

在过去的30年中，安理会已经对包括伊拉克、前南斯拉夫、利比亚、海地、利比里亚、卢旺达、索马里、争取安哥拉彻底独立全国联盟（安盟）驻安

---

① 参见［美］加利·克莱德·霍夫鲍尔. 反思经济制裁［M］. 杜涛，译. 上海：上海人民出版社，2019：110-159.
② ［奥］凯尔森. 法与国家的一般理论［M］. 沈宗灵，译. 北京：中国大百科全书出版社，1996：13.

哥拉的军队、苏丹、塞拉里昂、南斯拉夫联盟共和国（包括科索沃）、阿富汗、埃塞俄比亚与厄立特里亚在内的许多国家实施了制裁。经济制裁已经成为安理会强制执行其决定的一种重要手段。

(1) 联合国安理会

联合国制裁的有效性主要基于《联合国宪章》赋予安理会维护国际和平与安全的职责，并赋予其履行此项职务特定的权力。[①]《联合国宪章》第二十四条将维护国际和平与安全之职责授予了安理会，"为了保障联合国行动迅速有效起见，各会员国将维持国际和平与安全之主要责任授予安理会，并同意安理会于履行此责任下之职务时，即系代表各会员国"。《联合国宪章》第二十五条随之规定联合国会员国同意依宪章之规定接受并履行安全理事会之决议。

对于是否存在需要实施经济制裁的前提条件，安理会根据第三十九条做出集中识别，联合国制裁必须以安理会集中识别为前提条件。联合国制裁的决定也是采取集中的方式，即是否采取制裁措施以及采取何种制裁措施，也是由安理会通过决议的方式来集中决定。

在安理会采取制裁的文件中，大多直接依据《联合国宪章》第四十一条进行。第四十一条规定："安全理事会得决定所应采武力以外之办法，以实施其决议，并得促请联合国会员国执行此项办法。此项办法得包括经济关系、铁路、海运、航空、邮、电、无线电及其他交通工具，之局部或全部停止，以及外交关系之断绝。"根据该条，联合国安理会有权通过决议对于有国际不法行为的国家或组织实施经济制裁，而有关会员国应采取切实措施予以执行。第四十一条明确补充了安理会采取非武力措施的办法，可以用经济方式维护国际和平与安全。

《联合国宪章》作为国际法的渊源，这是毋庸置疑的，但是对安理会的制裁的相关决议的国际法性质，学界存在一定的争议。一种观点认为部分安理会决议具有法律性质。《联合国宪章》的第二十五条和第三十九条规定了安理会权力及其决议的性质，原因是一方面安理会的决议包含默示的同意，另一方面，安理会的决议一定程度上体现了国家的协商一致。另一种观点认为安理会决议不

[①] 联合国大会及其他机构在维护国际和平与安全方面仅有审议等职能，通过的大会决议不具有约束力，其决议的有效性有限。如20世纪六七十年代，葡萄牙阻止南部非洲殖民地人民的独立运动，联合国大会和非洲统一组织通过了许多决议，号召所有国家对葡萄牙实施制裁。但是由于联合国大会和非洲统一组织不具有联合国安理会的权威，号召制裁的决议效果就有限。

是法律。《联合国宪章》第七章的行动具有行政性质,安理会的决议具有任意性,对于联合国会员国不具有法律效力。①

(2)制裁委员会

安理会对制裁决议的履行,往往通过年度报告的方式公示违反制裁决议的国家与非国家实体,也可以根据《联合国宪章》第四十一条规定的方式,对违反决议的第三国家予以制裁。在联合国框架下,安理会在制裁决议中成立相应制裁委员会,并在决议中授权制裁委员会拟定制裁名单,实施制裁。

安理会 2006 年制裁伊朗的第 1737 号决议写明,制裁委员会"负责监督与伊朗伊斯兰共和国相关的措施,并执行安全理事会在该决议第 18 段所列的任务"。该决议明示了制裁委员会执行初级制裁措施,也暗示了制裁委员会对违反决议的第三方采取次级制裁的权力,即第三方如果违反决议所列任务,由制裁委员会负责处理。② 实践中,安理会对大多数的初级制裁都专门成立制裁委员会,对违反初级制裁措施的行为采取措施。③ 制裁委员会由安理会全体成员方组成,实行协商一致的决策程序,相比安理会双重否决权的决策机制要相对中立。

2. 成员国执行联合国制裁

联合国经济制裁的有效性事实上极大依赖各成员国的国内遵守和执行的效率。"有效性"意味着联合国成员国在国内法层面上是否对制裁措施能够有效实施,必然会涉及联合国成员国内法上的相关法律、执行机制,以及国家是否能够及时而全面地遵守其在《联合国宪章》项下所承担的义务。

安理会的决议并不为特定的公司或个人创设义务,个人或实体参与经济制裁的方式依赖于成员国国内法的执行。④《联合国宪章》第二十五条规定了国家执行安理会决议的义务。联合国会员国有义务履行联合国安理会决议,否则构成国际不法行为。

---

① 参见王虎华,肖灵敏. 再论联合国安理会决议的国际法性质 [J]. 政法论丛, 2018 (06): 43-44.
② 参见李寿平. 次级制裁的国际法审视及中国的应对 [J]. 政法论丛, 2020 (05): 60-69.
③ 参见李寿平. 次级制裁的国际法审视及中国的应对 [J]. 政法论丛, 2020 (05): 60-69.
④ GORDON R, SMYTH M, CORNELL T. Sanctions Law [M]. United Kingdom: Hart Publishing, 2019: 4-5.

第三节　主要国家和地区的经济制裁制度

一战后，国际社会逐步认识到经济制裁与军事手段一样破坏性强，但成本更低，联合国、欧盟和美国等国际组织和国家更加倾向于使用经济制裁手段解决国际争端。由于历史背景和法律理念的差异，各国经济制裁制度之间也存在巨大差异。

一、美国经济制裁制度

美国经济制裁是出于国家安全、国内贸易保护、外交政策、国际责任以及其他政治考虑和目标，依据国际法或国内法，使用经济强制手段对特定国家、组织和个人等进行的报复、惩罚或遏制，以达到特定目标的行动。经济制裁成为美国对外政策重要工具已有近两百年历史。美国早期的经济制裁多是针对别国的报复性措施，如1807年为报复英国与法国政府在拿破仑战争期间抓捕美国水手和商船充军，美国通过了《禁运法案》，对两国商品实行禁运。第二次世界大战结束后，美国对当时的社会主义国家进行大规模经济制裁，经济制裁成为美国对外政策的重要工具。冷战结束后，美国使用单边经济制裁的频率大幅度上升，尤其"9·11"事件后，为配合反恐行动，美国每年针对恐怖组织及个人发起了数十起制裁。据统计，2013年全年，美国财政部新发起了26起制裁，并增加了79批制裁名单。虽然制裁频率增加，但美国对他国实施经济制裁时更加谨慎，制裁手段从以贸易制裁为主转为金融、贸易制裁并用，金融制裁的地位显著提升。

（一）主要法律依据

自20世纪初期开始，美国逐步构建了一个以《联合国宪章》为名义支撑，以成文法、总统决议及部门规章为核心，以州政府法规为补充的对外制裁法律体系。[①] 美国严格遵循法律规定的要求进行对外经济制裁，主要采取三种方式进行：一是间接的授权制裁，如《联合国参与法》《对敌贸易法》《国际紧急经

[①] 参见漆彤. 欧盟《阻断法》的适用困境及其对我国的启示——以伊朗梅利银行诉德国电信案为例[J]. 财经法学，2022（01）：179-192.

济权力法》。二是直接的特别立法制裁,如针对古巴的《古巴自由和民主声援法》和针对伊朗和利比亚的《达马托法》。三是辅助的贸易限制立法,如《1949年出口控制法》《1969年出口管理法》《1979年出口管理法》等。

1. 授权制裁法

授权制裁法下,国会授权总统在一定情况下对外实施经济制裁,但没有规定明确的被制裁对象和被制裁行为。授权制裁法可以作为总统对某一国家采取制裁的法律依据,也可以作为直接制裁法案的法律依据。[①] 总统根据授权范围发布实施经济制裁的行政命令(executive order)或总统声明(proclamation),并由行政部门制定条例采取具体措施来实施经济制裁。美国授权单边经济制裁的法律中应用最为广泛的是《联合国参与法》《与敌国贸易法》《国际紧急经济权力法》,分别在战时和紧急状态下授予总统经济制裁的权力。

(1)《联合国参与法》

1945年,美国国会通过了执行联合国安理会制裁决议的《联合国参与法》(United Nations Participation Act, UNPA)。作为美国履行联合国安理会决议的国内法安排,《联合国参与法》是美国实施经济制裁的重要法律渊源。虽然《联合国参与法》制定历史比较长,但早期被援用次数很少,仅在1967年和1968年两次被总统援用,用来执行联合国对南罗德西亚(现津巴布韦)的制裁决议。1990年联合国安理会通过决议,对伊拉克入侵科威特的不法行为进行制裁,《联合国参与法》被美国总统援用来参与联合国的制裁行动,其后逐渐被美国政府重视起来。

《联合国参与法》授权美国总统遵照联合国安理会做出的决议实施经济或其他制裁。《联合国宪章》第二条第二款规定:"各会员国应一秉善意,履行其依本宪章所担负之义务,以保证全体会员国由加入本组织而发生之权益。"在第二十五条又规定:"联合国会员国同意依宪章之规定接受并履行安全理事会之决议。"联合国安全理事会如果判断存在任何和平之威胁、和平之破坏或侵略的行为,有权依据第四十一条采取必要措施,以维持或恢复国际和平及安全。此类措施包括全部地或部分地与目标国中断经济联系,中断铁路、海运、空运、邮政、电报、无线电及其他联系方式,或者断绝外交关系等。

《联合国参与法》第五条规定,即便有其他的法律规定,当联合国安全理事

---

① 参见王佳. 美国经济制裁立法、执行与救济 [J]. 上海对外经贸大学学报, 2020, 27 (05):52-64.

会要求美国采取联合国安理会根据《联合国宪章》第四十一条通过的决议采取措施时，美国应采取该措施，使联合国决议有效。总统可以采取必要的措施，在总统发布的规则之内，指定特定机构进行部分或全部的调查、规范或禁止。授权的范围包括"总统可以依据其制定的命令、规则或条例，通过其指定的机构调查、管制或禁止外国及其国民与美国、美国管辖的国民或涉及美国管辖下的财产之间全部的或部分的经济联系或铁路、空运、海运、邮政、电报、无线电及其他联系方式"。美国总统依据第五条的授权，可以按照安理会相关决议的要求实施制裁项目，也可以制定实施任何符合安理会要求的制裁项目。

美国的某些金融制裁法规会援引联合国安理会的制裁决议作为依据，如2010年《全面制裁伊朗、问责和撤资法》援引了安理会2010年6月1929号决议。

（2）《对敌贸易法》

《对敌贸易法》（Trading With the Enemy Act，TWEA）制定于1917年，最初的立法意图主要是冻结在美国的敌国资产。《对敌贸易法》授权总统在战时制裁的权力，总统通过确定制裁的范围和对象来达到对敌人制裁的目的。1933年，国会对《对敌贸易法》进行了修改，扩大了法案的适用情况，在战时以外的其他任何情况下，总统可以宣布紧急状态，获得在非战时情况下进行制裁的权力。[①] 从1917年到1977年，该法一直是美国总统实施经济制裁的最重要的法律依据。1977年，美国国会修订了《对敌贸易法》，将总统的权限限制在宣战期间。

《对敌贸易法》规定了被禁止的行为，任何美国人，除非有总统的许可，才可以和《对敌贸易法》中的敌人、敌人的盟友进行直接或间接的交易。在战争期间，总统可以通过指定其他任何机构进行规制，指定的机构可以通过总统的指示，调查、规制或禁止任何银行机构之间的外汇交易、信贷或付款转移、黄金白银的进出口等，拥有对外国或国民的财产情况进行调查、规制、禁止收购，限制转让、提款、进口、出口等权力。

（3）《国际紧急经济权力法》

《国际紧急经济权力法》（International Emergency Economic Powers Act，IEEPA）制定于1977年。《国际紧急经济权力法》授予总统在宣布国家紧急状态后对商业

[①] 参见王佳. 美国经济制裁立法、执行与救济[J]. 上海对外经贸大学学报，2020，27（05）：52-64.

活动进行监管的权力,目的是应对来自海外的、针对美国的异常威胁,在海外的因素导致某一局势对美国的国家安全、外交政策和经济利益造成非正常威胁的情况下才可以宣布紧急状态,进而采取制裁措施。①《国际紧急经济权力法》取代了《对敌贸易法》,成为总统在国家紧急状态时实施经济制裁的法律依据。②

《国际紧急经济权力法》对总统的权力进行了列举,总统有权调查规制或禁止任何外汇交易、银行之间的信贷或付款的转移、货币或证券的进出口等。《国际紧急经济权力法》对于财产和财产权益的规制条款主要包括两类,一类是禁止条款,美国总统有权命令国内金融机构停止与被制裁方之间的金融交易、款项划拨、货币转移等业务;一类是冻结条款,美国总统有权命令冻结外国公司或者个人在美国的资产。③ 该法明确否定了美国总统规制和禁止美国管辖下的国民直接或间接地进行人道主义援助,比如食品、衣物、医药等的权力,除非总统认为此类捐助将严重地损害他处理国家紧急状态下的能力,或涉及的捐助者或受捐助者系胁迫,或将损害处于敌对状态的美国的军事力量。

根据《国际紧急经济权力法》的规定,总统需要根据某一具体的情况来宣布紧急状态,明确威胁来源,同时行政部门需要对于紧急状态向国会提交报告。④ 报告的内容包括:①总统权力的行使情况;②总统认定紧急状态的原因;③报告全部或者实质性的美国海外因素构成对于美国的外交政策、国家安全和经济的威胁的情况;④报告美国总统采取的具体措施应对紧急状态以及措施的必要性。总统在向国会提交了报告之后,每六个月总统需要向国会持续进行补充报告。

目前美国大多数的制裁计划都是根据《国际紧急经济权力法》,总统签发行政命令,宣布针对特定情况的国家紧急状态。在宣布国家紧急状态的声明之后,总统被授予权力来规范经济贸易,并针对经济紧急状态采取制裁措施。⑤

---

① 参见杨永红. 次级制裁及其反制——由美国次级制裁的立法与实践展开 [J]. 法商研究, 2019, 36 (03): 164-177.
② 从1977年12月开始,国家紧急状态下的法律授权已经从TWEA转移到了IEEPA。对于当时已经实施的TWEA项目,在IEEPA下仍然有效。该项规定的具体适用范围和对象存在模糊不清,在实践中也引起了一些法律争讼。
③ 参见郑联盛. 美国金融制裁:框架、清单、模式与影响 [J]. 国际经济评论, 2020 (03): 123-143, 7.
④ 参见王佳. 美国经济制裁立法、执行与救济 [J]. 上海对外经贸大学学报, 2020, 27 (05): 52-64.
⑤ GORDON R, SMYTH M, CORNELL T. Sanctions Law [M]. United Kingdom: Hart Publishing, 2019: 111-112.

2. 特别制裁法

特别制裁法是国会直接制定法律，明确制裁目标和手段，针对直接制裁的国家进行专门的立法。法律条文规定了制裁对象、被制裁范围，总统的任务只是具体执行，自由裁量的空间很小。

历史上美国著名的特别制裁法是 1996 年美国《古巴自由和民主声援法》（又称《赫尔姆斯—伯顿法》）、《伊朗利比亚制裁法案》（又称《达马托法案》）。2010 年美国国会通过了《全面制裁伊朗、问责和撤资法》《减少伊朗核威胁和保障叙利亚人权法》，这些法案都是针对的特定国家的制裁。

《爱国者法案》（US Patriot Act）具体规定了金融制裁的情形，第一百零六条规定，在美国成为敌对行动指向的对象，总统在未宣布进入紧急状态的情况下，针对敌对事件有关的外国人、外国组织或外国实施金融制裁。① 《爱国者法案》的主要目的是防止恐怖主义，是美国利用金融手段打击国际恐怖主义的重要法律依据。②

3. 贸易限制法

贸易限制法不是针对特定国家的制裁法，而是广泛适用于商事主体的法律。严格来说，贸易限制法并不是经济制裁法，法律条文中有涉及经济制裁的部分条款。如《出口管理法》（Export Administration Act，EAA）所规定的出口管制措施和《国防授权法》（National Defense Authorization Act，NDAA）的相关条款中规定的对购买军事装备的国家实施制裁的措施。

出口管制从严格意义上说并不属于经济制裁，但出口管制是实施经济制裁的辅助手段。美国自二战后，出于冷战、防扩散等需要，建立了一套完善的出口管制法规体系，包括《出口管理法》《武器出口控制法》《核不扩散法》《原子能法》《化学武器公约实施法》等。

（二）重要制度规则

1. 三级执行制度

美国执行经济制裁项目主要是通过三级部门或者机构：一是负责制定制裁决策的国会和总统，国会负责颁布制裁的法律依据，总统负责颁布行政命令。

---

① 参见黄风. 国际金融制裁法律制度比较研究［J］. 比较法研究，2012（03）：100-111.
② 参见陈宇瞳，成戈威. 美国金融制裁的法律分析与风险防范［J］. 金融监管研究，2017（01）：34-48.

二是具体执行和监管制裁项目的执行机构，如美国财政部外国资产管制办公室、商务部等行政机构。三是具体实施制裁措施的银行等金融机构。前两级最为关键。

（1）国会和总统

根据美国宪法安排，倾向于由行政部门主导对外政策。国会在美国对外经济制裁执行中位居次要的地位，所有经济制裁法必须得到总统签署后方可得以实施。

出于国家安全和对外政策的考虑，美国总统在制裁法的授权下，在实施制裁方面享有广泛的权威。总统可以颁发行政命令，并且所有依法实施的经济制裁都允许总统根据国家安全利益的需要加以搁置或终止。历史上，鉴于其他国家包括欧盟、加拿大、墨西哥对《古巴自由和民主声援法》的强烈抗议并且采取了实质性的对抗措施，该法的第三条被克林顿和小布什两任总统相继宣布延期生效。

（2）财政部和司法部

美国财政部与制裁有较长的历史，最早的制裁可以回溯至1812年战争时期，对英国实施制裁。外国资产监控办公室（Office of Foreign Assets Control，OFAC）对违反制裁计划的主体具有民事执法管辖权，其使命为：以美国的外交政策和国家安全为目标去管理和执行经济贸易制裁。执行的经济制裁主要针对特定国家和政权、恐怖分子、国际麻醉品贩运者及从事相关活动的人员、大规模杀伤性武器的扩散，以及对美国国家安全、外交政策或经济产生的其他威胁的项目。基于《国际紧急经济权力法》以及其他相关的特定立法所授予的权力，对交易实施控制并有权冻结美国管辖范围内的资产。许多经济制裁都是以联合国和其他国际任务为基础，具有多边性。外国资产监控办公室通过拟定针对古巴、伊朗、伊拉克、朝鲜、苏丹、叙利亚、也门、俄罗斯等国家的制裁条例和特别指定国民清单（Specially Designated Nationals and Blocked Persons List，SDNs List），落实经济制裁。

美国司法部具有调查和起诉刑事侵权的管辖权，管辖的范围包括故意违反美国制裁法的行为。根据《国际紧急经济权力法》的规定，故意违反或企图违反根据该法案发布的任何法规都是犯罪。目前，美国司法部的刑事管辖范围已经扩展至公司实体。

2. 次级制裁制度

虽然《对敌贸易法》和《国际紧急经济权力法》这类授权型法案并未直接

规定次级制裁，但随着第二次世界大战结束后美国经济制裁开始域外适用，使得制裁扩大到第三国的个人与实体。① 次级制裁在国际社会引起了广泛争议，如 1982 年欧苏天然气管道制裁、1996 年《古巴自由和民主声援法》《达马托法》是美国次级制裁遇阻的经典实践，均因盟国的激烈反对而被废止或搁置。

次级制裁是指经济制裁发起国在对目标国进行制裁时，针对第三国的公司或个人进行的旨在阻止其与目标国金融、贸易往来的制裁活动。次级制裁是对一级制裁的必要补充。通过次级制裁，美国可迫使第三国的公司或个人加入制裁阵营，达到事实上的多边制裁，遏止被制裁国在国际金融、贸易活动中寻求替代美国的合作伙伴，强化制裁效果。

美国域外经济制裁所限制的国外经济活动包括美国产品和技术的出口与再出口、外国银行的美元资产和美国银行海外分行的现金资产、海外金融交易等。金融制裁是经济制裁的一部分，从一定意义上讲是最为严厉的经济制裁形态，通过对金融资产和金融交易的冻结、限制甚至剥夺，以使被制裁者丧失活动资金等经济资源，削弱其经济实力，迫使其停止有关活动、接受制裁条件。② 对违反者的惩罚包括刑事或民事起诉、罚款、限制在美国的旅行或融资、禁止获得美国的政府合同或者美国公民权、市场、产品和技术等。

3. 司法审查制度

美国制裁法一般并不规定制裁的救济途径，决定制裁与否也不受制于法院的司法审查。基于一定目的，被制裁影响的个人、实体可以通过一定的途径申请除名，美国从整体上解除被制裁对象的制裁的情况也屡见不鲜。

某些情况下，美国为受到被制裁国影响而利益受损的个人或公司提供救济途径。根据旨在保护美国在古巴的财产权利的《古巴自由和民主声援法》，美国法院可以裁决古巴没收美国人或公司财产而提起的诉讼，即任何同古巴政府在 1959 年 1 月 1 日以后没收财产有牵连的外国人，都负有向原先拥有这些财产的美国国民支付相应赔偿和利息的法律义务，美国国民有权根据《古巴自由和民主声援法》向美国法院提起诉讼并要求执行判决。③

但是，对于被制裁国的国民和公司，美国法院不愿对制裁进行司法审查，

---

① 参见杨永红. 次级制裁及其反制——由美国次级制裁的立法与实践展开 [J]. 法商研究，2019, 36 (03)：164-177.
② 参见黄风. 美国金融制裁制度及其对我国的警示 [J]. 法学，2012 (04)：123-130.
③ GIERBOLINI L. The Helms-Burton Act: Inconsistency with International Law and Irrationality at Their Maximum [J]. Journal of Transnational Law & Policy, 1996, 6：289.

同时对其他国家法院或国际司法机构的判决，美国政府原则上并不具有执行的意向。当然，诉讼可能迫使美国政府与被制裁对象达成一定的协议，并使美国政府在一定程度上修改制裁措施。尽管难以通过司法判决直接产生成果，但司法途径确实可以作为被制裁对象寻求救济的一项选择。① 尽管如此，制裁的政治性决定了完全通过司法途径解决相关问题是存在困难的。

4. 地方政府参与制裁制度

美国地方政府通过限制或禁止被制裁国商业主体在当地的企业活动，或禁止、限制当地政府采购被制裁国的商品、服务，以及禁止被制裁国企业获取养老基金等投资基金等方式，实现对被制裁国的经济制裁。

地方政府不通过总统和联邦法律发起制裁行为，但受到美国最高法院的判例支持。1995 年马萨诸塞州对缅甸发起了一项经济制裁，美国国家贸易委员会就马萨诸塞州的制裁行为提起诉讼，1999 年美国最高法院判决马萨诸塞州对缅甸的经济制裁行为合法。这个判决无疑为州与地方政府可以作为对外经济制裁的主体奠定了法律基础。② 根据美国国际投资组织 2001 年的统计数据，美国共有 33 个州和地方政府发起了限制采购的制裁方式。③

二、欧盟经济制裁制度

欧共体和后来的欧盟出于自身外交政策考虑，对美国域外经济制裁进行过全方位的抵制，20 世纪 80 年代的苏联天然气管道事件和 20 世纪 90 年代的《古巴自由和民主声援法》事件都是欧美之间围绕美国经济制裁矛盾的总爆发。这种对于经济制裁的抵制态度在进入 21 世纪后出现转变。2009 年 12 月《里斯本条约》生效后，赋予和扩大了欧盟执行共同商业政策的权限，欧盟开始转变对经济制裁的态度，为实现欧盟对外政治目标，主动实施经济制裁。④

（一）主要法律依据

欧盟经济制裁主要包括三类：配合联合国实施的经济制裁；通过采取额外

---

① 参见王佳. 美国经济制裁立法、执行与救济［J］. 上海对外经贸大学学报，2020，27（05）：52-64.
② 参见李小弟. 单边经济制裁法律问题研究［D］. 长沙：湖南师范大学，2018.
③ 参见颜剑英，熊伟. 20 世纪 90 年代以来美国经济制裁的发展趋势［J］. 国际安全研究，2005（02）：19-23.
④ 参见杜涛. 欧盟对待域外经济制裁的政策转变及其背景分析［J］. 德国研究，2012，27（03）：18-31，123-124.

的、更加严格的经济制裁措施来加强联合国实施的制裁；在必要时，欧盟自主决定实施经济制裁。欧盟经济制裁的法律基础来自共同体条约授权，这与主权国家的经济制裁明显不同。

1.《罗马条约》

1958年1月1日生效的《罗马条约》正式名称为《建立欧洲共同体条约》，欧洲共同体依据此条约建立。共同体成立之初的主要目的是构建统一大市场，对政治领域的经济制裁并未关注，没有明确涉及经济制裁的规定。

《罗马条约》中与经济制裁政策有所关联的主要是第五十七条及第二百二十四条。第五十七条规定："任何成员国可采取其认为适当的任何措施保护涉及其军备生产、贸易与安全的核心利益。"这一条款被视为共同体赋予各成员国发起经济制裁权限的雏形。第二百二十四条在某种程度上更能体现当时共同体对于经济制裁的谨慎态度。该条规定："当某一成员国的国内发生影响法律与秩序的严重内部骚乱时，当发生战争或发生可导致战争的严重的国际紧张局势时，或者当某一成员国为维护和平和国际安全而履行其所承担的国际义务时，该成员国所采取的措施不得影响共同市场的运转。各成员国应为此目的而相互协商以便共同采取必要的预防措施。"该条款将重点落在了"……该成员国所采取的措施不得影响共同市场运转"上，说明在这一时期，对外经济制裁的权限在各成员国，共同体的工作重点并不在实施经济制裁，而在于控制经济制裁对共同市场构建产生负面影响。

历史上曾发生关于《罗马条约》能否适用第一百三十三条实施经济制裁的讨论。《罗马条约》第一百三十三条规定第四部分"与海外国家及领地的联系关系"，共包括五款，第一款规定："进口至成员国的原产于海外国家及领地的货物，应与成员国间按本条约规定逐步废止关税相一致，完全废止对其征收的关税。"第二款规定："成员国或其他海外国家或领地进口至各海外国家或领地的商品，应根据（本条约）规定，逐步地废止对其征收的关税。"接着在第四款规定："因受特定国际义务的约束而在本条约生效时已实行一种非歧视性关税税率的海外国家及领地，第二款对之不适用。"第一百三十三条共同市场条款主要规定的仍然是关税减免方面的问题。1965年，南罗德西亚（现津巴布韦）单方面宣布独立，联合国决定对其实施经济制裁，欧共体根据《罗马条约》第一百三十三条对南罗德西亚实施统一的经济制裁的提议遭到了拒绝。共同体理事会给出的理由是"联合国安理会决定采取的措施目的是维持国际和平与安全，不属于第一百三十三条关于共同市场条款的管辖范围"。尽管欧共体法院对第一百三十三条的适用范围进行了扩大解释,指出:"尽管一项措施是基于外交或安全的目的采取的,但是只要它具有防止或限制某些产品出口的效果,就不应被排除在共同商业政策的范围之外。"这一解释力图消除共同商业政策范围内的措施能否应用于政治性动机的疑虑,但并未达到预期效果。

2.《马斯特里赫特条约》

1991年12月,欧共体通过《欧洲经济与货币联盟条约》和《政治联盟条约》,统称《欧洲联盟条约》,即《马斯特里赫特条约》(以下简称《马约》),结束了欧盟经济制裁在条约法上"无法可依"的局面。《马约》通过全新的第三百零一条和第六十条将经济制裁纳入新建立的共同外交与安全政策(CFSP)机制。共同外交与安全政策是原有欧洲政治合作机制的扩展、强化与提升,是欧洲政治联盟计划的主要内容。共同外交与安全政策机制遵循欧盟法运行,其决定对成员国具有约束力。

《马约》第三百零一条被视为欧盟实施经济制裁的根本法律基础,规定:"当依据……共同外交与安全政策条款制定的共同立场或联合行动文件中规定欧共体应采取行动部分或全部地中断或减少同一个或几个第三国的经济关系时,理事会应采取必要的紧急措施。理事会应当在委员会提案的基础上以特定多数投票的决策方式行动。"第三百零一条强调了共同立场的制定应依据共同外交与安全政策,共同外交与安全政策框架的目标主要包括:保卫共同价值、基本利益和联盟独立;加强联盟及其成员国的安全;在《联合国宪章》《赫尔辛基最后文件》及《巴黎宪章》的指导下维护和平,加强国家安全;促进国际合作;发展和巩固民主政治、尊重人权和基本自由。

《马约》第六十条进一步对第三百零一条中"紧急措施"做了内容上的补充说明,规定:"当出现第三百零一条设想的情况时,如果有必要由共同体采取行动,理事会可根据第三百零一条所规定的程序,在资本流动和偿付方面对有关第三国采取必要的紧急措施。"该条在欧共体能够采取的涉及金融方面给予紧急措施授权。

3.《欧洲联盟运行条约》

《欧洲联盟运行条约》第五部分"联盟对外行动"下专门设置了第四编"限制措施"①,即第二百一十五条,规定了经济制裁的决定机制;在第六部分

---

① 2009年12月生效的《里斯本条约》是在原欧盟宪法条约的基础上修改而成的,采取了欧盟传统的修订条约方式,修订了《欧洲联盟条约》与《欧洲共同体条约》,并将后者重新命名为《欧洲联盟运行条约》。

"机构和预算"下第一编第一章第五节"欧盟法院"中,以第二百七十五条规定了经济制裁的司法审查。通过第二百一十五条和第二百七十五条的规定,欧盟外经济制裁的法律程序和救济途径得以进一步明确。

第一,完善了决定经济制裁的机制建设。经济制裁决定提案权上强调了欧盟高级代表与欧洲议会的作用,第二百一十五条第一款规定:"……理事会应该经高级代表与委员会的共同提议,以特定多数通过必要措施。相关情况应通报欧洲议会。"这一规定加强了高级代表的存在感,体现了欧盟追求更深层次一体化的努力,同时赋予了欧洲议会一定的监督权。如果属于欧盟无权做出制裁措施的情况,如旅行禁令等,各成员国依国内法采取相应限制措施。

第二,第二百一十五条第二、三款对欧盟经济制裁的目标范围进行了扩充与说明。第二款规定"……则理事会可依据第一款之程序规定,通过针对自然人或法人以及团体或非国家实体的限制性措施",为限制措施施加的对象界定了范围。第三款规定"根据本条规定采取的限制措施应包含必要的法律保障条款",为构建限制措施的法律救济途径和方法提供了法律依据。

第三,第二百七十五条对经济制裁的司法救济途径给予了确认。在第二款中规定:"……欧盟法院可以根据条约规定的程序,审查理事会对自然人或法人采取限制措施的决定的合法性……"欧盟非常重视经济制裁所隐含的对个人和实体基本权利和自由的影响,为确保自然人和实体得到正当权利保障,欧盟为经济制裁建立了全面的司法审查制度,要求经济制裁的决定必须建立在明确和清晰的标准基础上。未能满足标准不仅降低了制裁措施的可信度,欧盟及成员国政府还可能面临巨额损害赔偿的风险,伊朗国民银行对英国财政部的 5 亿英镑索赔案就是一个例证。

(二) 重要制度规则

1. 执行联合国制裁的制度

欧盟执行联合国制裁的机制是欧盟理事会的执行决定,或在联合国制裁决议基础上再配套通过自主的制裁条例以保障执行。

执行决定的方式并不必然要求内容与安理会决议完全相同。根据《欧洲联盟运行条约》第二百九十一条规定,执行决定不可包含额外的、补充性的或连带的(Additional, Complementary, or Adjoining)规则,但可与联合国安理会的制裁决议在内容上有所不同,具体执行细节由欧盟成员国决定。譬如,联合国安理会于 2016 年 11 月一致通过涉及朝鲜的第 2321 号决议,谴责朝鲜同年 9 月 9

日进行核试验,要求朝鲜放弃核武器和导弹计划,并决定对朝鲜实施新制裁措施。该决议还对朝鲜煤炭出口予以限制,禁止朝鲜出口铜、镍、银、锌,并对朝鲜外交使团的活动予以一定限制。欧盟理事会在 2017 年 10 月 16 日决定全面禁止对朝鲜投资以及对朝出售成品油和原油,并将向朝鲜的个人汇款限制从 1.5 万欧元削减至 5000 欧元。欧盟理事会发表声明称,这些制裁是对联合国对朝制裁的补充和强化,旨在增加对朝压力,推动其"遵守义务"。此前,欧盟对朝鲜的投资禁令仅限于与核武器和常规武器相关的行业。如果欧盟执行决定在转致联合国制裁时出现错误执行,联合国宪章中关于执行安理会决议的责任归于各成员国。

欧盟在联合国制裁基础上也可以发布条例落实安理会决议。2010 年 7 月,欧盟委员会通过了对伊朗制裁第 961/2010 号条例。条例确认了自 2007 年以来对伊朗所采取的限制措施,并规定对伊朗采取进一步的限制措施,以遵守联合国安理会 2010 年第 1929 号决议以及欧盟理事会 2010 年 6 月 17 日声明中所要求的相应措施。该条例规定,禁止欧盟企业"销售、提供或运输关键设备和技术"给伊朗石油和天然气企业;禁止向伊朗企业提供技术援助或培训或其他服务以及相关的金融或资金援助;要求欧盟企业在与伊朗企业交易时提高警惕,以确认这些企业没有参与伊朗的核计划。欧盟条例与美国同时期的《伊朗全面制裁、问责与撤资法》唯一不同的是,欧盟条例并不禁止向伊朗直接销售精炼石油,而《伊朗全面制裁、问责与撤资法》却禁止。

2. "两步决策"决定程序

欧盟经济制裁决策的核心机构是欧盟理事会。"两步决策"机制是指欧盟理事会在做出涉及对外经济制裁的相关决策时通常遵循两个步骤:在理事会内部通过"一致同意"原则达成关于经济制裁的政治决定,即"理事会决定"(council decision),理事会决定一般不涉及具体细节;这一阶段完成后,通过"有效多数"的表决方式通过经济制裁内容、目标、时限等具体内容的实施方案,即"理事会指令"(council regulation)。不仅内容不同,理事会决定和理事会指令二者在倡议权、投票原则等方面也存在很大差异。

理事会决定的倡议权归属于成员国或高级代表。《欧洲联盟运行条约》第三十条规定:"任何成员国、联盟外交事务与安全政策高级代表或得到委员会支持的高级代表,可以向理事会提交任何有关共同外交与安全政策的问题,并且可以向其提交任何适当的动议和提议。"高级代表或获得委员会支持的高级代表有权提出经济制裁动议,尽管高级代表在没有获得委员会支持情况下可以提出倡议，但在实际操作中，鉴于高级代表兼任委员会分管外交事务的副主席且其领导下的对外行动署的工作人员也有三分之一来自委员会，高级代表的提议决定一般会事先与委员会充分协调并得到后者支持。

理事会指令的倡议权归属于委员会同高级代表共享。经济制裁方案在外交事务理事会提出后，随之交由理事会下设的政治与安全委员会（Political and Security Committee）会同相关地区工作组（Geographical Working Groups）讨论审核，内容主要涉及经济制裁的理由以及对象。在上述两个机构完成相关工作后，制裁方案被交给专门负责制裁的对外关系顾问工作组（Foreign Relations Counsellors Working Group，即RELEX/Sanction），由来自各成员国的代表们就具体的制裁措施细则进行审核并通过，审核环节中，代表成员国利益的各工作组发挥决定性作用。在这一程序完成后，制裁方案交由理事会进行表决。理事会将通过"特定多数"表决方法通过，形成理事会指令。

理论上，理事会应该先达成"理事会决定"，然后制定制裁细则，最终通过"理事会指令"形成有约束力的制裁法案。但在实际操作中，为了节约时间，提高效率，这两步往往同时进行，两个法律文件同时在理事会上进行表决。

3. "双重实施"执行制度

"双重实施"主要是指权能属于共同体机构的措施由欧盟机构统一负责执行，而尚未被纳入共同体权限的经济制裁措施则下放给各成员国执行。一般来讲，涉及贸易关系、投资、金融等领域的经济制裁措施由欧盟机构负责执行，而武器禁运、旅行与签证禁令等由成员国主导执行。

从欧盟对于经济制裁措施的执行方式来看，共同体机构占据了很大一部分比重。由于经济制裁领域的权限已经根据条约被纳入共同外交与安全政策框架，共同体机构取代单个国家的政府部门，成为经贸、投资、金融等制裁措施的统一执行者。对于欧盟来说，有助于整合强大的经济实力与经贸资源，提高经济制裁的效率。伴随着欧盟经济一体化涉及领域的不断扩大，程度不断深化，共同体机构在经济制裁中的执行权限也将不断扩展。

欧盟成员国依旧保留了有限的单独实施经济制裁的权力，主要体现在实施安理会制裁措施上。成员国可以依据《联合国宪章》规定，单独通过国内法的方式制定条例执行安理会相关决议。《罗马条约》通过第二百二十四条对此权限给予肯定，这一条款在《马约》与《里斯本条约》中均获得保留，最终成为《欧洲联盟运行条约》第三百四十七条。

164

4. 司法审查制度

为了确保欧盟的各项决定及相关文件具有合法性，自共同体成立以来，就赋予了欧洲法院以司法审查权。共同体时期，《罗马条约》第一百七十三条规定："法院应对理事会、委员会的除建议和意见外的各项立法性文件的合法性进行审查。"《欧洲联盟运行条约》时代，欧洲法院对于欧盟经济制裁的司法审查权有了扩展，第二百七十五条规定："对与共同外交与安全政策有关的条款以及以此类条款为基础制定的法令，欧洲联盟法院没有管辖权。但是，欧洲联盟法院有权……审查理事会根据《欧洲联盟运行条约》第五编第二章通过的、规定对自然人或法人采取限制性措施的决定的合法性。"虽然欧盟法院无法对共同外交与安全政策内容进行审查的一般原则继续保留，但法院可以针对自然人及法人的制裁措施进行管辖。这种转变背后有着深刻的现实原因。近年来，随着欧盟大量采用"聪明制裁"，经济制裁措施越来越多地针对特定的自然人与法人，如公司、社会团体等，受到制裁措施影响的个人和实体需要有司法机制保护其权益。为了应对此种实际需求，欧盟扩大了法院在经济制裁领域的管辖权。

在欧盟法院审理"卡迪（Kadi）案"以及后来的一系列案件中，法院认为其有义务审查欧盟的执行联合国安理会决议的行为是否与条约相符。如果安理会决议与条约不符，欧盟理事会的执行决定将不被执行。即使已经执行，该行为可以被欧盟法院、各成员国法院和欧洲人权法院被诉审查。法院通过司法审查撤销制裁措施的案件近年来时有发生。欧盟普通法院强调，非欧盟成员国所控制的实体在欧盟法院体系司法程序中，有权援引和依赖与其法人身份相符的《欧盟基本权利宪章》关于基本权利的保护与保障。[1] 2013年9月6日和9月16日，欧盟普通法院就欧盟理事会针对35份伊朗或涉及伊朗的实体或个人的一系列制裁决定分别做出15份判决，其中有12份判决撤销了理事会的制裁决定。[2]

5. 反胁迫制度

欧盟认为近年来地缘政治紧张局势加剧，贸易与投资日益"武器化"，非欧盟国家通过"经济胁迫"手段干预欧盟及其成员国决策的行为有增无减，而欧盟的实力特点决定了容易受到其他大国的"经济胁迫"，欧盟及其成员国的合法决策空间受到挤压。为有效提高欧盟对第三方国家"经济胁迫"的反击速度与

---

[1] 参见苏华. 美国和欧洲的经济制裁：分歧与跨境交易风险——基于欧盟法院系列判决的分析[J]. 国际经济合作，2014（08）：17-21.

[2] 参见苏华. 美国和欧洲的经济制裁：分歧与跨境交易风险——基于欧盟法院系列判决的分析[J]. 国际经济合作，2014（08）：17-21.

灵活性，进一步强化欧盟自主能力，2021年12月8日欧盟委员会公布了《保护联盟及其成员国免受第三国经济胁迫条例》的草案。

根据条例草案，欧盟将对其认定的经济胁迫予以经济制裁。"经济胁迫"是指"第三国试图通过实施或威胁实施影响贸易、投资的措施干涉欧盟或其成员国的合法主权选择，或者试图阻止、争取欧盟或其成员国停止、修改或通过某一决定"。欧盟委员会可以主动或在收到任何信息后启动审查，如果情况属实，在通过欧盟理事会的有效多数表决后，欧盟委员会将通过限制外国直接投资或服务贸易等手段予以反制回应。

欧盟对于实施"反胁迫"持较为谨慎的态度，将其作为"最后手段"使用，只有在谈判、调解、仲裁等手段无法迅速而有效停止"经济胁迫"并赔偿损失时，欧盟才能考虑实施反制。条例草案要求欧盟在执行"反胁迫"经济限制的过程中保持对话和开放态度，与第三方国家保持接触，以期早日解决问题。

（三）政策和指南

为提高经济制裁的准确性和效能，欧盟还通过了实施经济制裁的一些支撑文件，包括基本原则、最佳方法建议、实施和评估方法等。

1. 限制措施（制裁）的实施和评估指南

2003年，欧盟理事会通过了《欧盟共同外交与安全政策框架下限制措施（制裁）实施和评估指南》（以下简称《制裁指南》），并在2005年、2009年、2012年和2017年、2018年进行了审查和更新。《制裁指南》分为四个部分和两个附件：概述、原则、制裁法律文书范本、限制措施的监督和评估、附件一欧盟自主制裁的工作方法推荐、附件二可用于内部镇压的设备清单。

《制裁指南》规定了一系列共同问题，包括制裁的文书范本，实施制裁相关名词的含义，加强限制措施的实施方法等内容，旨在提高欧盟对外经济制裁的实施效果。《制裁指南》不涉及施加或取消限制措施决定的政治过程。

《制裁指南》提出若干实施和评估的原则，包括提出和实施应遵守包括世界贸易组织法在内的国际法；尊重人权和基本自由，尤其是应符合正当程序原则和有效救济原则；限制措施应与制裁目标成比例的原则。

《制裁指南》对限制措施的实施过程、实施对象、实施方法、实施豁免、信息交换、到期和审查等做了详细规范。制定被制裁的自然人和实体的制裁清单应尊重人权，完全符合欧盟法院所认可的正当程序要求。清单的制定必须有明确的标准，尤其是在冻结资金和资产的情况下。如当被制裁的自然人不仅包括某组织的负责人，还包括该负责人的家人时，一般应将未成年人排除在外。为明确制裁的范围，被金融制裁的自然人、实体或组织应在附件中清晰列明。《制裁指南》特别说明欧盟将自我抑制法律域外适用的情形。《制裁指南》还对所有、控制、间接获取资金和资源、信息共享等情况进行了条件限定。

《制裁指南》在法律文件标准用语部分，对技术支持、金融和金融支持、资金、经济资源、军民两用等做了词语规范，还为制裁和豁免等制裁常用条款起草了文书范本。

2. 欧盟有效实施限制措施的最佳做法

《制裁指南》建议成立一个专门委员会监督和跟踪限制措施实施，2004年2月，欧盟成员国常驻代表委员会指令由对外关系顾问工作组承担监督和评估欧盟限制措施的职能。对外关系顾问工作组起草了《欧盟有效实施限制措施的最佳做法》（以下简称《最佳做法》），《最佳做法》与欧盟法和各成员国法相符合，是一般性质的、有效实施限制措施的非排他性推荐，并无法律约束力。

《最佳做法》由一个引言和四个部分组成，四个部分分别是：指定和确认受限制措施的人或实体、金融限制措施、禁止提供的货物、协调与合作。指定和确认受限制措施的人或实体部分主要包括指定受制裁个人或实体的身份确认、错误确认的申诉和除名。金融限制措施部分的内容较多，包括法律框架，行政和司法冻结、扣押和没收，金融限制措施的范围，经营者和公民作用，有权机构信息分享，基金，经济资源，所有权和控制，指定实体，豁免，豁免请求考虑因素。

3. 使用限制措施（制裁）的基本原则

2004年12月，欧盟理事会政治和安全委员会通过了《关于限制措施（制裁）实施的基本原则》，确定了制裁措施的基本原则。欧盟制裁政策首次以纲领性文件出现，标志着欧盟正逐步成为一个重要的国际经济制裁行动体。

（1）肯定了经济制裁在履行《联合国宪章》义务以及维护国际和平与安全方面的重要作用，重申了欧盟在自主实施国际社会认可的经济制裁的同时，会严格配合并执行联合国安理会确定的制裁措施。

（2）经济制裁的目标是维护国际和平与安全，反对恐怖主义和大规模杀伤性武器的扩散，尊重人权、民主、法制以及良好治理。作为一种限制性经济行为，经济制裁的直接影响是有助于造成被制裁方的经济危机，促使被制裁方在政治上妥协，完成制裁方的政治目标。

（3）经济制裁原则主要包括：制裁措施的实施尽可能地减少对非目标国家、

实体和个人的不利影响，尊重人权民主与法治；制裁措施的实施有明确的范围，武器禁运、签证禁令和冻结资产可作为实现制裁目标的方式；履行安理会制裁决议，保证按照国际法原则实施自主制裁。

（3）制裁的手段。以对被制裁方的行为产生最大的影响为目标，欧盟可能采取的制裁措施包括武器禁运、签证禁令以及资金冻结等。但实际上，欧盟及其成员国实施经济制裁的类型主要还是贸易和金融方面的制裁，包括中止与第三国的合作；全面的贸易制裁和特定的贸易制裁以及武器禁运；冻结资金或经济资源，暂停金融贸易，限制出口信贷或投资等。

（4）欧盟对外经济制裁的对象不仅限于国家，还包括组织和个人。全面经济制裁虽然会对被制裁方的经济状况造成严重压力，但制裁的直接后果承担者是广大民众，容易造成人道主义灾难，如对伊拉克的制裁。针对个人，尤其是被制裁方领导阶层的制裁，则更具有针对性，目标也更加明确，将制裁的范围和重点集中在了特定主体上，打击面不像全面制裁这样大，一定程度上减少了制裁对人权保护的负面影响。

第七章 法律域外适用制度

为避免国家间冲突和维护国际和平安全,一国公法类法律一般只在其领土内实施。经济全球化后,经济利益管制类法律的域外适用情况愈见增多,法律域外适用开始具有一定正当性。法律域外适用制度将法律实施延伸到海外,广义上是一种集立法、执法、司法于一体,乃至国际合作的法律实施方式。

第一节 法律域外适用制度的基本理论

法律域外适用的概念源自英美法系,与大陆法系的传统概念并不相容。第二次世界大战结束之前,与法律域外适用类似的制度是治外法权。法律域外适用在国际社会已经运行了相当长一段历史时期,近年来,国内对法律域外适用的研究受到重视。

一、法律域外适用的界定

(一)法律域外适用的含义

狭义上,法律域外适用(Extraterritoriality,Exterritoriality)是指一国立法机关不以领土为限赋权法的效力,行政机关和司法机关将具有域外效力的法律适用于境外的人、事和物的活动。① 法律域外适用的核心问题是一国试图将其法律延伸适用到位于其他主权国家境内的人和企业，塑造权利义务关系，更为敏感的是，一国可能试图使位于其他国家的人或企业以违反所在国法律政策的方式行事。在某些事关国家利益和重要的本国组织和公民的正当利益在海外受到损害时，本国法院将依据本国法处理相关争议，并采取适当手段执行。

法律域外适用对传统的国家主权提出挑战。荷兰法学家优利克·胡伯（Ulrich Huber）提出了以国际礼让说为核心的"胡伯三原则"。"胡伯三原则"不仅对后世的国际私法理论产生巨大影响，而且被英国和美国等主要国家法院作为国际私法案件判决的重要理论根据写入判决。② 国际礼让说的核心观点在于：法律只有在主权者领域内有效。只有得到一国的承认，外国法才在该国国内具有效力。适用外国法不是基于法律本身有域外效力，而纯粹是出于国家礼让来考虑的。每个国家应依据自己的裁量，在一定的条件下去承认外国法的域外效力，这个条件就是不得与国内的利益相抵触。

法律域外适用的讨论范围一般应限于公法范围。人类社会历史上，私法的域外适用已经摆脱了属地原则的羁绊，以具有域外效力为逻辑起点，形成了以多边主义的法律选择方法为体系构造的基本方法，即冲突法方法。私法若无特殊的政策需要，无须再以单边主义方法宣示其域内外的效力范围，而应统一留待于多边法律选择规则。③ 私法的域外适用已经形成了相对成熟的国际私法学。

由于管制其他国家领土之上的人、财产和行为有可能被视为侵犯他国管辖

---

① Extraterritoriality 来源于拉丁文 extra territorium，释为"超出领土或在领土之外"（"beyond or outside the territory"）。19世纪该词的含义为："外交人员、外国政府首脑、外国王室人员免于临时居住的驻在国司法管辖的情况。"（"The freedom of diplomats, foreign ministers, and royalty from the jurisdiction of the country in which they temporarily reside."）20世纪早期的英美学者著述中 Extraterritoriality 的豁免范围包括在非基督教国家的普通公民，更类似于治外法权的含义。（Extraterritoriality is the term used to denote the immunities accorded to foreign sovereigns, and to diplomatic agents, their families and staff, as well as to foreign residents in certain non-Christian countries in virtue of special treaty provisions.）GARNER A. B. Black's Law Dictionary [M]. St. Paul, MN: Thomson Reuters, 2014: 706. SATOW E. Guide to Diplomatic Practice (2d.) [M]. London: Longmans, Green and Co., 1922: 249.
② 18世纪后半期，英国曼斯菲尔德勋爵在1760年罗宾逊诉布兰德案、1775年霍尔曼 v. 约翰逊案中多次直接在英国法院适用胡伯的理论裁判案件。
③ 参见宋晓. 域外管辖的体系构造：立法管辖与司法管辖之界分 [J]. 法学研究, 2021, 43 (03): 171-191.

权,历史上曾经被视为非法。① 尽管近年来,法律域外适用得到一定程度的承认,然而法律域外适用仍然面临如下质疑:

第一,主张法律域外适用的国家要求不在政治体系范畴内的、无投票权的外国人服从本国法律,从理论上并不能完全说通,有可能违背了民主主权的原则。②

第二,法律域外适用直接挑战了国家主权原则的核心。与传统的运用公约的形式解决国际纠纷不同,法律的域外适用采取的并不是建立在协商和共识的基础上的解决方式。一般而言,国家主张国家主权以及对其境内行为的司法管辖权,他国法律的域外适用被视为对本国国内事务的干涉,极易引起其他国家报复。③

第三,法律的域外适用是一个法律问题,同时也是一个国际政治和国际关系问题,有可能导致国际关系出现紧张态势。域外法律适用导向的并不是法律解决,很多法律域外适用的案件最终是导向了政治解决。④

(二) 法律域外适用的种类

1. 单边法律域外适用

单边法律域外适用是指不需要外国政府同意,只要一国政府立法规定,对于在境外发生的某些行为和行为人适用其法律即可。目前,在反垄断等特定领域内,单边的、广受争议的法律域外适用成为全球治理的组成部分。⑤

历史上最初的法律域外适用就是一种单边行为,是某些对外殖民国家在殖

---

① HANNAH L. Buxbaum Transnational Regulatory Litigation [J]. Virginia Journal of International Law, 2006, 46: 251.
② ALEINIKOFF A T. Thinking Outside the Sovereignty Box: Transnational Law and the U. S. Constitution [J]. Texas Law Review, 2004, 82: 1992-1996. (acknowledging but criticizing the argument that "[t] o the extent that a state is subject to law made elsewhere, it has lost its sovereignty, and, perhaps, in some deep way, its right to call itself a 'state'".)
③ BRADLEY A. C. The Costs of International Human Rights Litigation [J]. Chicago Journal of International Law, 2001, 2: 461. (explaining how in the human rights context other nations may retaliate by allowing suits against US government actors.)
④ COLANGELO J. A. Constitutional Limits on Extraterritorial Jurisdiction: Terrorism and the Intersection of National and International Law [J]. Harvard International Law Journal, 2007, 48: 134.
⑤ PARRISH L. A. Kiobel, Unilateralism, and the Retreat from Extraterritoriality [J]. Maryland Journal of International Law, 2013, 28: 213.

民地和半殖民地推行本国法律体系的行为。当前，这种域外推行本国法律适用的方式受到质疑，对跨国公司在境外的行为适用国内法律被批评为不适当的方法，是"道德帝国主义"（Moral Imperialism）的表现①，是强行将一国的法律和文化标准适用于外国市场的不当行为。即使一个国家对在另一个国家境内经营且实施了贿赂等腐败行为的公司进行制裁，阻止了腐败行为，对当地东道国政府和公民来讲，也是一种法律冒犯。应该由东道国政府和公民根据国家和社会发展情况，依据其价值观念来制定规则，规范跨国公司的权利义务和责任，并由东道国政府来执行这些法律法规。当跨国公司不遵守法律规定时，由东道国执法和司法机关予以制止和惩罚。

即使法律域外适用不可避免，也应在有限范围内发挥作用②，在国际规制体系还未形成的初级阶段使用。

2. 多边法律域外适用

多边法律域外适用是指各国达成法律上共担责任和分担管辖权的规则体系，在双边或者多边基础上建立新的法律平衡机制。在多边法律域外运用机制中，国际上的法律适用需要由"国家本位"转向"平位协调"，国际协调和国际合作将加强，深入某些传统上纯为国内法调整的社会关系，国家在行使主权权力时，需要考虑整个国际社会的共同利益。③

学者们对多边法律域外适用的态度较为积极。一方面，主要单边的对外国人在国外的行为进行域外管辖，绝大多数情况下并不被认可，甚至被认为与国家自决权相背离。跨国的规制最好来自合作，而非单边行动。④ 一国最好不要采取单边域外管辖来保护海外利益，而采取多边方式来实现。⑤ 另一方面，法律域外适用可能会促进不同国家的法律制度趋向一致，原因在于被多个经济体多次使用后，法律的域外适用就可以消除系统风险，确立起国际规制标准的最

---

① SALBU R. S. Extraterritorial Restriction of Bribery: A Premature Evocation of the Normative Global Village [J]. Yale Journal of International Law, 1999, 24: 252.

② ALLAN E. Gotlieb Extraterritoriality: A Canadian Perspective [J]. Northwestern Journal of International Law and Business, 1983, 5: 459.

③ 参见李双元，孙劲，蒋新苗. 21世纪国际社会法律发展基本走势的展望 [J]. 湖南师范大学社会科学学报，1995（01）: 1-9.

④ PARRISH L. A. Fading Extraterritoriality and Isolationism: Developments in the United States [J]. Indiana Journal of Global Legal Studies, 2017, 24 (01): 221.

⑤ PARRISH L. A. Fading Extraterritoriality and Isolationism: Developments in the United States [J]. Indiana Journal of Global Legal Studies, 2017, 24 (01): 207.

初模型。① 法律域外适用有可能成为一个必要的推动力，去获得国际协议。② 其他国家如欧盟也在使用法律域外适用来促使美国来到谈判桌，谈判国际协议。③

外国政府同意是多边法律域外适用的合法性来源。通过国际条约和国际公约，在某种程度上取得了外国政府的同意之后，本国立法机关立法规制，规制的客体和内容需要在国际条约或国际公约的范围内，法律执行和司法需要外国同意和配合。理想状态是各国在同意基础上形成多边管制机制，然而多边机制常常需要旷日持久的谈判和艰辛复杂的条约缔结，供给似乎总是跟不上国际社会的需求，实力强大的国家更易对多边机制失去耐心。④

（三）法律域外适用与相关概念的关系

法律域外适用更类似于一种法律实施制度。在形成共识性概念有困难的情况下，厘清法律域外适用的研究对象更为重要，尤其需要厘清法律域外适用与管辖权、外国法律适用的关系。

1. 法律域外适用与管辖权

法律域外适用中包含管辖权问题，隐含着一国管辖权的适当边界。⑤ 法律域外适用比管辖权的范围更广，如美国法院通过实施对域外某个人的管辖权，从而间接地指令该人在境外从事某种活动，或者处理域外的财产。前者即对该人的管辖是直接的，基于域外管辖；后者即对该人的域外活动和处理财产行为的影响是间接的，是一种法律域外适用。临时措施、证据开示等制度的法律域外适用通常属于后一种情况。

---

① COFFEE J C Jr. Extraterritorial Financial Regulation: Why E. T. Can't Come Home [J]. Cornell Law Review, 2014, 99: 1259.
② RUSSELL J. Weintraub The Extraterritorial Application of Antitrust and Securities Laws: An Inquiry into the Utility of a "Choice-of-Law" Approach [J]. Texas Law Review, 1992, 70: 1817.
③ PEREZ F. A. Antonio International Antitrust at the Crossroads: The End of Antitrust History or the Clash of Competition Policy Civilizations? [J]. Law and Policy in International Business, 2002, 33: 527.
④ 参见宋晓. 域外管辖的体系构造：立法管辖与司法管辖之界分 [J]. 法学研究, 2021, 43 (03): 179-191.
⑤ ALLAN E. Gotlieb Extraterritoriality: A Canadian Perspective [J]. Northwestern Journal of International Law & Business, 1983, 5: 449-450.

管辖权是法律域外适用的核心。① 管辖权是国际法的基础概念之一，是主权国家对外处理国际关系的重要法律依据。以行使手段为标准，管辖权可分为立法、司法和行政管辖权等类别。以法律性质为标准，管辖权可分为民事、刑事、行政诉讼管辖权等类别。以行使管辖权的主体为标准，管辖权分为国家管辖权、地区管辖权和国际组织管辖权。以行使对象为标准，管辖权可分为属地管辖权、属人管辖权、保护性管辖权和普遍性管辖权。在深受普通法影响的国际法语境中，"管辖权"则同时包含立法管辖、裁判管辖和执法管辖三种类型。② 立法管辖（jurisdiction to prescribe）是指一国立法机构制定适用于特定情形的法律规则之权力或权能。裁判管辖（jurisdiction to adjudicate）是指一国法院为依法解决法律纠纷而对某人或财产行使权力或权威之权能。执法管辖（jurisdiction to enforce）是指一国行政机关等执行国家制定的法律规则之权力或权能。③

法律域外适用是来自英美法的法律词汇，与我国法律体系构造差异较大。我国国内法语境中，"管辖权"一词更多用来指涉司法机关对具体争议的裁判管辖权。法律域外适用大致相当于我国实体公法，如刑法、反垄断法等经济管理法等法律中的效力范围和执法④，以及我国程序法，如刑事诉讼法、行政诉讼法等法律中的管辖问题。由于我国法院和执法机关在公法领域很少对海外行为进行裁判和执行，相应的行政、刑事执行和司法执行制度付之阙如。

2. 法律域外适用与阻断法

法律域外适用和阻断法这种反措施是问题的一体两面，"矛"与"盾"的关系。阻断法是指当一国认为外国法、外国判决或裁定具有不当的域外适用性，该国可以要求国民不得遵守该外国法、判决或裁定，否则将受到惩罚的措施。

阻断法最初产生于 20 世纪 70 年代，目的在于抵制或者消除美国法域外适用的影响，也就是阻断美国法律对其本国国民的影响。

---

① PARK N S. Equity Extraterritoriality [J]. Duke Journal of Comparative & International Law, 2017, 28: 99.
② 参见宋晓. 域外管辖的体系构造：立法管辖与司法管辖之界分 [J]. 法学研究，2021, 43（03）: 171-191.
③ 为与法律域外适用的英美法语境相匹配，本书中如无特殊写明，"管辖权"一词即包括立法管辖权、执法管辖权和司法管辖权。
④ 法律的效力范围是法律效力所及的时限、界限或领域、对象，也就是法律的时间效力、空间效力、对人效力。其中法律的空间效力分为域内效力和域外效力两个方面。法律的域内效力是指法律在颁布者权力所及的空间范围内发生效力，即在国内或境内有效；而法律的域外效力是指法律的效力延伸至立法者管辖区域之外。

"阻断法"这一名词目前在三种含义上使用。某些西方学者在最为广义的范畴内使用阻断法一词，是指包括保密法、银行法等禁止提供证据、禁止披露等规定在内的所有法律规定；国内某些媒体在广义的范畴内使用阻断法一词，是指所有对抗（美国）法律域外适用的措施；某些西方学者采用狭义的阻断法含义，是指具体的对抗措施中规定当事人不得遵守的措施，属于反措施中的一种。本书采用狭义的阻断法概念展开论述。

3. 法律域外适用与外国法律适用

法律域外适用与外国法律适用都是处理法律的域内效力和域外效力问题。明确二者的差异，将法律域外适用定位于公法的地域适用范围，外国法律适用定位于私法的地域适用范围，对锁定研究对象，得出研究结论更为可行。

法律域外适用的重点在于本国法院根据本国公法，对发生在领土外的人、事和物进行裁判。本国公法对本国政府利益和实质正义的判断更符合本国利益，法院根据本国法进行裁判必然会排斥外国法根据属地管辖的适用，而考量本国政府、公民和法人的正当利益而适用。

外国法律适用的根本问题是确定私法的域内效力和域外效力，为解决这一经典问题，国际私法学科得以产生和发展，并得到国际社会公认。传统国际私法解决涉外民商事等私法领域的外国法律适用问题，不涉及反垄断、环境保护、劳工保护、国际税收等公法领域的外国法律适用，即"公法禁忌"。在国际私法产生以前，处理涉外民商事关系时，要一国的统治者或法院去承认并适用与自己的规定不同的外国法是很难想象的。[①] 经过几百年来的发展，在一国法院适用外国民商事法律裁判涉外案件已经成为国际社会广为接受的法律适用方法。传统观点认为，适用外国法裁判民商事案件与国家主权无关，应尽量减少主权对于外国法适用的影响，外国法律适用时应关注冲突法正义，以构造普遍适用的冲突规则来解决各种法律冲突，追求法律适用的明确性、一致性和稳定性，要求在裁判涉外民商事案件过程中，摒弃价值判断和个体好恶。[②] 19世纪末"现代国际私法之父"萨维尼提出的"法律本座说"主张根据法律关系的性质寻找准据法，将主权因素剔除出国际私法范畴，实现了适用外国法的"司法化"

---

① 参见李双元，李金泽. 世纪之交对国际私法性质与功能的再考察［J］. 法制与社会发展，1996（03）：35-48.
② 参见刘仁山. 人权保护对国际民商事判决承认与执行的影响——以《欧洲人权公约》之适用为中心［J］. 法学评论，2015（03）：10-19.

和"去政治化"。① 萨维尼的观点被后来的国际私法学者们普遍推崇，认为国际私法不需要考虑主权因素的还有德国国际私法"利益法学派"代表人物格哈德·克格尔、美国加利福尼亚大学法学院古兹曼等。

二、法律域外适用的历史演变

法律域外适用对他国法律体系的攻击性强，呈现与国际礼让说相反的逻辑路径。殖民时代，殖民国家曾采取类似的治外法权方式推行本国法的域外适用。在治外法权受到抵制和反对后，对治外法权根据《联合国宪章》等国际法进行扬弃。全球化为法律域外适用提供了一定正当性的基础，在国际法和国内法允许的范畴内推行本国法的域外适用，并形成国际共识，构造当今世界的法律域外适用制度，这个过程正在发展过程中。直到最近，法律域外适用在国际体系中仍然是例外情况，至少是不受欢迎的现象。但不可否认的是，近年来，实践中各国运用法律域外适用的情况在增加。② 当今世界一味否定法律域外适用是不合时宜的，如果法律域外适用符合国际治理体系的公共利益要求，法律域外适用就是恰当的。③

（一）治外法权的兴衰

15世纪开始的地理大发现推动了管辖权理念发展，国家对新大陆的排他主张使得全球空间划分成为问题。1491年西葡两国订立《托德西拉斯条约》，在佛得角群岛以西370里格处划界，该子午线将其以西发现的所有陆地及岛屿划属西班牙，以东的划属葡萄牙。《托德西拉斯条约》虽未区分领土与管辖这两个相互联系而又区别的概念，西葡两国也只是名义上西东分治，但透露出西葡两国规治本国域外之地的意图，两国管辖权由此向全球延伸。荷兰和英国成为海上强国后，对西葡两国限制航行自由的做法提出疑问，并引发当时国际法学者的争论。以荷兰格劳秀斯为代表的学者认为，西葡两国对海上行为的规治并无根据，领土主权和适用于"文明国家"的威斯特伐利亚国际法体系逐渐成为

---

① 参见杜涛. 德国国际私法：理论、方法和立法的变迁［M］. 北京：法律出版社，2006：184.

② BRANISLAV J. Transnational Bribery：When is Extraterritoriality Appropriate［J］. Charleston Law Review，2017，11：306.

③ BRANISLAV J. Transnational Bribery：When is Extraterritoriality Appropriate［J］. Charleston Law Review，2017，11：306-307.

主流。

我国近代存在于条约中的"治外法权"一词的英文即为 Extraterritoriality。1843年中英《五口通商南京章程》，1844年中美《望厦条约》等条约中并未直接规定治外法权字样，但通过领事裁判条款确立了治外法权的实质内容。1902年9月5日，中英《续议通商行船条约》第十二款首次出现"治外法权"一词，规定"一俟查悉中国律例情形及其审断办法，及一切相关事宜皆臻妥善，英国即允弃其治外法权"①。一战后，治外法权开始在全世界范围内衰落。中国政府在此期间也努力开展法律外译等工作，希望废除治外法权，但收回治外法权的工作仍以失败告终。二战后，中国政府才签订了中英、中美新约，收回西方列强在华的治外法权。

治外法权通常来自不平等的国际条约或国家的司法习惯②，16世纪被殖民国家大量采用。治外法权并非双向互惠的制度，由西方享有治外法权的国家通过向域外国民确保提供本国所谓"公正的标准和法律制度"，以促进和保障国民拓展海外利益。治外法权时代，国家之间的公法禁忌被不平等条约所颠覆。由于国家力量强弱悬殊，被给予（治外法权）国家往往要求接受国在民事和刑事案件中都允许被给予国领事裁判官适用被给予国的法律。

一战后，建立在不平等条约基础上的治外法权在世界范围内逐渐衰弱。③二战后的《联合国宪章》确立了国家主权和平等原则，伴随着民族国家的兴起，治外法权逐渐退出历史舞台。④

（二）单边法律域外适用的出现及其存续

殖民时代终结后，以国内法为基础的法律域外适用开始在国际社会发挥作用。1917年美国《对敌贸易法》授权总统在战争或紧急状态下，规范或禁止美国国民与特定外国之间的商业和金融交易。法律域外适用虽与治外法权有关，

---

① 参见屈文生，万立．"五四"时期的法律外译及其意义［J］．外国语（上海外国语大学学报），2019（05）：97-98.
② SURRIDGE G. R, MATTHEWS R. Extraterritoriality-A Vanishing Institution［J］. Cumulative Digest of International Law and Relations, 1933, 3: 81.
③ SURRIDGE G. R, MATTHEWS R. Extraterritoriality-A Vanishing Institution［J］. Cumulative Digest of International Law and Relations, 1933, 3: 81-84；屈文生，万立．"五四"时期的法律外译及其意义［J］．外国语（上海外国语大学学报），2019，42（05）：95-103.
④ 参见刘萍．"白尔丁号事件"与法国在华治外法权的废除［J］．近代史研究，2018（02）：116-128.

但二者在理论基础、法律依据、制度运行等方面存在根本差异，并不能视为同一概念。治外法权和法律域外适用区别明显：从域外领事裁判变为域内法院司法；从不平等条约的形式不平等变为法律条文上的形式平等；从民刑事全面适用变为若干领域的法律域外适用。

传统上平等国家之间相互尊重宪法、刑法、行政法、税法和程序法的绝对属地性，公法禁忌要求在一国领土范围内不能适用其他国家的公法性质的法律、法令、判决和裁定，只能在私法领域采用冲突法方法间接适用其他国家的民商法，即国际私法的方法解决私法的域外适用。当然，在不区分公法与私法的英美法系国家，法律的域外适用并没有公法禁忌的限制。

随着国际经贸交往加深，在经济相互依赖的国际社会，单纯主张基于国家主权基础上的领土管辖并不能实现预期效果。如果法院的愿意在某种程度上承认外国经济法在本国的域外效力，则该经济法有适用的可能。比如，英国法院曾经在1921年的"拉利兄弟商号"案中主动适用西班牙的税法。20世纪70年代后，由于国际经贸交往愈加频繁，当事人之间的法律关系会涉及各国管制性法律，包括税法、反垄断法、外汇管制法、不正当竞争法、证券法、劳动法、审计监管法等公法性质的法律，使得以领土划分公法适用范围在某些情况下并不合理。[1] 当今世界，尤其在反垄断法领域，包括发展中国家在内的很多国家开始实际或尝试进行法律域外适用。关于域外管辖的理论演进和各国普遍实践的分析都已初步表明，域外立法管辖和域外司法管辖在国际法上均具有正当性。[2]

在美国司法实践带动下，越来越多的国家对国内法域外适用持接受态度。现在国际社会不再讨论"国内法是否应当域外适用"的问题，而是就域外适用的边界、所依据的管辖权理论、规范冲突时的处理方式等具体事项探讨"国内法应如何域外适用"的问题。

（三）多边法律域外适用及其发展

当前阶段，多边法律域外适用基本存在于民商事国际公约和协定中，表现为对于强制性规则的适用规定。

---

[1] STREBEL D. F. The Enforcement of Foreign Judgements and Foreign Public Law [J]. Loyola of Los Angeles International and Comparative Law Review, 1999, 21: 123.
[2] 参见宋晓. 域外管辖的体系构造：立法管辖与司法管辖之界分 [J]. 法学研究, 2021 (03): 171-191.

1975年《威斯巴登决议》(Wiesbaden Resolution)正式而全面承认外国公法可适用性，对外国公法先验的不可适用观点进行了批判，主张在国际条约中规定可以适用外国公法规范。1980年《合同之债法律适用公约》第七条"强制性规则"第一款对外国公法的可适用性有所规定："根据本公约适用一国法律时，如情况表明，合同与另一国有密切联系，且依该另一国之法律，无论何种法律适用于该合同，此类强制性规则应予适用，则该另一国之强制性规则得认为有效。在考虑此种强制性规则是否有效时，应考虑及其性质和目的以及适用或不适用之后果。"此外，1978年5月14日缔结，1992年5月生效的《海牙代理法律适用公约》第十六条也规定了外国公法的可适用性："在适用本公约时，可赋予与案件有重要联系的任何国家的强制性规则以效力，如果依据该国法律，不管冲突规范指定适用何种法律，此类强制性规则都必须适用，仅在此范围内，赋予外国强制性规范之效力。"1985年7月1日缔结，1992年1月1日生效的《海牙信托法律适用及其承认公约》第十六条第二款中规定："公约不妨碍法院地的不受冲突法规范影响的必须适用于国际合同的规则之适用，如果另一国家与案件有足够紧密之联系，在例外情况下，赋予该国具有上款所提性质规范以效力。"1986年《国际货物买卖合同法律适用公约》第十七条规定："公约不妨碍法院地的不受冲突法规范影响的必须适用于国际合同的规则之适用。"

第二节 法律域外适用的国际制度

国际习惯法中已经形成若干衡定国家管辖权基础的原则，但在协调国际立法管辖冲突时，并无对各种立法管辖权进行排序的惯例。在国际条约法方面，协调各国管辖权冲突方面有一定发展，但未形成国际社会广为接受的国际制度。

一、管辖权基础与法律域外适用

（一）基于一般管辖权的法律域外适用

管辖权本质是对被告的管辖权，使被告置于有关国家及其司法权力之下，受到该国家法院有约束力的判决。国际法上，常见的一般管辖权包括属人管辖权、属地管辖权、保护管辖权和普遍管辖权。依据上述四种管辖权基础都可以成为域外管辖的依据，并非都必然涉嫌违反国际法规则。① 一个国家行使管辖权的权利是以其主权为依据和基础的，但并不意味着国家在任何情况下都能够不受限制地、任意地行使其管辖权。当管辖权的行使可能影响其他国家的利益，即不同国家的主权与同一对象都有管辖权联系时，要求国家行使管辖权有一定的限制。

1. 属人管辖权

属人管辖权（Nationality Jurisdiction）是指国家对所有在本国国内和在国外的、具有本国国籍的人都具有管辖权。国籍是人与国家之间固有的法律联系，依此为标志，国家可以对具有本国国籍的人行使管辖权。属人管辖权分为积极属人管辖权和消极属人管辖权。

积极属人管辖权原则，又称为加害者国籍原则、罪犯国籍原则、被告人国籍原则，即由加害行为的实施者的国籍国来进行管辖的原则。根据属人管辖原则，主权国家对其海外国民享有管辖权。如果一国公民和组织在国外经商或者留学，或者设立企业，该国法院仍然对这些海外公民和组织享有管辖权。国家可以对在国外的侨民行使管辖权。法律域外适用的规制范围有的时候扩展至本国在外国的子公司，通过本国的母公司强令其海外子公司遵守立法国的有关法律法规。而同时，侨民所居住的东道国对其具有属地管辖权，母国的属人管辖权与东道国的属地管辖权同时存在，即出现管辖权的冲突。

消极属人管辖权原则，又称受害者国籍原则、被动的属人管辖原则，即由加害行为的受害者的国籍国来进行管辖的原则。根据这一原则，国家有权对他国领土上侵害本国公民和组织的行为和行为人进行管辖。消极属人管辖一般针对危害本国居民同时又符合双重可诉的重罪行为。施害者受到所属国和属地国管辖之外，还需要受到享有消极属人管辖权的国家的管辖，亦即出现管辖权冲突。

2. 属地管辖权

属地管辖权（Territorial Jurisdiction）是指国家对其领土范围内的一切人、

---

① 参见廖诗评. 国内法域外适用及其应对——以美国法域外适用措施为例 [J]. 环球法律评论, 2019（03）: 166-178.

财产和行为所享有的完全的、排他的管辖权。① 根据法律格言"领土内的一切都属于领土",一国不仅仅对在其本国领土范围内的本国人、财产和行为具有完全的管辖权,一旦外国人、物越过边境进入该国领土后,也即刻受到该国属地管辖权的管辖。

1648年,在《威斯特伐利亚和约》的影响下,属地原则逐渐成为近代主权国家最主要的管辖原则。现代社会中属地管辖经常与其他国家的属人管辖权、保护管辖权等相冲突,尤其在刑事法律和税法领域经常出现管辖权冲突的情形。奥本海主张属地主权和属人主权都是国家的国际人格的一体概念,属人主权是指其人民移居他国但未丧失国籍以前,仍然要受国家自由处分,国家可以要求其服兵役、纳税、归国时处罚其在国外的犯罪行为,也可以设定其在国外结婚或遗嘱行为在本国得以承认的条件。国家都负有尊重他国的属人和属地主权的义务,尊重他国属地主权,所以不得派遣军队、警察人员入境,不得在他国境内行使行政或司法权;尊重他国属人主权,不能够强迫他国侨民归化或鼓励其脱离祖国,禁止其服兵役或纳税。属地主权和属人主权都不是绝对的。②

一般而言,属地管辖权常处于优先地位,一个国家行使其对在外国的本国人的属人管辖权,受到当地国家属地管辖权的限制。正如国际常设法院1927年在"荷花号"案件中所称:一个国家不得以任何方式在另一个国家的领土上行使它的权力,管辖权不能由一个国家在它的领土外行使,除非依据国际习惯或一项公约所产生的允许性规则。同时也要认识到,在国际法上不存在禁止国家对外国人在国外的犯罪行为行使管辖权的规则,国际法不但没有禁止国家将法律和法院的管辖权扩大适用于境外的人、财产和行为,还在这方面给国家留下宽阔的选择余地。这种选择权力只在某些场合受到一些限制性规则的限制,但在其他场合,每个国家在采用它认为最好和最合适的原则方面是完全自由的。

---

① 国家领土包括领陆、领水和领空。领陆和领空的边界较为清晰,基本不存在中间过渡地带。在领水部分,界限不特别清晰,在领海与公海之间存在享有一定管制权的过渡地带,即领海的毗邻区和专属经济区。根据相关国际条约,一国有权在毗连区内,为防止和惩处在其陆地领土、内水或者领海内违反有关安全、海关、财政、卫生或者入境、出境管理的法律、法规的行为行使管制权。因此,对于外国人在一国毗连区海域实施的组织他人偷越国(边)境,运送他人偷越国(边)境,偷越国(边)境,走私、贩卖、运输毒品和走私制毒物品等犯罪,该国有权管辖。关于专属经济区内的外国人犯罪,一国仅对专属经济区和大陆架的人工岛屿、设施和机构行使与海关、财政、卫生、安全和出入境的法律和法规有关的专属管辖权,超出此范围的事项,该国没有管辖权。
② 参见李天纲.奥本海国际法[M].上海:上海社会科学院出版社,2017:178.

3. 保护管辖权

保护管辖权（Protective Jurisdiction）是指国家对在本国领土以外的、对本国和本国公民的重大利益犯罪的外国人具有的管辖权。保护管辖一般针对严重危害国家安全或国家根本利益的极少数犯罪行为。

保护管辖权可以构成属地管辖的例外。通常情况下，各国不对在外国的外国人行使管辖权。近年来，不仅在刑法领域，甚至在经济法和行政法领域，属地性并不能成其为国际法上绝对的原则。许多国家的法律规定，在某些情况下，国家的重大利益受到侵害时，可以对特定类型的民事、刑事案件行使管辖权。我国《刑法》第八条规定："外国人在中华人民共和国领域外对中华人民共和国国家或者公民犯罪，而按本法规定的最低刑为三年以上有期徒刑的，可以适用本法，但是按照犯罪地的法律不受处罚的除外。"这一规定反映了保护原则，保护的法益既包括国家法益，也包括个人法益，同时要符合"双重犯罪"的要求。

4. 普遍管辖权

普遍管辖权（Universal Jurisdiction）是指根据国际法规定，对于某些普遍地危害国际和平与安全以及全人类利益的国际犯罪行为，任何国家均可以行使的管辖权，不受属地管辖权和属人管辖权的限制。普遍管辖一般针对严重侵犯人权并被各国普遍承认可由无客观联系的国家行使立法管辖的犯罪行为。

普遍管辖原则主要是刑法和国际刑法的概念。普遍性管辖权既承担着预防有罪不罚现象的功能，又承担着在对等的国际关系中"反制、报复"的功能。对于国际条约所规定的侵犯各国利益的犯罪，任何国家法院可以不考虑犯罪行为发生地、行为人或受害人的国籍而对犯罪行为享有管辖权，该原则最先适用在海盗犯罪中。第二次世界大战之后，普遍管辖原则延伸至那些"损害重要的国际利益、破坏国际社会的基础与安全以及违反包含于为文明国家所认同的刑法中普世的道德价值与人道原则"的残暴行为，包括种族灭绝、战争、酷刑、危害人类与侵略等犯罪。美国联邦最高法院大法官布雷耶认为，打击包括酷刑施加者与种族灭绝在内的国际违法者是一种国家利益，而且该国家利益应当被视为一项与管辖相关的重要利益。法院不应对那些被暴行折磨的受害者视而不见，应补偿那些因酷刑和海盗行为而受到伤害的人。既然对于惩罚国际公认的残暴犯罪行为，国际法不仅达成了实体性的共识，而且取得了对这些行为提起诉讼的普遍管辖方面的程序性共识，那么允许各国法院裁判涉及外国当事人的侵权案件，并不会显著地威胁到礼让原则所保护的和谐。

(二) 基于效果管辖权的法律域外适用

与一般管辖权早已广受认可不同，效果管辖权是逐渐得到国际社会承认的管辖权基础。目前基于效果管辖权的法律域外适用在国际上尚未形成一致标准，适用的领域也并未达成共识。

1. 效果管辖权及其域外适用

效果管辖权（Effect Jurisdiction）是指只要境外某一行为在某国境内产生了"影响"或者"效果"，该国便可以依据"效果理论"主张管辖权，不需要考虑行为人的国籍和行为的发生地点。效果管辖权常被作为拓展域外治理的依据，以加强本国制度的域外效力。效果管辖中的效果不是一般效果，"一般效果"是指动摇一国国内资本市场信心，增加该国企业海外融资难度，导致境外投资行业崩溃的效果，只满足这些"一般效果"并不能引起法律域外适用。[①] 效果管辖体现为立法、执法和司法过程中的效果规则。

（1）立法领域

基于效果管辖权的域外立法管辖主要集中于国际市场规制领域，尤其是危害市场秩序的垄断行为和证券欺诈行为。为了促进国际市场的自由竞争，国际法逐渐承认其合法性和正当性。[②] 20世纪40年代效果原则出现之初，受到几乎除美国外其他国家的强烈反对，但数十年后，欧盟、日本、韩国和中国等国家或地区都纷纷制定了自己的效果管辖规则，效果原则在国际法上的合法性得到承认。[③]

依据效果标准主张反垄断法的域外管辖权被证明有其正当性。[④] 1994年《巴西保护竞争法》第二条规定："在不违反巴西签订的协议和条约的情况下，全部或部分在巴西境内履行或其结果在巴西境内产生影响的行为，适用本法。" 1998年《南非共和国竞争法》第三条规定："本法适用于所有南非的或对南非有影响的经济活动。" 2002年印度新《竞争法》同样赋予了竞争主管机构域外

[①] 参见张悦媛. 瑞幸事件中我国证券法域外管辖之效果标准的适用 [J]. 中国外资，2020 (02): 118-119.

[②] 参见宋晓. 域外管辖的体系构造：立法管辖与司法管辖之界分 [J]. 法学研究，2021，43 (03): 171-191.

[③] 关于国际社会接受效果原则的情况，参见2018年美国《对外关系法重述（第四版）》第409节。

[④] 参见刘宁元. 效果标准基础上之反垄断法域外管辖的正当性分析 [J]. 华东政法大学学报，2010 (04): 47-53.

管辖权。[①] 2005 年《埃及保护竞争及禁止垄断行为法》第五条规定:"本法适用于在境外实施的对埃及境内的竞争自由产生阻碍、限制和损害的并依据本法构成犯罪的行为。"2008 年《中华人民共和国反垄断法》第二条规定:"我国境外的垄断行为,对境内市场竞争产生排除、限制影响的,适用本法。"

(2) 司法领域

对法院的司法实践而言,效果规则即指法院以某行为在管辖区域内产生一定的后果为根据而确立管辖权的方法。效果规则在民事案件中应用得较多,根据效果规则只要是当事人中被告一方具有故意的侵权行为,且该侵权行为在一国的管辖范围之内并会给原告一方造成实际损害,那么原告一方所在的国家便具有管辖权。

执行外国判决经常面临着一个矛盾:国家主权原则和国家豁免原则之间的冲突。当一国接到另一国进行域外适用的征收令,而被征收财产位于该国境内时,如果该国依照征收令征收了该境内财产,则其破坏或者影响了本国的主权;如果该国不按照征收令征收其境内财产,则有可能违反了国家行为原则(Act of State Doctrine)和国家豁免原则(Principle of State Immunity),进而有可能在国际上承担相应责任。

(3) 执行领域

国际法并不要求一国承认他国的立法、司法和行政活动的法律效力,如果两国之间需要相互承认立法、司法和行政活动,应在双边或者多边条约的义务基础上相互承认与执行。

目前相互承认与执行外国判决的公约将执行问题聚焦于私法领域,《布鲁塞尔公约》(Brussels Convention)和《洛迦诺公约》(Locarno Convention)体系都是关于民商事判决的相互承认与执行问题。在公法领域,各国也达成了一些国际条约,如以普遍管辖权为基础的公约(Universal Jurisdiction-Based Convention)、双重征税条约(Conventions on Double Taxation)和司法协助与合作的条约等。但公法方面的国际条约影响力弱,并未形成全球影响。

2. 效果强弱对法律域外适用的影响

效果管辖对属地管辖构成挑战。效果管辖强调的是任何行为和事件在国内所发生的结果,甚至可以是针对外国人完全在国外的行为,超出了属地管辖的

[①] 参见尹雪萍. 印度竞争法的域外适用及其对发展中国家的启示 [J]. 法学论坛,2015 (01):142-149.

范围。理论上,在如何认识属地管辖和效果管辖的关系的问题上存在对立派和协调派两派观点,前者认为是对立关系,后者认为是扩展关系。实践中,二战后,基于效果管辖的案件被欧洲国家、加拿大、澳大利亚等国猛烈抨击,美国因效果管辖实施域外管辖权时,也因其他国家的激烈对抗而屡屡碰壁。[①]

《美国对外关系法重述》中效果原则被界定为"在一国的领域外发生而在领域内产生或意图产生实质性影响的行为"。美国承认来自国际习惯法对效果管辖的限制,只有当管制国与管制对象之间存在真正联系时,管制国才可行使立法管辖权。界定真联系时,美国政府的衡量标准往往较为宽松,《爱国者法案》第三百一十九条(a)款采用法律拟制手段,美国政府如果认为受处罚对象的非法收入被存入外国银行的美国境外账户,便可以推定这些收入被存入了外国银行在美国银行开立的同业往来账户中,授权美国当局从该同业账户查扣与非法所得同等的金额,无须证明同业账户中的资金与存放在外国银行的非法所得之间存在关联关系。第三百一十九条的目的是让美国政府查扣外国银行在美国同业往来账户中的资金,而因开户协议中通常会规定允许抵销的条款,外国银行之后通过抵销方式从其客户账户中扣除等额款项。第三百一十九条起初仅适用于恐怖主义案件,但《美国法典》第十八章《犯罪与刑事程序法》981(k)(1)(A)将这个条款扩张适用于反洗钱及其他非法活动所得的没收。美国政府查扣或限制外国银行存放在同业往来账户上的资金并不要求外国资金与美国领土存在真实的联系。

效果管辖本身在国际法上就具有模糊性。《网络行动国际法塔林手册2.0版》中提出了和平时期网络空间国际法规则,主张严格限制的效果原则,规则的解释中提出适用效果原则的条件包括:基于效果原则制定法律的国家具有明确的和国际上认可的利益;该国将要规制的效果必须是足够直接的、意图发生的,或可预见性的;必须存在实质性的效果,以至于有理由将本国的法律适用于境外的外国国民;基于效果原则行使管辖权不应与意图行使管辖权的国家缺乏显著联系,而不合理地侵犯其他国家或外国国民的利益。

在衡量效果管辖的标准时,"直接的""实质性""真正""可预见"等词经常出现,但这些词本身的含义模糊,存在争议。如果立法国与标的之间的联系是一种弱联系,法律域外适用的管辖权基础就并不坚实,甚至引发对于不当法

---

① 参见刘宁元. 效果标准基础上之反垄断法域外管辖的正当性分析 [J]. 华东政法大学学报,2010(04):47-53.

律域外适用的国际反措施。

二、不当法律域外适用的国际反措施

法律的域外适用是个法律问题，同时也是个政治和经济问题，有可能导致国际关系紧张，总体上法律域外适用在国际体系中并不受欢迎。①

（一）反措施的正当性

国际法中关于管辖权的制度并不明确，确定管辖权合法性通常不是依赖于客观的管辖权标准，而是依赖于相关国家对不当管辖权行使的反应。② 一国如果在行使管辖权上过于激进，严重侵犯了另一国的主权，该另一国有权利用管辖权来对对方进行反制和报复。国家在对等、互惠的国际关系中利用管辖权来进行反制和报复，主要目的在于保护自身的重要利益，体现了国际关系的对等性、国家平等原则和不干涉原则。

如果法律域外适用违反了国际法和国际法基本原则，则该法律域外适用是不合法的，或者说是不当的，可以采取合法的反措施。例如不予承认外国判决本身并不公正，但是如果该不承认外国判决是基于对不合法的外国法律域外适用而采取的，由于国际法不要求承认无权管辖的判决，那么这种不予承认就是一种合法的反措施。承认外国法院的判决应该建立在双边的或者多边的司法互助协定或司法合作国际协定基础之上。根据《关于解决国家与其他国家国民之间的投资争端公约》，即使仲裁裁决与一国国内公共秩序相违背，成员国也应承认与执行该仲裁裁决。

为对抗外国法的域外适用，加拿大、墨西哥、英国、澳大利亚、比利时、丹麦、芬兰、法国、德国、荷兰、瑞典和欧盟都立法阻止外国法的不法域外适用。③ 很多国家都在制度中规定了多种反措施，如1996年加拿大《外国法律域外适用措施法》（Foreign Extraterritorial Measures Act）规定了抵制性立法、爪回立法、程序性限制和不予执行措施。欧盟2217/96号条例规定了抵制性立法和

---

① BRANISLAV J. Transnational Bribery: When is Extraterritoriality Appropriate [J]. Charleston Law Review, 2017, 11: 306.
② RYNGAERT C. Jurisdiction in International Law [M]. Oxford: Oxford University Press, 2008: 467.
③ EDWARD R. P. Foreign Blocking Statutes and the GATT: State Sovereignty and the Enforcement of the U.S. Economic Laws Abroad [J]. George Washington Journal of International Law and Economics, 1995, 28: 315.

爪回措施等。

(二) 不当法律域外适用的反措施种类

反措施包括立法性、裁判性和执行性措施(Prescriptive, Adjudicative and Executive Measures),包括抵制性立法(Blocking Statutes)、爪回立法(Claw-Back Statutes)、不予承认(Non-Recognition)、程序限制(Procedural Restrictions)、不予执行(Non-Execution)和报复性措施(Retaliatory Measures)。这些措施并不是能必然被认为是违反国际法的措施,更准确地讲,如果上述措施更为主要的是针对特定国家的不当法律域外适用的合法对抗或报复行为,则反措施并不违反国际法。

1. 立法性措施

当一国认为外国法具有不合法的域外适用性,或者外国判决和裁定不合法时,该国可以通过立法性措施,阻止该法律、判决和裁定在其领域内对其国民适用。为了回应其他国家法律域外适用的挑战,某些立法性措施已经扩展到规范制定国本国公司的海外子公司。[①] 具体的方式包括:

(1) 抵制性立法

抵制性立法(Blocking Statutes)最初产生于20世纪70年代,目的在于在国家领土内抵制或者消除反垄断法域外适用的影响。通过这种方式,可以阻止外国法律在其领土内得到承认与执行,也即可以通过抵制性立法保护国民的利益不受不公正的外国法、判决和裁定的侵害。抵制性立法的正当性来源于抵制性立法是免除或者减少外国的不法管辖或者不当法律适用的效果,外国法域外适用的不正当性是抵制性立法的立法根据。

1980年英国《保护商业利益法》(Protection of Trading Interests Act)、1996年加拿大《外国法律域外适用措施法》[②]、1996年墨西哥《商业和投资免受违反

[①] ZIAEE Y S. Jurisdictional Countermeasures Versus Extraterritoriality in International Law [J]. Russian Law Journal, 2016, 4: 44.

[②] 为阻止美国反古巴法案对加拿大公司适用,1984年加拿大议会颁发了《外国法律域外适用措施法》,并于1985年2月14日生效。该法中的"加拿大公司"还包括美国公司在加拿大的子公司和分公司。该法的序言中写明:该法案将授权(法院)在下列事项上做出裁定:关于为外国法庭诉讼程序制作纪要和提供信息;关于外国政府和外国法庭影响国际商贸的措施;外国判决在加拿大境内的承认与执行。1996年美国《古巴自由和民主声援法》(即《赫尔姆斯—伯顿法》)生效后,加拿大《外国法律域外适用措施法》也随之修改,并于1997年1月1日生效。

国际法的外国政策的保护法》(Law of Protection of Commerce and Investments from Foreign Policies that Contravene International Law)① 和 1979 年澳大利亚《外国反垄断裁决（限制执行）法》[Foreign Antitrust Judgment (Restriction of Enforcement) Act]② 都属于抵制性立法。加拿大在 1992 年下发《外国法律域外适用措施法》的司法部部长令中明确阐明：在加拿大公司授权范围内，加拿大公司和公司董事、高级职员、经理和雇员在处理与古巴的商贸关系方面，不必符合美国域外适用措施的要求。

抵制性立法常常将从事国际经济贸易的个人和企业，尤其是跨国公司置于两难境地。1997 年 3 月，根据美国制裁古巴的法案，美国要求沃尔玛的加拿大子公司停止在加拿大售卖古巴生产的服装。同时，加拿大政府坚持沃尔玛加拿大子公司继续售卖原产于古巴的产品，否则将面临高达 150 万加元的罚款。加拿大政府的罚款依据是加拿大的抵制性立法。由于美国和加拿大两国颁布了相互抵制的立法，在两国之间从事国际商贸的公司在这种情况下将无所适从。

（2）爪回立法

爪回立法（Claw-Back Statutes）是一种针对外国有效判决及其执行的法律，其运行机理在于：如果本国企业在外国法院的判决败诉，且其在外国的资产已经根据该败诉的判决被执行，爪回立法可以允许该企业就外国案件中的原告在本国的资产在外国判决的数目范围内获得补偿。

1980 年英国《贸易利益保护法案》授权公民和企业可以起诉并获得其已经支付给境外胜诉方的惩罚性赔偿金。如果该赔偿金属于倍数计算的惩罚性赔偿金，英国当事方需要满足两个条件才能够在英国法院提起返还赔偿金之诉：其一是必须证明其与英国之间存在足够的领土联系，并非居民或者只在英国"从事经营活动"（Carrying Out Business）；其二是必须与做出惩罚性赔偿金判决的法院没有充足的联系（Adequately Disconnected From The Forum）。

1996 年加拿大《外国法律域外适用措施法》中也有爪回条款，加拿大的爪回条款规定，如果该外国判决已经在加拿大境外被执行（judgment was satisfied outside Canada）而无须在加拿大申请法院承认该判决，或者该判决是基于《古巴自由和民主声援法》做出的，加拿大司法部部长可以签发行政令赋予该加拿

---

① 根据该法，墨西哥当事方和外国人都不得从事影响贸易和投资的行为，如果这些行为是外国法域外适用所产生的结果。

② 该法的通过源于根据美国反垄断法，有 4 家澳大利亚铀企业在美国法院被定罪的案件。

大个人和企业对于该判决有爪回权利（claw-back rights）。1996 年之前，加拿大的不予承认和爪回条款仅仅适用于反垄断案件①，但在 1996 年之后，爪回条款扩大了适用范围，包括了所有境外适用法律。

欧盟 2271/96 条例第六条同样规定了爪回措施：如果因外国政府执行条例附件中的法律或基于该法律所采取的行动而给欧盟当事方造成了损失，任何欧盟人有权追回包括法律费用在内的损失。欧盟的损害赔偿的方式多样，可以是获取美国原告及其代理人的在欧盟范围内的资产，资产包括在欧盟成立的公司的股份。

美国常常是世界各国制定爪回条款所针对的国家，但现在美国自身也开始使用爪回条款来保护其利益。2008 年金融危机之后，美国证券交易委员会提案制定爪回条款，根据提案，所有美国上市交易的上市公司可以就外国的错误判决要求补偿其造成的损失。

一般来讲，爪回条款比抵制性立法更为严厉，因为抵制性立法是阻止外国法的适用，而爪回立法是对外国诉讼活动的再次评估。理论上，关于爪回条款的质疑主要集中在国家主权和国家财产豁免问题上。在国家主权问题上，有的国家法院认为爪回条款违反了国际法，这种观点由来已久，可以追溯到 1885 年，法国鲁昂商事庭认为不能允许法院对外国法院的判决进行报复性补偿，因为该种补偿违反了国家主权平等原则。② 在国家财产豁免问题上，爪回条款主要考虑的是如果外国法院判决中原告是国家，则本国的当事人提起诉讼并得到补偿的要求很难达成。如果对方当事人是私主体，在外国法院的诉讼中本国当事方败诉，根据爪回条款寻求补偿才是可行的。有些学者认为，爪回措施有可能引起国际关系问题，造成国家经贸不稳定。③

2. 行政性措施

如果立法性措施和司法性措施都不足以对抗其他国家的法律域外适用，一国可以借助行政性措施（Executive Countermeasures），达到消除或者减轻法律域外适用的效果。行政性措施包括以下两点。

---

① CLARK L. H. Dealing with U.S. Extraterritorial Sanctions and Foreign Countermeasures [J]. University of Pennsylvania Journal of International Economic Law, 2004, 25: 478.
② MICHAEL A. Jurisdiction in International Law [J]. British Yearbook of International Law, 1973, 46: 233.
③ CLARK L. H. Dealing with U.S. Extraterritorial Sanctions and Foreign Countermeasures [J]. University of Pennsylvania Journal of International Economic Law, 2004, 25: 487.

(1) 不予执行

不予执行（Non-Execution）是一国的行政机关根据本国法或国际条约的规定，对他国有关机关的行政类决定（Administrative Determinations）不做执行。各国对行政法的认识和分类不同，甚至有些国家并没有行政法的分类和法律制度，做出不予执行决定的国家可以根据本国法来确定该决定是否属于行政性的。

(2) 报复措施

报复措施（Retaliatory Measures）可以在行政的或者执行令的基础上进行，以非管辖权形式行使。由于行政力量介入，命令其国民履行合同，这些行政命令被视为报复措施。

报复性措施在历史上并不鲜见。美国在1982年发布了针对苏联的能源禁运令后，英国、法国和意大利对此域外适用措施采取了报复措施，因为美国的能源禁令影响了其国民的合同。英国和法国命令其在美国的海外子公司继续履行其现有亚马尔管道项目合同，意大利宣称所有亚马尔管道项目合同必须履行。美国颁布《霍尔姆斯法》后，1996年欧洲理事会制定了一系列对抗行动，包括提起WTO争端解决程序、签证禁令（Visa Restrictions）、美国公司的观察名单、反腐败立法等。签证禁令和美国公司的观察名单属于典型的报复措施。[1] 1996年，欧盟针对美国《霍尔姆斯法》向世界贸易组织提起了争端解决程序，主张《霍尔姆斯法》损害了欧盟成员国基于《关贸总协定》《服务贸易协定》所享有的权利。经过磋商，欧盟和美国在1997年4月11日达成了《关于霍尔姆斯法和伊朗利比亚制裁法的谅解备忘录》，1998年5月，美国和欧盟最终达成了《政治合作的跨大西洋伙伴关系和加强投资保护的行为准则谅解》，随后欧盟暂停了世界贸易组织的争端解决程序。根据《国家对国际不法行为责任的条款草案》的规定，当世界贸易组织促成了双方的谅解后，反措施等法律手段就不应再保留，因为保持采取反措施构成违反《国家对国际不法行为责任的条款草案》。但达成了谅解备忘录并不意味着可以暂停所有反措施，包括签证限制和美国公司的观察名单等报复措施仍然可以存在。

3. 司法性措施

司法性措施（Adjudicative Countermeasures）是指司法机构可以采取不予承认和程序性限制的方式，以对抗法院国认为不合法的法律域外适用。

---

[1] 欧盟理事会发出了征集美国公司观察名单的通知，但后来该名单尚未形成时，美国和欧盟即达成了谅解。

(1) 抵制性裁决

与抵制性立法相似的是抵制性裁决（Blocking Decree），抵制性裁决是法院做出的，而非立法机关做出。美国弗吕霍夫公司是一家生产拖车的美国公司，其在法国建有子公司，美国母公司占有法国子公司2/3股份，法国董事占3/8。该法国子公司与另一家法国公司签订了合同，约定为其生产拖车，然后后者将拖车和牵引机组合起来卖给中国。根据美国的禁运法规，美国财政部禁止其法国子公司向中国售卖产品。法国董事向法国法院起诉，要求法院判决继续履行合同，法国法院指定了一个法国子公司的管理人，其职责是阻止母公司强迫子公司遵守美国的禁运规定，从而损害法国子公司的利益。

(2) 不予承认

承认他国的立法、司法和执法行为的做法来自传统的国际礼让原则，即一个国家在其境内进行的立法、司法和执法行为在全世界范围内都是有效的，他国承认其法律效力。只有当该外国及其国民的利益被该立法、司法和执法行为所侵害，该立法、司法和执法行为方能被认为是无效的。在国际法中，与国际礼让原则密切相关的是互惠原则，互惠原则是指一国给予外国国民某种权利、利益或优惠须以该外国给予本国国民同等的权利、利益或待遇为前提，在国际私法领域，大多以互惠原则作为承认与执行外国判决的法律依据。考虑到国际礼让原则和互惠原则的共同影响，通常国际社会中，对其他国家的立法性的、司法性的外国行为予以承认，但并不意味着执行外国的立法和司法判决。

与公法相关的刑法、税法、行政法等司法判决属于公法性判决和裁定，除非有国际条约支持，原则上这些公法性的判决和裁定不能得到其他国家的承认。不予承认外国法院判决的理由通常有：包括择地诉讼等情况的欺诈、无管辖权或者其他程序上的实质丧失公平、公共利益问题等情况。法律的域外适用也会导致不予承认的情况。欧盟2271/96条例禁止承认与执行直接或间接适用附件中的法律产生的判决和行政决定，或者承认与执行基于这些法律的行动或这些法律产生的结果，该条例附件中的法律都是美国的法律。主要是美国的法律域外适用。墨西哥1996年的《保护商业和投资免受违反国际法的外国法规管制法》（Law of Protection of Commerce and Investments from Foreign Policies that Contravene International Law of 1996）中也有类似规定，对适用域外效力法律的判决不予承认和执行。与欧盟和墨西哥的一概不予承认不同，加拿大的《外国法律域外适用措施法》修正案授权加拿大司法部长对外国贸易法是否违背了加拿大利益进行判断，继而决定是否承认和执行外国法院适用该法后所作之判决。

(3) 程序性限制

面对法律的域外适用，从程序方面进行反措施的办法主要有以下两种：其一是通过限制选择适用外国法或者选择外国法院裁判案件，即使申请人和被申请人已经在合同中选择了法院和合同准据法，仍然允许申请人在立法国向法院起诉，法院也仍然可以根据本国法来审判案件。加拿大《海上责任法案》中有类似规定，根据该法案，即使合同中规定了法院选择条款，加拿大海运承运人、出口商、进口商和收货人有权选择加拿大法院或仲裁机构。在普通法国家中，法律中出现这种情况的并不多见，因为基本上，普遍认为包括适用法律等合同事项应该遵循意思自治原则，由当事人自主决定。其二是证据交换限制，即立法或司法机构可以禁止当事人向外国法院提交证据、信息和记录。加拿大《外国法律域外适用措施法》禁止或限制因执行《霍尔姆斯法》的程序需要，向外国法院提交记录和信息。不仅如此，如果发现加拿大司法部长的限制令有可能被违反，且该记录有可能被移交给外国政府时，加拿大法院可以签发令状，以临时保管该记录和信息。1996年墨西哥法禁止墨西哥公民回应外国政府基于法律域外适用的调查，且应向墨西哥政府报告有关事宜。

相对于抵制性立法，程序性措施相对温和。程序性立法并不是直接否定外国法的域外适用效力，而是对其适用中的程序施加影响，从而限制外国法的域外适用。

(三) 反措施的实际效果

理论上，当美国因第三国与被美国列入制裁黑名单国家的进行贸易和投资而做出制裁时，反措施可以阻碍美国制裁的域外适用。实践中，反措施却很少取得预期的效果，一些在欧洲和加拿大经营的跨国公司更愿意与美国政府达成协议，为减少美国法律域外适用而承担责任，这些公司承诺遵守美国制裁法的规定。英国、加拿大、澳大利亚、墨西哥等国和欧盟采取了相应的行动以使美国的法律域外适用归于无效。这些措施主要是在管辖权领域，所以又称为"反管辖权措施"（Jurisdictional Countermeasures）。

某些情况下，反措施会导致跨国公司承担巨额罚款。2006年3月24日，墨西哥政府对墨西哥城的喜来登玛丽亚伊莎贝尔饭店处以高达120万比索的罚款，原因是该饭店驱逐了来自古巴的银行客人。墨西哥外交部长称，该罚款的法律依据是墨西哥的反制裁措施法。2007年4月，奥地利对其第五大银行提起诉讼，认为其注销古巴国民银行账户的行为违反了欧盟2271/96条例，该银行辩解称，因其正在与美国瑟伯罗斯资本管理公司谈判收购事宜，如果不注销古巴国民的账号，收购将无法完成。奥地利外交部长当即公开指责了该银行的行为。① 不仅如此，加拿大《外国法律域外适用措施法》还规定了遵守令人反感的外国法的制裁，可能导致的法律后果包括对公司和个人的罚款、对个人的监禁等刑罚。

第三节　主要国家和地区的法律域外适用制度

为维护本国公民、组织和国家的海外利益，各国都有动力推行本国法的法律域外适用。法律域外适用现象在国际社会频繁出现，为对抗或者削弱其他国家扩张法律适用的负面影响，很多国家同时建立起相应的反措施，遏制不当法律域外适用。

一、美国的法律域外适用制度

美国建立有非常完备的法律域外适用及其阻断制度，甚至有处理他国阻断法的相应制度，相关司法实践也并不少见。一国对法律管辖权的态度取决于该国的国际地位，19世纪美国并非一个主导型的世界力量，反对法律域外适用是符合美国利益的。但当美国成为世界大国，通过法律域外适用扩大其影响，对效果施加影响时，法律域外适用成为其选择工具之一。② 近年来，美国一方面通过军事上的全球布局和多边机构主导全球贸易投资规则制定，另一方面通过国内法的域外适用来维护美国公司并谋利，两方面相结合对全球经济施加美国影响。③ 目前美国是以法律域外适用制度为主，阻断制度和处理他国阻断制度为补充的制度模式。

（一）美国在法律属地性问题上的认知和实践

美国本就缺乏公私法划分的法律传统，公法禁忌并非美国的绝对禁区，法律域外适用在美国的法律传统中所受限制较少。美国法院在法律选择、事物管

---

① ZIAEE Y S. Jurisdictional Countermeasures Versus Extraterritoriality in International Law [J]. Russian Law Journal, 2016, 4: 42.
② PARRISH L. A. Kiobel, Unilateralism, and the Retreat from Extraterritoriality [J]. Maryland Journal of International Law, 2013, 28: 216.
③ 参见孙国平. 论劳动法的域外效力 [J]. 清华法学, 2014 (04): 41.

辖权、证据披露义务等问题上也考虑给予外国公法以效力①，公私法划分对美国法律域外适用的影响并不显著。

1. 对于国际法的态度由积极构建转变为质疑警惕

二战后国际法得到大幅发展，美国在促进国际机制和平解决国际纠纷方面做出了巨大努力。和平解决国家间的争端成为联合国建立的推动力，在这个过程中，美国取得了前所未有的影响力，在国际法治建设方面发挥了巨大作用。尽管经过了 20 世纪 50 年代的孤立主义思潮，但是直到 20 世纪 90 年代，美国基本上是以国际法的积极支持者和促进者的形象出现，国际法是美国对抗和限制共产主义的工具。②

20 世纪 90 年代中期以来，美国对多边协定的不协调开始显现，越来越不愿意参加创设国际义务的国际条约。③ 近年来，美国逐渐丧失了以往通过谈判条约促成多边法律体系的热情，从国际法和国际机构中撤出，尤其是环境公约和人权公约方面。④ 但也有观点认为，不能仅仅归咎于单边主义导致美国对国际条约产生抵触，退出和不参加国际条约是美国的权利，应该是因为条约的内容对美国利益不利，而非思想上的反国际条约。⑤

---

① 参见卜璐. 外国公法在美国法院的效力和适用 [J]. 国际法研究，2019 (04)：78, 82, 93.
② PARRISH L. A. Reclaiming International Law from Extraterritoriality [J]. Minnesota Law Review，2009，93：834.
③ TAFT W H. A View from the Top：American Perspectives on International Law After the Cold War [J]. Yale Journal of International Law，2006，31：503.
④ 近年来美国退出的 6 个主要国际条约，包括《气候变化京都议定书》（Kyoto Protocol on Climate Change），《反弹道导弹条约》（Anti-Ballistic Missile Treaty），《维也纳领事关系公约任择议定书》（Optional Protocol to the Vienna Convention on Consular Relations），《禁止生物武器公约》（Biological Weapons Convention），《防止核武器扩散条约》（Non-Proliferation of Nuclear Weapons Treaty），《创建国际刑事法院条约》（Treaty Creating the International Criminal Court）。同时，美国在签约方面也态度消极，只签署了 11 个环境公约中的 3 个，12 个人权公约中的 5 个。美国是除了索马里之外唯一一个没有签署《联合国儿童权利公约》的国家，7 个投票反对《国际刑事法院罗马规约》的国家之一，两个投票反对联合国教科文组织《保护和促进文化多样性公约》的国家之一。美国还拒绝参加《国际海洋法公约》，即使该公约专门应美国要求做了修改；拒绝参加《巴塞尔公约》，成为经合组织成员国中唯一一个没有参加这个公约的国家；拒绝参加《全面禁止（核）试验条约》（Comprehensive Test Ban Treaty）。参见 PARRISH L. A. Reclaiming International Law from Extraterritoriality [J]. Minnesota Law Review，2009，93：815.
⑤ PARRISH L. A. Reclaiming International Law from Extraterritoriality [J]. Minnesota Law Review，2009，93：872-874.

2. 依赖美国法效力的观念得到强化

伴随着美国从国际立法和国际机构中退出，经济全球化的进程进一步加快，国际冲突的可能性和强度进一步加大，美国法官和律师在寻找其他法律替代工具的时候，美国的法律体系开始"出口"其"正义的品牌"。① 美国法律域外适用肇始于美国的"长臂法律"（Long-Arm Statute）和"长臂管辖权"（Long-Arm Jurisdiction），当案件与某国存在某种联系因素或者被告在其实力支配下，就可以行使司法管辖。主权国家对其领土之外的人、物、事件行为等，制定规范和标准，设定义务和要求，并通过强制力执行这种规范和标准，则行使了域外管辖权，推行了法律的域外效力。② 美国法院处理涉外案件也日益增多③，将国际案件归类为国内案件处理是这种方式的主要表现，"最低联系原则"、长臂管辖权等成为涉外案件管辖权的常见依据标准。

对于美国律师和美国立法者而言，美国法的域外适用已不再是可接受的，甚至变成了应予优先适用的状况。④ 反之，也有观点认为，国家主权原则作为国际法的基石性原则，当争议标的与美国无紧密的事实联系时，法院不应受理请求。尤其是法律域外适用与民主原则相悖，因为受规制的主体实际上并没有办法参加法律法规制定的民主过程，没有办法提出自己的主张。⑤

特朗普政府奉行"美国优先"这一带有民粹意识的施政理念，必将影响到美国法院系统，法官在判决案件时将受到政治压力和去合法化的影响。民粹主义往往质疑国际法的合法性，认为如果对国内事务造成妨碍就构成侵犯主权，这种妨碍就是不合法的，即使这种妨碍是遵守国际公约造成的。对"国内"和"涉外"事项进行重新界定，这将给美国法院适用国际法判决案件带来负面影

---

① STEPHEN P B. A Becoming Modesty-U. S. Litigation in the Mirror of International Law [J]. DePaul Law Review, 2002, 52: 628.
② 参见孙国平. 论劳动法的域外效力 [J]. 清华法学, 2014 (04): 18-46.
③ 美国法院处理的涉外案件数量逐年增多，不仅仅是涉外，而且涉及外国原告和外国被告的各类案件都有增加。参见 Burbank S B. The World in Our Courts [J]. Michigan Law Review, 1991, 89: 1456; PARRISH L. A. Sovereignty, Not Due Process: Personal Jurisdiction over Nonresident Alien Defendants [J]. Wake Forest L. Rev., 2006, 41: 1.
④ MCGINNIS J O, SOMIN I. Should International Law be Part of Our Law [J]. Stanford Law Review, 2007, 59: 1233.
⑤ PARRISH L. A. Kiobel, Unilateralism, and the Retreat from Extraterritoriality [J]. Maryland Journal of International Law, 2013, 28: 231.

响。① 民粹意识并非特朗普政府施政结束就会消除，未来一段时期内，在全球性经济发展不平衡大背景下，美国单方面法律域外适用在某些领域很有可能增多。

3. 间接管辖权模式受到推崇

间接管辖权（Indirect Extraterritorial Jurisdiction）是美国学者建议采用的一种新的模式。"间接管辖权"是指只禁止美国的母公司与目标国进行贸易，但不直接禁止美国公司的海外分支机构与目标国的贸易活动，而是规定由美国母公司承担其海外分公司违反美国贸易禁令的责任。这样就避免了让美国的法律直接去管辖外国公司。从表面上看，对目标国的经济制裁只是跨国公司所采取的一种商业决策，与美国政府没有关系。这种新型的外贸管制法律实际上赋予了美国外贸管制法一种间接的"域外管辖权"，借助于美国跨国公司的商业政策来推行美国政府的外交政策。这种政策可以缩小制裁国与第三国之间的政策分歧和利益抵触，因为第三国（跨国公司海外分公司的东道国）不会把这样一种商业政策视为对本国主权的冒犯。实际上，即使是美国的同盟国，对美国在他国领土上的再次出口限制也提出过抗议，甚至在美国和最密切的盟友英国之间为美国法律的域外适用发生过冲突。②

在经济制裁领域，"非美国"实体如果由美国股东控制，也会受到外国资产监控办公室制裁规范的执法管辖。"控制"的标准在具体制裁计划中可能存在细节上差异，一般包括持表决权股超过50%或"实际控制"董事会（或公司行为、政策或人事决策等）标准。如果违反制裁规范，美国母公司及其子公司会受到处罚。

对境外数据，美国云法案明确了对境外由其跨国公司控制的数据管辖权，即通过"数据控制者标准"主张数据的管辖。具体而言，只要是美国的数据服务者（如美籍跨国公司）依据美国《存储通信法案》所规定的义务要求保存、备份、披露通信内容、记录或其他信息，且这些数据为美国的数据服务者拥有、监管或控制，则美国当仁不让地对这些数据享有管辖权，即使数据存储地点位于国外。美国其实是通过自身的数据基础优势将数据服务扩展至其他国家境内，利用他国的数据服务空白抢占数据的拥有、监管或控制，进而依据云法案的

---

① BRANDES T H. International Law in Domestic Courts in An Era of Populism [J]. International Journal of Constitutional Law, 2019, 17: 578.
② 在北大西洋航空公司固定价格案中，英美两国态度对立，英国甚至援引了《商业利益保护法案》来阻止商业信息披露。

"数据控制者标准"对美国服务商主张属人管辖,由对美籍服务商的对人管辖转变成对其拥有、监管或控制的数据的对物管辖,从而实现对境外数据的管理约束。

4. 在特定情况下颁布阻断法实现政治目的

1954 年,阿拉伯国家联盟通过了《对以色列联合抵制统一法》,不仅禁止阿拉伯国家与以色列之间的贸易往来,还禁止任何第三国与以色列进行贸易往来。20 世纪 70 年代,美国在《出口管理法修正案》中制定了"反抵制条款",禁止遵守阿拉伯国家联盟的《对以色列联合抵制统一法》,阻断了《对以色列联合抵制统一法》的域外效力,这是典型的美国阻断法。①

近些年来,其他国家受美国影响开始主张法律域外适用,这种情况对美国造成了广泛的影响。以前美国公司和公民可以很安全地忽略外国法律诉讼,外国法院做出判决后,胜诉的外国当事人申请美国法院承认与执行外国判决时,如果该判决被美国法院认为是不符合美国法的法律要求的,则该外国判决无法对美国被告执行。但是现在,这种策略无法维持,全球化的今天,美国的跨国公司在海外有巨额财产,公司需要获得当地机会来保持在全球市场的竞争力,更为关键的是,如果美国在如此大的法律领域主张法律域外适用,其他国家法院也不认为其主张域外法律适用有任何不妥之处。② 即使最终判决无法执行,但公司和公民考虑到诉讼成本和执行的潜在可能性,还是会充分考虑外国法律的影响。针对这种情况,美国的阻断制度也逐渐增多,例如 2008 年金融危机之后,美国证券交易委员会提案制定爪回法,赋权所有美国上市交易的上市公司可以就外国的错误判决要求补偿因判决造成的损失。

(二)法律域外适用的立法、执法和司法的分工协作机制

经过百余年的法律域外适用实践,借助三权分立体制,美国已经形成了支撑法律域外适用的运行机制,形成了包括国际礼让原则和反国际礼让原则在内的国际关系原则。在权衡法律域外适用时,美国非常注重国会、国务院等行政机构和联邦法院系统之间的分工合作,力图平衡相互矛盾的各国利益,以实现

---

① 参见杜涛. 国际经济制裁法律问题研究[M]. 北京:法律出版社,2010:139-142.
② PARRISH L. A. Reclaiming International Law from Extraterritoriality[J]. Minnesota Law Review,2009,93:858.

美国长期利益。①

1. 国会主导的立法管辖权

立法管辖权是指一国立法机构制定并解释适用于特定情形的法律的权能。美国国会负责制定具有域外适用效果的成文法，这一立法权能的合法性和有效性屡受质疑。质疑者的核心观点是：法律域外适用与民主原则相悖。美国法律域外适用的规制范围不仅包括本国在外国的子公司，还包括其他国家的居民、国民或公司，受规制的主体实际上无法参加立法的民主过程，亦无法提出主张。② 法律域外适用要求不在政治体系范畴内的、无投票权的外国人服从本国法律，从理论上不能完全说通，被质疑违背了民主主权的原则。③

为应对合法性质疑，美国国会大量采用间接域外管辖权（Indirect Extraterritorial Jurisdiction）方式立法。间接域外管辖权只禁止美国母公司的行为，并不直接禁止美国母公司的海外分支机构的行为，而是规定由美国母公司承担其海外子公司和分公司违反美国法的责任。如1977年《反海外腐败法》（Foreign Corrupt Practices Act，FCPA）并未直接规范海外子公司的贿赂行为，仅规定"美国证券发行人或美国国内实体的代理人、雇员、职员、董事或股东"通过贿赂外国政府官员获得商业利益的行为非法，然后通过对"代理人"概念的个案诠释将海外子公司的责任转嫁到其美国母公司身上，从而间接使海外分公司也必须遵守《反海外腐败法》，实现"间接的域外管辖权"。

在美国《宪法》授权下，美国国会可以解释包括管辖权在内的法律适用问题。如在民事诉讼方面，美国《宪法》第3条第2款第2项规定：在影响到大使和类似官员以及国家是一方当事人的案件中，联邦最高法院有管辖权，国会无权取消这些案件的事物管辖权。但有关其他的管辖权类型，国会有权决定联邦法院是否应有管辖权。④

2. 总统领导下的执法管辖权

执法管辖权是指一国行政机关执行法律的权能。执法管辖主要表现为行政

---

① DAM K W. Economic and Political Aspects of Extraterritoriality [J]. International Law, 1985, 19: 895.

② PARRISH L. A. Kiobel, Unilateralism, and the Retreat from Extraterritoriality [J]. Maryland Journal of International Law, 2013, 28: 231.

③ ALEINIKOFF A T. Thinking outside the Sovereignty Box: Transnational Law and the U.S. Constitution [J]. Texas Law Review, 2004, 82: 2004.

④ 参见 [美] 理查德·D. 弗里尔. 美国民事诉讼法（上）[M]. 张利民，孙国平，赵艳敏，译. 北京：商务印书馆，2013: 184.

机构通过调查、起诉和扣押等强制力量对违法人员实施罚款、追究刑事责任等强制性处罚，保障立法目标的实现。执法管辖权的属地性并不排除一国对域外事项行使执法管辖权。除了获得他国的同意，美国利用威慑和激励两大策略，迫使"非美国人"接受美国单边经济制裁法律规范的执法管辖。

美国总统领导的行政系统在法律域外适用执法中发挥着重要作用。如在出口管制领域，《国际紧急经济权力法》授权美国总统对进出口贸易进行管制，总统可以签署行政令实施出口管制，包括国务院、商务部、司法部、财政部、国防部、能源部和国土安全部在内的美国政府部门负责在各自职权范围内执行总统的出口管制行政令。美国政府机构内部还会设置信息调查和收集机构，专门负责收集与出口管制相关的信息和情报，如美国财政部恐怖主义及金融情报办公室下属和监管的数个机构，中央情报局、国土安全部、国家安全事务委员会等国家安全机构在"9·11"事件之后也被赋予了相应的职责，各部门在一定程度上进行信息资源交换，共同协助总统做出出口管制决定。

行政机关在国际关系案件中发挥重要作用。美国行政机关执法活动受到法院的司法审查，但一般来讲，美国法院尽量避免介入行政部门享有自由裁量权的领域。即使不是一方当事人，美国对于法律域外适用需要行政机关对法律进行解释，如在民权法案和国家环境政策法案的域外适用问题上，行政机关可以就此发表意见。行政机关在国际关系方面发表意见是一种常态，并在此基础上发展出了"雪佛龙规则"。"美国雪佛龙诉国家资源保护委员会案"确立了美国法院审查行政机关执法解释的雪佛龙规则（Chevron Rule）[1]，体现了法院尊重行政部门执法自由裁量权的态度。雪佛龙规则分为两步：第一步，法院审查国会在成文法中的意图是否明确，如果足够明确，依照国会的意图解释，如并不足够明确，则进行第二步审查；第二步，审查行政部门的执法解释是否在合理

---

[1] 1977 年《空气清洁法修正案》要求空气质量未达标的州对"固定空气污染源"（Stationary Source）建立许可证制度，只有达到一定条件，才会发给这些"固定空气污染源"以许可证。1981 年美国联邦环境保护局发布了"泡泡政策"（Bubble Regulation），将整个工厂视为一个"固定空气污染源"，这种做法使得某个工厂在增加和改建某些排放设施的时候，只要没有改变总排量，就可以不需要申请许可证。包括国家资源保护委员会在内的一些环境团体认为美国联邦环境保护局采用"泡泡政策"执法属于对《空气质量法》的错误解释。联邦最高法院一向主张司法审查行政权力必要性的约翰·保罗·史蒂文斯大法官呈递了法院意见。See Chevron U. S. A., Inc. v. National Resources Defense Council, Inc. 467 U. S. 837, 843-851 (1984).

范围内"可接受"(Permissible)。① 在具体案件中,行政机关(尤其是外交机关)还可以就案件审理和判决会否影响美国外交关系给出专业判断,为法院司法发挥咨询建议作用。

3. 联邦法院系统行使的裁判管辖权

裁判管辖权是指法院为依法解决法律纠纷而对某人或财产进行裁判的权能。美国法院行使对域外人、事和物的裁判管辖权应同时满足对人管辖权的长臂管辖权及其合宪性要求,和事物管辖权(Subject Matter Jurisdiction)的外国人管辖权(Alienage Jurisdiction)的要求。②

(1)长臂管辖权及其合宪性审查。长臂管辖权是一种对人管辖权,衡量对被告行使管辖的距离,原告可以在与被告有足够联系,并能满足对人管辖权要求的任何州起诉被告。③ 1945 年美国联邦最高法院通过著名的"国际鞋业公司案"④,确立了法院对起诉时与管辖区有"系统而连续的"商业行为的非居民被告具有管辖权。在一系列判例基础上,美国发展出了对非居民行使对人管辖权的长臂法,1993 年《美国联邦民事诉讼规则》将长臂法纳入,成为行使长臂管

---

① SILVERMAN B. Statutory Ambiguity in King v. Burwell: Time for a Categorical Chevron Rule [J]. Yale Law Journal Forum, 2015, 125: 45.
② 《美国司法法》第 1332 条(a)款(2)项规定了外国人管辖权,是指对"(美国)一个州的州民和外国国民或臣民之间"案件的管辖权,而第 1332 条(a)款(1)项规定了异籍管辖权(Diversity Jurisdiction),即处理"不同州州民之间的"案件管辖权。参见[美]理查德·D. 弗里尔. 美国民事诉讼法(上)[M]. 张利民,孙国平,赵艳敏,译. 北京:商务印书馆,2013:229.
③ 参见[美]理查德·D. 弗里尔. 美国民事诉讼法(上)[M]. 张利民,孙国平,赵艳敏,译. 北京:商务印书馆,2013:181-182.
④ 国际鞋业公司是内华达生产和销售鞋制品的公司,主要营业地在密苏里州的圣路易斯。国际鞋业公司在华盛顿州没有办公室和库存,也不从事相关买卖活动。1937 至 1949 年,国际鞋业公司直接雇用了 7—13 名销售人员,在华盛顿州从事展示和招徕潜在客户,然后由国际鞋业公司与这些客户签订合同,签出发票,办理运输,销售人员的收入依据售卖金额决定,后华盛顿州负责失业补偿的机构对国际鞋业公司提起诉讼,要求其支付雇员的额外雇员款项(Contributions)。最高法院终审的重点是华盛顿州法院是否有权审理该案,是否违反了宪法十四修正案的正当程序条款。经审理,法院认为国际鞋业公司在华盛顿州的商业行为是"系统而连续的"(Systematic and Continuous),满足正当程序的"最低联系"要求,华盛顿州有权行使管辖权。See International Shoe v. State of Washington, 326 U. S. 310, 321 (1945).

200

辖权的法律依据。① 合宪性要求审查行使管辖权是否满足宪法第十四修正案"最低联系"（Minimum Contacts）要求。

（2）外国人管辖权。外国人管辖权是指针对"一个州或其州民与外国国家、国民或臣民之间的"案件，是一种事物管辖权。事物管辖权处理法院对案件以及案件中所提诉求的管辖权。美国联邦法院只拥有有限的事物管辖权，美国《宪法》第3条第2款规定了属于联邦法院系统可以审理的九类争议，最后一项就是外国人管辖权。外国人管辖权归属联邦法院系统有其深刻的历史原因和理论支持②，美国国会总是支持外国人管辖权归属联邦最高法院和联邦地区法院。③

综上，美国法律域外适用的法律体系呈现闭合的循环体系，国会、行政机关和法院的态度都能够在法律适用过程得以反映，在摩擦与调整过程中为制度运转提供保障。如美国联邦法院通过对财政部、司法部等行政机关的执法行为进行司法审查，发挥三权分立相互制衡的作用。2019年12月，在埃克森美孚案中④，美国联邦法院认为财政部在出口管制执法中既不符合正当程序要求，列入特别指定国民名单的受制裁人担任首席执行官并签署合同的行为又不构成服务，判决埃克森美孚不必支付财政部的罚款。

（三）国际关系原则及其应用

美国在处理涉及外国政府及其国民的案件过程中，形成了一套国际关系原则，包括国际礼让原则和反国际礼让原则（Anti-Comity Doctrines），共同解决法律域外适用中的问题。国际关系原则的判断基础是后果论，美国议会、行政部门和联邦法院大致评估后果后决定是否尊重外国主权，如果认为收益大于成本，

---

① 第4条k款规定了长臂管辖权，其中（2）是关于美国国家的长臂管辖权。This Rule provides for personal jurisdiction through nationwide service of process over any defendant provided (i) exercise of jurisdiction is consistent with the Constitution and the laws of the United States, (ii) the claim arises under federal law, and (iii) the defendant is not subject to the jurisdiction of the courts of general jurisdiction of any state. See Rule 4 (k), Fed. R. Civ. P.
② 参见［美］理查德·D. 弗里尔. 美国民事诉讼法（上）[M]. 张利民，孙国平，赵艳敏，译. 北京：商务印书馆，2013：229.
③ 被告为外国国家的案件不属于外国人管辖权范围，而是属于《外国主权国家豁免法》规定，联邦法院和州法院都可以审理，外国当事人也可以请求将案件移交联邦法院系统审理。See 28 U.S.C.A. § 1441 (Removal of civil actions).
④ Exxon Mobil Corporation v. Mnuchin, 2019 WL 7370430, United States District Court, N. D. Texas, Dallas Division.

倾向于适用国际礼让原则，反之则适用反国际礼让原则。

1. 国际礼让原则

美国法律域外适用问题经常引起国际紧张，为避免或者消除法律域外适用造成的国际紧张，美国法院在裁判涉及外国政府或者外国公司的案件时，要考虑国际关系原则。美国联邦法中含有大量国际礼让原则的内容，其目的是缓解法官在应用美国法律时，造成与外国的紧张态势，法官可以通过解释这些法律达到不与外国政府相冲突或冒犯外国政府的目的。国际礼让原则在美国从属于国际关系原则，国际关系原则可以帮助法官处理国家利益相冲突时的情况。

国际礼让原则属于联邦法，要求美国法院在解释法律时，如果法律未规定或者规定不明，甚至即使法律有规定，法院亦应充分考虑外国政府的利益。国际礼让原则在使用过程中形成了若干个二级原则，在司法实践中发挥作用。

（1）"迷人的贝特西原则"

"迷人的贝特西原则"（Charming Betsy Canon of Avoidance）源于19世纪初美法准战争期间的"莫里诉斯考纳迷人贝特西号案"（Murray v. Schooner Charming Betsy）①，该案中马歇尔大法官认为：如果存在其他可能的法律解释，对国会立法的解释就不应该违反国际法。《1800年互不交往法》禁止美国居民或受美国保护的人同法国及其殖民地境内的任何居民进行贸易活动，而"迷人的贝特西号"船主居住在中立国丹麦，受到丹麦保护，且"迷人的贝特西号"的船旗国是丹麦，它的商业行为不在《1800年互不交往法》管辖范围内，根据国际法"迷人的贝特西号"不能被扣押。

"迷人的贝特西原则"在《美国对外关系法》第二、三、四次重述中都有重申，但2018年第四次重述一改前两次重述中广泛的适用范围，将该原则局限于国际法上的立法管辖范畴（International Law Governing Jurisdiction to Prescribe），即"迷人的贝特西原则"要求美国法院在解释国内法律时，应尽可能避免与国际法或美国签署条约中立法管辖规定相冲突。当成文法无法解释为与国际条约一致时，通常情况下，国会仍会主张维护国内法的效力，但同时美国对外的国

---

① Murray v. Schooner Charming Betsy, 6 U. S. 64, 894 (1804).

际条约义务和后果不能免除。① "迷人的贝特西原则" 最大限度地保障美国贯彻国际礼让原则。

（2）排除域外效力推定原则

排除域外效力推定原则（Presumption against Extraterritoriality）是指美国法院应推定国内成文法不具有域外适用效力，除非该成文法已明示其具有域外效力。② 美国法律制度建立在威斯特伐利亚体系的领土主权原则基础上③，国会颁布的法律多为解决国内问题的国内法，在域外适用国内法可能会因管辖权重叠和实体法律不同而产生与外国政府的冲突。在 Small v. United States 案中④，美国在沙特阿拉伯的企业违反了美国1964年《民权法案》中关于性别歧视的规定，被歧视的女性员工提起了诉讼，其中有部分是美国人，也有外国人。美国法院认为，《民权法案》并没有明确规定可以在外国领土内适用，因此除非国会另有解释，否则《民权法案》只能在美国领土内适用，最终该案判决是美国《民权法案》不适用于在沙特阿拉伯经营的美国企业。

法院在适用排除域外效力推定原则时通常从以下五个方面考虑：第一，赋予本国法以域外效力恐有违国际法，或者；第二，排除域外效力有利于避免国与国之间因法律冲突而引发的国际纠纷，或者；第三，否定域外效力能够与冲突法的原则保持一致性，或者；第四，将本国法延伸适用于域外不符合国会制定法律的初衷，或者；第五，将本国法适用于国外可能会引起敏感的政治问题，而这些问题是司法机关无能力也无权力解决的。⑤

实践中，排除域外效力推定原则受到质疑。质疑者认为在当今世界，国际

---

① Restatement (Fourth) of Foreign Relations Law § 406 (2018). "Where fairly possible, courts in the United States construe federal statutes to avoid conflict with international law governing jurisdiction to prescribe. If a federal statute cannot be so construed, the federal statute is controlling as a matter of federal law." 在国内成文法无法解释为与国际条约一致时，对内国会将保证美国成文法的立法管辖效力，对外则由美国承担国际条约的违约责任和后果。

② Restatement (Fourth) of Foreign Relations Law § 404 (2018). "Courts in the United States interpret federal statutory provisions to apply only within the territorial jurisdiction of the United States unless there is a clear indication of congressional intent to the contrary."

③ WEINSTEIN J. The Early American Origins of Territoriality in Judicial Jurisdiction [J]. Saint Louis University Law Journal, 1992, 37: 1-3.

④ Small v. United States, 544 U.S. 385, 388-89 (2005).

⑤ 参见王承志. 美国《外国人侵权法》诉讼中的普遍管辖问题——以 Kiobel 案为切入点 [J]. 武汉大学学报（哲学社会科学版），2016（05）：106.

法包含甚至有时需要域外适用，坚持排除域外效力推定原则是不顺应时代的，而且只能取得相反的效果。① 其实美国国会并不拘泥于排除域外效力推定原则，以证券交易案件为例，2010 年美国联邦最高法院从第二巡回法院调卷审理了 Morrison 案并维持判决②，但安东宁·斯卡利亚大法官呈递的判决中否定了第二巡回法院判断域外适用性时将"行为和影响标准"（Conduct and Effects Test）适用于事物管辖权的做法，创造了"交易标准"（Transactional Test），认为在国会并无明确意图将 10（b）适用于域外证券交易的情况下，Morrison 案的情况应适用排除域外效力推定原则，10（b）只适用于"与美国上市交易的证券买卖相关，或在美国境内买卖证券"。最高法院审理 Morrison 案期间正值全球金融危机，第二巡回法院向美国国会反映了 10（b）的域外适用问题，国会在 2010 年《华尔街改革和消费者保护法》（Dodd-Frank Wall Street Reform and Consumer Protection Act，Dodd-Frank，以下简称《多德—弗兰克法案》）中以立法形式弥补了 10（b）缺少域外适用的缺憾，在 Morrison 案判决一个月后签发成法。2017 年 Traffic Monsoon 案③中，犹他州地区法院通过回顾《多德—弗兰克法案》立法过程，分析 Morrison 案的判决逻辑，解析《多德—弗兰克法案》929P（b）的语句，认为《证券交易法》10（b）已被修改，只要案件满足"行为和影响标准"，证券交易法即可适用于域外。

（3）国家行为原则

国家行为原则（Act of State Doctrine）起源于英国，18 世纪末到 19 世纪初被引入美国。国家行为原则要求法院在审理案件时如果涉及另一外国国家的行为时，应直接推定该外国国家行为有效，而无须进行审查。美国国家行为原则是一项既约束联邦法院又约束州法院的联邦普通法规则，法律并没有出现"国

---

① COLANGELO A J. A Unified Approach to Extraterritoriality [J]. Virginia Law Review, 2011, 97: 1024.

② 澳大利亚国民银行在 1998 年收购了美国公司 Homeside。2001 年澳大利亚国民银行先后两次修改了 Homeside 的营收和资产估值，致使澳大利亚国民银行在澳大利亚证券交易所和其他非美国上市的普通股票股价下跌将近 20%。四原告根据 1934 年证券交易法在纽约地区法院起诉澳大利亚国民银行和 Homeside，美国原告因无法主张损失在地区法院即被驳回起诉，另外三个澳大利亚公民原告继续诉讼。See Morrison v. Nat'l Austl. Bank Ltd. 561 U. S. 247, 255 (2010).

③ 2014 年 Scoville 在犹他州注册了有限责任公司 Traffic Monsoon，在网络上售卖广告套餐，90%购买者不是美国人。美国证券委员会认为该业务涉嫌庞氏骗局，违反了证券交易法 10（b）规定，请求冻结公司资产。Traffic Monsoon 援引 Morrison 案，认为 10（b）不适用于外国交易。See SEC v. Traffic Monsoon, LLC, 245 F. Supp. 3d 1275 (2017).

家行为"一词,它只是在司法实践中经常出现的概念。①

在"昂德希尔诉赫尔南德斯案"中②,美国联邦最高法院首席大法官弗勒对该原则进行了第一次经典性的陈述。昂德希尔是美国公民,他参与修建了委内瑞拉玻利瓦尔州的供水系统,并由此和委内瑞拉政府签订了一份合同留在该国经营该供水系统,同时从事一些机械维修工作。赫尔南德斯是前委内瑞拉政府首脑,他在1896年通过政变上台后,昂德希尔曾向其提出离开委内瑞拉的申请,但是遭到了拒绝。赫尔南德斯将昂德希尔囚禁,要求其留在委内瑞拉继续为政府服务。后来赫尔南德斯下台并逃到了美国,昂德希尔向纽约东区法院提起了诉讼,控告赫尔南德斯非法拘禁扣留自己。地区法院认为赫尔南德斯的行为属于委内瑞拉国家的行为,驳回了原告的起诉,上诉法院支持了地区法院的判决,该案件上诉至联邦最高法院。最高法院首席大法官弗勒在判决中对国家行为原则进行了陈述,他认为鉴于国家主权之间的平等,一个主权国家的国内法院不应该对另一主权国家在其自己领土内所实施的行为进行审判,由这类行为产生的纠纷以及所造成损害的赔偿,应该通过国家之间的外交途径解决,由此最高法院最终还是判决依据国家行为原则驳回了原告的起诉。弗勒大法官的这一陈述基本确定了国家行为原则的基本内涵。

因为涉及另一主权国行为的案件难免会带有一定的政治色彩,法院对这些案件进行审理可能会影响到本国的外交事务,对行政机关行使行政权造成不便。为了避免对行政机关的外交政策造成不便,减少对行政权的干涉,法院一般应该援引国家行为原则拒绝审查另一主权国家行为的合法性。适用国家行为原则需要满足三个条件:第一,该行为必须是主权国家的行为;第二,该行为必须是在该主权国家领土内做出的,如果一个国家保护位于其域外的财产和无形财产等利益,其行为不能被美国法院直接推定为有效;第三,原告或者被告要求法院判定该行为是否成立。

适用国家行为原则受到政治因素的影响颇大,比较典型的是1964年"古巴

---

① 参见胡锦光,刘飞宇. 论国家行为的判断标准及范围 [J]. 中国人民大学学报,2000 (01):84.
② Underhill v. Hernandez, 168 U.S. 250.

银行诉萨巴蒂诺案"①,此案发生的时期较为特殊,1962年发生了"古巴导弹危机",而"古巴银行诉萨巴蒂诺案"发生于1964年。古巴导弹危机发生后,美国有意拉拢古巴。美国法院对此案的审查也明显具有强烈的政治目的,联邦最高法院为了行政部门即政府的利益实际上做出了妥协,力排众议认为该案应适用国家行为原则。联邦最高法院认为国家行为原则建立在宪法的基础上,源于分权体制下政府各个部门的基本关系,虽然征收行为违反了法律,但是为了保证国家行为原则的适用完整性,更好地维护国家间的利益,决定适用国家行为原则。判决在美国国内产生了巨大影响,大部分学者都认为古巴非法征收不能适用国家行为原则。美国法院对此案的审查也明显具有强烈的政治目的。

美国法院在具体案件审理中,创设了许多适用该原则的例外情况,包括商业行为例外、战争罪和反人类罪例外、行政机关同意例外、条约例外②、伯恩斯坦例外等③,也有法院将政府官员纯粹出于私人目的的行为,以及越权或滥用职权的行为排除在国家行为外④,使得法院达到不适用国家行为原则的目的。

---

① 萨巴蒂诺是CAV公司的临时资产管理人,CAV公司是一个由美国公民所控股的古巴公司,向美国公司出售古巴产的食糖。由于美国出台政策减少古巴食糖的进口数量,古巴政府随即做出对策,允许古巴没收美国公民和企业在古巴的财产并将这些财产国有化。购买CAV公司食糖的美国公司通过策略将本应没收的食糖运送出古巴,并且将支付这些食糖的钱支付给了CAV公司而并不是古巴国家银行,古巴国家银行把萨巴蒂诺告上法庭。被告萨巴蒂诺认为古巴的征收行为具有歧视性,这种征收行为本身并不符合国际法。See Banco National de Cuba v. Sabbatino, 376 U.S. 398, 472 (1964).
② "条约例外"是指如果存在对该案件有约束力的相关条约或协议时,法院可以排除该原则的适用,依据条约或协议审理该案,但是实际上只有很少的法院在审理案件时会适用"条约例外"。
③ 原告伯恩斯坦是犹太人,在德国拥有一家名叫红星路线的公司。1937年1月伯恩斯坦被纳粹政府关押进汉堡的监狱,被关押期间纳粹政府以严重的身体伤害、永久监禁、死亡和使红星路线公司破产相威胁,逼迫他签署文件把红星路线公司所有资产转移给伯格,后来伯格又把资产全部转移给了名为"荷兰—美国"的荷兰公司。荷兰—美国公司在获得这些资产时并没有付出合理的、充足的对价,同时它也知道或者应该知道伯恩斯坦被关押在监狱中,其签署财产转让文件是出于纳粹政府的威胁。1945年6月,伯恩斯坦向纽约南区法院提起诉讼,要求荷兰—美国公司退还其所有的资产,地方法院援引国家行为原则驳回了原告的起诉。国务院向法院表示:纳粹政府对其境内人民的歧视和强制性没收行为极为恶劣,美国一向坚决反对这类行为,美国法院在行使审判权时不必考虑因审理该案而对美国外交政策带来的影响。鉴于国务院的明确表态,法院未适用国家行为原则,判决纳粹政府的行为违法。See Bernstein v. N. V. Nederlandsche-Amerikaansche, Stoomvaart-Maatschappij, 210 F. 2d 375, 376 (1954).
④ PARSEGHIAN L E. Defining the "Pubic Act" Requirement in the Act of State Doctrine [J]. University of Chicago Law Review, 1991, 58: 1152.

2018年《对外关系法》第四次重述在国家行为原则适用方面更为推崇"柯克帕特里克诉环境筑造公司案"判决①，该案认为国家行为原则并没有剥夺法院管辖权，只是要求被纳入案件审理的国家主权行为应直接被认定为合法成立，与国家行为没有直接关系的争议仍将继续审理。在"柯克帕特里克案"中，当事人围绕"国家行为"的判断进行了激烈的辩论，争议的焦点便在于尼日利亚政府官员因接受贿赂而滥用权力做出的行为是否应被认定为国家行为。当时美国法学界非常期待联邦最高法院会在该案中对"国家行为"进行明确的界定，但遗憾的是，联邦最高法院还是规避了该问题，认为没有必要判断尼日利亚官员行为的合法性。最高法院在"国家行为"这一概念界定上模棱两可的态度，也造成了下级法院在实践中对该问题有不同的解释方法。一些法院的法官倾向于对"国家行为"进行扩大解释，认为政府官员出于私人目的滥用职权的行为属于国家行为，他们主张这类事件应尽量通过外交途径解决，以避免国内司法行为对两国关系造成不必要的困扰。而另一些法院的法官则倾向于采用狭义的解释方法，将政府官员纯粹出于私人目的的行为，以及越权或滥用职权的行为均排除在国家行为之外。②

国家行为原则在适用于与人权有关的案件时，美国法院主张将战争罪和反人类罪排除在该原则的适用范围之外。在2002年"萨里诉力拓股份有限公司案"③中，原告萨里等人居住在巴布亚新几内亚的布干维尔岛上，该岛有非常

---

① 1981年，柯克帕特里克公司董事会主席里·卡朋特获悉尼日利亚政府计划对外承包卡杜纳空军基地工程。为了获得该工程项目，卡朋特和尼日利亚公民艾金德里私下达成协议，协议中写明艾金德里将尽力确保柯克帕特里克公司获得这份承包合同；柯克帕特里克公司在获得该项目工程之后，要向艾金德里创立的两个巴拿马籍公司支付等同于合同金额20%的"佣金"，艾金德里会用其中一部分钱向尼日利亚政府官员行贿。后柯克帕特里克全资子公司柯克帕特里克国际公司获得了这份承包合同；柯克帕特里克公司向艾金德里指定的两个巴拿马籍公司支付了"佣金"，并且这笔佣金已经被艾金德里用作行贿。在这次投标中落选的环境筑造公司向尼日利亚空军基地和美国驻尼日利亚大使馆举报了此事。经过美国联邦调查局调查，新泽西州联邦地区检察官对柯克帕特里克公司和卡朋特提起刑事诉讼，指控他们违反了《反海外腐败法》，柯克帕特里克公司和卡朋特均被判定为有罪。环境筑造公司依据《诈骗影响及腐败组织法》《鲁宾逊—帕特曼法》以及《新泽西州反欺诈法》在新泽西州地区法院对卡朋特、艾金德里和柯克帕特里克公司等提起了民事诉讼。联邦最高法院判决本案并不适用国家行为原则，因为判决并不需要对尼日利亚政府行为的合法性做出判定。See W. S. Kirkpatrick v. Envtl. Tectonics Corp., 493 U.S. 400, 409 (1990).

② PARSEGHIAN L E. Defining the "Pubic Act" Requirement in the Act of State Doctrine [J]. University of Chicago Law Review, 1991, 58: 1151.

③ Sarei v. Rio Tinto PLC., 221 F. Supp. 2d 1116 (2002).

丰富的矿物和水自然资源。被告是力拓矿业集团在英国和澳大利亚的公司，与巴布亚新几内亚政府签订了采矿合同，由此引发了布干维尔岛居民与政府的一系列矛盾。2002年7月，萨里等布干维尔岛居民向加利福尼亚州地区法院提起了诉讼，他们认为被告在布干维尔岛的采矿活动破坏了小岛的生态环境，而且采矿遗留的垃圾对当地居民的健康造成了严重损害，同时由于建设采矿设施的需要，布干维尔岛上的居民被迫搬出该岛，并且由此引发了不愿搬离的居民与政府的一系列冲突矛盾，导致了10年内战的爆发。基于以上指控，原告起诉被告犯有破坏环境罪、战争罪、违反人权罪以及种族歧视罪。法院在审理时认为，尽管依照国家行为原则其不应对力拓公司破坏环境罪和种族歧视罪进行审查，但是巴布亚新几内亚军队在内战中所犯下的战争罪和反人类罪并不在国家行为原则的适用范围之内，因为酷刑、掠夺等战争和反人类行为不应该被视为合法有效的国家行为。

（4）外国主权豁免原则

外国主权豁免（Foreign Sovereign Immunity）又称国家豁免（State Immunity），是指国家及其财产不接受他国管辖的特权。① 一国给予另一国管辖豁免的优待主要基于国家作为行为主体的特殊性和主权国家间的平等性。虽然外国主权豁免是国际法上一个比较古老的原则，但随着国家与外国自然人或法人之间跨国法律纠纷的大量增多，一国政府在另一国法院的地位问题，成为国际法律关系中一个争论较多的问题。

美国国务院法律顾问泰特1952年5月19日在其给美国司法部关于国家管辖豁免的信函中公开宣布，美国政府不再赞同外国政府对于其商务交易行为提出豁免的要求。② 1976年，美国制定了《外国主权豁免法》（Foreign Sovereign Immunities Act），肯定了限制豁免主义，规定美国法院不得对外国政府和地方政

---

① 参见王铁崖. 国际法 [M]. 北京：法律出版社，2001：93.
② CARTER B E, TRIMBLE P R. International Law [M]. New York：Little Brown and Company，1994：588.

府、政府机构或部门提起诉讼,同时规定了包括商业例外在内的若干例外情况。① 在国家管辖豁免领域,美国法院倾向于维护《外国主权豁免法》体现的美国价值观,坚持国内法优于国际法②,联邦最高法院甚至延伸《外国主权豁免法》溯及力,将其适用于第二次世界大战前的行为引发的案件中。③

2. 反国际礼让原则

国际关系原则中,有些以牺牲外国利益的方式维护美国利益的原则被称为"反国际礼让原则"。反国际礼让原则来源于州法,但在众多案件中被联邦法院所应用,并影响案件审判结果。

---

① 随后国际上其他发达国家也颁布了类似法律,1978 年英国颁布《国家豁免法》,1979 年新加坡颁布了《国家豁免法》,1981 年南非颁布了《外国主权豁免法》、巴基斯坦颁布了《国家豁免法》,1982 年加拿大颁布了《国家豁免法》,1985 年澳大利亚颁布了《外国豁免法》等,限制豁免主义成为发达国家在主权豁免问题上的共识。除了国内法的认可之外,限制豁免主义也逐渐得到国际范围内的认可。区域性的国际条约诸如1972 年的《欧洲国家豁免公约》,国际性的公约如 2004 年 12 月通过的《联合国国家及其财产管辖豁免公约》,都主张限制豁免主义。1972 年的《关于国际豁免的欧洲公约》第 7 条第 1 款规定,如缔约国在法庭地国的领土上设有办事处、代理机构或其任何形式的组织,通过它,和私人一样,从事于商业、工业或金融业的活动,而诉讼与该办事处、代理机构或其他任何形式的组织的此项活动有关时,不得主张免于另一缔约国的司法管辖。该公约没有明确指出应当如何区分一国的商业活动,但规约意义上的"商业""工业"和"金融业"则设定了最基本的区分标准,一旦一国的行为涉及这三大行业,则不能主张管辖豁免。2004 年的《联合国国家及其财产管辖豁免公约》虽然尚未生效,但是其作为重要的国际公约仍然存在着重要的示范效应和较强的影响力。公约第 2 条规定,"商业交易"是指:(一)为销售货物或为提供服务而订立的任何商业合同或交易;(二)任何贷款或其他金融性质之交易的合同,包括涉及任何此类贷款或交易的任何担保义务或补偿义务;(三)商业、工业、贸易或专业性质的任何其他合同或交易,但不包括雇用人员的合同。在具体确定商业交易时,公约规定,在确定一项合同或交易是否为第 1 款(c)项所述的"商业交易"时,应主要参考该合同或交易的性质,但如果合同或交易的当事方已达成一致,或者根据法院地国的实践,合同或交易的目的与确定其非商业性质有关,则其目的也应予以考虑。

② Restatement (Fourth) of Foreign Relations Law IV 5 Intro. Note (2018).

③ Altmann 是奥地利裔美国人,已故奥地利商人 Ferdind 的外甥女和合法继承人。第二次世界大战前,Ferdind 收藏有著名画家 Kmit 的多幅作品,包括 6 幅价值不菲的名画,6 幅名画在纳粹占领期间被奥地利政府征收,战后归奥地利政府所有,奥地利艺术馆负责 6 幅作品的收藏、管理、展览等事宜。2001 年,Altmann 在美国加利福尼亚地区法院起诉了奥地利共和国和奥地利国家艺术馆,要求后者归还在纳粹占领期间通过直接征收以及其他方式获得的 6 幅名画。诉讼历经加利福尼亚地区法院、第九巡回法院和联邦最高法院审判,争议的焦点集中在主权豁免的溯及力以及主权豁免制度中有关商业例外的适用上,联邦最高法院适用了商业例外进行判决。See Republic of Austria v. Altmann, 541 U. S. 677 (2004).

（1）惩罚性规则排除原则

马歇尔大法官早在 1825 年的"安特勒普案"（The Antelope）判决中宣称"没有一个国家的法院会执行其他国家的刑法"①，该判决创造了"刑法排除原则"（Penal Rule）。刑法排除原则发展成为惩罚性规则，即除非有美国成文法的规定或国际条约约定，美国法院不能执行惩罚性的判决，包括刑事判决、没收、罚款和公益诉讼的判决等。

一般来讲，刑法的域外执法主要通过引渡的方式进行，并有严格的程序规则保障被引渡人的权利。与美国大量承认与执行外国民商事法院判决不同，美国对国外的刑事判决非常谨慎，原因在于美国对外国刑事诉讼程序存有质疑，包括没有陪审团制度的国家的判决，美国法院会怀疑其判决的公正性。"美国诉巴西联邦共和国案"② 中，美国联邦第二巡回法院认为受惩罚性规则所限，巴西的判决不能执行。但由于巴西与美国签订有司法协助条约，根据条约巴西可以向美国司法部长申请，由司法部部长请求法院执行双边司法协助条约，据此第二巡回法院将案件发回联邦地区法院重审，并给予了指导意见。

当代惩罚性规则的范围正在逐渐缩小。③ 如果是为私人提供救济，即使是基于刑法或经刑事诉讼产生的，包括为私人利益产生的惩罚性赔偿，并不被认为是在惩罚性规则范围内④，如反垄断法的惩罚性民事制裁（Punitive Civil

---

① 西班牙奴隶贸易船只 Antelope 被美国船只在公海捕获后，因捕获船出事故，Antelope 得以继续停靠美国港口售卖奴隶。美国政府认为 Antelope 违反美国法和国际法，船上的 200 余名奴隶应予解放，但西班牙政府认为，根据西班牙法律，奴隶买卖是合法的贸易，要求返还奴隶。马歇尔大法官认为惩罚性规则应在国家范围内实施，判决返还给西班牙部分奴隶。See The Antelope, 23 US (10 Wheaton) 66, 123 (1825).

② 维尔京群岛的注册公司 Kesten 在美国制商银行存有 680 万美元，2004 年公司所有人 Pires 在巴西因洗钱、逃税、诈骗和其他金融犯罪被刑事起诉，巴西法院通过与美国之间的司法协助条约冻结了 Kesten 在制商银行的账户。其间，另有 2010 年开曼群岛注册的贸易和商业银行清算人在维尔京群岛法院起诉 Kesten，请求判决返还该银行董事非法侵占并委托 Kesten 处理的 150 万美元，得到维尔京群岛法院判决支持，并得到美国纽约南区破产法院的承认与执行判决。2012 年巴西法院判决 Pires 有罪，并判决执行其在制商银行的账户的金额。关于账户金额应支付给巴西还是清算人，美国在地方法院提起诉讼。See United States v. Federative Republic of Brazil and Tammy Fu and Eleanor Fisher. 748 F. 3d 86, 91–92 (2d Cir. 2014).

③ MURPHY R. J. Lenity and the Constitution: Could Congress Abrogate the Rule of Lenity [J]. Harvard Journal on Legislation, 2019, 56: 425.

④ Restatement (Fourth) of Foreign Relations Law § 489 (2018).

Sanctions）不再被视为惩罚性规则而拒绝执行整个判决。① 但在出口管制等公法或刑法领域，国际礼让原则并非说服美国法院的有效依据。②

（2）税法排除规则

根据税法排除规则（Revenue Rule），美国法院没有义务承认与执行其他国家税收判决。在"加拿大英属哥伦比亚诉吉尔伯森案"③ 中，第九巡回法院认为，加拿大英属哥伦比亚法院对居住在加拿大的美国人的税收判决不可执行。由于税法排除规则影响，1989 年美国参加经合组织《多边税收征管互助公约》时，亦明确对协助他国征税的互惠义务进行了保留。

21 世纪以来，美国的税法排除规则有一定松动。美国法院会进行个案分析，只有在外国税收判决严重违反美国公共政策时方才拒绝执行。④ 联邦最高法院在 Pasquantino 案中一方面重申了税法排除规则的有效性⑤，拒绝执行加拿大税收判决，另一方面承认适用税法排除规则有一定范围，国会可以通过立法和批准多边条约的方式突破税法排除规则。不排除当收取税额作为刑事判决的一个次级结果时，法院可以判决收取该金额。⑥

（3）公共政策例外

公共政策例外（Public Policy Exceptions）是指当该国司法体系存在腐败或者无效的情况下，或者在该外国判决违反美国价值观和涉及美国敏感问题时，

---

① STREBEL D. F. The Enforcement of Foreign Judgements and Foreign Public Law [J]. Loyola of Los Angeles International and Comparative Law Review, 1999, 21: 88.

② LAVERS J T. Extraterritorial Offenses and International Law: The Argument for the Use of Comity in Jurisdictional Claims [J]. Southwestern Journal of Law and Trade in the Americas, 2007, 14: 5.

③ 加拿大不列颠哥伦比亚省在美国俄勒冈地区法院起诉 5 个被告人，请求承认与执行加拿大的税收判决。5 个被告人都是俄勒冈的美国公民，在加拿大伐木获取收入，根据加拿大《伐木税法》应向加拿大纳税。See Her Majesty the Queen ex rel. British Columbia v. Gilbertson. 597 F. 2d 1161, 1166（9th Cir. 1979）.

④ POSNER E A, SUNSTEIN C R. Chevronizing Foreign Relations Law [J]. Yale Law Journal, 2007, 116: 1189.

⑤ Pasquantino 等人违反《加拿大烈性酒进口税法》，从美国向加拿大走私大量烈性酒。他们认为，根据《联邦电信欺诈法》，美国法院必须在承认加拿大税法的基础上判断该行为是否违反美国法。根据税法排除规则，美国法院不能认可加拿大税法效力，因此美国法院不能根据《联邦电信欺诈法》认定走私行为在美国是犯罪。法院通过分析税法排除规则的法理和目的，认为税法排除规则不影响本案在美国以电信欺诈定罪。See Pasquantino v. United States. 544 U. S. 349, 380（2005）.

⑥ BRUNSON S D. The U.S. as Tax Haven? Aiding Developing Countries by Revoking the Revenue Rule [J]. Columbia Journal of Tax Law, 2014, 5: 185.

或者该判决违反了习惯国际法上的立法管辖时，美国法院可以拒绝执行外国法院判决。在"巴强诉印度海外出版公司案"①中，纽约州最高法院认为《英国诽谤法》缺乏美国宪法第一修正案关于新闻自由的保护，英国法院据此法做出的判决与美国公共政策不符，拒绝执行英国法院判决。美国法院也拒绝执行司法体系腐败、低效国家的判决。在"布里奇威公司诉花旗银行案"②中，法院以美国国务院《利比里亚国别报告》为依据，认定利比里亚法院系统的公正性存疑，拒绝承认与执行利比里亚法院判决。但实际上，出于对外国法的尊重，美国法院采用公共政策例外作为不承认与执行外国法院判决的理由并不多见。③

综上，近年来国际关系原则的适用逐渐淡化了领土的影响。国际礼让原则在美国法律体系中受质疑较多，同时反国际礼让原则出现一定范围的限缩，前者扩大了美国的法律域外适用，后者则间接扩大了外国法在美国的域外适用。这两种现象并存，反映出领土原则对美国法律域外适用的影响渐弱。

（四）主要法律域外适用领域及其特点

自 20 世纪初起，美国在经济法域外效力问题上的立场从不承认本国经济法的域外适用，发展到主动在本国领土外适用美国经济法。尤其是第二次世界大战结束后，美国经济领域的公法，开始根据效果管辖原理，适用于在美国境内造成不利的经济后果的境外行为。④ 这种变化在理论和实践层面上都产生了深远的影响，彰显出经济安全在美国对外关系中的重要地位。⑤ 目前美国域外适

---

① 英国伦敦的记者撰写了关于原告 Bachchan 牵涉印度与瑞士军事公司军火交易的报道，被告纽约公司 India Abroad 刊发了报道，并通过关联公司在英国发行。原告在英国法院起诉被告诽谤胜诉，并在纽约州法院申请执行英国判决的 40000 英镑赔偿。See Bachchan v. India Abroad Publ'ns Inc., 585 N. Y. S. 2d 661, 664（Sup. Ct. 1992）。
② 花旗银行在利比里亚设有分支机构并从事金融业务，Bridgeway 公司在花旗银行存有 189 376.66 美元。由于利比里亚内战导致国内环境极不稳定，花旗银行决定从利比里亚撤出。1992 年，Bridgeway 公司将花旗银行诉至利比里亚初审法院，要求花旗银行以美元而不是利比里亚元结算其在花旗银行内的存款，最终利比里亚最高法院判决花旗银行应以美元清算 Bridgeway 的存款。Bridgeway 胜诉后，向美国纽约州法院提起诉讼，要求法院承认与执行利比里亚最高法院所做出的判决。See Bridgeway Corp. v. Citibank, 201 F. 3d 134, 141-42（2d Cir. 2000）。
③ Restatement（Fourth）of Foreign Relations Law § 484（2018）.
④ IRANI F. Beyond De Jure and De Facto Boundaries: Tracing the Imperial Geographies of US Law [J]. European Journal of International Relations, 2020, 26: 7-10.
⑤ 参见刘艳娜. 美国经济法域外性问题的理论演变及评述 [J]. 理论月刊, 2016（04）: 162.

用的法律大多是关于经济方面的①,美国经济法的域外性问题已经彻底转向实体主义,地域性的主权概念日益被超越。②

近年来,美国法院行使法律域外适用的领域显著增多,包括联邦人身保护法令纠纷、知识产权案件、反垄断案件、证券案件、劳工纠纷案件、伤残无能力案件、侵权纠纷、刑事案件、移民案件等③,甚至在公司法和公司治理、破产法、税法、环境法等领域也支持法律域外适用,普遍覆盖了涉外公法纠纷和经济法纠纷。尤其在国际环境法领域,美国国内成文法的域外适用现象非常明显,在天气变化诉讼、跨境环境污染、自然资源共同管理等方面都出现美国法律域外适用的情况。④ 美国不同法律领域的域外适用的发展和面临问题各有不同,本书选取若干重要领域进行探讨。

1. 经济制裁和出口管制领域

美国1917年《对敌贸易法》禁止本国人民与敌对国家进行任何形式的交易,这部法律是美国真正意义上的第一部包括出口管制在内的经济制裁法律。经过百余年的立废改,美国出口管制法现已形成体系,主要包括以《出口管制改革法》(Export Control Reform Act)为核心的管制军民两用物品的法律法规体系,以《武器国际运输条例》(International Traffic in Arms Regulations)为核心的管制军用物品的法律法规体系。经济制裁往往会采取出口管制的方式进行制裁,如30多个美国经济制裁(U.S. Sanctions)项目中包含出口管制。⑤ 但经济制裁并不限于出口管制,还有其他大量惩罚性方式开展制裁。出口管制并不限于经济制裁,美国也可能因为高技术保密要求出口管制高新技术出口到非被制裁国家。

美国经济制裁法和出口管制法通常会规定域外适用。《对敌贸易法》《外国资产管理条例》《国际紧急经济权力法》《出口管理法》《出口管理条例》等敏

---

① ZIAEE Y S. Jurisdictional Countermeasures Versus Extraterritoriality in International Law [J]. Russian Law Journal, 2016, 4: 44.
② 参见刘艳娜. 美国经济法域外性问题的理论演变及评述 [J]. 理论月刊, 2016 (04): 166.
③ DYE P B, DAVIDOW J H, RUMBAUGH H, et al. International Litigation [J]. International Law, 2006, 40: 299-303.
④ STASCH A D. ARC Ecology v. United States Department of the Air Force: Extending the Extraterritorial Reach of Domestic Environmental Law [J]. Environmental Law, 2006: 1065.
⑤ 《出口管理法》(Export Administration Act)已于2001年失效,2018年《出口管制改革法》成为目前最为重要的针对军民两用物品的交易进行管制的法律。

感问题的法律和法案通常会规定域外管辖权，外国法人在外国领土上的经营也要遵守上述法律和法案，只要美国人拥有或者控制该企业。为加强对"非美国人"的执法管辖，美国《国际紧急经济权力法》第1507条（a）款，将"造成美国人违法"的人纳入调整范围，即任何人违反、试图违反、密谋违反，或造成美国人违反制裁规范，将被视为非法行为，"明知故犯"则可能构成刑事犯罪。美国境外行为造成"美国人"违反美国制裁规范，影响了美国制裁规范在美国境外的实施效果，但这最多对美国产生间接的影响效果，而非对美国境内产生直接的影响效果。退而言之，即使将"非美国人"造成"美国人"违法认定为对美国境内产生直接的影响，如何证明这种效果的"实质"影响程度仍然模糊不清。① 美国政府近年来更是大量适用出口管制法达到经济制裁的政治目的，如2018年8月6日，特朗普签署了第13846号总统令，恢复对伊朗的全面制裁。② 美国对中国科技公司，包括中兴、华为等公司也大量采取出口管制措施，将政治问题法律化，以期达到政治目的。

经济制裁和出口管制已经成为外交和国际政治领域的敏感问题，次级制裁更是备受争议。20世纪50年代至60年代早期，因加拿大、法国等国与中国交易，美国与多国发生冲突。1957年，加拿大福特公司拒绝销售货车给中国，原因是美国政府以处罚威胁其母公司美国福特公司。这一事件成为1958年加拿大选战的大热议题，并最终促成美国和加拿大达成了1958年7月9日"艾森豪威尔—迪芬贝克关于出口政策的联合声明"。根据该联合声明，美国法律条例的适用不得危害加拿大经济，"如果加拿大子公司遵守美国发布的禁运令将使得加拿大经济受影响，美国政府应善意地免除美国母公司遵守禁运令的义务"。其后，Rayonnier加拿大子公司出售给中国的纸张和纸浆、费尔班克斯—莫尔斯机车加拿大子公司售卖给中国的充电器都获得了美国财政部豁免。20世纪60年代末至70年代初，因与古巴交易，美国与加拿大、英国等国亦屡次产生冲突。③ 尽管

---

① 参见郭华春. 美国经济制裁执法管辖"非美国人"之批判分析［J］. 上海财经大学学报，2021（01）：127.

② 在第13846号行政令的基础上，美国国务院和财政部采取了一系列行动，以实施对伊朗的制裁，主要包括三项内容：第一，修订《伊朗交易与制裁条例》；第二，将700多个伊朗个人、实体、船只和飞机列入特别指定国民清单（即SDNs清单）；第三，给予中国大陆、印度、意大利、希腊、日本、韩国、中国台湾地区和土耳其这八个国家和地区"临时豁免"，豁免期为180天。

③ LEYTON-BROWN D. Extraterritoriality in Canadian-American Relations［J］. International Journal，1980，36：189.

美国次级制裁扩大了安理会决议的授权范围，但安理会决议毕竟赋予了其"目的正当"性，且其符合 GATT 第 21 条"安全例外"的援引要求①，很难通过国际司法途径挑战次级制裁的合法性。

国际冲突的高潮发生于 20 世纪末的欧美和其他主要发达国家之间。1996 年，美国通过《赫尔姆斯-伯顿法》和《伊朗与利比亚制裁法》后，冲突剧烈爆发。次级制裁引发了各国的法律对抗，各国纷纷颁布阻断性法律法规应对美国法律域外适用。

2. 反海外腐败领域

（1）反海外腐败法行政执法扩张态势明显

美国反海外腐败的域外行政执法扩张态势明显。从美国角度讲，域外适用《反海外腐败法》是执行经合组织 1999 年生效的《国际商务交易活动反对行贿外国公职人员公约》（Convention on Combating Bribery of Foreign Public Officials in International Business Transactions，以下简称《国际反行贿公约》）的正当行为。②《国际反行贿公约》的签署者承诺："对行贿外国公职人员的行为入罪并提起公诉"，并同意基于领土的管辖权"应被广义解释，无须证明与贿赂行为存在广泛、实质的联系"。美国具体实施时，行政机关与司法机关之间、司法系统内部在域外适用标准尚未达成共识。

①联邦法院系统的认定尚存矛盾。"霍金斯案"的诉讼历程凸现了关于海外反腐败法域外适用标准的复杂争议。③ 2018 年第二巡回法院认为，如果只是基于被告进行的行贿方案部分发生于美国境内、被告多次与美国境内的共谋人通电话和邮件，则居住在法国、为法国公司工作的退休英国行政人员不能因违反《反海外腐败法》被诉，除非能够证明他作为美国公司代理人而在海外从事贿赂行为，或者贿赂行为发生在美国境内。案件被发回地区法院重审后，2019 年 11

---

① 参见赵海乐．安理会决议后的美国二级制裁合法性探析［J］．国际法研究，2019（01）：37-40．

② 美国对该法进行了多次修改，其中 1988 年和 1998 年的两次重大修改最具代表性。1998 年美国根据《国际反行贿公约》的要求和规定，制定了《国际反行贿赂和公平竞争法》，扩大了原有的适用范围、管辖效力，并消除了美国企业雇用或者以其代理人身份行事的外国国民与美国国民适用刑罚上的差异。

③ 从 2002 年到 2009 年，阿尔斯通美国公司成立了一个项目 Tarahan Project，项目负责向印度尼西亚国家电力公司 Perusahaan Listrik Negara 的官员行贿，以获得苏门答腊岛达拉汗地区的发电站项目 Tarahan Energy Project，阿尔斯通英国公司亚洲区高级副总裁 Lawrence Hoskins（英国人）参与选择和授权对官员的行贿活动。See United States v. Hoskins, 902 F. 3d 69, 96-97 (2d Cir. 2018).

月 8 日，地区法院陪审团认为霍金斯事实上是阿尔斯通美国公司的代理人，进而做出了霍金斯因违反《反海外腐败法》而有罪的裁决。与"霍金斯案"同时期，伊利诺伊北区联邦地区法院审理"福塔什案"（United States v. Firtash）时倾向于扩大《反海外腐败法》域外适用①，Pallmeyer 法官认为第七巡回法院与第二巡回法院不同，在此情况下并不需要证明"代理"这一因素，国会并无意图采用肯定式立法方式将法律限制适用于"美国证券发行人或美国国内实体的代理人、雇员、职员、董事或股东"，而且也并无对被告人是否属于国内实体的代理人或符合要求的外国人有任何额外要求。"霍金斯案"和"福塔什案"都未结案，联邦最高法院是否会调卷审理，明确《反海外腐败法》的域外适用标准，值得关注。

②行政执法主张扩张域外适用。美国《反海外腐败法》适用于域外贿赂外国官员的行为，违法者将承担民事或刑事责任。美国司法部和证券交易委员会负责行政执法，两机构都主张扩张管辖权。《国际反行贿公约》生效以来，已有41 个批准国，其中已经有 17 个国家提起了 207 个反贿赂计划"积极执法"。美国"积极执法"行动最为积极，发动了 128 个反腐败计划，占所有反腐败计划的 61.8%②，美国对外国公司发生在境外（包括印度尼西亚、中国等非签约国）的行为同样提起反腐败刑事公诉，2016 年执法罚金已高达 60 亿美元。③ 美国司法部和证券交易委员会甚至认为通过美国银行账户转账贿赂、两个外国人在美国境外通过美国服务器收发邮件即可构成执法管辖权依据。④

大多数情况下，司法部负责较为复杂和严重的海外反腐败案件，在非严重

---

① Firtash 和 Knopp 分别是乌克兰和匈牙利公民，2013 年二人被控在 2009 年前后谋求获取印度钛矿权益时对印度官员行贿。尽管二人都没有在美国境内出现，也没有作为美国实体或者个人的代理人，但二人通过美国州际贸易的方式在美国进行行贿行为。See United States v. Firtash, 392 F. Supp. 3d 872, 890-892（N. D. Ill. June 21, 2019）.

② 据经合组织统计，从 1999 年 2 月 15 日生效直至 2014 年 6 月 1 日期间，共有 17 个国家提起了 207 个执法计划（涉及 427 个执法对象，其中个人 263 人，企业 164 家），美国 128 个，德国 26 个，韩国 11 个，意大利、瑞士和英国各 6 个，法国和挪威各 5 个，加拿大 4 个，日本 3 个，比利时、保加利亚、匈牙利、卢森堡、荷兰、波兰和瑞典各 1 个。参见 OECD Foreign Bribery Report. An Analysis of the Crime of Bribery of Foreign Public Officials [R/OL]. 2014: 31.

③ Shearman & Sterling LLP. Recent Trends and Patterns in the Enforcement of the Foreign Corrupt Practices Act [R/OL]. 2019: 18.

④ Shearman & Sterling LLP. Recent Trends and Patterns in the Enforcement of the Foreign Corrupt Practices Act [R/OL]. 2019: 18.

案件中，司法部倾向于让渡给由证券交易委员会执法，表现为证券交易委员会比司法部更为积极执法的表象。① 在某些案件中，并不排除对同一公司由司法部和证券交易委员会分别执法。司法部解决方式包括认罪认罚协议（Plea Agreements）、延迟起诉协议（Deferred Prosecution Agreements）、不起诉协议（Non-Prosecution Agreements）和非法所得归公（Public Declinations with Disgorgement）等8种，证券交易委员会解决方式包括同意令（Consent Order）、没收违法所得（Disgorgement）、禁令救济（Injunctive Relief）等11种。上述解决方式通常只是个案结果，并不具有一致性要求。司法部和证券交易委员会还可以在终结调查后提起刑事诉讼或民事诉讼。

（2）存在国际法冲突和国情差异

与经合组织《国际反行贿公约》不同，2005年12月14日正式生效的《联合国反腐败公约》并不认可一国反腐败法具有域外效力，而是直接提出"反贿赂行为不得违反国家平等原则和不干涉内政原则"。美国《反海外腐败法》域外适用行为未得到《联合国反腐败公约》认可，美国反腐败域外执法对未参加经合组织《国际反行贿公约》国家的公司和个人执法的正当性受到质疑。

反腐败在不同国家的作用并不相同，反腐败并不应当是压倒国家主权原则的"政治正确"。有学者提出只要反腐败法律适用符合国际治理体系的公共利益要求，法律域外适用就是恰当的。② 这种观点并不可取，即使一个国家对在另一个国家境内经营且实施了贿赂等腐败行为的公司进行了制裁，阻止了腐败行为，对当地东道国政府和公民来讲，也是一种法律冒犯。反腐败法律适用应该由东道国政府和公民根据国家和社会发展情况，依据其价值观念来制定规则，规定跨国公司的权利义务和责任，并由东道国政府来执行这些法律法规，当跨国公司不遵守法律规定时，予以制止和惩罚。强行将一国的法律和文化标准适用于外国市场，对跨国公司域外行为适用美国国内法律是一种不适当的方法，甚至是一种"道德帝国主义"③，还有学者提出适用国内法执行反腐败对于新兴

---

① Shearman & Sterling LLP. Recent Trends and Patterns in the Enforcement of the Foreign Corrupt Practices Act [R/OL]. 2019: 5.
② BRANISLAV J. Transnational Bribery: When is Extraterritoriality Appropriate [J]. Charleston Law Review, 2017, 11: 306-307.
③ SALBU S R. Redeeming Extraterritorial Bribery and Corruption Laws [J]. American Business Law Journal, 2017, 54: 682.

市场来讲是一种经济制裁。① 美国反海外腐败法律的域外适用也导致某些公司不愿意与美国公司合资合作，或者签订长期合同，美国公司也对该法域外适用充满顾虑。②

3. 反垄断领域

美国反垄断法可以适用于外国公司法人，确保其行为不会造成不正当竞争以损害美国利益。美国反垄断法的域外管辖始于 20 世纪 40 年代著名的"美国诉美国铝业公司案"，汉德法官采用了"意图/效果标准"来确定管辖权，即当原告证明其指控的行为"旨在影响美国进口并实际发生了这种效果"时，该发生在外国的行为受到美国反垄断法的管辖。同时，美国反垄断法还规定了若干种主权抗辩因素来保证管辖豁免或责任豁免。反垄断法适用于其他主权国家领土内的商业行为必然带来法律适用冲突。③

（1）反垄断法域外适用出现分化

美国早在 1890 年《谢尔曼法》即有域外法律适用的规定④，但反垄断法实际发挥域外效力始于 1945 年"美国诉美国铝业公司案"⑤，该案确立了反垄断案件域外适用的"效果原则"。⑥ 将反垄断法适用于其他主权国家领土内的商业

---

① SPALDING B A. Unwitting Sanctions: Understanding Anti-Bribery Legislation as Economic Sanctions against Emerging Markets [J]. Florida Law Review, 2010, 62: 366-376.

② DAM K W. Economic and Political Aspects of Extraterritoriality [J]. International Law, 1985, 19: 890.

③ F. Hoffmann-La Roche Ltd. v. Empagran S. A., 542 U. S. 155, 164（2004）（"No one denies that America's antitrust laws, when applied to foreign conduct, can interfere with a foreign nation's ability independently to regulate its own commercial affairs."）.

④ 美国反垄断法域外适用的法律主要有 1890 年《谢尔曼法》（Sherman Act）第 1、2 条，1914 年《克莱顿法》（Clayton Act）第 2、3 条和 1914 年《联邦贸易委员会法》（Federal Trade Commission Act）第 5 条。

⑤ 美国铝业公司是一个在加拿大注册的公司，通过两项专利，保持在美国市场 90% 的占有率。它同几家外国公司签订卡特尔协议，对向美国的出口规定了具体的数量限制。法院认为该数量限制对美国市场的产品价格必然会产生影响，违反了《谢尔曼法》第 1 条。See United States v. Aluminum Co. of America. 148 F. 2d 416, 444-445（1945）.

⑥ 参见王晓晔. 我国《反垄断法》域外适用的理论与实践 [J]. 价格理论与实践, 2014（02）: 9.

行为带来了严重法律冲突①,英国 1980 年的《贸易利益保护法》②、澳大利亚 1979 年的《外国反垄断裁决(限制执行)法》③ 和 1984 年《外国诉讼程序(超出管辖权)法》对此做出了法律阻断。

为消减"效果原则"的负面影响,1982 年美国通过了《对外贸易反垄断改进法》(Foreign Trade Antitrust Improvements Act,FTAIA),确立了"直接效果原则"(Direct-Effects Test),规定《谢尔曼法》不适用于与外国之间的商业和贸易行为,除非该行为对美国境内产生直接的、实质的和可合理预期的效果。④在具体解释适用过程中,司法机关与执法机关间出现了标准矛盾的现象。

①司法方面,美国联邦最高法院意图减少反垄断民事诉讼的法律域外适用。在 2004 年 Empagran 案中⑤,自由派大法官斯蒂芬·布雷耶从国际礼让原则和国

---

① EDWARD R. P. Foreign Blocking Statutes and the GATT: State Sovereignty and the Enforcement of the U. S. Economic Laws Abroad [J]. George Washington Journal of International Law and Economics,1995,28: 317.

② 英国《贸易利益保护法》与美国域外适用反垄断法关系密切,但并不局限于此。面对美国法律域外适用扩大的态势,1979 年英国商务部部长 Hansard 提出了《贸易利益保护议案》(Protection of Trading Interests Bill),并在下议院展开辩论,该议案促成 1980 年《贸易利益保护法》颁布。《贸易利益保护法》授权英国政府禁止英国公民遵守侵犯英国贸易利益的美国域外法律适用行为,同时抵制美国域外适用反垄断法和打击有组织犯罪法(Racketeer Influenced and Corrupt Organizations Act,RICO)而做出的惩罚性赔偿判决的执行。该法 1996 年进行了修订。See c. 11 No. 3171(amended 1996)(U. K.). See Brief of the International Chamber of Commerce United Kingdom as Amicus Curiae in Support of Petitioner,at 8-10. British American Tobacco(Investments)Limited v. United States of America et al. ,2010 WL 1186415(Appellate Petition,Motion and Filing)Supreme Court of the United States.

③ 该法主要针对美国反垄断法的不当域外适用,授权司法部部长发布命令不执行或部分执行外国的反垄断判决。1976 年,Westinghouse 起诉 17 家美国企业,4 家澳大利亚企业和其他 8 家其他国家企业非法固定铀的价格,要求 70 亿美元赔偿。4 家澳大利亚企业提出美国无管辖权,因其并未向美国购买者出售铀产品。1979 年,伊利诺伊北区地方法院判决包括 4 家澳大利亚企业向被告赔偿。See In Re Uranium Antitrust Litigation,473 F. Supp. 382(1979).

④ 15 U. S. C. §6a(i)(A). (2006): U. S. antitrust law does "not apply to conduct involving trade or commerce... with foreign nations unless... such conduct has a direct, substantial, and reasonably foreseeable effect" in the United States.

⑤ 美国国内外的维生素购买者对 F. Hoffmann-La Roche Ltd. 等提起了反垄断集体诉讼,称维生素的生产者和分销商通过固定价格协议提高了维生素在美国市场和国外市场的价格。F. Hoffmann-La Roche Ltd. 等在地区法院请求驳回外国购买者的诉讼请求后,美国的维生素购买者已另行起诉。联邦最高法院九位大法官对该标准的观点基本一致,八位大法官同意判决结果,只有现已退休的桑德拉·奥康纳没有发表意见。See F. Hoffman-La Roche Ltd. v. Empagran S. A. 542 U. S. 155,169(2004).

219

会立法目的两方面深入分析,认为即便垄断行为违反《谢尔曼法》,只要发生在国外的损害与发生在国内的损害能够分立,美国法院就没有必要通过审判国外的损害,进而干预国外竞争政策的正当性。Empagran 案为反垄断法域外适用与尊重他国主权方面对国会意图进行阐明,其后各级法院以此为前提,在"直接效果原则"指导下探索具体标准审判案件。① 2005 年 1 月,美国得克萨斯州及新泽西州的两家公司向美国法院提起诉讼,称多家中国维生素 C 制造商通过达成固定价格协议,共同实施了对美出口维生素 C 产品的价格共谋行为,通过减少供给量而致使维生素 C 价格大幅攀升,违反了美国反垄断法,并对这两家公司造成数千万美元损失。该案经过长达 11 年的漫长诉讼历程,美国第二巡回法院于 2016 年 9 月 20 日对中国企业涉美维生素 C 反垄断诉讼案做出判决:撤销地区法院违反国际礼让原则的原判决,驳回原告诉讼,发回原审法院并指令原审法院撤销案件。

②执法方面,美国司法部对外国当事人的刑事执法情况增多。1997 年第一巡回法院在"美国诉日本纸业公司案"中第一次将《谢尔曼法》第 1 条适用于反垄断刑事案件②,认为只要该行为对美国境内产生"实质性的和故意的"(Substantial and Intended)效果,即使该行为完全发生于境外,司法部可就该域外行为提起刑事诉讼。司法部和联邦贸易委员会 2017 年发布的《国际反垄断执法指南》(International Antitrust Enforcement Guidelines)也完全无视 Empagran 案的影响,坚持主张扩大管辖权。2004 年 Empagran 案判决后,美国司法部对海外公司的垄断行为的刑事指控和罚款反而大幅增加。③

4. 国际人权保护领域

20 世纪 80 年代以前,外国人在美国法院起诉发生在美国领土之外的反人道诉讼几乎不可能。其后,随着人权保护的传统模式变化,主张人权被侵犯的受害人可以在全球法院起诉侵害人,美国法院也开始接受此类诉讼。美国颁布了

---

① LEONARD C L. In Need of Direction: An Evaluation of the Direct Effect Requirement under the Foreign Trade Antitrust Improvements Act [J]. Washington and Lee Law Review, 2016, 73: 489-532.

② 美国诉日本纸业公司在日本境内的价格固定行为,意图对美国产生影响,且已实际对美国产生了影响。美国基于《谢尔曼法》第 1 条对日本纸业公司提起刑事诉讼。See United States v. Nippon Paper Industries Co., 109 F. 3d 1, 13 (1997).

③ Note. Developments in the Law – Extraterritoriality [J]. Harvard Law Review, 2011, 124: 1275.

《外国人侵权法》(Alien Tort Statute, ATS) 和其他相关法律①,允许遭受违反国际法侵害的外国人在美国法院提起诉讼,这种诉讼可以是起诉美国公民、美国公司或者居住在美国的外国人。在国际海盗和恐怖主义犯罪方面,美国颁布了更为激进的法律执行国际法,执行国际法的国内成文法在管辖权方面更为放开。但近年来,《外国人侵权法》的适用有缩小趋势,逐渐回归美国本土。②

(1)《外国人侵权法》域外适用呈现限缩态势

《外国人侵权法》源于 1789 年美国《司法法》(Judicial Act of 1789) 的一个条款,经 1873 年、1911 年及 1948 年的修订,现被编为《美国法典》第 28 卷第 1350 节。《外国人侵权法》仅有一个条文,即:"当侵权行为违反国际法或美国缔结的条约时,(联邦)地方法院对外国人据此提起的民事诉讼享有初审管辖权"。对于该管辖权属于立法管辖权还是司法管辖权的争论中,由于外国人的侵权请求的权利基础来自"国际法或美国缔结的条约",因此该管辖权被认为是司法管辖权,仅涉及法院对特定纠纷拥有审判权。③《外国人侵权法》的规定比较抽象而模糊,因而在具体案件中适用该法使得美国法院行使管辖权方面,常常发生争议。

《外国人侵权法》案件的诉因产生于习惯国际法或美国缔结的条约,允许外国人就违反习惯国际法或美国缔结的条约的侵权行为在美国法院进行诉讼。④ 1980 年第二巡回法院在费拉提案第一次将该法适用于域外的酷刑行为⑤,认为

---

① 除了《外国人侵权法》之外,美国还有三部法令规定了此种管辖权,分别为《酷刑受害者保护法案》(Torture Victim Protection Act)、《外国主权豁免法》(Foreign Sovereign Immunities Act) 和《反恐动议》(Antiterrorism Initiative)。

② COLANGELO A J. A Unified Approach to Extraterritoriality [J]. Virginia Law Review, 2011, 97: 1026.

③ 国内学者持有此观点的相关著述有:王承志. 美国《外国人侵权法》诉讼中的普遍管辖问题——以 Kiobel 案为切入点 [J]. 武汉大学学报(哲学社会科学版), 2016(05): 104-109.

④ 21 世纪后,适用《外国人侵权法》的必要条件逐渐得到明晰。PICKENS A L. Defending Actions against Corporate Clients of Private Security Companies [J]. U. of Pennsylvania Journal of Business Law, 2017, 19: 610. 李庆明. 论美国《外国人侵权法令》诉讼中的管辖权 [J]. 美国研究, 2012(01): 62. 王承志. 美国《外国人侵权法》诉讼中的普遍管辖问题——以 Kiobel 案为切入点 [J]. 武汉大学学报(哲学社会科学版), 2016(05): 104-109.

⑤ 原告 Filartiga 是受到美国政治庇护的巴拉圭公民,在美国法院起诉被告巴拉圭人 Pena-Irala 在巴拉圭对原告之子实施酷刑致其死亡,被告当时正持旅游签证位于美国境内。See Filartiga v. Pena-Irala. 630 F. 2d 876, 890 (1980).

只要在美国境内送达被告,美国法院对域外违反习惯国际法,尤其是基本人权的行为具有管辖权。1980 年后适用《外国人侵权法》的实践中发展出了若干必要条件及其规则。2004 年 Sosa 案①中,联邦最高法院苏特大法官在判决中将《外国人侵权法》的诉因做了限制,要求诉因必须是"具体的、强制性的和被广泛接受的"(Specific, Obligatory and Universally Accepted)。布雷耶大法官补充意见指出,严重性类似美国第一次国会规定的海盗、违反安全、对大使的侵犯等行为才能成为诉因。在 2010 年 Kiobel Ⅰ案②中,联邦第二巡回法院认为《外国人侵权法》中"万国法"的用词不适用于公司责任。2013 年联邦最高法院调卷后的 Kiobel Ⅱ案③,约翰·罗伯茨大法官阐明《外国人侵权法》在条文、历史、海盗行为例外的原因、美国法院的职责、国际影响等方面后,指出排除域外效力推定原则适用于《外国人侵权法》。塞缪尔·阿利托大法官在补充意见中指出,管辖域外行为的基础是该行为有"足够的强度"(Sufficient Force)触及和关涉美国领土(Touch and Concern the Territory)时,排除域外效力推定原则即可被克服。联邦最高法院 Kiobel Ⅱ案判决被视为外国人侵权诉讼转为限缩的转折点。④ 2018 年 Jesner 案又进一步限缩了外国人侵权案件范围⑤,联邦最高法院安东尼·肯尼迪大法官呈递了多数意见,指出《外国人侵权法》立法时意图减轻对外关系争议,如果将外国公司作为被告,无疑会引起外交关系紧张。如果外国公司未在美国

---

① 墨西哥人马缮因涉嫌杀害了美国特工,美国毒品管制局雇用 Sosa 等墨西哥人绑架了马缮因。马缮因根据《外国人侵权法》起诉 Sosa 等人,地区法院和巡回法院都判决侵权成立且赔偿,联邦最高法院调卷审理了本案。最高法院大法官在审理 Sosa 案中出现了观点的激烈交锋,5 位大法官虽然同意判决但是补充了各自的意见。See Sosa v. Alvarez-Machain. 542 U.S. 692, 749, 760 (2004).

② 原告 Kiobel 等是居住在美国的尼日利亚人,根据《外国人侵权法》起诉荷兰、英国和尼日利亚的公司在 20 世纪 90 年代协助尼日利亚政府军攻击村庄,殴打、强奸、伤害和逮捕居民,毁坏和抢夺财产,违反了国际法。作为被告的公司与美国的关系是其股票在纽约证交所交易,负责投资的办公室位于纽约。See Kiobel v. Royal Dutch Petroleum Co. 621 F. 3d 111, 130-131 (2d Cir. 2010).

③ Kiobel v. Royal Dutch Petroleum Co. et al., 133 S. Ct. 1659, 1669-1673 (2013).

④ 参见王承志. 美国《外国人侵权法》诉讼中的普遍管辖问题——以 Kiobel 案为切入点[J]. 武汉大学学报(哲学社会科学版), 2016(05): 109.

⑤ 2004 年至 2010 年,Jesner 等近 6000 名以色列原告起诉总部在约旦的阿拉伯银行资助恐怖分子在以色列城市进行绑架、伤害甚至杀害,阿拉伯银行通过其在纽约办公室清算了交易。2015 年地方法院遵循 Kiobel Ⅰ案的规则,判定《外国人侵权法》不适用于公司。后美国联邦最高法院调卷审理了 Jesner 案,五位大法官赞同判决,其中三位大法官提交了不同判决理由,四位自由派大法官提交了反对意见,观点分歧颇大。See Jesner, et al. v. Arab Bank, Plc., 138 S. Ct. 1386 (2018).

领土内侵权或者实质性地对美国利益造成负面影响（substantially and adversely affected an important American national interest），就不能成为《外国人侵权法》案件的被告。

近年来，法院适用《外国人侵权法》时倾向于重申领土主权是判断管辖权的关键因素①，适用逐渐回归美国本土，基本关上了跨境人权侵权诉讼的大门。②

（2）《酷刑受害者保护法》作用有限

美国《酷刑受害者保护法》（Torture Victim Protection Act，TVPA）是基于《联合国禁止酷刑公约》等国际条约而出台的明确国家义务的法律，缔结条约的国家应为酷刑、法外杀害和违反国际人权法的行为提供国内法律救济。1992年颁行的《酷刑受害者保护法》是产生诉因的实体法，对该诉因是否有管辖权则需依据《联邦管辖权法》判定。外国人和美国人都可以根据《酷刑受害者保护法》提起诉讼，也可以同时提起《外国人侵权法》诉讼，诉讼结果并不互相影响。Doe案中③，法院解读了《酷刑受害者保护法》的条文，指出条文中"外国的"和"产生本法诉因的行为地"字样已经表明了立法者域外适用的本意，且得到立法历史的佐证，《酷刑受害者保护法》不受排除域外效力原则限制。即便如此，《酷刑受害者保护法》要求被诉行为必须与政府行为共存，被告只能是自然人，且原告应已经穷尽域外的司法救济路径等严格的条件，以及弱势原告举证困难的现实④，域外适用的《酷刑受害者保护法》作用有限。

（3）有效性和正当性存在矛盾

有效性是支持《外国人侵权法》和《酷刑受害者保护法》域外适用的主要依据。由于国际人权执行机制尚不完善，域外适用可以为外国原告提供一个寻求救济的有效途径，因此一国国内法院行使管辖的做法更加符合国际法原则要

---

① PARRISH L. A. Kiobel, Unilateralism, and the Retreat from Extraterritoriality [J]. Maryland Journal of International Law, 2013, 28: 228.
② COLANGELO A J. A Unified Approach to Extraterritoriality [J]. Virginia Law Review, 2011, 97: 1026；郭雳. 域外经济纠纷诉权的限缩趋向及其解释——以美国最高法院判例为中心 [J]. 中外法学, 2014, 26 (03): 822-839.
③ 2009年，哥伦比亚公民（居民）Doe等作为原告，以违反《酷刑受害者保护法》等为由诉Drummond等公司及其高管，被告公司的注册地和主要营业所在地都是亚拉巴马州。原告指控被告在哥伦比亚采矿场雇用准军事组织，对原告及其亲属实施法外杀害。由于举证不足，Doe等未能得到赔偿。See Doe v. Drummond Co., 782 F.3d 576, 602 (11th Cir. 2015).
④ PICKENS A L. Defending Actions against Corporate Clients of Private Security Companies [J]. U. of Pennsylvania Journal of Business Law, 2017, 19: 633-634.

求和全球治理的需要。① 然而有效性仍然要面对正当性拷问。尽管《外国人侵权法》和《酷刑受害者保护法》域外适用与普遍管辖权有一定关系，二者都与国际犯罪有关，但《外国人侵权法》和《酷刑受害者保护法》适用的是私主体在国际法下的侵权赔偿诉讼，而非普遍管辖权中适用的是刑事诉讼，缺乏国际法上的管辖正当性。

基于上述价值冲突，西方国家对美国《外国人侵权法》《酷刑受害者保护法》域外适用的态度比较矛盾。一方面，英国、德国、瑞士等国认为其与现有国际法原则不符，对外国人的境外行为适用法律侵犯了其他国家主权，这些国家享有对其境内人和事的规制和管辖权力。② 另一方面，英国和意大利法院开始在侵犯国际人权的案件判决中引用相关案例，佐证本国法院管辖权的同时，中止被告主张的管辖豁免。③

（五）美国对外国阻断法的认识和实践

外国强行法原则源于18世纪欧洲战争法，最初是要求交战国不得强迫敌国民众加入本国军队，而导致该人受到叛国罪指控。④

1. 外国强行法的认定

外国的阻断法可能被美国定义为外国强行法，外国强行法原则是常见的一种抗辩理由，对美国法院判案产生影响。美国《对外关系法》第四次重述第442条界定了外国强行法（Foreign-State Compulsion）原则，即如果由于外国强行法限制所产生的违法行为，美国法院可在规定范围内，自由裁量免除或减轻对该违法行为的制裁，条件是：①如未满足该外国法要求，当事人将遭受包括刑事制裁和民事制裁的严重制裁，这种制裁并非只是可能性；②当事人已经善意地以避免该冲突的方式行事。外国强行法抗辩适用于法律没有明文规定的情况，如果成文法有明确规定，则依据成文法规定处理。

反措施属于外国的国家强行法，美国法院在决定是否适用外国强行法抗辩

---

① PARRISH L. A. Fading Extraterritoriality and Isolationism: Developments in the United States [J]. Indiana Journal of Global Legal Studies, 2017, 24 (01): 208.
② Note. Developments in the Law – Extraterritoriality [J]. Harvard Law Review, 2011, 124: 1283.
③ LEVINE J. Alien Tort Claims Act Litigation: Adjudication on Foreign Territory [J]. Suffolk Transnational Law Review, 2006, 30: 130-134.
④ Restatement (Fourth) of Foreign Relations Law § 442 (2018).

第七章 法律域外适用制度

时需要进行全面考量,对法条、前后文、制定历史和立法目的等方面进行考虑,并且在不同法律领域的情况也并不一致。在海外反腐败领域,美国《海外反腐败法》将当地法视为外国强行法,以依据当地法被调查行为属于合法行为为理由构成积极抗辩。① 在反垄断领域,外国强行法抗辩得到美国法院、司法部等部门的广泛认可。② 但在出口管制领域,情况截然相反。2005 年美国诉布隆迪案中③,地区法院拒绝基于外国阻断法的规定,免除或减轻当事人违反美国古巴出口管制法的责任。法官认为古巴阻断法并没有强制当事人必须与古巴进行贸易,不构成与美国法"不得与古巴贸易"的直接法律冲突,上诉法院对此不持异议。

2. 纸老虎的第一颗牙齿:对抗证据开示制度

外国强行法原则常见于美国法院的证据开示(Discovery)程序中。美国证据开示制度要求当事人或第三人必须提供案件相关的包括账户等资料和信息,否则有可能被罚款和定罪。实践中,美国法院并未仅因当事人受到外国法中的证据交换限制而免除当事人的证据出示义务,最著名的案例是 1987 年"法国国

---

① 15 U.S.C. § 78dd-1. (c) It shall be an affirmative defense to actions … (1) the payment, gift, offer, or promise of anything of value that was made, was lawful under the written laws and regulations of the foreign official's, political party's, party official's, or candidate's country…

② 新西兰《乳制品委员会法》规定,向限制进口数量的国家出口乳制品时,应禁止在出口商中造成价格竞争,因此新西兰乳制品委员会通过发放出口许可证的方式固定乳制品出口价格,后被奶酪进口商诉至纽约南区地方法院。法院认为新西兰《乳制品委员会法》与美国《谢尔曼法》在固定价格是否违法方面存在实质冲突,基于外国强行法原则,对案件不予管辖。See Trugman-Nash, Inc. v. N. Z. Dairy Bd., 954 F. Supp. 733, 736 (S. D. N. Y. 1997).

③ 美国公民 Brodie 在特拉华州注册公司,总部设在宾夕法尼亚州,通过北美各国的销售人员销售净水设备,其中有些净水设备销往了古巴。Brodie 被控违反《对敌贸易法》和《古巴资产控制条例》规定的古巴出口禁令,宾夕法尼亚东部地区法院认为证明 Brodie 故意的证据不足,在上诉程序中被第三巡回法院撤销判决,发回重审。See United States v. Brodie, 174 F. Supp. 2d 294, 301 (E. D. Pa. 2001); United States v. Brodie, 02-2662 (3rd Cir. 2005).

225

家航空产业公司诉美国爱荷华南区联邦地区法院案"①，法官明确指出：在取得位于其他成员国境内证据方面，《海牙取证公约》并非唯一的和强制的程序，公约并未剥夺地方法院命令一方当事人提交域外证据的权能，公约的取证方式并不优先于国内法的取证方式。外国强行法不能使得当事人免除证据开示义务。

在"法国国家航空产业公司诉美国爱荷华南区联邦地区法院案"中，联邦最高法院采用五因素法分析当事人能否因本国法限制而不遵从美国的证据开示义务。此后美国法院沿用该案确立的利益平衡标准（Interest-Balancing Test）处理对抗措施中的证据交换限制问题，在相当长时间内使得外国强行法中的证据交换限制沦为"纸老虎"。据统计，美国法院在88%比例的案件中应用了这一判决，否定了外国强行法的抗辩作用。② 在 Gucci 案中③，中国银行以国内强行法限制为由不执行美国法院的证据开示义务，后被判蔑视法庭并罚款。在少量案件中，美国法院会在利益平衡标准分析基础上，认可外国强行法具有减轻当事人义务的作用，条件是该外国司法实践中对类似情况下提供证据的当事人确实给予了罚款或民刑事处罚。④

---

① 美国原告在联邦地区法院起诉被告制造和买卖的飞机失事造成人身伤害，被告是法国公司，飞机失事于美国爱荷华州。原告起诉后要求法国公司进行证据开示，法国公司认为美国和法国都是《海牙取证公约》的成员国，证据开示需要经过海牙公约的程序。See Société Nationale Industrielle Aérospatiale and Société de Construction d'Avions de Tourisme v. United States District Court for the Southern District of Iowa, etc., 482 U. S. 522, 544（1987）. 该案成为美国法院在判决当事人选择遵守美国法院的指令而违反本国法，还是遵守本国法而违反美国法院判令的重要案件，在近年来被越来越多地应用。2005至2014年，50个案件援引了 Aérospatiale 案的五因素法，相比1988至1998年，只有2个案件援引。See Geoffrey Sant. Court-Ordered Law Breaking：U. S. Courts Increasingly Order the Violation of Foreign Law ［J］. Brooklyn Law Review, 2015, 81：192.

② HODA M J. The Aérospatiale Dilemma：Why U. S. Courts Ignore Blocking Statutes and What Foreign States Can Do about it ［J］. California Law Review, 2018, 106：233.

③ 原告 Gucci 的分销商起诉被告中国网站侵犯商标权，中国银行并非案件当事人，但商标侵权人在中国银行开有账户，法院命令中国银行纽约分行提供被告账户信息，法庭记录显示：中国银行纽约分行宣称向有关部门请示后仍未提供信息。See Gucci America, Inc., et al. v. Weixing Li, 768 F. 3d 122（2014）.

④ 案件中涉及的多家银行以国内强行法要求为由请求免于证据开示义务，但只有瑞士银行得以被免除。法院认为瑞士银行法的司法实践表明，在类似情况下，即使没有当事人提出，违反了保密规定的银行仍被提起公诉，因而瑞士银行被免于提交证据。同案中的法国银行、阿拉伯联合酋长国并没有被免除提交证据的义务。See Motorola Credit Corp. v. Uzan, 73 F. Supp. 3d 397, 404（2014）.

二、欧盟的法律域外适用制度

近年来,在美国的身体力行之下,其他国家和地区纷纷效仿美国,主张法律域外适用,适用本国的法律推动其对外政策;[1] 包括对在美国的法人和公民适用其他国家的国内法,适用国内法处理跨国问题成了可接受的国际准则之一。[2] 同时大量使用阻断法等反措施法律武器,抵制、对抗和削弱美国法律域外适用的不利影响成为普遍做法。欧盟在某些法律领域奉行软单边主义路径[3],对法律域外适用的态度逐渐宽松,开始在证券法、数据法等方面主张法律域外适用,但整体上还比较有限。

(一) 法律域外适用

追根溯源,欧盟国家历史上对法律域外适用并不陌生。域外立法管辖的最早实践源于欧洲中世纪的罗马法复兴时代,彼时意大利地区众多林立的城邦共和国已具备国家雏形。法则区别学说应运而生,较为系统地提出了域外立法管辖的法律基础,后来荷兰学派的"胡伯三原则"从根本上探讨了域内管辖和域外管辖的关系。欧盟国家的法律尽管在殖民时代被在域外适用,但失去了法律基本的平等性,成为强权的治外法权,被历史鞭挞。

殖民时代终结后,欧盟并未否定效果管辖原则。[4] 欧盟法域外适用最典型的领域是竞争法,认为基于对欧共体造成影响而对外国被告直接适用的《欧共体条约》第85条,并不违反国际法。欧共体法院早在1988年即出现将公法适用于域外的外国被告人的案件。尽管缺乏明确规定,欧盟(欧共体)自20世纪以来一直在极力扩张其竞争法的域外效力,并通过判例逐步形成了同一经济体原则、履行地原则以及效果原则三大理论来支持欧盟法院管辖权的正当性。

欧盟法律域外适用逐渐扩大了实施领域,在数据安全领域的域外适用尤其受到国际社会重视。2018年欧盟通过的《通用数据保护条例》及附属解释支持

---

[1] PARRISH L. A. Kiobel, Unilateralism, and the Retreat from Extraterritoriality [J]. Maryland Journal of International Law, 2013, 28: 219.
[2] PARRISH L. A. Reclaiming International Law from Extraterritoriality [J]. Minnesota Law Review, 2009, 93: 856.
[3] HEPPLE B A. Labor laws and Global Trade [M]. Oxford: Hart Publishing, 2005: 101.
[4] 参见孙国平. 论劳动法的域外效力 [J]. 清华法学, 2014 (04): 43.

法律域外适用，形成了域内全面管控和域外法律适用的严密体系。① 第3条通过"经营场所标准"和"目标指向标准"设定了宽泛的地域管辖范围。"经营场所标准"是指如果个人数据的控制者或者处理者在欧盟境内设立了经营场所，在经营场所开展业务的场景下发生的数据处理行为受到该法管辖，无论数据处理行为的具体位置是否在欧盟境内。"目标指向标准"是指在欧盟境内没有设立经营场所的数据控制者或处理者，它们直接收集、处理或者监控欧盟境内数据主体个人数据的行为也将被纳入管辖范围。② 以被遗忘权为例，Google Spain 案的裁决支持了"被遗忘权"，但未指明被遗忘权的执行范围。Google Spain 案以后，谷歌公司采用基于域名的执行方案，将搜索结果的调整限制在欧洲范围内。法国国家信息与自由委员会对此执行方案并不满意，要求应该在其搜索引擎的所有扩展域名中删除相应链接，法国最高行政法院将该案提交至欧盟法院，请求欧盟法院做出先行裁决。欧盟法院认定：数据处理行为是在法国境内的经营场所开展活动的场景下进行的，这种行为落入了《通用数据保护条例》的地域适用范围，但谷歌公司不必在欧洲以外的全球范围内执行被遗忘权。与美国的法律域外适用不同的是，欧盟法院认为，即使被纳入欧盟个人数据保护法的域外管辖范围，该企业运用技术手段来保护欧盟个人数据权利的实际效果（范围）原则上应该以欧盟的地域为界，只有在特殊情况下，才会要求实际效果溢出欧盟。③

（二）法律域外适用的反措施

早在1945年的 Alcoa 案，欧盟就开始面对美国法律域外适用的挑战，开始在反垄断法领域，后来进入经济制裁领域。20世纪末，欧盟和美国之间就法律域外适用和阻断制度的"法律战"达到了阶段顶点。欧盟对美国法律域外适用的应对模式具备多角度、多层面、相互配合、共同施压的特点。在确认美国域外适用的法律可能会严重影响欧盟利益后，欧盟迅速在地区立法、WTO 申诉、与美国和古巴进行政治对话、在国际社会进行施压等多个维度开展活动以应对

---

① 参见冉从敬，何梦婷，刘先瑞. 数据主权视野下我国跨境数据流动治理与对策研究[J]. 图书与情报，2021（04）：5.
② 参见俞胜杰，林燕萍.《通用数据保护条例》域外效力的规制逻辑、实践反思与立法启示[J]. 重庆社会科学，2020（06）：64.
③ 参见俞胜杰，林燕萍.《通用数据保护条例》域外效力的规制逻辑、实践反思与立法启示[J]. 重庆社会科学，2020（06）：72.

美国域外适用的法律影响。欧盟阻断法绝非"孤军奋战",而是欧盟一系列"组合拳"的重要构成。对欧盟阻断法的实际运行法律效果,要结合其他政治手段与事件综合评价,尽管存在着"威慑"效果大于"实际"效果的质疑,但其与其他措施结合的应对方式,共同达到了良好的效果,全面看待方可得到合理结论。

1. 历史沿革

美国相关制裁法案及其域外效力是欧洲及其他国家地区同类性质的阻断法产生的直接诱因。1996年,美国颁布了《古巴自由和民主声援法》(即《赫尔姆斯—伯顿法》),对古巴进行制裁。这一法案直接影响到欧洲的商业利益①,欧盟领导人对此迅速表达不满与抵制②,欧盟商业委员会明确表态:"我们不能在欧盟企业与个人头悬达摩克利斯之剑的时候无动于衷。"③ 随后欧盟理事会颁布了2271/96条例(E. U. Regulation 2271/96 of 1996),全称是《关于应对第三国法案域外适用的保护条例》。作为欧盟条例,对欧盟所有成员国直接发生法律效力。条例在序言里明确指出,一些国家所颁布的法律法规试图对欧盟成员国管辖下的自然人和法人的行为行使管辖权,这违反了国际法,同时也影响了欧盟及其成员国的利益。条例主要针对的是美国法的域外适用,附录中列出了美国1996年的《古巴自由和民主声援法》④、1992年的《古巴民主法》的制裁条款⑤、《古

---

① CHUDZICKI P K. The European Union's Response to the Libertad Act and the Iran-Libya Act: Extraterritoriality without Boundaries [J]. Loyola University Chicago Law Journal, 1997, 28 (3): 550.
② 首次颁布时,尚为欧洲共同体,为了避免前后混淆与疑义,本文中欧盟、欧共体等,均表示自欧共体演变而来,而目前称为欧盟的政治实体。
③ ALEXANDER K W. The Helms-Burton Act and the WTO Challenge: Making a Case for the United States under the GATT National Security Exception [J]. Florida Journal of International Law, 1997, 11 (3): 559.
④ 该法要求总统更严格地执行现有的对古巴制裁法律,更重要的是规定了一项新的诉权:"任何人……如果参与了与被古巴政府在1959年1月1日或之后非法征收的美国人财产有关的交易,主张拥有该财产所有权的美国人可以要求其承担责任"。该条款规定被认为具有"域外效力"(Extraterritoriality)。"任何人"是指"任何个人或团体,包括外国的任何代理人或职能机构"。实际上包括了任何外国公司,无论是受美国控制的还是不受美国控制的。该条款所具有的"域外效力"突破了之前任何经济制裁法中的管辖标准。由于《霍尔姆斯-伯顿法》所具有的域外管辖权遭到国际法上的批判,因此美国总统根据该法的授权定期延缓其实施的日期。迄今为止,该条款实际上从来没有得到真正执行过。
⑤ 1992年的《古巴民主法》对此又做了严格的限制,规定了复杂的审批条件,事实上使得美国公司控制的外国分公司也无法向古巴再出口来源于美国的物资。但不受美国公司控制的外国公司仍然可以从事此类贸易。

巴资产管制条例》中的禁止条款①、许可条款和惩罚条款和《伊朗和利比亚制裁法》等。2271/96 条例帮助欧盟在 21 世纪初与美国的"法律战"中获得了优势，实现欧美平衡后，很长时间内处于尘封状态。

2018 年 6 月 6 日，为激活该条例，欧盟委员会授权 2018/1100 条例更新了 2271/96 条例的附件，以保护欧盟免受第三国法律的域外适用的影响。2018/1100 条例规定，美国基于以下法案对伊朗实施的超地区性的制裁在欧盟境内无效，包括以下六个法案和一个条例：《1992 年古巴民主法》《1996 年古巴自由和民主声援法》《1996 年伊朗制裁法》《2012 年伊朗自由与反扩散法》《2012 财政年度国防授权法》《2012 年减少伊朗威胁及保障叙利亚人权法》《伊朗交易和制裁条例》。

2. 主要内容

（1）适用条件。2271/96 条例第 1 条首先采用概括性的语言对阻断事项进行了描述，即其他国家将所制定的法律进行了域外适用，这里的法律既包括根据这些法律所制定的法律文件，也包括根据这些法律所采取的措施；且这种域外适用影响了特定主体参与欧共体与第三国的国际贸易、资金流动和相关商业活动。同时，第 1 条还规定，被阻断的法律将被明确列入条例的附件中，且欧盟委员会有权对附件中所列法律进行调整。

（2）个人和企业的汇报义务。要求个人和法人向政府负责机关汇报情况，如果违反该义务有可能会招致法律制裁。在 2271/96 条例第 2 条中规定，如果欧盟个人和企业发现其经济和/或金融利益受到影响，无论是直接的还是间接的影响，只要该制裁是该条例规定范围内的制裁，应在 30 天内向欧盟委员会汇报该情况。如果未及时汇报，或者有其他违反该条例的行为，该欧盟个人和企业将

---

① 《古巴资产管制条例》兼采"属人管辖"和"属物管辖"原则。规定：1. 禁止所有以下交易：（1）所有与美国管辖下的财产有关的贷款交易和所有支付行为或者任何美国管辖下的人（包括银行机构）进行的贷款交易和所有支付行为；（2）所有美国境内的人实施的外汇交易；（3）美国境内的任何人将金银币或金条、货币或有价证券从美国出口或兑现，或者美国境内的任何人为上述财产作登记。2. 禁止以下任何与古巴政府或古巴人拥有利益的财产有关的交易：（1）美国管辖下的任何人……对以上任何财产……的处分行为；（2）在美国境外对美国管辖下的上述任何财产或财产利益进行交易的行为。3. 任何目的或其效果在于规避本条第（1）款和第（2）款的行为。《古巴资产管制条例》采用"美国管辖下的人"这一管辖标准，把"美国管辖下的人"解释为包括了美国公司拥有或控制的海外分支机构。但是，《古巴资产管制条例》并没有完全禁止外国公司向古巴销售"来源于美国的货物"，只是要求必须获得商务部颁发的批文。

受到"有效的,成比例的、阻止性的"(Effective, Proportional and Dissuasive)惩罚。但欧盟委员会不得要求当事人提供与本条例目的无关的信息。

(3)欧盟委员会与受影响主体所在国的主管当局的保密义务。2271/96条例第3条规定了不同的情况下欧盟委员会的信息保密程度:①应以专业保密义务来对待的信息,除非当事人允许,委员会不得披露;②个别可公布信息,在法律程序如诉讼等情境下,被要求公开,且进行公开符合当事人利益的情况下,可以进行公开;③一般信息,委员会(及相应机构)不负有保密义务。当事人在委员会(及相应机构)未遵守保密义务时,拥有要求删除与纠正的权利。

(4)不得遵守及其豁免。2271/96条例第5条第1款规定:"第11条①所述任何人不得直接或通过子公司或其他中间人,主动或故意忽略地,遵守直接或间接地基于附件中规定的法律或由相关法律产生的、包括外国法院要求在内的任何要求或禁令。"2021年5月12日,欧洲法院霍根在"伊朗梅利银行诉德国电信案"中就汉堡汉萨高等地区法院的先决裁决申请发布意见,回答了与欧盟2271/96号条例第5条第1款理解和适用相关的四个问题,即第5条第1款所载的禁止规定,应解释为在欧盟经营者未经外国行政或司法机构命令而遵守此类制裁的情况下也适用。如果根据德国国内法的规定,欧盟经营者可终止与列入SDN名单的当事方的持续合同义务,而无须证明其终止合同决定的正当性,第5条第1款应理解为具有排除上述国内法解释的效力。第5条第1款应解释为,如果欧盟经营者未能遵守该法有关规定,受主要制裁的当事方所在国法院应命令欧盟经营者维持既有合同关系。最后,德国法院所提交的四个问题得出的结论并不完全令人满意,2271/96条例是一个非常生硬的工具,德国电信遭受的损失是欧盟立法机关应当深思和考虑的。考虑到司法现状,对自然人和法人的不配合义务,往往会使当事人因履行本义务不配合域外裁判或请求与命令而受到域外制裁而导致损失,第5条第2款规定了相应的"豁免"情形。当不配合行为会导致非常严重的损失时,当事人可以依据第7条和第8条规定的程序,向委员会申请豁免。委员会有权在合理的时限内给予评估和豁免。

(5)爪回法。2271/96条例规定:当欧盟成员国公民或者法人因另一欧盟成员国法人遵循美国制裁措施而遭受损害时,可以向造成损害的个人或实体追

---

① 欧盟2271/96条例第11条采取了非常明确的列举方式,列举了5类"欧盟经营者",既包括国民也包括居民,并由此而产生如伊朗梅利银行诉德国电信案中的第三国企业(伊朗梅利银行)告欧盟本土企业(德国电信)的情况。

索包括法律费用在内的赔偿。欧盟的损害赔偿（Recovery）方式多样，可以是获取美国原告及其代理人在欧盟范围内的资产，资产包括在欧盟成立的公司的股份等。爪回法比阻断法更为严厉，阻断法是阻断外国法适用于本国国民，爪回法是对外国诉讼活动的再次评估和反击①，各国和各地区对爪回法适用也较为谨慎。

（6）不予承认与执行外国判决和裁定。2271/96条例规定：外国法院基于特定制裁法规做出的判决在欧盟境内无效。禁止承认与执行直接或间接适用附件中的法律产生的判决和行政决定（Administrative Determinations），或者承认与执行基于这些法律的行动，或执行这些法律产生的结果。

（7）不予执行行政决定。2271/96条例规定：禁止承认与执行直接或间接适用附件中的法律产生的行政决定，或者承认与执行基于这些法律的行动，或执行这些法律产生的结果。这一规定影响了欧盟后续立法论证和安排，2012年欧盟委员会数据保护工作组在报告中论证2271/96条例与欧盟数据保护法的关系时，认为2271/96条例为欧盟禁止数据经营者执行第三国的披露个人数据的行政命令（包括司法判决）提供了法律基础。②

（8）行政决定的相互承认与执行。单方面执行外国行政决定经常面临着矛盾：国家主权原则和国家豁免原则之间的冲突。当一国接到另一国进行域外适用的征收令，而被征收财产位于该国境内时，如果该国依照征收令征收了该境内财产，则其破坏或者影响了本国的主权；如果该国不按照征收令征收其境内财产，则有可能违反了国家行为原则和国家豁免原则，进而有可能在国际上承担相应责任。

（9）报复措施。报复措施主要包括概括报复和个案报复。概括报复主要是针对某个域外适用的法令进行，如1996年欧洲理事会针对《霍尔姆斯-伯顿法》制定的一系列对抗行动，包括提起WTO争端解决程序签证禁令（Visa Restrictions）、美国公司的观察名单、反腐败立法等，其中签证禁令和美国公司的观察名单属于典型的报复措施。③ 报复措施在行政的或者执行令的基础上进行，以

---

① CLARK L. H. Dealing with U. S. Extraterritorial Sanctions and Foreign Countermeasures [J]. University of Pennsylvania Journal of International Economic Law，2004，25：487.
② European Commission. Article 29 Data Protection Working Party（2012）Opinion 05/2012 on Cloud Computing Adopted on 1 July 2012，WP 196.
③ 欧盟理事会发出了征集美国公司观察名单的通知，但后来该名单并未形成，美国和欧盟即达成了谅解。

非司法形式（Non-jurisdictional Form）行使。

三、英国

英国运用法律为工具保护海外经济利益由来已久。1865年《殖民地效力法》规定英国政府为殖民地立法，殖民地制定的法律如果与英国议会所通过的法律、法令、条例或规则相抵触则无效；英国政府的立法扩展到自治领成为其法律的一部分。第二次世界大战后，英国的国际地位发生重大变化，推动法律域外适用的方法更为隐蔽。

（一）法律域外适用

英国在第二次世界大战后由推崇严格属地主义向国家利益至上转变，法律域外适用主要由法院推动，法院通过赋予本国公法域外效力，以求最大限度地扩展其适用范围，并通过设置禁忌条款阻却外国公法的域外适用。英国法院意识到本国公法的过度域外适用将导致不利后果，在某些领域的涉外判决中也会以适当收敛的态度对待本国公法的域外适用。

（1）税法领域。在国家间缺乏双边税收协议的情形下，各国税务机关可尝试通过在外国法院提起民事诉讼这一司法途径来追缴税款，此种实践成为涉外民商事诉讼中引起税法适用问题的主要原因。诉讼主要表现为两种形式：一种是直接诉讼，即一国税务机关以自己的名义在外国法院向偷漏税者提起金钱给付或财产返还诉讼，其依据是本国税法；另一种是间接诉讼，该类诉讼常出现于破产诉讼中，即税务机关任命一位破产清算人，为了达到追缴税款的目的，税务机关通常会指派这名破产清算人以破产企业的名义在外国法院向导致企业破产的偷漏税人提起损害赔偿之诉或财产返还之诉，并以通过诉讼取得的赔偿补缴税款。面对上述两类诉讼，英国法院传统上基于税法排除规则，拒绝直接适用或间接适用外国税法。但最新案例表明，尽管税法排除规则至今仍是英国法院在涉外民商事案件中处理税法适用问题的主要规则，但该规则适用所引发的消极后果已逐渐为英国法院所认知，法院已为税法排除规则的适用确定了例外情形。英国法院承认，双边税收协议与欧盟立法的具体规定会作为税法排除规则适用的例外情形，产生适用外国税法的法律效果。

（2）外汇结算领域。涉及外汇管制法的涉外民商事诉讼类型主要表现为：合同当事人以外汇管制法中的强制性规定作为抗辩事由，并以此主张其不承担违约责任。此外，英国法院还会出于维护本国经济主权的需要，在审理涉外合同纠纷时考虑本国外汇管制法中强制性规范的效力问题。根据英国法院的判例，如果案件涉及法院地的外汇管制法，英国法院通常会适用法院地的外汇管制法；如果案件准据法与外汇管制法同属于一个国家时，英国法院在多数情形下会将该外汇管制法作为准据法的一部分进行适用；如果案件涉及争议双方以外的第三国的外汇管制法时，当该外汇管制法也是合同履行地法的一部分，或当该外汇管制法的制定国是国际货币基金组织的成员国时，英国法院有可能承认第三国外汇管制法的效力。

（二）法律域外适用的反措施

1980年《保护贸易利益法》是英国最重要的反措施立法。根据该法第1条规定，如果英国外交大臣认为，他国已采取或拟采取的措施适用于在英国从事商业活动的人在英国域外的行为，对英国的贸易和国际贸易造成影响，损害了英国的贸易利益或有损害英国贸易利益之虞，则可以适用该法中的各种措施。《保护贸易利益法》范围广泛，只要对英国的贸易和国际贸易利益产生不利影响，其他国家的非贸易性质立法都有可能被纳入反措施范围。

（1）爪回法。由于反对美国根据《克莱顿法》对英国公司发生于美国境外的行为进行三倍赔偿金处罚①，英国在《贸易利益保护法》中规定：如果该赔偿金属于倍数计算的惩罚性赔偿金，公民和企业可以要求返还部分已经支付给境外胜诉方的惩罚性赔偿金。英国当事方需要满足两个条件才能够在英国法院提起返还赔偿金之诉：其一是必须证明其与英国之间存在足够的领土联系；其二是必须与做出惩罚性赔偿金判决的法院没有充足的联系。

（2）立法或司法机构可以禁止当事人向外国法院提交证据、信息和记录。② 20世纪80年代著名的"莱克航空公司诉比利时等航空公司案"审理过程中③，1983年6月英国贸易工业大臣援引《贸易利益保护法》发布命令，禁止英国营

---

① Note. Enjoining the Application of the British Protection of Trading Interests Act in Private American Antitrust Litigation [J]. Michigan Law Review, 1981, 79: 1574-1575.

② 证据交换限制也可能来自数据保护法、保密法和银行保密法中的限制提供条款。

③ 1970年英国莱克航空公司获取了英美之间跨大西洋航线的许可，通过减少空中服务的方式压低成本，其他航空公司很难进入跨大西洋航线市场。1977年国际航空运输协会的其他航空公司会员决定执行掠夺性价格和阻止其再融资，将莱克公司排挤出跨大西洋航线市场。1982年，莱克公司在美国哥伦比亚地区法院起诉四家美国航空公司和四家非美国航空公司。See Laker Airways, Ltd. v. Sabena Belgian World Airlines, 731 F. 2d. 909, 920 (1984).

业的公司遵守美国地区法院发布的反垄断措施,只要该措施产生于指定英国航空公司为一方当事人的协定,或指定英国航空公司的行为。美国法院也认可了该命令的合法性,并调整了司法程序。

(3)个案报复主要是针对某个项目进行,美国在 1982 年发布了针对苏联的能源禁运令后,英国命令其在美国的海外子公司继续履行亚马尔管道项目(Yamal Pipeline Project)合同。

第八章　海外经济利益保护制度的中国方案

我国深化改革开放的过程中，经济实现了从"请进来"到"请进来"与"走出去"并行的重大方向性转型。在我国企业"走出去"过程中，需要处理国际、他国和国内三种规则的复杂交织规制，探索建设统筹促进和保护我国海外经济利益的涉外法体系。由于国情和法律制度与西方主要大国不同，我国海外经济利益保护制度也不可能因循西方国家的制度经验，甚至需要在与西方国家的法律冲突过程中，探索、创设和构建出凝聚中国智慧的海外经济利益保护制度体系。

第一节　制度现状与中国问题

我国非常重视运用法律手段保护海外利益，尤其是"一带一路"提出后，我国更加有意识地开展海外利益法律保护工作，取得了显著成效。2014年出台的《中共中央关于全面推进依法治国若干重大问题的决定》要求强化涉外法律服务，强调要依法维护海外侨胞权益。2015年后，随着全球化危机和主要国家右翼力量登上政治舞台，我国海外经济利益面临的外部环境压力逐步增加，保护制度建设也在抗压中快速发展。

一、我国海外经济利益保护制度立法状况

我国海外经济利益保护制度主要由实体法、程序法和法律实施法组成，实体法主要表现为涉外刑法、涉外行政法和涉外经济法，程序法主要表现为国内诉讼法修订，法律域外适用和阻断法等反措施更类似于一种法律实施手段，分散于实体法和程序法中。

（一）实体法方面

保护国际经济贸易和国际投资的正当运行秩序，防范当地发展风险和经济制度风险，我国归口管理机构主要是商务部、财政部和国家发展和改革委员会（以下简称发改委）等有经济秩序管理职责的行政部门。① 早在2004年，商务部率先提出建立国别投资经营障碍报告制度，对涉及双边经贸关系的重要问题，通过高层互访、政府磋商等外交渠道沟通解决。随着"一带一路"的推进，一方面，我国运用法律手段促进国际合作。2016年我国修订了《对外贸易法》，多次提及"安全"一词，并在海外经济利益保护方面规定了对等保护措施，即与我国缔结或者共同参加经济贸易条约、协定的国家或者地区，违反条约、协定的规定，使我国根据该条约、协定享有的利益丧失或者受损，或者阻碍条约、协定目标实现的，我国政府有权要求有关国家或者地区政府采取适当的补救措施，并可以根据有关条约、协定中止或者终止履行相关义务。另一方面，我国加强了对境外投资企业的监管。2017年6月12日，财政部印发了《国有企业境外投资财务管理办法》，解决有些国有企业境外投资项目资产状况不佳，盈利能力不强，投资回报率偏低等问题。为了规范国有企业境外投资财务管理，防范境外投资财务风险，为促进和规范境外投资，2017年12月，国家发改委发布了《企业境外投资管理办法》，加强境外投资宏观指导，优化境外投资综合服务，完善境外投资全程监管，促进境外投资持续健康发展，维护我国国家利益和国家安全。2018年2月，国家发改委发布了《境外投资敏感行业目录》，包括房地产、酒店、娱乐业等六个行业和形式受到限制。2020年1月1日《外商投资法》正式实施，至此外资三法自动废除，《外商投资法》成为我国外商投资的基础性法律文件。2020年12月1日起施行的《出口管制法》对两用物项、军品、核以及其他与维护国家安全和利益、履行防扩散等国际义务相关的货物、技术、服务等物项进行出口管制。2021年6月10日实施的《反外国制裁法》有力反击了某些西方国家利用涉台涉港涉藏涉疆涉海涉疫等问题对我国主权、安全、发展利益进行遏制打压，粗暴干涉我国内政，严重违反国际法和国际关系基本准则

---

① 2018年我国将商务部对外援助工作有关职责、外交部对外援助协调等职责整合，组建了国家国际发展合作署。国家国际发展合作署是为充分发挥对外援助作为大国外交的重要手段作用，加强对外援助的战略谋划和统筹协调，推动援外工作统一管理，改革优化援外方式，更好服务国家外交总体布局和共建"一带一路"等，应该会在未来国家的海外经济利益保护制度建设中发挥重要作用。

的行为。尤其是《出口管制法》和《反外国制裁法》的出台，对维护我国海外经济利益具有基础意义。

海外经济利益的社会安全保护方面主要由国防部、外交部、公安部等部门负责。早在2004年，因应巴基斯坦的恐怖事件，国务院办公厅印发了《关于加强境外中国公民和机构安全保护工作的意见》，提出了海外安全保护问题。2008年9月开始施行的《对外承包工程管理条例》明确企业是我国公民海外人身安全的责任主体。2010年1月开始实施的《驻外外交人员法》明确规定了驻外外交人员的职责包括维护中国公民和法人在国外的正当权益。其后，维护海外利益的主体逐渐扩大范围，2015年7月修订的《国家安全法》第18条为维护海外利益的军事活动提供了合法依据；在第33条明确指出，国家依法采取必要措施，保护海外中国公民、组织和机构的安全和正当权益，保护国家的海外利益不受威胁和侵害。2018年我国修正了《反恐怖主义法》，在总则中第11条规定：对在我国领域外对我国国家、公民或者机构实施的恐怖活动犯罪，或者我国缔结、参加的国际条约所禁止的恐怖活动犯罪，我国行使刑事管辖权，依法追究刑事责任。2021年9月1日开始施行的《数据安全法》第2条第2款规定：在我国境外开展数据处理活动，损害我国国家安全、公共利益或者公民、组织合法权益的，依法追究法律责任。2021年11月1日开始施行的《个人信息保护法》第3条第2款规定：在我国境外处理我国境内自然人个人信息的活动，有下列情形之一的，适用本法：以向境内自然人提供产品或者服务为目的；分析、评估境内自然人的行为；法律、行政法规规定的其他情形。2022年5月1日起施行的《反有组织犯罪法》第2条第3款规定：境外的黑社会组织到我国境内发展组织成员、实施犯罪，以及在境外对我国国家或者公民犯罪的，适用本法。可见，海外经济利益的安全事项已经纳入我国立法过程中进行整体考虑。

(二) 程序法方面

近年来我国逐渐建立健全了海外经济利益保护制度的程序法配套制度。2007至2021年四次修正了《民事诉讼法》，对涉外诉讼相关程序问题进行了明确。尤其在2018年10月出台了修订后的《刑事诉讼法》，并出台了最高法司法解释，对涉外刑事诉讼给予了高度关注和较为细致的规定，增加了缺席审判程序一章，规定对贪污贿赂犯罪案件，以及需要及时进行审判，经最高人民检察院核准的严重危害国家安全犯罪、恐怖活动犯罪案件，犯罪嫌疑人、被告人在境外，监察机关、公安机关移送起诉，人民检察院认为犯罪事实已经查清，证据确实、充分，依法应当追究刑事责任的，可以向人民法院提起公诉。人民法院进行审查后，对于起诉书中有明确的指控犯罪事实，符合缺席审判程序适用条件的，应当决定开庭审判。通过缺席审判程序的尝试，将刑法的域外适用规定落实到执法和司法过程中。

（三）法律实施方面

英美法体系没有大陆法系的公私法区分，除了刑法和税法外，其他法律都有可能域外适用，导致各国法律适用出现重叠或冲突。近年来我国充分认识到法律域外适用对我国海外经济利益保护的作用，重点出台法律法规应对此类问题。

第一，明确外国法的不当适用及其制裁处置。2021年1月9日，我国商务部颁布了《阻断外国法律与措施不当域外适用办法》，该办法与2020年9月19日公布的《不可靠实体清单规定》相配合，中国通过国内法反制境外经济制裁的模式基本成型。2015年《国家安全法》施行后，以法律形式出现的海外经济利益保护制度开始涌现，且出现将海外经济利益与国内经济利益保护通盘考虑的倾向，重要表现就是将境外的活动纳入法律适用范围，并在总则中进行规定。

第二，推进国际司法协助和合作。2018年10月26日生效的《国际刑事司法协助法》为国际刑事司法协助的正常进行，加强刑事司法领域的国际合作，有效惩治犯罪，保护个人和组织的合法权益，维护国家利益和社会秩序提供了法律依据。民商事方面，2018年8月31日，中国和新加坡签署的《中华人民共和国最高人民法院关于承认与执行商事案件金钱判决的指导备忘录》第9规定："新加坡法院必须是经中华人民共和国法院根据中国法律裁定对争议事项具有司法管辖权的法院。"但该备忘录不具有法律约束力，不构成条约或者法规，不对任何一方法官产生约束作用，也不取代现行或者未来的法律、司法判决或法院规则。

二、我国海外经济利益保护制度的总体问题

海外利益保护立法工作经历了从红头文件到行政法规、规章，再到法律的层级提升过程。2008年之前，我国海外利益保护的主管机关并不明朗，有关部门主要以文件印发的形式开展工作。2008年之后，行政法规和规章逐渐取代了红头文件，开始了由商务部、国家发展和改革委员会等部门推进立法的进程。2015年《国家安全法》施行后，我国海外经济利益保护立法呈现与国内立法相

统筹，层级提升的趋势。在取得优异立法成绩的同时，下一步要解决的问题也得以彰显。

（一）海外经济利益保护的公法或私法路径选择模糊

尽管海外经济利益被视为国家整体上的海外经济利益，但具体表现为企业、组织和个人的经济利益，需要经济秩序和安全的法律保障，即公法的海外保障。公法与私法是法律体系最常见的一种划分。传统上，尤其在自由资本主义时期，企业、组织和个人的经济利益保护属于私法保护范畴，在管辖权、法律冲突解决、判决或裁决的承认与执行上主要借助国际私法的方式解决争端。

20世纪中期后，国家利益、社会利益与私人利益相互渗透，公权力与私权利相互影响，国家的法律部门及其之间的关系也日益复杂。传统上属于私法领域的民商法，越来越多地受到国家干预的影响。自由资本主义时期所形成的作为私法核心的私权神圣、契约自由原则受到挑战：私权自治不是绝对的，它不得侵犯社会公共利益和他人合法权利，伴随这种变化出现了大量的兼有不同法律部门特点的新领域，兼有几个基本法律部门特点的混合法律部门也出现了。①

近年来，贸易越来越成为追求其他政策或价值的工具，纳入了传统上不属于贸易的议题，如环境保护、劳工、反腐等。欧盟明确贸易不仅是目标本身，更是捍卫欧盟价值的手段。② 2018年12月30日生效的《全面与进步跨太平洋伙伴关系协定》不仅包括了劳工、环境、透明度和反腐等内容，还通过双边谅解的方式对越南、文莱和马来西亚提出劳工制度要求。2020年7月1日生效的《美墨加协定》要求墨西哥制定新的劳工法作为墨西哥加入该协定的条件。《美墨加协定》针对第三方的"毒丸条款"（非市场经济条款）更透露出自由贸易协定实施社会制度歧视的苗头。

因应国内外对国际经贸和投资的认识变化，我国涉外经济管制制度在保护企业、组织和个人的海外经济利益方面应发挥越来越重要的作用。这种涉外经济管制制度已经很难用传统的公法和私法划分方法来界分，更类似于公法和私法的交界地带，如税收、外汇、反垄断等领域。即使在公法性质最为典型的刑法中，涉及海外经济利益保护的相关制度在海盗、恐怖主义犯罪、有组织犯罪

---

① 参见朱景文．中国特色社会主义法律体系：结构、特色和趋势 [J]．中国社会科学，2011（03）：22.
② 参见韩立余．构建国际经贸新规则的总思路 [J]．经贸法律评论，2019（04）：6.

等领域也可以发挥作用。当犯罪发生于境外，只要损害了我国海外经济利益，即使犯罪嫌疑人并非我国国籍，仍然可以用刑法手段惩处境外犯罪。当然，更为重要的是在行政法和经济法领域加大海外经济利益保护制度建设。

（二）涉外关系法治化需要加强，统筹国内法和国际法不足

我国法制建设是有预期有计划有步骤推进的法治进程，中国特色社会主义法律体系形成的时间性、阶段性特别明显。[1] 这种计划性来源于并且受制于社会的实际需要，涉外法的发展也是如此。

我国全面加入全球化进程是从2001年加入世界贸易组织开始的，加入初期，我国国际经济贸易主要是出口货物、"三来一补"贸易和引进外资。这个阶段，国内法制建设主要集中在以下部分：第一，加强国内市场的开放性，通过颁布大量的法律促进贸易自由化和放松管制，并加以督促执行。第二，通过世贸组织的规则所允许的反倾销机制、环境标准和技术标准、防范金融危机的机制以及对发展中国家的优惠待遇等措施，对贸易自由化过程中可能带来的危险加以防范。第三，在发展经济的前提下，加强环境保护和人权保护，促进社会全面发展。[2] 随着改革开放向纵深发展，我国经济已经从进口为主转向出口和进口并行，从引进投资转向对外投资和引进投资并行。在此过程中，东道国恐怖主义、刑事犯罪、海盗、第三国经济制裁等行为给我国海外经济利益带来巨大风险，海外经济利益保护制度因应现实需求产生。

理论上讲，国内法治与国际法治相互依存，互为支撑，借由一定方式进行衔接，表现出相互贯通、相互渗透、相互影响的互动状态。国内法治与国际法治的互动，从国内法治角度讲，构成国内法治意涵的一部分；从国际法治角度讲，也构成国际法治意涵的一部分。国内法治与国际法治分别在国内治理和国际治理上具有高度一致的价值取向和政治智慧。[3] 海外经济利益制度建设中，统筹国内法治和国际法治作为基本方法，通过深化国际法与国内法互动关系的研究，明晰每种制度的国际法和国内法意涵，将平衡"国际主义"和"国家主义"、"国际特质"和"中国特色"的主张具体化，研究多重正当性的实现方

---

[1] 参见朱景文. 中国特色社会主义法律体系：结构、特色和趋势 [J]. 中国社会科学, 2011 (03): 23.
[2] 参见朱景文, 程虎. 全球化与中国法制的回应 [J]. 法制与社会发展, 2001 (04): 1-11.
[3] 参见黄进, 鲁洋. 习近平法治思想的国际法治意涵 [J]. 政法论坛, 2021, 39 (03): 8.

式,推进国内法治与涉外法治统筹发展。

实践中,涉外法是调整一国与外界(其他国家、国际组织、境外实体、个人)互动关系的国内法规范。涉外法关注国内法与国际法交界地带出现的法律问题,特别是国际法国内化过程中和国内法国际化过程中产生的相关法律问题。我国虽然已有实质性的涉外法,但既没有将其作为一个研究领域,也没有将其作为中国法律体系的构成部分,存在理论研究不足、司法实践不足、立法不足的突出问题。[①] 海外经济利益保护过程中,我国需要更清晰、具体地表达我国与世界上其他国家和地区之间的制度主张,实现对外关系的"规范化",其效果通常好于仅用政治语言进行表达。海外经济利益保护制度建设涉及我国外交领域。实践中,我国对外活动决策通常由政府特定部门行使,在一个有限的范围内运行。[②] 然而,当大量的海外经济利益需要保护,已经超出外交决策所能覆盖的数量情况下,必须建立我国对外关系方面的制度,其中海外经济利益保护制度必然是重中之重。

(三)应急性制度建设为主,针对主要风险的设计不足

近年来,我国海外经济利益保护立法较多,很多非传统的国内法的涉外问题也受到关注,如个人信息保护法和数据安全法等。同时,海外经济利益保护制度建设被现实中纷繁复杂的法律现象牵引,呈现出就现象提出制度解决方案,缺乏对现实风险问题进行深入剖析的情况。

海外经济利益保护制度应紧紧锁定主要海外风险,针对主要风险研究可选择的国内外和国际制度,分析该国际制度的理论内核、具体规则和实践情况,在此基础上,以主要海外经济利益风险构建我国海外经济利益保护制度的主要组成部分。

对我国海外经济利益风险进行深入分析发现,目前风险主要包括当地发展风险、社会安全风险和经济制度风险,相应地应重点加快构建国际发展合作制度、私营安保域外服务制度和反经济制裁制度。当地发展风险与政治风险关系密切,重点在于改善国际社会、东道国当地民众和社会组织对外来投资的观感等方面。纵观世界各国的做法,国际发展合作是提升"软实力"的主要方式。

---

① 参见韩永红. 中国对外关系法论纲——以统筹推进国内法治和涉外法治为视角 [J]. 政治与法律,2021 (10): 89.

② 参见王逸舟. 市民社会与中国外交 [J]. 中国社会科学,2000 (03): 28-38.

考虑到成本,社会安全风险无法主要依托外交保护和军事保护方式进行,主要应依托私营安保公司进行。经济制度风险则更为复杂,需要解决东道国和第三国的制度干扰,尤其是第三国经济制裁等的影响,可以通过国际发展合作、反经济制裁和法律域外适用及阻断制度予以应对。

(四)执法和司法付诸阙如,涉外法的实施性不足

法的实施,也叫法律的实施,是指法在社会生活中被人们实际施行,包括法的执行、法的适用、法的遵守和法律监督。就立法程序来讲,一国涉外法属于国内法,但就法律效力来讲,会牵涉到海外的利益或者权利,这种牵涉不仅仅是宣示性的,实践需要应该是保护性的。涉外法不仅是立法问题,更需要考虑执法、司法和守法问题。

涉外法的实施需要外部法律环境支持,至少是不抵触。海外经济利益保护制度实施不仅需要考量国内制度环境和社会状况,也需要考量国际法、他国法的理念、基本原则和主要制度内容。从司法角度审视,尽管经过多年努力,国际社会并没有形成一致的审判管辖权制度。即使在非传统公法的领域,海牙私法会议于1992年启动了"判决项目",最初目标是制定一项"混合公约",既直接规定各国法院如何行使直接管辖权,也规定一国法院在承认与执行外国法院判决时如何判定外国法院具有直接管辖权。会议于2001年形成"临时案文",但因欧美等主要谈判方分歧严重未获通过,促成的2005年《选择法院协议公约》和2019年《承认与执行外国民商事判决公约》都并没有发挥广泛而实际的法律效力。目前海牙国际私法会议正在以制定有约束力的法律文书为假定前提,在技术层面就不方便法院原则、法律文书的适用范围、直接管辖权类别、平行诉讼和建立合作机制等问题交换意见。海牙私法会议界定"民商事"范畴的方法非常灵活,并不拘泥于公法和私法的僵化标准,某些传统大陆法系的公法领域,如税收、反垄断等领域,也可以纳入英美法系的民商事领域。

长期以来,国内立法、司法、执法实践中存在国际法缺位或者滞后现象。[1]涉外法需要在他国领土上发生法律效力,将我国国内关于经济社会管理和维护社会秩序的制度及于海外的东道国和无主地域。我国意识到公法的法律域外适用重要性,2019年中央全面依法治国委员会第二次会议上指出,加快推进我国法域外适用的法律体系建设。进行国内法域外适用法律体系建设,有利于反击外

---

[1] 参见谢海霞.人类命运共同体的构建与国际法的发展[J].法学论坛,2018(01):29.

国不合理的国内法域外适用,也有助于为我国域外适用法律体系建设提供系统性指引,为相关立法和措施提供充分依据,在国际上争取学理共识和道义支持。

第二节 制度构建理念和领域廓清

与西方国家的海外经济利益保护制度理念不同,我国在践行人类命运共同体理念的基础上参与国际制度建设,统筹国内法治和涉外法治的发展。我国海外经济利益保护制度不仅符合我国利益,也符合国际社会和他国利益,兼顾了多重正当性考察。

一、人类命运共同体是海外经济利益保护制度的构建理念

人类命运共同体理念不但具有丰富的国际法内涵,而且具有重大的国际法意义,是习近平法治思想中有关国际法治的核心理念,也是习近平法治思想的国际法治意涵的核心部分。[①] 人类命运共同体是我国对外关系工作的指导思想,是对我国和平共处五项原则外交政策的继承和进一步发展,体现了中国共产党人与时俱进,为世界发展贡献中国力量和中国方案的理论勇气和巨大的责任担当。2018年,我国将推动构建人类命运共同体的理念写入宪法,指出:中国"坚持和平发展道路,坚持互利共赢开放战略,发展同各国的外交关系和经济、文化交流,推动构建人类命运共同体"。人类命运共同体涵盖内容丰富,包括持久和平、普遍安全、共同繁荣、开放包容和清洁美丽五个方面,目标是国际关系的法治化、民主化和合理化。[②] 海外经济利益保护制度应在目标的设定、原则的确立、规则的构建等方面全方位统筹国内法治和国际法治资源[③],服务于人类共同发展。

(一)保护目标并非限于我国单方利益

我国海外经济利益保护不仅是经济问题,而且涉及政治和文化等多方面、多层次的问题。2017年1月17日,习近平总书记在联合国日内瓦总部发表题为

---

① 参见黄进,鲁洋. 习近平法治思想的国际法治意涵 [J]. 政法论坛, 2021, 39 (03): 3.
② 参见谢海霞. 人类命运共同体的构建与国际法的发展 [J]. 法学论坛, 2018 (01): 23.
③ 参见韩永红. 中国对外关系法论纲——以统筹推进国内法治和涉外法治为视角 [J]. 政治与法律, 2021 (10): 89.

《共同构建人类命运共同体》的主旨演讲，指出中国将推动构建人类命运共同体，坚持共建共享，建设一个普遍安全的世界。坚持合作共赢，建设一个共同繁荣的世界。坚持交流互鉴，建设一个开放包容的世界。坚持绿色低碳，建设一个清洁美丽的世界。①

构建人类命运共同体，主权国家仍然是根本主体，国家利益的选择和实现仍然是国家行为的首要出发点。人类命运共同体建设过程中，主权概念始终是国际法治的出发点。从国家主权角度来讲，就是要实现国家主权真正是为人类共同进步、共同分享进步成果服务。国家主权要克服新自由主义主权观的弊端，改变由于经济发展差异造成的国家主权看似平等实则不平等的状况，在人类共同关切事项上推动国际合作。如，中国推动世界贸易组织保持法治，做出积极贡献。② 中国不仅认真履行入世承诺，降低关税和开放市场，审查成千上万的法律法规，修改不符合世界贸易组织规则的条款，而且严格执行世界贸易组织裁决，积极参与世界贸易组织新回合谈判，在上诉机制遭遇困境时，我国和欧盟等119个成员提出了提案，要求立即启动上诉机构成员的遴选。同时，我国联合欧盟等42个成员提交了上诉机构的改革方案，积极参与世贸组织磋商，为启动遴选创造条件。这些行为都并非出于自身利益考量，而是服务于国际社会全体。

（二）服务于人类共同利益保护

在国际法范围内，国家利益与人类共同利益的联系越来越密切，主权除了担负着维护国家利益的任务外，还越来越多地负有维护人类共同利益的责任。纵观国际关系的发展历史，国家利益经历了从主权国家在国际社会和平共处的利益，到主权国家合作谋求发展的利益，再到人类共同利益（国际社会整体的利益）的发展历程。国际社会的中心从成员的个体利益转为共同利益是一次革命。③ 当今世界存在着对全人类和各国共同发展都具有至关重要意义的人类共同利益，人类共同利益甚至在某些情况下超越了国家主权。

---

① 习近平. 共同构建人类命运共同体 [M]//习近平谈治国理政：第2卷. 北京：外文出版社，2017：541-544.
② 参见 杨国华. 亲历法治——WTO对中国法治建设的影响 [J]. 国际法研究，2015 (05)：60-69.
③ 参见 [法] 亚历山大·基斯. 国际环境法 [M]. 张若思，编译. 北京：法律出版社，2000：15.

当一个国家或者若干国家无法解决共同利益的问题时，即出现了主权性和地域性的矛盾。一方面，国际法开始调整在传统上国家主权所未涉及的领域，如极地、外层空间、国际海床洋底等；另一方面，国际法频频涉足以往属于"一国国内管辖之事项"，以往属于各国"国内管辖之事件"的人权保护、自然、环境甚至文化资源的保护，由于全人类对此具有共同利益而被纳入国际法的调整范围之内。① 目前国际社会在生态环境方面初步解决了主权性和地域性的矛盾问题，自20世纪70年代以来，不论在国内法还是在国际法的领域里，都出现了有利于主权与环境统一的种种迹象，对主权进行持续的实质性限制的重要趋势，出现了"人类共同关切事项"概念。②

我国海外经济利益保护的是与东道国的共同利益、是人类共同利益。必须承认，即使存在共同利益，合作常常也会是失败的。③ 人类命运共同体的含义比共同利益更为深入，共同体是深入共同利益之后的观念、规范和文化认同层面。保护海外经济利益是我国建设人类命运共同体，实现共同利益的重要组成部分，海外经济利益保护制度是保障海外经济利益的重要手段。2017年10月18日，习近平同志在十九大报告中指出：

坚持推动构建人类命运共同体。中国人民的梦想同各国人民的梦想息息相通，实现中国梦离不开和平的国际环境和稳定的国际秩序。必须统筹国内国际两个大局，始终不渝走和平发展道路、奉行互利共赢的开放战略，坚持正确义利观，树立共同、综合、合作、可持续的新安全观，谋求开放创新、包容互惠的发展前景，促进和而不同、兼收并蓄的文明交流，构筑尊崇自然、绿色发展的生态体系，始终做世界和平的建设者、全球发展的贡献者、国际秩序的维护者。④

从"共同体"一词的社会学含义可以发现，共同体的形成应当有两个基本要件：一是作为共同体成员的个体之间的社会联系具有相当的紧密度，即共同

---

① 参见秦天宝. 国际法的新概念"人类共同关切事项"初探——以《生物多样性公约》为例的考察 [J]. 法学评论，2006（05）：98.
② 参见王曦. 主权与环境 [J]. 武汉大学学报（社会科学版），2001（01）：7.
③ 参见 [美] 罗伯特·基欧汉. 霸权之后：世界政治经济中的合作与纷争 [M]. 苏长和，信强，等译. 上海：上海人民出版社，2016：4.
④ 习近平. 决胜全面建成小康社会 夺取新时代中国特色社会主义伟大胜利 [M]. 北京：人民出版社，2017：25.

体的物质层面的构成条件;二是作为共同体成员的个体之间的认同感和归属感,这种认同感来自成员个体之间伦理、道德、价值观、世界观等的一致和分享,即共同体的精神层面的构成条件。人类命运共同体理念对全人类共同利益的维护与发展表现为其不仅坚持和传承了诸如人类共同继承财产、对一切的义务、可持续发展等体现全人类共同利益价值的国际法原则和规则,而且高屋建瓴地归纳和阐释了维护全人类共同利益的原因,即在各国已然"利益交融、兴衰相伴、安危与共,形成你中有我、我中有你的命运共同体"的现实背景下,维护和发展全人类共同利益就是维护和发展各国及其人民的各自利益,损害全人类的共同利益最终也将损害各国及其人民的各自利益。①

由于人类命运共同体理念指引,我国与相关国家进行国际司法合作的可能性也增大。国际司法合作广义上包含了国际司法协助。国际司法合作是指世界各国和地区在运用司法手段制裁国际犯罪或者解决跨国纠纷时,依据签订的双边条约和国际公约,或遵循相关的国际惯例,彼此之间提供支持、便利和帮助的司法行为。国际司法合作包括刑事、民事以及行政等领域的合作。据统计,截至 2019 年 9 月,我国已经与 78 个国家签署了 163 项双边司法合作协定,其中既包括刑事司法协助条约、民事司法协助条约,又包括引渡条约、被判刑人移管条约和打击国际犯罪合作协定等。

(三) 强调东道国的义务和责任

国际社会尊重主权国家管理其领土内国民的权力,但弱国的治理不善可能会给自己和其他国家带来问题,进而增加第三国出面干预他国事务的可能性。主权国家的对内良法善治即所谓主权责任,这个概念来自 20 世纪初基于理想主义的威尔逊学派,并发展形成了"保护的责任"(Responsibility to Protect,R2P)。2005 年联合国首脑会议在会议声明中阐明:"每个国家都有责任保护其人民免遭种族灭绝、战争罪、族裔清洗和危害人类罪的伤害。""国际社会"有责任帮助人们免受上述四种威胁的伤害,包括在必要时使用军事力量、不论涉事国家的政府是否反对外部参与或武力干涉。"保护的责任"解决了《世界人权宣言》缺乏处理机制的问题,同时也落实了《防止和惩治灭绝种族罪公约》。

20 世纪 90 年代发生在卢旺达、索马里、东帝汶和科索沃等地的国际事件表明,只有在这些国家和地区能够保证避免其境内发生的人道灾难,能够控制其

---

① 参见黄进,鲁洋. 习近平法治思想的国际法治意涵 [J]. 政法论坛,2021,39 (03):5.

境内的恐怖活动和恐怖分子，能够满足公民的人道底线，其主权才能够得到国际社会的尊重和承认。正如联合国秘书长科菲·安南在1999年9月20日联合国大会开幕词中所言：面对人道主义犯罪时，传统主权的特权可以被放弃。安南规则建立起主权国家与国际组织就人权标准的联系。如果一个主权国家不能按照人权标准对待其境内的国民，该国的主权将不再被国际社会尊重，当然这个标准主要是国际社会认可的标准。

主权概念不仅含有一国保护本国人民福祉的义务，还包括向更为广泛的国际社会履行义务之义务。① 国际法院在上述"巴塞罗那电车公司案"中提出了一个著名的论断：国家的国际义务可以分为两种：一种是一国对整个国际社会的义务；另一种是一国对另一国做出的义务，例如外交保护。美国外交关系委员会主席理查德·哈斯明确提出了"主权义务"（Sovereign Obligation）概念，即在确定合法性的定义时，主权应该包括主权国家的权利和义务，主权义务是一个政府对其他政府和公民的义务。他主张建立"世界秩序2.0"，即扩大和采用更新的秩序理念，目标是围绕一个更广的主权方法达成共识，纳入边界以外的义务。② 国家在经济领域的主权义务主要包括：国家应保持货币稳定，确保金融机构有足够的储备，财务真实，打击腐败，尊重和约，扩大贸易，培育吸引外资的环境，贸易协定是关于关税与非关税壁垒等方面互惠主权义务的协定。在主权义务的基础上，国际损害赔偿责任制度得以形成和不断完善，即国家在其领土或其管辖及控制区域内从事国际法未加禁止之活动应承担的一系列义务，包括损害风险的预防义务、合作义务、风险评估义务、损害风险的事前通知义务、情报交换义务等。

基于主权义务的概念，主权国家的责任标准呈现出不可逆转的发展过程。③ "共同但有区别的责任"（Common but Differentiated Responsibilities）随之被提出，在1992年联合国环境与发展大会得以确定，表明国际社会在应对气候变化这一突出的全球性环境问题上，已将这一原则作为了法律框架和基础性机制。该原则原本是个针对气候变化问题的国际环境合作原则，是一种照顾弱者的反

---

① 参见李伯军. 联合国集体安全制度面临的新挑战——以武力打击索马里海盗的视角 [M]. 湘潭：湘潭大学出版社，2013：4-5.
② 参见 [美] 理查德·哈斯. 失序时代 [M]. 黄锦桂，译. 北京：中信出版社，2017：158-163.
③ DENG F M. Frontiers of Sovereignty: A Framework of Protection, Assistance, and Development for the Internally Displaced [J]. Leiden Journal of International Law, 1995, 8: 272.

向的双重标准规范,现在有适用于多个领域的迹象。目前,这一规范开始用于建立自由贸易区,2010 年建立的中国—东盟自贸区就是以中国单方面采取零关税为基础的。

(四) 保护对象侧重私主体的利益

在后全球化时代,越来越多的国家认识到,非政府组织、跨国公司和个人越来越成为国际经济贸易活动的主要主体,他们和主权国家一起构成了复杂的交互作用的国际社会。主权国家被私主体的活动所影响,已经很难划分出公私的二元结构了。譬如国际移民和国际难民问题,国家对国际移民和国际难民问题的管制传统上是公共领域的问题,出于安全和移民政策的考虑,国家会管制移民和难民的来源和数量,这种管制看起来是出于公共目的的行为,但是接受移民和难民本身会加强接受国与移出国之间的关系,同时,富有的移民会带来资本的国际流动,而贫穷的难民会带来国际劳工的流动,资本和劳动力的国际流动是处于私领域的经济问题。

当今世界,尽管主权依然是国家的本质属性和国际法的核心,并且强于跨国公司、非政府组织等而存在,但国家主权也会依据公民、政府和国际社会的关系而型构。[1] 主权国家关注对其公民和组织的保护,并且延伸到公民和组织与国际社会的交互活动中。这种情况下,国家主权不是缩小了,而是扩大了。这种扩大,如果是基于对人权的保护而非政府利益的保护,则具有正当性。这种对于公民的保护范围延伸到国家的地理国境之外,无论是公民和组织的金融和商业活动、专业交流,甚至休闲活动,其安全和经营活动都应该受到主权国家的关注和保护。反之,作为资本输入国的东道国,对于国内事务管理的不受干涉的主权是有条件的,条件就是该国政府有利于世界和平、人类的福利和繁荣。[2]

二、我国海外经济利益保护的制度领域及实践

我国公民、组织和机构位于他国领土之上,根据属地管辖原则,受所在国法律支配,这是符合国家主权原则要求的。与此同时,我国《宪法》第 15 条规

---

[1] STACY H. Relational Sovereignty [J]. Stanford Law Review, 2003, 55: 2044.
[2] LEKA D. Challenges of State Sovereignty Age of Globalization [J]. Acta Universitatis Danubis Juridica, 2017, 13 (02): 71.

定，我国保护华侨的正当权益和权利，保护归侨和侨眷的合法的权利和利益。对于华侨表述为正当的权利和利益，对于归侨和侨眷表述为合法的权利和利益，原因在于保护主体的所在、地域不同，合法性与正当性的范围可能有所区别。归侨和侨眷作为中国公民，处于中华人民共和国的范围内，理所应当遵守中国法律，只有合法的权利和利益才能得到保护。华侨作为中国公民，又长期定居国外所在国，法律规定可能与中国的法律规定并不一致，有的行为在所在国是合法的，但是在我国可能属于非法；有的行为在所在国是非法的，但是在我国可能又是合法行为。更为极端的情况，有的所在国的法律本身就存在威胁我国国家安全，或者对中国公民、组织存在歧视的规定。这种情况下，国家是否保护，就不能简单地考虑行为是否符合当地法律规定，而需要考虑到正当性。

经由国际私法的发展推动，海外经济利益的民商法保护手段已经基本成熟，不在本书讨论范围内。当今世界对海外经济利益构成威胁的主要是其他国家或非国家行为体的公法和准公法行为造成的，传统的民商法保护手段已经不能够达成理想的保护效果。公法中所确立的管辖权体系，呈现出较为明显的保守型特征，体现在对域外联系因素考虑较少。① 我国海外经济利益保护制度中的实体法既包括《刑法》《反有组织犯罪法》等刑事制度，也包括《国家安全法》《数据安全法》《个人信息保护法》等行政制度，更包括《反垄断法》《出口管制法》《外商投资法》等经济管制制度。由于程序法和域外适用问题在实践中体现于具体案件，本部分内容将其融合于实体法中阐述。

（一）刑法上的海外经济利益保护

刑法是法律秩序保护社会利益的直接首要手段。② 刑法通过惩罚犯罪来保护社会利益，也就是保护"法益"。③ 刑法学理论中，刑法上法益是刑法规范所保护的利益，刑法上法益主要体现在犯罪客体方面。德国学者比恩鲍姆（Birnbaum）早在1834年就在《论有关犯罪概念的权利侵害的必要性》一文中指出：犯罪侵害的对象是"财"，但犯罪的本质是侵害或者威胁了应当由国家保护的

---

① 参见宋杰. 进取型管辖权体系的功能及其构建 [J]. 上海对外经贸大学学报，2020 (05)：22-23.
② 参见 [美] 罗科斯·庞德. 法理学：第3卷 [M]. 廖德宇，译. 北京：法律出版社，2007：200.
③ 法益是指根据宪法的基本原则，由法所保护的、客观上可能受到侵害或者威胁的人的生活利益。参见张明楷. 法益初论 [M]. 北京：中国政法大学出版社，2003：167.

"财",即应当有法规加以保护的财产或财产所有权。在任何刑法规范中,都可以找到法益;法益完全由立法者主观地决定,即只要立法者认为有保护的必要,就可以决定什么是法益。①

我国《刑法》第 2 条规定:"中华人民共和国刑法的任务,是用刑罚同一切犯罪行为做斗争,以保卫国家安全,保卫人民民主专政的政权和社会主义制度,保护国有财产和劳动群众集体所有的财产,保护公民私人所有的财产,保护公民的人身权利、民主权利和其他权利,维护社会秩序、经济秩序,保障社会主义建设事业的顺利进行。"刑法当然可以保护广泛的民事利益和经济利益,如《刑法》第 219 条规定了侵犯商业秘密罪,就是对民法上商业秘密作为一种利益保护的加强版,也即采用刑法保护手段来保护民事利益。

刑法的国际性方面,我国刑法的考量较少,仅在第 6 至 9 条规定了管辖权事项:

第六条【属地管辖权】凡在中华人民共和国领域内犯罪的,除法律有特别规定的以外,都适用本法。

凡在中华人民共和国船舶或者航空器内犯罪的,也适用本法。

犯罪的行为或者结果有一项发生在中华人民共和国领域内的,就认为是在中华人民共和国领域内犯罪。

第七条【属人管辖权】中华人民共和国公民在中华人民共和国领域外犯本法规定之罪的,适用本法,但是按本法规定的最高刑为三年以下有期徒刑的,可以不予追究。

中华人民共和国国家工作人员和军人在中华人民共和国领域外犯本法规定之罪的,适用本法。

第八条【保护管辖权】外国人在中华人民共和国领域外对中华人民共和国国家或者公民犯罪,而按本法规定的最低刑为三年以上有期徒刑的,可以适用本法,但是按照犯罪地的法律不受处罚的除外。

第九条【普遍管辖权】对于中华人民共和国缔结或者参加的国际条约所规定的罪行,中华人民共和国在所承担条约义务的范围内行使刑事管辖权的,适用本法。

理论上,凡是我国法院适用《刑法》第 6 条至第 9 条规定进行审理的案件,

---

① 参见张明楷. 法益初论 [M]. 北京:中国政法大学出版社,2003:31.

多少都带有国内法域外适用的性质。近年来"湄公河案"中,我国与老挝、缅甸、泰国四国警方联合行动抓捕犯罪嫌疑人糯康,我国法院及司法部成功将犯罪嫌疑人引渡到中国受审,云南省高级人民法院基于保护性管辖权,将刑法进行域外适用。

国内有学者主张在修订刑法时,对海外侵害我国海外利益的行为的责任人追究刑事责任。① 理论上讲,如果满足管辖权规定的犯罪罪名,可以根据属人管辖权、保护管辖权或普遍管辖权追究刑事责任。但目前实践中,由于执法和司法手段的限制,如果国际上没有相应的国际公约,很难有效保护我国公民正当的海外利益。

预防性的监管控制措施与惩罚性的刑罚处罚措施之间缺乏贯通性,也是制约海外经济利益保护效能的关键性因素。以反洗钱为例,目前我国已形成以《反洗钱法》为中心、以刑法规范和行政法律为补充、多层级规范性文件相互衔接的反洗钱法律体系。但刑法作为保护性规范需要以调整性规范为前提,而《反洗钱法》欠缺域外适用的规定,导致对在境外侵害我国国家利益乃至国家安全的洗钱行为难以形成有效约束。②

(二) 行政法上的海外经济利益保护

行政法调整国家通过政府运用行政手段维护公共利益时所涉及的利益关系。③ 每一种行政法背后都隐藏着某种利益动机。行政法假定人的需求无限性与社会资源稀缺性之间是一对恒久矛盾,公民通过私人选择来追求自身利益最大化,势必会出现"人人为敌"的公共安全问题和严重"内耗"的交易费用问题。私人选择失灵催生公共行政以提供公共物品。当今世界,社会活动领域普遍受到政府管制,人们的人身和经济上的安全与福利都依赖于政府管制,而行政管制本身由行政法规制。④

国家不仅是政府监护者,还是公共福利的监护者和推进者,国家的定位要

---

① 参见宋杰. 刑法修正需要国际法视野 [J]. 现代法学,2017 (04):134-149.
② 参见贾济东,胡扬. 论我国反洗钱法域外适用的困境与出路 [J]. 华中科技大学学报(社会科学版),2021,35 (02):116-117.
③ 参见王麟. 利益关系的行政法意义 [J]. 法学,2004 (10):13.
④ 参见 [美] L. B. 斯图尔特,苏苗罕. 二十一世纪的行政法 [J]. 环球法律评论,2004 (02):165-166.

求相应的行政机构发展,任何利益保护机制必须考虑行政方面的机构和方法。① 行政法通过收用行政、给付行政、秩序行政和合作行政统筹重塑行政法的利益基础。② 全球互动和相互依赖背景下,国际管制成为必要,国内行政法延伸到国际方面,管制治理在国际背景中对行政法提出的挑战比起在国内背景中要大得多。有的西方学者提出国际行政法的概念,并且预言国际行政法将在今后的几十年里具有重要的意义。③ 行政法国际性的发展,在可行的程度上,应该继续建立在国内法的基础上。④ 行政法同时包含公法因素和私法因素,相比而言,公法因素更为突出。东道国对他国的行政法接受度,甚至双边合作的可能性比经济法等私法因素较强的可能性也较小。

目前,我国已经建立了以《行政许可法》《行政处罚法》《行政强制法》《行政复议法》《国家赔偿法》和《行政诉讼法》为主要内容的行政法国内执行体系,和《国家安全法》《数据安全法》《个人信息保护法》等广泛领域的行政法规制体系。行政法律制度主要在国内运行,但也会规定涉外事项,例如《个人信息保护法》中第三章规定了个人信息跨境提供的规则,包括个人信息处理者因业务等需要,确需向中华人民共和国境外提供个人信息的,应当具备的条件。个人信息处理者向中华人民共和国境外提供个人信息的,应当向个人告知境外接收方的名称或者姓名、联系方式、处理目的、处理方式、个人信息的种类以及个人向境外接收方行使本法规定权利的方式和程序等事项,并取得个人的单独同意。

从目前的立法情况看,虽然中国在涉及国家安全及重大经济利益的部分法律中已经设置了域外效力条款,但关系中国领土主权、重大国家利益的反分裂国家、反恐怖主义、反间谍等法律中尚未设置域外效力条款。即便已经明确了域外效力的法律中,相关条款的表述亦存在较大的模糊性。

(三)经济法上的海外经济利益保护

经济法主要调整市场规制关系和宏观调控关系,具有社会本位的属性,直

---

① 参见[美]罗科斯·庞德. 法理学:第3卷[M]. 廖德宇,译. 北京:法律出版社,2007:201.
② 参见罗豪才,宋功德. 行政法的治理逻辑[J]. 中国法学,2011(02):6,12.
③ 参见[美]L. B. 斯图尔特,苏苗罕. 二十一世纪的行政法[J]. 环球法律评论,2004(02):173.
④ 参见[美]L. B. 斯图尔特,苏苗罕. 二十一世纪的行政法[J]. 环球法律评论,2004(02):177.

接关涉社会整体利益实现和保护的全局性问题或公共性问题。① 我国经济法从产生之时起就饱受争议，甚至在 20 世纪 80 年代初被视为行政法的一部分。② 经过改革开放 40 多年发展，法学界已经充分认识到，经济法作为独立学科的必要性。国务院新闻办公室 2011 年 10 月 27 日发表了《中国特色社会主义法律体系》白皮书，将经济法列为以宪法为统帅的中国特色社会主义法律体系中的法律部门之一，并将经济法界定为"调整国家从社会整体利益出发，对经济活动实行干预、管理或者调控所产生的社会经济关系的法律规范"。经济法主要包括《价格法》《反不正当竞争法》《反垄断法》《产品质量法》等法律，社会法等法律在社会整体利益的维护方面与经济法所着眼的逻辑起点及所遵循的逻辑进路几乎一样，也正因为如此，中国经济法学界存在着将这些法纳入经济法范畴的观点。③

经济法中的涉外部分被称为涉外经济法，属于经济法的一部分。我国传统的经济法理论并不重视法律的域外效力问题，这与我国的经济发展模式密切相关。随着空间范围的扩展，经济法的域外适用问题日益凸显。尤其在新型数字空间，经济法的适用范围已突破国家主权的地理局限，使域外适用更为频繁。即使某个市场主体不在一国主权范围内的地理空间，也可能因在数字空间存在某种"关联因素"或"连接点"，而被适用该国的经济法。④ 由于经济要素的全球流动，国内市场和国际市场联系越来越紧密，很多传统国内经济法也开始面临海外问题，如海外劳务派遣等。劳动法兼有公法与私法属性、必须兼采公法和私法调整手段方面已经达成共识。⑤ 劳动法无论是作为混合法，还是被视为公法，其域外适用在所难免。⑥ 证券法领域亦是如此。我国 1998 年《证券法》严格遵循属地管辖原则，只能对我国境内发生的证券发行和交易行为享有管辖权，不涉及域外管辖问题。自 2015 年开启《证券法》修订工作以来，立法者对于是否增加证券法的域外管辖条款以及如何确认其标准一改再改。2015 年 4 月，《证券法（修订草案第一次审议稿）》首次确认了证券法域外管辖制度，确立

---

① 参见翟相娟. 经济法视阈中的利益观 [J]. 河北法学，2011（07）：135.
② 当时司法部组织编写的《行政法概要》是我国第一本行政法教科书，该教材将国民经济管理纳入行政法范畴，"经济行政法"一词由此而来。
③ 参见卢代富. 经济法对社会整体利益的维护 [J]. 现代法学，2013（04）：30.
④ 参见张守文. 数字经济与经济法的理论拓展 [J]. 地方立法研究，2021，6（01）：21.
⑤ 参见孙国平. 论劳动法的域外效力 [J]. 清华法学，2014（04）：21-22.
⑥ 参见孙国平. 论劳动法的域外效力 [J]. 清华法学，2014（04）：46.

了效果测试标准,即当发生损害国家利益、社会公共利益和境内投资者合法权益的证券发行和交易行为时,我国有权进行域外管辖。2020年实施的《证券法》第2条增设了域外管辖条款,该条款主张对境外损害境内国家利益、社会公共利益和境内投资者合法权益的证券违法行为进行管辖。

在我国拓展和保护海外利益的过程中,我国经济法等相关法律法规的外溢现象及其矛盾必然出现,也是我国法律域外适用的重要部分。我国可以根据双边投资协定,约定任何许可我国海外经济利益进入的国家,都应尊重我国关于海外经济利益的法律规定,应优先适用我国法律法规。东道国对我国海外经济利益的限制性规定应符合双边投资协定的约定。在执法层面,经济法的实施需要行政机关监管,但由于事实上我国不可能在东道国设立监管机关,这种监管只能是国内的间接监管或委托东道国监管机关协助监管。我国监管机关可通过多边或者双边条约协定,授权东道国监管机关作出监管处罚决定,并通过东道国监管机关执行监管决定。

传统法律主要适用于一国主权领域,而在反垄断法、税法、证券法等经济法领域,则有诸多域外适用的制度安排。我国《反垄断法》第2条规定:我国境外的垄断行为,对境内市场竞争产生排除、限制影响的,适用我国法律。第2条规定的适用条件较为笼统,立法机关或最高人民法院也并未颁布细则性规定、发布指南或出台司法解释。这导致执法机关的执法稳定性和透明度不够,更导致当事人选择我国法院处理涉市场竞争纠纷案件的意愿降低。实践中,典型的"华为公司与IDC滥用市场经济地位纠纷案"判决中,法院认为,由于华为的产品会出口到美国,故IDC对华为的标准必要专利授权许可行为可能会对我国出口产品的市场竞争行为产生排除、限制性影响,进而认定IDC公司设定过高定价和不合理搭售行为损害了华为公司合法利益,判令IDC公司停止侵权行为并赔偿华为公司2000万元人民币的经济损失。[1] 本案对《反垄断法》的域外适用标准进行了详细说明,对今后同类案件的审理树立了裁判规则。另外,从司法角度而言,在中国法框架下,《反垄断法》属于实体法范畴,司法管辖应当受到《民事诉讼法》的规制。只有在根据《民事诉讼法》规定,相关案件可以被法院受理的情况下,法院才可以依据《反垄断法》的规定来判断相关责任。[2]

---

[1] 参见深圳市中级人民法院(2011)深中法知民初字第857号民事判决书;广东省高级人民法院(2013)粤高法民三终字第306号民事判决书。
[2] 参见上海市第一中级人民法院课题组.我国法院参与中国法域外适用法律体系建设的路径与机制构建[J].法律适用,2021(01):161.

我国行政机关从国家利益出发，积极地运用法律实现立法目的。2013年在对韩国三星、乐喜金星和我国台湾地区4家企业液晶面板国际卡特尔行为进行处罚时，国家发改委能动地将《价格法》第2条"价格行为地"解释为"价格共谋地"和"价格实施地"，从而对外宣告我国价格法具有域外效力。①

2018年的"缤客公司案"中，上海市工商局机场分局对注册地在荷兰的缤客公司做出了罚款20万元的行政处罚决定，对其域外有可能破坏中国市场秩序的行为做出了处罚，实现了我国《反不正当竞争法》的首次域外适用。

第三节 若干重要制度构建的中国方案

党的十八大以来，我国围绕加快国家安全法制建设，制定国家安全法、反间谍法、反恐怖主义法、境外非政府组织境内活动管理法、网络安全法、国家情报法、国防交通法、核安全法、深海海底区域资源勘探开发法等一批重要法律，推动了以宪法为核心的中国特色社会主义法律体系不断完善，有力推进了国家治理体系和治理能力现代化。海外经济利益保护是新兴领域，包括国际发展合作、海外安全保障、经济制裁和法律域外适用等立法，同时综合运用"改废释"等形式，保证我国社会主义法律体系内部和谐统一。

一、我国国际发展合作制度构建

新中国成立以来，在致力于自身发展的同时，我国始终坚持向经济困难的其他发展中国家提供力所能及的援助，承担相应国际义务。据2021年1月国务院新闻办公室发布的《新时代的中国国际发展合作》白皮书，2013年至2018年，我国共向亚洲、非洲、拉丁美洲和加勒比、大洋洲和欧洲等地区122个国家和20个国际和区域性多边组织提供援助，对外援助金额为2702亿元人民币，其中提供无偿援助1278亿元人民币，占对外援助总额的47.30%，重点用于帮助其他发展中国家建设中小型社会福利项目以及实施人力资源开发合作、技术合作、物资援助、南南合作援助基金和紧急人道主义援助项目。提供无息贷款113亿元人民币，占对外援助总额的4.18%，主要用于帮助其他发展中国家建设

---

① 参见孙南翔. 美国法律域外适用的历史源流与现代发展——兼论中国法域外适用法律体系建设 [J]. 比较法研究，2021（03）：181.

社会公共设施和民生项目。提供援外优惠贷款1311亿元人民币，占对外援助总额的48.52%，用于帮助其他发展中国家建设有经济社会效益的生产型项目和大中型基础设施，提供成套设备、机电产品、技术服务以及其他物资等。

（一）国际发展合作管理机制

中国国际发展合作的决策权集中于中央政府。自1950年以来，随着对外关系和对外援助工作的开展，中国政府管理对外援助的各级机构逐步建立和健全，项目管理力度不断加强。2008年商务部会同外交部、财政部等有关部门和机构，正式成立对外援助部际联系机制，后升级为部际协调机制。

为加强对外援助的战略谋划和统筹协调，推动援外工作统一管理，改革优化援外方式，更好服务国家外交总体布局和共建"一带一路"等，国务院机构改革方案提出组建国家国际发展合作署，作为国务院直属机构。2018年3月，国家国际发展合作署正式成立。

目前，国家国际发展合作署、商务部和外交部成为管理国际发展合作的主要政府机构。国家国际发展合作署负责拟订对外援助方针政策，推进对外援助方式改革，归口管理对外援助资金规模和使用方向，编制对外援助项目年度预决算，确定对外援助项目，监督评估对外援助项目实施情况，组织开展对外援助国际交流合作，会同有关部门建立对外援助部际协调机制，统筹协调对外援助重大问题。商务部等执行部门负责根据对外工作需要提出对外援助相关建议，承担对外援助具体执行工作，与受援方协商和办理对外援助项目实施具体事宜，负责项目组织管理，选定对外援助项目实施主体或者派出对外援助人员，管理本部门的对外援助资金。外交部负责根据外交工作需要提出对外援助相关建议。驻外使领馆（团）统筹管理在驻在国（国际组织）的对外援助工作，协助办理对外援助有关事务，与受援方沟通援助需求并进行政策审核，负责对外援助项目实施的境外监督管理。

（二）国际发展合作制度发展

中国在国际社会积极推动《世界人权宣言》通过，秉持《经济社会文化权利国际公约》《公民及政治权利国际公约》精神，支持联合国通过《关于人权新概念的决议案》和《关于发展权的决议》。中国参加了联合国人权委员会起草《发展权利宣言》的政府专家组的历届会议，为在1986年正式通过《发展权利宣言》做出重要贡献。为落实国际发展合作的国际义务，我国相继制定颁布了若干国际发展合作的行政规章,主要集中在对外援助方面。

1. 国际发展合作制度出现(改革开放后至"一带一路"提出)

改革开放后,我国对外援助形式从单纯提供经济合作援助发展为多种形式的互利合作。为进一步巩固已建成生产性援助项目成果,中国同部分受援国开展了代管经营、租赁经营和合资经营等多种形式的技术和管理合作。1993年我国政府利用发展中国家已偿还的部分无息贷款资金设立援外合资合作项目基金,主要用于支持中国中小企业与受援国企业在生产和经营领域开展合资合作。1995年,我国开始通过中国进出口银行向发展中国家提供具有政府援助性质的中长期低息优惠贷款,有效扩大了援外资金来源。这一阶段,中国更加重视支持受援国能力建设,扩大援外技术培训规模,受援国官员来华培训逐渐成为援外人力资源开发合作的重要内容,中国还在国际和地区层面加强与受援国的集体磋商。

这一阶段的国际发展合作制度的层级较低,主要表现为国务院规范性文件类行政法规和部门规章。行政法规主要有:1988年4月国务院《关于参加一九八八年国际体育援助计划活动的批复》,1991年7月国务院办公厅《关于做好境外救灾援助和捐赠款物管理工作的通知》,1992年4月国务院《批转审计署关于审计一九九〇年度国际金融组织贷款和国外援助项目情况报告的通知》,1993年10月国务院《关于核准〈中华人民共和国与国际开发协会开发信贷协定(环境技术援助项目)〉的批复》。部门规章主要有:1982年1月对外经济联络部(已变更)《接受联合国技术援助试行办法》,1992年6月财政部、外经贸部、农业部《关于接受国际无偿援助财务管理办法》,1998年4月国家商检局、对外贸易经济合作部《对外援助物资检验管理办法(试行)》等。这一阶段发布的很多对外援助部门规章已经失效。

2. 国际发展合作制度初建("一带一路"提出后)

"一带一路"项目大多带有区域性或区域间公共产品的属性,社会效益高,但经济效益偏低,投资周期长。这种背景下,我国国际发展合作在指导理念和实施策略上产生了重大转变。2017年年初,中央深改组会议审议通过《关于改革援外工作的实施意见》,强调"要优化援外战略布局,改进援外资金和项目管理,改革援外管理体制机制,提升对外援助综合效应",首次将我国的对外援助定位成"对外战略布局"。

这一阶段我国主要发布了一系列部门规章,分类别和事项规范对外援助工作。2015年商务部发布《对外技术援助项目管理办法(试行)》《对外援助物资项目管理办法（试行）》《对外援助成套项目管理办法（试行）》；2020年1月国家国际发展合作署发布《对外援助标识使用管理办法》；2021年5月商务部发布《对外援助项目实施企业资格认定办法（试行）（2021修订）》；2020年10月国家国际发展合作署发布《对外援助项目咨询服务单位资格认定办法》等。其中最为重要的是，2021年8月国家国际发展合作署、外交部、商务部发布了综合性部门规章《对外援助管理办法》，旨在加强对外援助的战略谋划和统筹协调，规范对外援助管理和提升对外援助效果。

（三）主要制度问题及其建议

我国国际发展合作制度还处于比较初期的阶段，基本上延续着对外援助的传统思路，并未厘清国际发展合作与对外援助之间的关系，内容上仅规定了对外援助的部分事项，法律层级也较低，以行政法规和规章为主。实践中，发展中国家往往更倾向于从经济合作或者互利的角度来理解国际发展合作。

1. 明确国际发展合作的基本思路

长期以来，我国官方文件中更多使用"对外援助"一词。例如，1963年年底至1964年年初周恩来总理宣布了中国对外经济技术援助八项原则。2021年1月国务院新闻办公室发布的《新时代的中国国际发展合作》白皮书将"对外援助"升级为"国际发展合作"。这一表述的变化是中国国际发展政策与时俱进的体现，且与结果导向型援助及联合国2030年议程相互关联。这份白皮书还将"一带一路"国际合作和推动落实联合国2030年可持续发展议程列为白皮书的第三部分和第四部分。中国的国际发展合作与全球发展治理话语存在着密切的互动关系，南南合作是中国开展国际发展合作的基本定位，强调中国开展国际发展合作是发展中国家之间的相互帮助，与南北合作有着本质的区别。

以受援国法律制度建设为例，帮助东道国进行法律构建，提供智力支持是一种有效搭建合作平台的方法。多数转型国家从最初的草案起草到法律最后实施都或多或少地走上了利用外援的道路。[1] 但是这种法律移植和国家主权之间隐隐地有一种微妙的紧张关系，克服这种紧张关系的途径一般通过移植有"声望"的法律模式的方式以获得"文化正当性"，或者通过法律移植与某种政治机遇相关联，如阿尔巴尼亚和蒙古等国贷款条件包括采取法律模式符合要求，或

---

[1] 参见魏磊杰. 后苏联时代的法律输送：行为逻辑、问题及最新动向［M］. 北京：清华大学出版社，2014：181.

法律移植来自文化和传统上有亲缘关系的国家道德法律模式。

2. 提升法律效力层级

目前我国对外援助制度的效力层级主要集中在部门规章、部门规范性文件以及部门内部工作文件上，尚没有综合性规制对外援助工作的上位法。2016年3月，骞芳莉等30名代表在第十二届全国人民代表大会第四次会议上再次提出制定对外援助法的提案，提出应通过援外立法明确对外援助的定位、管理体制、资金来源等问题，建立对外援助采购、资金管理、项目管理、援外项目实施任务等制度。全国人大赞同援外法律规范层级较低是制约我国对外援助事业发展的重要因素这一观点，认为仅靠部门规章和规范性文件管理对外援助工作无法满足我国援外工作的现实需要。在援外立法问题上，全国人大认为应在总结援外改革经验和部门规章实施情况、加强调研和部门协调的前提下，推动《对外援助条例》正式列入国务院立法计划①，制定《对外援助法》的提议再次被否决。

3. 构建注重结果的评估制度

总体而言，中国尚未形成常态化的援外评估体系，削弱了国际发展合作工作的专业性。② 国际发展合作分为过程导向型援助和结果导向型援助。过程导向型援助是以投入（如提供资金量）和进展（如建成学校数量）为导向，这种评估方法主要关注的是受援国的活动，但并不确定预期结果是否能够实现。结果导向型援助致力于在援助活动开始之前确定可以衡量和量化的与发展援助活动直接相关的结果目标，援助国与受援国在合同中确定促使结果目标实现的激励措施，即援助的实施与结果目标的实现情况相挂钩。不容否认的是，结果导向型援助并非灵丹妙药，过于强调结果也会造成政策的短视。

2021年我国发布的国际发展合作及对外援助相关的文件都对结果导向型援助有所强调，这在一定程度上与国际社会对结果导向型援助的讨论是基本同步的。由于我国国际发展合作具有南南合作的特性，我国对外援助在关注援助结果的同时，也十分关注均衡地对发展中国家实施以结果为导向的援助。③

4. 建立信息公开及监督制度

中国政府一般只提供援助的总额，没有按具体国家划分的对外援助数额，

---

① 参见曹俊金. 对外援助立法的必要性探析 [J]. 天津法学, 2019, 35 (01): 69.
② 参见徐加, 徐秀丽. 美英日发展援助评估体系及对中国的启示 [J]. 国际经济合作, 2017 (06): 50.
③ 参见崔文星, 叶江. 结果导向型援助及其超越——兼论中国国际发展合作与全球发展话语权 [J]. 国际展望, 2022, 14 (01): 90.

且不公开对外援助预算。根据 2020 年发布的援助透明度指数报告，对全球 47 个主要援助组织的评估结果，亚洲开发银行（ADB）援助透明度得分最高，中国商务部援助透明度得分较低。中国援助透明度过低的现状极大损害了对外援助领域负责任大国形象，中国援助信息披露水平对标国际规范尚需努力。①

当前，中国与援助信息披露相关的法律包括《预算法》和《保守国家秘密法》。根据《保守国家秘密法》第 2 章第 9 条规定，"外交和外事活动中的秘密事项以及对外承担保密义务的秘密事项"应当确定为国家秘密。当前，我国对外援助信息的涉密范围尚无明确的法律法规以及部门规章条例可以遵循，监督机制亟待完善②，开放数据和国家安全之间的关系也亟须理顺。

二、我国海外安全保障制度构建

中国一直致力于与各国共同维护国际和平，坚决反对一切形式的恐怖主义，支持国际和地区反恐合作，为发展权营造和平和谐的环境，以和平促进发展，以发展巩固和平。目前，"一带一路"的安全保障主要有市场化、东道国和工作组三种方式。其中，市场化方式是指由安保行业的相关企业和人员提供安全服务，东道国方式是指由海外项目的所在国提供安全保障，工作组方式是指项目相关国政府间以此形式协调安保事务。此外，"一带一路"的安全保障还有母国行动、国际协作和国际组织等其他方式可供选取。③

（一）海外安全管理机制

2004 年，外交部牵头成立了境外中国公民和机构安全保护工作部际联席会议，由外交部、商务部和公安部等国务院相关部委以及军事力量共同参与，负责制定海外安保工作政策和措施，协调重大领事事件的处置以及重大危机事件的外交解决工作。2010 年制定的《境外中资企业机构和人员安全管理规定》进一步强调了重大境外安全突发事件的处置需在部际联席会议的统一领导下进行。2013 年 11 月 12 日中央国家安全委员会成立，中央国家安全委员会作为中共中央关于国家安全工作的决策和议事协调机构，向中央政治局、中央政治局常务委员会负责，统筹协调涉及国家安全的重大事项和重要工作。国家安全委员会

---

① 参见陈曦．国际援助透明度的发展沿革及启示［J］．国际经济合作，2020（05）：20.
② 参见崔杰．中国对外援助工程项目的实践与启示［J］．国际经济合作，2020（06）：44.
③ 参见刘乐．"一带一路"的安全保障［J］．国际经济评论，2021（02）：114-123.

既有对内职能，也有对外职能，与国家的外部安全休戚相关，具有统筹国内和国际两个大局、整合对内对外事务的内外兼顾特点。2014年4月15日，习近平主席首次提出了总体国家安全观，将海外经济利益安全纳入国家安全范畴。

（1）中央国家安全委员会涵盖国防、外交、情报、公安、武警、商务等众多领域和部门，是我国海外安保供给的最高决策和协调机构，统筹协调各海外安保供给主体，尤其是国家行为体之间的合作。

（2）外交部主要提供预防型和应急型海外安保，包括：一是政策制定和预防预警，外交部负责领事保护和协助政策的制定，发布领事保护和协助预警信息，进行预防宣传。二是海外安全危机应对和协调。沟通协调国外政府和国内各职能部门及地方政府，联络指导各驻外使领馆，维护境外海外公民安全。

（3）公安部主要在反恐、打击海盗和其他犯罪行为等方面提供预防型和震慑型海外安保，包括：一是反恐合作。公安部门推动中国与周边国家及重点国家巩固和完善双边反恐合作机制建设，深入参与国际刑警组织、上海合作组织、中国与东盟执法安全部长级对话等多边反恐机制。二是打击犯罪行为。通过各种多边和双边机制加强打击犯罪行为的警务协作，建立信息共享机制、开展联合巡逻、派遣警务联络官等方式加强安保合作。三是指导私营安保行业。我国公安部门负责安保服务活动的监督管理工作，安保服务行业协会在公安机关的指导下，依法开展安保服务行业自律活动。

（4）商务部负责境外企业和对外投资的安全管理，指导企业防范和应对各类境外安全风险，协助处置各类突发安全事件。一是建立数据库，统计海外企业、海外劳工以及海外投资的总体信息。二是制定针对海外企业的预防预警和风险管理政策，包括对外投资合作境外安全风险预警、信息通报制度以及《境外中资企业机构和人员安全管理指南》。

（5）中国的军事力量提供重要但有限的震慑型和应急型海外安保海外利益保护，包括：一是在震慑中让威胁制造者放弃行动，同时消解海外企业和雇员等主体的恐惧情绪，包括参加维和行动、反恐联演、军舰巡航、驻外保障基地建设等。二是在国际救援、护侨撤侨等应急中担负物资运输、人员撤离等特定行动任务。

（二）海外安全制度发展

我国海外安全保障制度建设出现较晚，现有法律层级较低，系统性差，内容也较为零散。

1. 境外中资企业机构与人员安全

2005 年 9 月,国务院办公厅转发商务部等部门《关于加强境外中资企业机构与人员安全保护工作意见的通知》,提出借鉴世界主要国家保护境外人员和机构的做法,结合我国实际情况,对现有的政策规定进行修订、补充和完善。2018 年 3 月 21 日,中国商务部对外投资与经济合作司同中国对外承包工程商会共同发布了《境外中资企业机构和人员安全管理指南》,提出境外中资企业应根据项目所在区域的风险等级,有针对性地配备安保人员。同时,该指南还列举了四种安保队伍选择方案:雇用普通安保人员、雇用专业安保人员、选择政府军警力量、签约安保公司。

2. 私营安保服务

我国私营安保公司经历了从自律到法治的过程。2009 年以前,无论是公安部颁布的《关于保安服务公司管理的若干规定》,抑或是安保服务行政法规以及各省市制定的管理暂行办法,都将安保公司纳入政法机关的统一组建、领导和管理,没有私人资本进入该领域,同时也不对个人提供人身安保服务。

2010 年 1 月,《保安服务管理条例》正式施行,标志着我国安保服务行业走上法治轨道,但该条例并没有涉及域外安全服务。[1] 2015 年中国海事局颁布了《私人武装保安在船护航证明签发管理办法》,为保护中国籍国际航行船舶和船员安全提供了重要的法律保障,这也是目前国内唯一明确规范海外安保的部门规范性文件。2019 年 11 月 14 日,中国保安协会发布的《保安企业境外经营服务指引(试行)》,是目前唯一对私营安全公司域外服务的规范,在业务、装备等方面尝试对私营安全公司域外服务进行监管。《保安企业境外经营服务指引(试行)》的层级较低,内容也比较宽泛,监管方式和程序并不明确,没有涉及属人管辖和属地管辖的冲突等问题,这些问题都需要进一步明确。

(三)主要制度问题及其建议

以外交部、商务部、公安部等政府部门为首要行为体主要在重大、紧急、突发的海外安全事态发生时才会启动,无法满足中国急剧增长的海外安保需求,多元多层次行为体间的紧密合作才能应对复合多样的安全威胁。海外安全保障的法律关系复杂,行动性质敏感,立法的困难较大。

---

[1] 参见李卫海. 中国保安企业开展海外业务的法律与监管研究 [M]. 北京:法律出版社,2015:147-148.

1. 制定领事保护条例

领事保护是指中国政府和中国驻外外交、领事机构维护海外中国公民和机构安全及正当权益的工作。领事保护的实施主体是中国政府及其派驻国外的驻外使领馆。中国目前有260多个驻外使领馆，都是实施领事保护的主体。2018年外交部和驻外使领馆处理了8万多起领事保护案件。

目前，《维也纳领事关系公约》、我国与外国签订的近50个相关双边领事条约以及我国国内法都没有区分"领事保护"和"领事协助"。《维也纳领事关系公约》以领事职务列举的方式，规定了行使领事职务的官员，有权给予派遣国国民必要的保护、帮助和协助，且列举了保护、帮助和协助的范围，包括提供相关资料、领事认证，以及诸如担任公证、转送司法书状等法律协助，且大部分这种保护、帮助和协助需以符合现行国际协定、接受国法律规章，不为接受国所反对等为行使领事保护的条件。

驻外使领馆举办形式多样的领事保护与协助进企业等活动，向中资企业介绍驻在国工作和生活常识、主要安全风险以及注意事项。2016年外交部开始试行领保联络员机制。领保联络员一般由当地华人华侨、中资企业员工和海外留学生担任，协助使领馆做好突发事件处置和预防性领保工作。外交部会同有关部门协助境外投资项目企业做好疫情防控和病患救治，切实保障中国境外务工人员健康安全。外交部先后发布了《中国领事保护和协助指南》《海外中国公民文明指南》《中国企业海外安全风险防范指南》《中国公民海外安全常识》。尽管《领事保护与协助条例》已列入国务院2020年立法工作计划，相关立法工作早在2006年就启动了，但这部专门立法至今尚未出台。

2. 海外军事保护制度

母国行动方式是指由国籍国直接出动安全力量对海外项目和人员提供安全保障，具体包括护航、撤侨（动用军事力量）和国际救援。根据《联合国宪章》的宗旨和公认的国际法原则，母国行动方式的安全保障需要得到当事国同意或经由联合国安理会授权。2013年4月16日，中国政府在其发布的国防白皮书中首次提出，开展海外行动是人民解放军维护国家利益和履行国际义务的重要方式，但军事手段维护海外安全尚无制度保障。

中国积极支持联合国维和行动，是联合国维和行动的主要出资国之一，是安理会常任理事国中第一大出兵国。根据联合国安理会有关决议，中国政府于2008年12月起派遣海军舰艇编队赴亚丁湾、索马里海域实施常态化护航行动，与多国护航力量进行合作，共同维护国际海上通道安全。中国海军常态部署3

至4艘舰艇执行护航任务，共派出31批100余艘次舰艇、2.6万余名官兵，为6600余艘中外船舶提供安全保护，解救、接护、救助遇险船舶70余艘。10年来，中国军队积极参加国际灾难救援和人道主义援助，派遣专业救援力量赴受灾国救援减灾，提供救援物资和医疗救助，加强救援减灾国际交流。截至2018年12月，中国军队已累计参加24项联合国维和行动，派出维和军事人员3.9万余人次。①

为了更好地履行打击海盗的国际义务以及出于维护国际航运秩序与安全之目的，2017年8月1日，中国首个海外军事基地——中国人民解放军驻吉布提后勤保障军事基地正式投入使用。该军事基地正式投入使用以来，已经为多个批次护航编队保障维修器材，为百余名护航官兵提供医疗保障服务，并同外军开展联合医疗救援演练等活动。

我国军事法是指调整国防建设和军事活动的法律规范的总称，包括《国防法》《兵役法》《军事设施保护法》等。军队维护国家海外利益行动的规范，从宪法、法律到军事法规、规章，各个位阶基本都有涉及，但不够系统完善，难以为维护国家海外利益军事行动提供直接有力的法律依据和明确具体的法律指引。②

3. 私营安保公司海外服务制度

我国"一带一路"项目大多位于社会风险聚集的国家和地区，项目和公民遭遇绑架和暴恐袭击事件频发。③ 当领土所属国的安全管理机制失效或受严重损害，中国企业和公民的最佳解决办法就是购买私营安保公司的服务。④ 巴基斯坦旁遮普省警方在2015年公开宣布无足够警力保护在该省的所有中国工人，将把有限警力用于保护本省公共项目上的中国人。对于私营项目上的中国人，

---

① 国务院新闻办公室. 新时代的中国国防 [DB/OL]. 中华人民共和国国务院新闻办公室网站，2019-07-24.
② 参见宋云霞，王全达. 军队维护国家海外利益行动法律体系构建 [J]. 国防，2015（07）：34.
③ 境外中资企业机构和人员受到严重的安全威胁，仅2014年中资企业发生境外安全突发事件67起，59人死亡，443人受伤，20人被绑架。参见支东生，周丽莎，李炜，等. 中央企业"一带一路"国别风险与安保体系建设研究 [M] //中国企业改革与发展研究会. 中国企业改革发展优秀成果（首届）上卷. 北京：中国经济出版社，2017：497.
④ 参见赵可金，李少杰. 探索中国海外安全治理市场化 [J]. 世界经济与政治，2015（10）：145.

则鼓励他们寻求私营安保公司的保护。① 根据中石油与伊拉克政府的协议，伊方为中石油提供安全服务，但伊拉克石油警察并不负责中方的营地安全和出行安全。②

2012年3月15日，华信中安保安公司的三名护航队员为中远集团进行了远洋护航，标志着中国私营安保公司正式走向海外。截至2016年年底，在境外开展安全服务的中国私营安保公司有30余家，地域涉及亚洲、欧洲、非洲和南北美洲等将近50个国家和地区。③ 即便如此，中国私营安保公司在中国海外利益安全服务市场上并未占据优势，获得的订单仅占中资海外市场的10%左右。④ 海外中资企业大多选择雇用西方私营安保公司，中石油、中石化、长城石油公司、中铁十四局等重要中资企业主要购买西方私营安保公司提供的私营安全服务，甚至中国外交部和驻外使馆也加入购买西方私营安保公司服务的行列。⑤ 中国关键部门和企业的安全保卫重责由西方私营安保公司承担，对我国企业安全、产业安全和国家安全都形成了重大安全隐患。

我国法律对私营安保公司域外服务尽付阙如的情况下⑥，贸然"走出去"必然面临巨大的法律风险。⑦ 国际法上，母国可能对私营安全公司的严重犯罪行为承担国家责任，我国国内法对私营安全公司域外服务不能视而不见。我国私营安全公司域外服务可以在私营安全公司域外服务的制度底线和期望线范围内，定位于较国内法更为广泛的安全服务，暂不涉及私营军事公司的服务。在这一定位基础上，建立符合域外服务需求的许可制度，明确防御性武力和非致命性武力的使用规则，适度放开对枪支武器的域外管制并明确规则，构建监督和救济等配套机制。我国私营安全公司域外服务立法具有后发优势，可以借鉴

---

① BASIT S H. Terrorizing the CPEC：Managing Transnational Militancy in China-Pakistan Relations [J]. The Pacific Review, 2019, 32：14.
② 参见王靖.民营安保企业可成维护我国海外利益安全的基本力量 [EB/OL]. 环球网，2016-07-26.
③ 参见郝洲.海外中国的"隐秘侍卫" [J]. 财经，2017（17）：54.
④ 参见王洪一.合规建设"一带一路"安全保障先行——2018年安全形势展望及安保工作的思考 [J]. 国际工程与劳务，2018（03）：22.
⑤ 2010年外交部和国际SOS公司签署合同，由该公司为驻外使领馆的人员及其家属提供不间断的援助服务和安全信息服务。
⑥ 参见曹瑞臻.中国私营安保公司海外业务监管相关问题对策分析 [J]. 中国市场，2017（08）：211.
⑦ 参见刘波."一带一路"安全保障体系构建中的私营安保公司研究 [J]. 国际安全研究，2018（05）：130.

美英等西方国家的经验,将规制重点放在武力和枪支武器使用方面,同时注重引进跨国自律机制发挥重要的规范和监督作用。

4. 国际安全合作制度

在联合国、上海合作组织、中国与东盟(10+1)等国际和多边安全治理机制平台,我国积极参与国际维和、国际巡航、联合巡逻执法等行动,围绕"安全共享"推动多边和国际安全治理新规则的制定,创设多边和国际安全治理新机制,为军事力量和公安部门深入参与海外安保提供规则支持、机制保障和协调平台。

建立我国与东道国安全互保机制。中吉两国已经建立了"一带一路"安全保障司局级联合工作组,通过这一合作机制积极加强对于相关项目和人员的安全保障,中方的牵头单位为外交部涉外安全事务司,吉方的牵头单位为吉尔吉斯斯坦外交部第一政治司。中国和吉尔吉斯斯坦在两国联合声明中对双方相关部门就"一带一路"安全保障所探索的工作组方式予以认可和支持。2018年6月7日,中吉两国元首在共同签署的《中华人民共和国和吉尔吉斯共和国关于建立全面战略伙伴关系联合声明》中提出,双方将充分发挥中吉共建"一带一路"安全保障联合工作组机制的作用,为两国共建"一带一路"合作提供全方位安全保障。2019年6月13日,中吉两国元首在共同签署的《中华人民共和国和吉尔吉斯共和国关于进一步深化全面战略伙伴关系的联合声明》重申,双方将充分落实中吉共建"一带一路"安全保障联合工作组机制的任务,为达成目标,将在上述机制框架内加强安全保障情报信息交流。在深入总结联合工作组的实践经验与教训的基础上,探索建设具备我国特色的国际安全合作制度。

三、构建我国经济制裁制度

20世纪70年代左右,我国就对越南和阿尔巴尼亚等国实施了单边经济制裁。我国在1998—2016年期间,共公布了40余项经济制裁公告,其中大多数以执行联合国安理会的制裁决议为主。中国实施经济制裁呈现出"有限回击"的特征,即经济制裁的强度较低、实际运用的范围有限,且经济制裁仅用于对他国侵犯中国国家利益时的回应。[1] 从2019年到现在,我国对美国、欧盟、英国、加拿大、冰岛、澳大利亚等国家和地区采取了反制裁措施。这些措施中,绝大

---

[1] 参见方炯升. 有限的回击:2010年以来中国的经济制裁行为[J]. 外交评论(外交学院学报),2020,37(01):65.

多数是针对他国或地区不当制裁行为的反制裁措施,少数带有制裁性质的措施所针对的也是他国或地区对我国的不当言行。

(一) 经济制裁管理机制

我国并未规定明确的经济制裁管理机构。实践中,外交部、商务部、海关总署、交通运输部等机构都曾发布执行联合国安理会有关决议的通知。① 商务部和海关总署在 2018 年 1 月 5 日发布关于执行联合国安理会 2397 号决议的公告,根据《对外贸易法》,对涉及朝鲜进出口贸易的部分产品采取管理措施,全面禁止对朝鲜出口铁、钢和其他金属、工业机械、运输车辆等,在一定时间段内限制对朝鲜出口原油与精炼石油产品。在公告执行之日,全面禁止从朝鲜进口部分粮食和农产品。交通运输部在 2018 年 1 月 29 日发布关于执行联合国安理会第 2397 号决议有关事项的公告,禁止从事运送安理会决议涉朝禁运物项、已列入安理会制裁清单的船舶靠港。禁止中国公民及企业包租悬挂朝鲜船旗的船舶,禁止将船舶包租给朝鲜,禁止向朝鲜提供船员或使用朝鲜船员。禁止中国公民或企业所属船舶从事海上"船对船"涉朝货物移交。基于澳联邦政府对中澳合作所持态度,国家发展改革委决定,自 2021 年 5 月 7 日起,无限期暂停国家发展改革委与澳联邦政府相关部门共同牵头的中澳战略经济对话机制下的活动。

(二) 我国经济制裁制度发展

我国现有三部法律对贸易报复措施做出规定,包括《突发事件应对法》《对外贸易法》和《反外国制裁法》,部门规章《不可靠实体清单规定》也将清单制度引入我国经济制裁法领域。

2007 年 11 月生效的《突发事件应对法》界定的突发事件是指突然发生,造成或者可能造成严重社会危害,需要采取应急处置措施予以应对的自然灾害、事故灾难、公共卫生事件和社会安全事件。突发事件并不是真正意义上的紧急事件,当发生影响国家安全的紧急事件时,《突发事件应对法》仍不能给出坚实的法律根据。

《对外贸易法》第 7 条规定:"任何国家或者地区在贸易方面对中华人民共和国采取歧视性的禁止、限制或者其他类似措施的,中华人民共和国可以根据

---

① 参见杜涛. 国际经济制裁法律问题研究 [M]. 北京:法律出版社,2015:320-342.

实际情况对该国家或者该地区采取相应的措施。"这是一条概括性的授权条款，我国可以据此对他国的出口管制或制裁措施采取必要的反制措施。类似条款也能在《外商投资法》第 40 条、《出口管制法》第 48 条、《数据安全法》第 26 条、《个人信息保护法》第 43 条、《国际海运条例》第 51 条、《进出口关税条例》第 14 条、《货物进出口管理条例》第 6 条、《反倾销条例》第 56 条、《反补贴条例》第 55 条、《保障措施条例》第 31 条中发现。

2020 年 9 月 19 日，商务部正式公布施行《不可靠实体清单规定》。基于非商业目的对中国实体实施封锁、断供或其他歧视性措施，对中国企业或相关产业造成实质损害，对中国国家安全构成威胁或潜在威胁的外国法人、其他组织或个人列入其中；对于被列入不可靠实体清单的外国法人、其他组织或个人，将采取必要措施。不可靠实体清单制度是对中美贸易摩擦中美国将多家中国企业列入实体清单并进行限制或打压的制度性回应，是中国对外贸易管制以及贸易制裁制度的组成部分。[①]

2020 年 10 月，中国颁布《出口管制法》，对出口管制体制、管制措施以及国际合作等做出明确规定，统一确立出口管制政策、管制清单、临时管制、管控名单以及监督管理等方面的基本制度框架和规则。《出口管制法》对中国出口管制的制度做出全面安排，确保管制物项、适用主体和管制环节全覆盖。《出口管制法》本身不是经济制裁法，是执行经济制裁中出口管制措施的制度依据。

我国于 2021 年 6 月 10 日公布并实施《反外国制裁法》。由于被纳入美国、欧盟、英国、加拿大等国家或地区制裁名单的我国实体和个人越来越多，借鉴国外相关立法，我国出台了专门的反制裁立法。《反外国制裁法》为我国应对"长臂管辖"，反制裁外国非法制裁行为提供了法律利器，是加强涉外法治建设的重要成果，也是我国善用法律武器维护国家利益的体现。但该法存在内容不够具体，程序规定不充分等问题。

（三）主要制度问题及其建议

我国经济制裁制度立法起点高，一经出台就是法律，相应的问题就是管理机构未明确、执行程序不明晰。另外，我国出台经济制裁制度有独特的背景，主要是应对美西方国家对我国的出口管制等歧视性措施而出台，因此，我国经

[①] 参见沈伟. 中美贸易摩擦中的法律战——从不可靠实体清单制度到阻断办法 [J]. 比较法研究，2021（01）：181.

济制裁制度尚未体系化，缺乏主动制裁的手段，与联合国安理会决议的关系也不明确。

1. 合同履行障碍风险的应对制度

近年来，多家中国企业受到美西方国家歧视性措施影响，损失巨大。不管是美国对朝鲜的制裁，还是对伊朗的制裁，甚至对华为的制裁都沦为美国运用法律武器维持其全球地位的手段。① 在诸多案例中，中国企业及个人的应对非常被动，对美国的制裁多以全盘接受而告终。如，中国中兴通讯在2018年6月与美国商务部达成新的和解协议，此次协议的罚款数额高达10亿美元，并有4亿美元的费用用来作为之后违规行为的担保，同时中兴通讯还需要在30天内更换董事会及高管团队，同时必须接受美国监管小组进驻。② 在2019年7月及2019年9月，先后有珠海振戎等8家企业被美国财政部制裁，原因是从伊朗向中国进口石油，违反了美国对伊朗的制裁法案。

外国经济制裁对我国企业和公民的海外经济利益的直接影响是：外国企业援引美国制裁法，要求豁免其拒绝对中国企业履行供货义务的违约责任。美国等国家实施的单边制裁法，对我国而言在性质上属于外国法的强制性规范。③ 基于主权原则，不能承认外国的公法规范在中国境内的管辖效力。另外，《涉外民事关系法律适用法》第5条规定："外国法律的适用将损害中华人民共和国社会公共利益的，适用中华人民共和国法律。"这一规定宣示了我国法律适用主权，对保护我国公共利益具有重要意义。如果我国法院认为豁免其违约责任损害中国的公共利益，则可拒绝承认美国制裁法的效力，而认定其构成无正当事由的违约。

2. 主动制裁制度构建

中国作为联合国五大常任理事国之一，有履行安理会决议的义务。我国并未对安理会制裁决议制定专项的对接性法律规定。一般而言，我国是通过外交部根据安理会的决议，向国务院各部委、各直属机构、各省、直辖市的人民政府传达信息，一般以通知的形式进行。但是只凭外交部的通知对策来执行安理会的制裁决议是有很多不足之处的：一方面，我国执行主体的层次不高。在接

---

① 参见强世功. 帝国的司法长臂：美国经济霸权的法律支撑 [J]. 文化纵横，2019（04）：84-93.

② United States v. ZTE Corporation (3-17CR-0120K).

③ 参见石佳友，刘连炻. 国际制裁与合同履行障碍 [J]. 上海大学学报（社会科学版），2021，38（01）：70.

收到安理会的制裁决议之后，我国外交部通常会通知各级人民政府的外事办公室来处理，然而作为执行主体，外事办公室的层级相对不高，执行效率低，执行能力弱。另一方面，我国也没有相关的法律作为执行主体的执行依据，而且也尚未针对执行不到位等问题制定相应的处罚措施。

我国需要尽快出台一项相关的制度，赋予国务院明确的职权，以确保其可以有效地执行安理会制裁决议，同时针对实际的执行，我国应当确立国防部、财政部以及外交部等中央直属部门作为执行主体，并制定专项的处罚制度来促使这些执行主体能够真正执行到位。①

《反外国制裁法》第15条规定：对于外国国家、组织或者个人实施、协助、支持危害我国主权、安全、发展利益的行为，需要采取必要反制措施的，参照本法有关规定执行。实际上这是《反外国制裁法》中唯一的主动制裁条款。主动制裁行为毕竟与反制裁存在区别，有必要进一步完善我国的制裁立法。

3. 细化反外国制裁规则

（1）歧视性限制措施的条件模糊。我国《反外国制裁法》并未直接对制裁下定义，在第3条第2款中笼统地对所要应对的制裁做出描述：外国国家违反国际法和国际关系基本准则，以各种借口或者依据其本国法律对我国进行遏制、打压，对我国公民、组织采取歧视性限制措施，干涉我国内政的行为。

认定标准的模糊导致在实际操作过程中可以相对灵活。根据中国立法，索赔主动权由主管机关掌握，"国际关系基本准则"具体包括哪些内容以及其与国际法是何种关系可能会有所混淆。该法草案曾用"国际关系基本原则"的措辞，这也说明立法者在这方面可能存有不同看法。既然其与国际法是并列的，说明其不被国际法完全涵盖，或至少属于国际法中的一个特定范畴。有学者提出"和平共处五项原则是当代国际关系的基本准则"，《实体清单规定》第3条、《阻断法》第3条也将其界定为包括和平共处五项原则等的范畴，如果国际关系基本准则是指和平共处五项原则，是否可以用国际法基本原则来代替国际关系基本准则这一概念呢？如果是意图泛指部分国际软法，那么依据国际软法所采取的措施在国际法上是否具有合法性又是一个争议较大的问题。

（2）《反外国制裁法》第12条规定："任何组织和个人均不得执行或者协助执行外国国家对我国公民、组织采取的歧视性限制措施。组织和个人违反前

---

① 参见杜涛. 国际商事合同中的经济制裁条款效力研究 [J]. 上海对外经贸大学学报，2020，27（05）：11.

款规定，侵害我国公民、组织合法权益的，我国公民、组织可以依法向人民法院提起诉讼，要求其停止侵害、赔偿损失。"将"居民"排除在外，看似限缩了索赔主体的范围，但该条还将"其他组织"包括在内，而"其他组织"一词含义广泛，在我国通常是指"合法成立、有一定的组织机构和财产，但又不具备法人资格的组织"，外国实体在华的非法人分支机构亦可能涵盖在内。因此，规定中所称的"中国公民、法人或其他组织"如何界定，仍有待进一步明确。例如，"中国公民、法人"是否包括在境外工作的中国人及中国公司在海外的子公司？"其他组织"是否包括非法人的分支机构？此外，从法律公平的角度来说，无论是中国企业因遵守某外国歧视性限制措施而终止与外方合同，还是外国企业因遵守某外国歧视性限制措施而终止与中方合同，另一方当事人均应有权索赔。将索赔主体限于具有"中国国籍"的公民、法人和其他组织，更有利于保护本国相关实体的利益，避免出现置本土企业于不利地位的尴尬情形。弊端是在中外企业之间形成歧视性待遇，不利于创造公平公正的营商环境。不得执行或者协助执行歧视性限制措施义务的主体不限于我国境内的组织和个人，也包括外国组织和个人。

（3）程序和救济。《反外国制裁法》第10条规定：设立反外国制裁工作协调机制，负责统筹协调相关工作。国务院有关部门应当加强协同配合和信息共享，按照各自职责和任务分工确定和实施有关反制措施。该工作协调机制有可能以外交部为中心展开，具体实施反制裁的过程中，商务部、公安部、中国人民银行等部门也极有可能具有重要地位。需要在实施细则中对其明确化，制定相应程序规定。从2021年7月23日外交部根据《反外国制裁法》对7个美方人员和实体实施的反制裁来看，实施反制裁措施的具体程序还不确定，甚至具体采取何种反制裁措施也并未明确，仅是通过外交部发言人在答记者问中予以宣布，有必要明确协调机制构成和具体实施反制裁的流程。

4. 制裁制度的系统化

不可靠实体清单制度是要对外国实体施加压力并形成威慑，促使其在遵守外国政府的管制和制裁要求时，更加中立、慎重和克制。外国实体被列入不可靠实体清单后，其所产生的法律后果可以包括进出口管制、投资限制、入境/居留限制、风险警示、民事诉讼等。

不可靠实体清单制度在实施过程中应当注意原则性与灵活性相结合，赋予主管部门必要的自由裁量权,重在发挥威慑作用。① 商务部 2019 年 5 月 31 日宣布的决定中包含了列入不可靠实体清单时的考虑因素。其后,商务部产业安全与进出口管制局负责人在 6 月 1 日接受采访时进一步明确,中国政府在决定是否将某个实体列入不可靠实体清单时,会综合考虑四方面因素:一是该实体是否存在针对中国实体实施封锁、断供或其他歧视性措施的行为;二是该实体行为是否基于非商业目的,违背市场规则和契约精神;三是该实体行为是否对中国企业或相关产业造成实质损害;四是该实体行为是否对中国国家安全构成威胁或潜在威胁。②

四、构建我国法律域外适用和阻断制度

历史上,由于一贯坚持属地原则,我国在国内法域外适用问题上呈现出保守化特点。2019 年 2 月 26 日,习近平总书记在中央全面依法治国委员会第二次会议上的重要讲话中指出,要加快推进我国法域外适用的法律体系建设。③ 法律域外适用具有一定的必要性与正当性,能够惩治危害人类的严重罪行,维护公平的市场竞争环境,实现国际法治与全球善治④,满足我国政府和我国投资者的海外经济利益保护的需求。美国在强势的经济政治地位以及长臂管辖加持下,对中国实施了大量司法及行政管辖及干涉⑤,我国也需要建立阻断制度来维护我国海外经济利益。

(一)法律域外适用管理机制

我国应尽快建立由中央领导、国家机关有关部门参加的工作机制,推动我国法律域外适用,负责外国法律与措施不当域外适用的应对工作。

法律域外适用的行政执法机关应是各实体法中法定管理机构。如《证券法》中的证券监督管理机构是中国证券监督管理委员会(以下简称证监会),证监会

---

① 参见廖凡. 比较视角下的不可靠实体清单制度 [J]. 比较法研究,2021 (01):167.
② 参见于欣. 谁会列入"不可靠实体清单"?中国明确四种考虑因素 [N]. 新华每日电讯,2019-06-02 (03).
③ 习近平. 为做好党和国家各项工作营造良好法治环境 [M] //论坚持全面依法治国. 北京:中央文献出版社,2020:257.
④ 参见孙南翔. 美国法律域外适用的历史源流与现代发展——兼论中国法域外适用法律体系建设 [J]. 比较法研究,2021 (03):183.
⑤ 参见岳树梅、黄秋红. 国际司法协助与合作中的"长臂管辖"及中国应对策略 [J]. 北方法学,2021,15 (02):128-129.

有依法查处证券违法行为的职责，必要时可以采取现场检查、询问有关当事人、查阅复制有关记录等监管措施。然而，同美国证券监督管理委员会的执法权限相比，缺少了强制传唤权、诉权等执法制度，减弱了域外适用及跨境监管合作方面的执法权。由于缺乏法律授予的具体执法措施支撑，实践中，我国行政主管机构几乎没有应用或者很少进行域外执法。

我国阻断制度的管理由商务部主管。这种职责归属与我国遭受美国法律不当域外适用的主要领域是贸易投资领域有关，主要针对的是次级制裁。我国公民、法人或者其他组织遇到外国法律与措施禁止或者限制其与第三国（地区）及其公民、法人或者其他组织正常的经贸及相关活动情形的，应当在30日内向商务部如实报告有关情况。报告人要求保密的，商务部及其工作人员应当为其保密。

（二）法律域外适用制度发展

中国域外规制体系的建立刚刚开始。① 近年来，中美两国竞争加剧后，中国感受到美国在出口管制法、反海外腐败等方面法律域外适用的压力。2019年10月，中共十九届四中全会通过的《中共中央关于坚持和完善中国特色社会主义制度、推进国家治理体系和治理能力现代化若干重大问题的决定》提出了加快中国法域外适用的法律体系建设的目标。应对美国法的域外适用，构建中国公法域外适用法律体系成为我国学术界关注的重要议题。

1. 法律域外适用方面

对于保护我国实体与公民在域外不受侵害至关重要的"我国法律域外适用体系"，还没有系统性构建起来。法律域外适用不仅包括立法，还包括执法和司法方面，是一种法律实施方式。法律域外适用的重点是提高域外行政执法和刑事执法的意愿和能力。我国绝大多数的国内法律对是否具有域外效力未做出明确规定，这种状况近年来已经有所改变，尤其"十四五"以来，如《数据安全法》《个人信息保护法》等法律法规中都明确了域外效力。目前我国法律域外适用制度的主要问题是完善域外行政执法、刑事执法的职责、程序和救济等制度，推动达成国家间的联合执法和司法协助协定。

2. 阻断制度方面

我国阻断制度发展早于法律域外适用制度。从广义角度，阻断制度包括

---

① 参见商舒. 中国域外规制体系的建构挑战与架构重点——兼论《阻断外国法律与措施不当域外适用办法》[J]. 国际法研究，2021（02）：75.

《保守国家秘密法》《商业银行法》《证券法》《民事诉讼法》《国际刑事司法协助法》等法律法规中的相关规定。《保守国家秘密法》第 30 条规定，机关、单位对外交往与合作中需要提供国家秘密事项，或者任用、聘用的境外人员因工作需要知悉国家秘密的，应当报国务院有关主管部门或者省、自治区、直辖市人民政府有关主管部门批准，并与对方签订保密协议。《商业银行法》第 53 条规定，商业银行的工作人员不得泄露其在任职期间知悉的国家秘密、商业秘密。《证券法》第 177 条第 2 款规定，境外证券监督管理机构不得在中国境内直接进行调查取证等活动。未经国务院证券监督管理机构和国务院有关主管部门同意，任何单位和个人不得擅自向境外提供与证券业务活动有关的文件和资料。《民事诉讼法》第 276 条第 2 款规定，外国法院请求协助的事项有损于国家主权、安全或者社会公共利益的，人民法院不予执行。《国际刑事司法协助法》第 4 条规定，国际刑事司法协助不得损害中国主权、安全和社会公共利益，非经主管机关同意，外国机构、组织和个人不得在我国境内进行本法规定的刑事诉讼活动，中国境内的机构、组织和个人不得向外国提供证据材料和本法规定的协助。

2021 年 1 月 9 日，商务部公布了专门的阻断制度：《阻断外国法律与措施不当域外适用办法》（以下简称《阻断办法》）。《阻断办法》的核心功能是阻断特定法律在中国境内的法律效力及执行、禁止相关主体遵守外国的特定的法律以及就其损害进行索赔。① 《阻断办法》的作用机制是中国主体受到外国法律与措施禁止或者限制交易，应在 30 日内向商务部报告。从法意解释和文意解释的角度来分析，《阻断办法》的适用范围包括违反次级制裁的情况。② 商务部在收到报告后，联合其他部门对外国法律与措施是否存在不当适用情形进行评估。在评估确认存在不当域外适用情形后，由商务部发布不得承认、不得执行、不得遵守有关外国法律与措施的禁令。商务部的禁令是对申请主体的保护，形成对于外国法律的阻断。同时中国的主体可以向商务部申请豁免准售禁令。对于外国法律与措施不当域外适用的情形，中国政府可以根据实际情况和需要，采取必要的反制措施。

1990 年英国颁布命令，将英国的阻断法《1980 年保护贸易权益法案》延伸适用于香港，香港随后根据该法案于 1995 年颁布了香港的阻断法《保护贸易权

---

① 参见廖诗评.《阻断外国法律与措施不当域外适用办法》的属事适用范围 [J]. 国际法研究，2021（02）：44.

② 参见廖诗评.《阻断外国法律与措施不当域外适用办法》的属事适用范围 [J]. 国际法研究，2021（02）：56.

益条例》（Protection of Trading Interests Ordinance）。香港回归祖国后，对该法案进行了多次修订，最近的一次修订是在2000年，该法案目前包括了当代阻断法的所有核心制度。

（三）主要制度问题及其建议

目前，影响我国法律域外适用的问题是立法供给不足。实体制度上，即使某些部门法具有域外效力的条款，但存在法律责任类型单一、规定模糊、缺乏可操作性等立法技术问题。执法制度上，法律域外适用的问题较为复杂，需要构建系统的、法治化的实施制度，这项工作刚刚起步。作为法律域外适用反措施，阻断制度具有逻辑较清晰、内容明确、本土执行的特点，我国在阻断制度建设方面进展较快，需要进一步制定细化规则，处理开放和安全，平衡企业发展和守法成本之间的关系问题。

1. 管理机制有待理顺

2021年1月公布实施的《阻断办法》是商务部发布的部门规章。在这部部门规章中，规定了我国对外国不当法律域外适用的阻断工作机制，即由商务部牵头的，具体事宜由商务部、发改委会同其他有关部门负责的工作机制。阻断工作机制存在以下问题：一是由部门规章级别规定的国家阻断工作机制，并且需要其他同级别部门配合负责，从行政规律上很难获得预想工作效果。二是外国不当法律域外适用不仅限于国际贸易和投资领域。美国法院经常对我国企业，如商业银行，签发证据开示令，将美国证据制度规则适用到我国境内的企业。这种外国不当法律域外适用并不直接与国际经贸和投资相关，商务部来协调处理力有不逮。三是国务院批准的阻断工作机制，商务部难以据此协调与法院系统、检察院系统和监察系统的工作。而在美国法律不当域外适用中，美国联邦法院系统发挥着重要的支撑作用。我国的应对措施缺少法院的司法支撑，很难达到预期效果。从实际操作的需要来看，设立较高级别的专门机构负责阻断工作协调和落实，是应当着重考虑的工作。

与阻断工作机制相比，我国法律域外适用管理机制却并未建立，甚至有关部门对法律域外适用的认识还比较模糊，导致在立法实践中，难以规划未来的工作机制雏形。

2. 完善我国阻断制度

（1）属事适用范围条款含义模糊。《阻断办法》第2条规定：本办法适用于外国法律与措施的域外适用违反国际法和国际关系基本准则，不当禁止或者限制中国公民、法人或者其他组织与第三国（地区）及其公民、法人或者其他组织进行正常的经贸及相关活动的情形。这种规定既非概括加列举式，也没有指向特定或具体事项，而是一种高度概括的立法模式，范围模糊。① 《阻断办法》的后续实施机制需要通过个案判断的方式对是否进行阻断做出决定。当然，存在"适用范围模糊"的法律也有一定的必要性。美国大量的"适用范围模糊"的法律由美国法院决定其是否具有域外效力。立法者意图在于阻断次级制裁，但第 2 条的文字含义似乎不仅包括了次级制裁，还包括了具有次级制裁效果的初级制裁。②

（2）适用范围较为狭窄。欧盟、加拿大、澳大利亚和墨西哥等国家的阻断法都广泛适用于反垄断、证券、经济制裁和限制贸易措施等方面。我国也应该适当扩大本国阻断立法的适用范围，在金融监管、出口管制、网络安全、知识产权保护、反腐败等领域规定阻断法律的适用效力，以充分保护我国相关实体的正当权益。

（3）政府补偿机制需要细化。《阻断办法》第 11 条规定："中国公民、法人或者其他组织根据禁令，未遵守有关外国法律与措施并因此受到重大损失的，政府有关部门可以根据具体情况给予必要支持。"政府补偿性质上属于国内自救措施，是对因遵守禁令而遭受外部损失的当事人进行的一种利益再平衡制度。政府补偿机制的引入，反映了我国立法机关在平衡企业合法权益方面给予了必要的考虑。尽管《阻断办法》对政府补偿机制做了原则性规定，但具体补偿方式、额度是否包括所有经济损失等事项尚有待进一步细化配套。

（4）细化例外豁免申请的实体与程序规则。《阻断办法》第 8 条规定："中国公民、法人或者其他组织可以向国务院商务主管部门申请豁免遵守禁令。申请豁免遵守禁令的，申请人应当向国务院商务主管部门提交书面申请，书面申请应当包括申请豁免的理由以及申请豁免的范围等内容。国务院商务主管部门应当自受理申请之日起 30 日内作出是否批准的决定；情况紧急时应当及时作出决定。"该规定聚焦于程序方面，缺少实体标准，未以是否对企业或国家利益造成"严重损害"为申请的前提条件，也未规定具体考量因素和标准。

---

① 参见廖诗评．《阻断外国法律与措施不当域外适用办法》的属事适用范围［J］．国际法研究，2021（02）：49.
② 参见廖诗评．《阻断外国法律与措施不当域外适用办法》的属事适用范围［J］．国际法研究，2021（02）：61-62.

3. 域外执法制度构建

域外执法管辖权是指行政机关对域外人、事、物执行法律的权能，主要表现为行政机构通过调查、起诉和扣押等强制力量对违法人员实施罚款、追究刑事责任等强制性处罚，保障立法目标实现。我国公法域外执法适用体系需要重点关注跨境执法能力和机制，从公私层面积累、构建具有中国优势的执法管辖全球联系因素是基础和关键。① 2020年"瑞幸咖啡事件"暴露出我国证券监管机构跨境执法的不足，在执法权限、执法内容以及执法范围等方面，与跨境执法经验丰富的发达国家存在差距，即便是跨境证券执法协助，我国执法机构也处于相对被动的地位。② 本书以证券法为例，分析我国跨境执法制度的法律障碍和建设重点。

（1）执法权限方面，我国证监会可以采取询问当事人、查阅复制记录等措施执法，这些手段在跨境执法时就显现出不足。一是没有强制传唤权。美国证监会可以随时强制传唤证人和违法行为人，我国证监会仅能对有关人员进行询问。二是缺乏和解等执法方式。美国执法机构依据法律及行政法令，以相关国家的实体或个人为对象，通过行使"执行管辖权"迫使后者"依法"屈服，以实现美国的对外政策及其国家利益。2019年12月13日，美国司法部发布《商业组织出口管制和贸易制裁执法政策》，鼓励企业主动报告违法行为，以此减轻处罚。该政策清晰地阐明了企业能够因主动披露行为获得减轻处罚的要件：企业主动披露其违法行为；主动且充分配合调查；并及时准确地采取补救措施。若满足以上条件，在不存在其他加重情节的情况下，存在违法行为的企业可能获得一份不起诉协议并免除罚款。即使存在严重违法的情节，对企业相应的违法行为必须予以处罚的，执法机构亦会考虑其积极披露、充分合作、适用切实有效合规措施等行为，最高可免除其50%的罚款金额，并且可以获得不必派遣合规监管官等减轻处罚措施。三是无法进行事实的域外执法。美国执法机关在满足国内法规定的某些特殊条件下，可以域外执法。如在刑事领域，美国执法官员要在其他国家行使执法管辖权，一般必须得到美国的正式授权和他国的同意，同时遵守美国和该国的法律。但也存在特殊情况，如著名的马缮因案。1985年2月7日，美国缉毒局探员卡马雷纳在墨西哥西部城市被毒贩绑架，一

---

① 参见郭华春. 美国经济制裁执法管辖"非美国人"之批判分析［J］. 上海财经大学学报，2021（01）：122.

② 参见王洋. 我国证券法域外适用性改革研究［J］. 金融监管研究，2021（06）：75.

个月后发现了他的尸体,卡马雷纳的颅骨、颧骨、下颚骨、肋骨有不同程度的骨折,事后得知卡马雷纳被连续折磨了超过 30 个小时,在他濒死的时候,毒贩的医生马缮因向他心脏注射肾上腺素以保持清醒。即使在美国和墨西哥签署了引渡条约的情况下,美国毒品管制局仍雇用 Sosa 等墨西哥人绑架了马缮因,运至得克萨斯,由毒品管制局逮捕。马缮因根据《外国人侵权法》起诉 Sosa 等人,地区法院和巡回法院都判决侵权成立且赔偿,联邦最高法院调卷审理了本案。联邦最高法院审理认为:引渡条约中未禁止绑架的情况,则即使被告是绑架来的,根据"科尔—弗雷斯比规则",法院也可以行使管辖权。马缮因不能因为被绑架就免除管辖,仍需要为其境外杀害行为作为被告参加刑事诉讼程序。在 1998 年"凡尔都戈—乌尔基德案"中,联邦缉毒局去墨西哥抓人,发现抓错人了,后来美国法院认为,宪法修正案不适用于外国人。美国联邦最高法院判决的多数意见认定,美国联邦特工在墨西哥搜查凡尔都戈—乌尔基德不用遵守《美国宪法》的限制,第四修正案并不限制联邦政府在美国境外对外国人采取行动。

(2)执法力度方面,我国执法机关进行监督以及对违法行为进行制裁时,所能采取的措施种类及处罚力度都十分有限。一是美国证监会行政处罚金额较大,动辄数亿美元,我国《证券法》最新修订中将证监会行政处罚的上限提升后才至 2000 万元,相差甚远。二是没有起诉权。美国证监会可以对证券违法者提起民事诉讼或者禁令诉讼,而我国证监会仅能对违法行为人做出行政处罚或将有关案件移交公安司法机关。

(3)执法的司法监督方面,行政机关的域外执法没有特殊保障制度。一般来讲,美国法院对行政机关的专业给予充分尊重,尽量避免介入行政部门享有自由裁量权的领域,域外执法活动受到法院的司法审查程度有限。尽管受到"美国部门法的长臂与《美国宪法》的短臂"的批评,但毋庸置疑的是,美国法院对行政机关的域外执法进行司法监督的尺度并不严格。一般来讲,域外执法的难度比域内执法的难度大,相应在司法监督方面也应域内和域外有别,对域外执法的司法监督应适度宽松。

(4)跨境执法协助方面,协调国家主权和阻断限制的关系是我国行政执法国际合作中的普遍问题。我国《证券法》第 177 条第 1 款规定了证券跨境监管合作机制:"国务院证券监督管理机构可以和其他国家或者地区的证券监督管理机构建立监督管理合作机制,实施跨境监督管理。"但随之在《证券法》第 2 款规定了国际合作的限制:"境外证券监督管理机构不得在中华人民共和国境内直接进行调查取证等活动。未经国务院证券监督管理机构和国务院有关主管部门同意,任何单位和个人不得擅自向境外提供与证券业务活动有关的文件和资料。"一方面,坚持国家主权,境外监管机构不得在我国境内直接进行调查取证活动;另一方面,进行阻断限制,禁止任何单位和个人向境外机构提供证券业务活动相关的文件和资料,如会计账簿、财务报告等。因中美两国存在诸多信息共享、信息公开、监管程序等实施机制上的差别,使得跨境证券监管执法频频受阻。在跨境证券监管合作的案件中,跨境双方监管机构可以把维护"主权利益"与监管资料需求作为达成合作的核心问题,充分提出各自的建议,然后通过"联合调查合作协议"的方式固定下来。[1]

4. 民商事司法推动制度

目前与实体法相衔接的司法审判实务的具体落实层面尚存在一定障碍,在法律适用上面临不确定性,法院也缺乏类似的案件审判经验,使得实体法的域外规制体系目前仅停留在理论层面。[2] 目前,我国法院在国内法域外适用过程中的参与度较低,法院在中国法域外适用中的作用还未凸现,这与指导思想缺失、功能定位局限、司法配套机制缺失等有关。

(1)司法带动法律域外适用的指导思想。美国法院在司法中推动美国法域外适用的作用越来越大。在美国法院受理的涉及中国的长臂管辖案件数目呈现明显增长,从2000年起,在2005年之前一直处于个位数,自2005年至2010年在年20件以下徘徊,自2011年开始剧增,高峰期达到年40余件。[3] 频繁发起的法律程序与制裁,对中国企业产生的影响愈发严重。实践中,对我国所有法律设置域外适用条款在修法成本上几乎不可能,也无必要,司法机关可利用对实体法的立法目的、适用范围等进行司法解释,在司法程序中将实体法进行域外适用。[4] 从宏观上应当确立法院参与中国法域外适用法律体系建设的整体思路,树立和统一参与并成为中国法域外适用主力军的意识。最高人民法院应当尽快制定与中国法域外适用相应的司法解释,尤其是对相关审判规则做出说明。

---

[1] 参见郭金良. 我国《证券法》域外适用规则的解释论[J]. 现代法学, 2021, 43(05): 184.

[2] 参见孙南翔. 美国法律域外适用的历史源流与现代发展——兼论中国法域外适用法律体系建设[J]. 比较法研究, 2021(03): 181.

[3] 参见肖永平. "长臂管辖权"的法理分析与对策研究[J]. 中国法学, 2019(06): 39-65.

[4] 参见商舒. 中国域外规制体系的建构挑战与架构重点——兼论《阻断外国法律与措施不当域外适用办法》[J]. 国际法研究, 2021(02): 78.

最高人民法院应及时发布相关审判指导规则和典型案例等规范性文件。尽管我国目前还没有域外适用审判经验，可暂时将国外有关法律域外适用的典型案例中的司法制度支撑作为日后的审判参考，待国内积累足够的审判经验和案例素材后，再发布国内典型案例指导业务审判。

（2）我国民事诉讼和行政诉讼分立的制度完善。民事诉讼中人民法院受理的是公民之间、法人之间、其他组织之间以及他们相互之间因财产关系和人身关系提起的诉讼。行政诉讼处理的是公民、法人或者其他组织对行政机关提起诉讼。无论是民事诉讼，还是行政诉讼，都有可能涉及中国法域外适用问题。

在民事诉讼中，法院大量处理我国法域外适用。我国《涉外民事关系法律适用法》第6条规定："中华人民共和国法律对涉外民事关系有强制性规定的，直接适用该强制性规定。"对于强制性规定的范围，《最高人民法院关于适用〈涉外民事关系法律适用法〉若干问题的解释（一）》第8条规定："有下列情形之一，涉及中华人民共和国社会公共利益、当事人不能通过约定排除适用、无须通过冲突规范指引而直接适用于涉外民事关系的法律、行政法规的规定，人民法院应当认定为涉外民事关系法律适用法第四条规定的强制性规定：涉及劳动者权益保护的；涉及食品或公共卫生安全的；涉及环境安全的；涉及外汇管制等金融安全的；涉及反垄断、反倾销的；应当认定为强制性规定的其他情形"。在劳动者权益等涉外案件中使用我国强制性规定符合我国法律，法院需要判断的是涉及的程度和劳动法中劳动者权益的强制性规定范围，这些方面目前尚无统一的细化规则。

在行政诉讼中，执法机构在执法过程中没有诉权，不能通过诉讼的手段达到执法的目标。只有当作为行政相对人的公民、法人或者其他组织，因为对执法机关适用中国法的行为提起诉讼，法院才有可能处理此类案件。《行政诉讼法》第九章涉外行政诉讼只有三条，并不足以处理法律域外适用带来的复杂司法问题。在制定任何一项国内公法尤其是各类经济管制性法律时，可在必要时赋予私人以民事赔偿的诉权，在保留公共执行路径的同时，更多开辟私人执行路径，以适度扩大公法的域外立法管辖范围。①

（3）创新跨区域集中管辖制度，司法管辖和审判经验有待积累。自2020年《证券法》正式生效以来，我国境内尚无证券法域外适用的司法判例发生。2021

---

① 参见宋晓. 域外管辖的体系构造：立法管辖与司法管辖之界分［J］. 法学研究，2021（03）：190.

年 3 月和 4 月,《最高人民法院关于北京金融法院案件管辖的规定》《最高人民法院关于上海金融法院案件管辖的规定(2021 修正)》出台,规定在我国境外上市公司损害境内投资者合法权益的证券、期货等相关金融纠纷由北京金融法院或上海金融法院管辖,是我国《证券法》等金融法律域外适用案件的跨区域集中管辖条款,是两个规定的亮点。立法管辖和集中管辖确定后,司法机关还需要根据《民事诉讼法》,通过行为与效果主义确定域外效力的标准,判断司法管辖,并在个案中对域外适用的合理性进行充分阐述。① 另外,涉外的司法管辖非常有可能与他国司法管辖相冲突,应充分考虑和总结国际礼让原则与对等原则在我国法律域外适用的司法程序中的作用机制。

(4)建设行政执法权与法院的合作制度。美国司法部副部长可以在联邦最高法院代表美国政府参与纠纷处理,联邦政府也可以作为"法庭之友"出现在美国法院,这种机制可以保证美国联邦法院系统处理涉外案件时符合美国政府的利益,与美国外交政策相一致。我国行政机关与法院之间的合作制度付诸阙如,不利于协同推动我国法律域外适用。

(5)国内法的域外适用涉及域外的取证、送达、引渡和执行等环节。目前中国法的域外适用制度建设中尚未涉及这些配套措施,导致司法适用遇到困难。尽管在民事诉讼中,我国参加了送达、取证的海牙公约,但所费时长和难度常常使得当事人放弃诉求。美国证据规则的法律域外适用间接解决了域外取证问题。在古驰案中,某商户涉嫌在网上卖假货,通过中国银行清算,美国商标权人起诉该商户,并要求中国银行纽约分行提供该商户在中国银行纽约分行和中国境内各分行的账户开立及交易信息。纽约南区联邦地方法院于 2012 年 11 月 15 日做出裁定,认为中国银行没有按照美国法院的命令提交位于中国境内被告的银行资料,藐视法庭,罚款 7.5 万美元;同时处以每天 1 万美元的罚款直至提交相关资料。这种涉外程序性制度是我国法域外适用制度的重要组成部分,亟须创建。

---

① 参见孙南翔. 美国法律域外适用的历史源流与现代发展——兼论中国法域外适用法律体系建设 [J]. 比较法研究, 2021 (03): 183.

本书主要参考法律文件对照表

全称	简称
《中华人民共和国宪法》（2018年修正）	《宪法》
《中华人民共和国刑法》（2020年修正）	《刑法》
《中华人民共和国对外贸易法》（2016年修正）	《对外贸易法》
《中华人民共和国外商投资法》（2020年实施）	《外商投资法》
《中华人民共和国出口管制法》（2020年实施）	《出口管制法》
《中华人民共和国反外国制裁法》（2021年实施）	《反外国制裁法》
《中华人民共和国驻外外交人员法》（2010年实施）	《驻外外交人员法》
《中华人民共和国国家安全法》（2015年实施）	《国家安全法》
《中华人民共和国反恐怖主义法》（2018年修正）	《反恐怖主义法》
《中华人民共和国数据安全法》（2021年实施）	《数据安全法》
《中华人民共和国个人信息保护法》（2021年实施）	《个人信息保护法》
《中华人民共和国反有组织犯罪法》（2022年实施）	《反有组织犯罪法》
《中华人民共和国民事诉讼法》（2021年修正）	《民事诉讼法》
《中华人民共和国刑事诉讼法》（2018年修正）	《刑事诉讼法》
《阻断外国法律与措施不当域外适用办法》（2021年实施）	《阻断办法》
《中华人民共和国国际刑事司法协助法》（2018年实施）	《国际刑事司法协助法》
《中华人民共和国行政许可法》（2019年修正）	《行政许可法》
《中华人民共和国行政处罚法》（2021年修订）	《行政处罚法》
《中华人民共和国行政强制法》（2012年实施）	《行政强制法》
《中华人民共和国行政复议法》（2017年修正）	《行政复议法》

续表

全称	简称
《中华人民共和国国家赔偿法》（2012年修正）	《国家赔偿法》
《中华人民共和国行政诉讼法》（2017年修正）	《行政诉讼法》
《中华人民共和国价格法》（1998年实施）	《价格法》
《中华人民共和国反不正当竞争法》（2019年修正）	《反不正当竞争法》
《中华人民共和国产品质量法》（2018年修正）	《产品质量法》
《中华人民共和国反垄断法》（2008年实施）	《反垄断法》
《中华人民共和国证券法》（2019年修订）	《证券法》
《中华人民共和国网络安全法》（2017年实施）	《网络安全法》
《中华人民共和国预算法》（2018年修正）	《预算法》
《中华人民共和国保守国家秘密法》（2010年修订）	《保守国家秘密法》
《中华人民共和国国防法》（2020年修订）	《国防法》
《中华人民共和国兵役法》（2021年修订）	《兵役法》
《中华人民共和国军事设施保护法》（2021年修订）	《军事设施保护法》
《中华人民共和国突发事件应对法》（2007年实施）	《突发事件应对法》
《中华人民共和国国际海运条例》（2019年修订）	《国际海运条例》
《中华人民共和国进出口关税条例》（2017年修订）	《进出口关税条例》
《中华人民共和国货物进出口管理条例》（2002年实施）	《货物进出口管理条例》
《中华人民共和国反倾销条例》（2004年修订）	《反倾销条例》
《中华人民共和国反补贴条例》（2004年修订）	《反补贴条例》
《中华人民共和国保障措施条例》（2004年修订）	《保障措施条例》
《中华人民共和国涉外民事关系法律适用法》（2011年实施）	《涉外民事关系法律适用法》
《中华人民共和国商业银行法》（2015年修正）	《商业银行法》

参考文献

一、中文文献

（一）专著

[1] 车丕照. 法律全球化与国际法治 [M]. 北京：清华大学出版社，2014.

[2] 杜涛. 德国国际私法：理论、方法和立法的变迁 [M]. 北京：法律出版社，2006.

[3] 杜涛. 国际经济制裁法律问题研究 [M]. 北京：法律出版社，2010.

[4] 公丕祥. 法理学 [M]. 上海：复旦大学出版社，2016.

[5] 李伯军. 联合国集体安全制度面临的新挑战——以武力打击索马里海盗的视角 [M]. 湘潭：湘潭大学出版社，2013.

[6] 李少军. 国际政治学概论 [M]. 上海：上海人民出版社，2002.

[7] 李天纲. 奥本海国际法 [M]. 上海：上海社会科学院出版社，2017.

[8] 李卫海. 中国保安企业开展海外业务的法律与监管研究 [M]. 北京：法律出版社，2015.

[9] 李志永. 自主性外交理论：内外联动时代的外交行为与外交战略 [M]. 北京：中国社会科学出版社，2016.

[10] 梁西. 国际法 [M]. 武汉：武汉大学出版社，2000.

[11] 商务部，国家统计局，国家外汇管理局. 2019年度中国对外直接投资统计公报 [M]. 北京：中国商务出版社，2020.

[12] 宋新宁，陈岳. 国际政治经济学概论 [M]. 北京：中国人民大学出版社，1999.

[13] 王帆，卢静. 国际安全概论 [M]. 北京：中国人民大学出版社，2016.

[14] 王明远. 全球性环境问题的困境与出路：自治还是他治？[M]. 北京：

清华大学出版社，2014.

　　[15] 王铁崖. 国际法 [M]. 北京：法律出版社，1995.

　　[16] 王曦. 国际环境法资料选编 [M]. 北京：民主与建设出版社，1999.

　　[17] 魏磊杰. 后苏联时代的法律输送：行为逻辑、问题及最新动向 [M]. 北京：清华大学出版社，2014.

　　[18] 西北政法大学国际法青年学术创新团队. 国际法治：前沿理论与实践 [M]. 北京：法律出版社，2016.

　　[19] 阎学通. 中国国家利益分析 [M]. 天津：天津人民出版社，1997.

　　[20] 姚壮，任继圣. 国际私法基础 [M]. 北京：中国社会科学出版社，1981.

　　[21] 于军. 中国海外利益蓝皮书 [M]. 北京：世界知识出版社，2017.

　　[22] 张磊. 外交保护中跨国公司国际认定法律制度研究 [M]. 北京：法律出版社，2014.

　　[23] 张明楷. 法益初论 [M]. 北京：中国政法大学出版社，2003.

　　[24] 张文显. 法理学 [M]. 北京：高等教育出版社，2011.

　　[25] 张郁慧. 中国对外援助研究 [M]. 北京：九州出版社，2012.

　　[26] 周忠海. 国际法 [M]. 北京：中国政法大学出版社，2007.

　　[27] 朱路. 昨日重现：私营军事安保公司国际法研究 [M]. 北京：中国政法大学出版社，2017.

　　[28] 朱文奇. 国际刑法 [M]. 北京：中国人民大学出版社，2014.

　　[29] [奥] 凯尔森. 法与国家的一般理论 [M]. 沈宗灵，译. 北京：中国大百科全书出版社，1995.

　　[30] [德] 卢曼·尼克拉斯. 法社会学 [M]. 宾凯，赵春燕，译. 上海：上海人民出版社，2013.

　　[31] [德] 马克斯·韦伯. 世界经济简史 [M]. 李慧泉，译. 上海：立信会计出版社，2018.

　　[32] [德] 马克斯·韦伯. 新教伦理与资本主义精神 [M]. 刘作宾，译. 北京：作家出版社，2017.

　　[33] [法] 亚历山大·基斯. 国际环境法 [M]. 张若思，编译. 北京：法律出版社，2000.

　　[34] [古希腊] 修昔底德. 伯罗奔尼撒战争史 [M]. 广西：广西师范大学出版社，2004.

[35] [荷] 格劳秀斯. 战争与和平法：第2卷 [M]. 马呈元, 谭睿, 译. 北京：中国政法大学出版社, 2016.

[36] [荷] 格劳秀斯. 战争与和平法：第3卷 [M]. 马呈元, 谭睿, 译. 北京：中国政法大学出版社, 2017.

[37] [美] 埃里克·波斯纳. 全球法律主义的危险 [M]. 北京：法律出版社, 2016.

[38] [美] 博登海默. 博登海默法理学 [M]. 北京：法律出版社, 2015.

[39] [美] 德沃金·罗纳德. 认真对待权利 [M]. 信春鹰, 吴玉章, 译. 北京：中国大百科全书出版社, 2002.

[40] [美] 汉斯·摩根索. 国家间政治：权力斗争与和平 [M]. 徐昕, 郝望, 译. 北京：北京大学出版社, 2006.

[41] [美] 加利·克莱德·霍夫鲍尔, 等. 反思经济制裁 [M]. 杜涛, 译. 上海：上海人民出版社, 2019.

[42] [美] 赖斯曼. 国际法：领域与构建——W. 迈克尔·赖斯曼论文集 [M]. 万鄂湘, 王贵国, 冯华健, 译. 北京：法律出版社, 2007.

[43] [美] 理查德·D. 弗里尔. 美国民事诉讼法（上）[M]. 张利民, 孙国平, 赵艳敏, 译. 北京：商务印书馆, 2013.

[44] [美] 理查德·哈斯. 失序时代 [M]. 黄锦桂, 译. 北京：中信出版社, 2017.

[45] [美] 罗伯特·基欧汉. 霸权之后：世界政治经济中的合作与纷争 [M]. 苏长和, 信强, 等译. 上海：上海人民出版社, 2016.

[46] [美] 罗科斯·庞德. 法理学：第3卷 [M]. 廖德宇, 译. 北京：法律出版社, 2007.

[47] [美] 塞缪尔·亨廷顿. 文明的冲突 [M]. 周琪, 等译. 北京：新华出版社, 2017.

[48] [美] 亚历山大·温特. 国际政治的社会理论 [M]. 秦亚青, 译. 上海：上海人民出版社, 2008.

[49] [日] 篠田英朗. 重新审视主权：从古典理论到全球时代 [M]. 戚渊, 译. 北京：商务印书馆, 2004.

[50] [英] 杰里米·边沁. 道德与立法原理导论 [M]. 时殷弘, 译. 北京：商务印书馆, 2009.

[51] [英] 科特威尔·罗杰. 法律社会学导论 [M]. 北京：中国政法大学

出版社，2015.

［52］［英］郎·安德鲁.世界贸易组织法律与新自由主义：重塑全球经济秩序［M］.北京：法律出版社，2016.

［53］［英］罗伊德·丹尼斯.法律的理念［M］.张茂柏，译.北京：新星出版社，2005.

［54］［英］詹宁斯.奥本海国际法：第1卷第2分册［M］.王铁崖，译.北京：中国大百科全书出版社，1998.

（二）期刊

［1］［澳］克里斯托夫·阿尔普，孙潮，等.全球化与法——一个形成中的交接点［J］.南京大学法律评论，1997（01）：1-12.

［2］［美］L.B.斯图尔特，苏苗罕.二十一世纪的行政法［J］.环球法律评论，2004（02）：165-177.

［3］［美］迈克尔·赫德森，查林，林贤剑.美国金融霸权与新自由主义［J］.国外理论动态，2006（07）：6-12.

［4］［英］约翰·克拉克，晏荣.后新自由主义？——市场、国家和公共福利的重塑［J］.当代世界与社会主义，2013（03）：159-164.

［5］白雪涛.私营军事安保公司对国际法的冲击及其规制［J］.国际法研究，2016（01）：100-118.

［6］毕玉蓉.中国海外利益的维护与实现［J］.国防，2007（03）：7-8.

［7］卜璐.外国公法在美国法院的效力和适用［J］.国际法研究，2019（04）：77-94.

［8］蔡睿.欧盟成员国主权的让渡与分享——以欧盟法的效力为视角［J］.宜宾学院学报，2015（01）：88-95.

［9］曹彩云.对美国军事审判制度理论与实践的理性透视——以"3·11事件"有关战争罪名适用的可能为视角［J］.公民与法（法学版），2013（08）：61-64.

［10］曹俊金，周莹.美国对外援助法：背景、发展与政策目标［J］.国际经济合作，2015（08）：32-38.

［11］曹瑞璇.中国私营安保公司海外业务监管相关问题对策分析［J］.中国市场，2017（08）：211-213.

［12］曹兴国.国际投资仲裁效率的追求、反思与平衡［J］.江西社会科学，2021，41（04）：194-203.

[13] 曾璐, 孙蔚青, 毛小菁. 借鉴英国发展多边援助的管理体制 [J]. 国际经济合作, 2021 (02): 56-61.

[14] 曾卓. 中国海外利益面临的主要风险及保护 [J]. 江南社会学院学报, 2013 (03): 52-57.

[15] 陈积敏. 论中国海外投资利益保护的现状与对策 [J]. 国际论坛, 2014 (05): 35-40, 80.

[16] 陈松川. 中国"海外利益"保护战略初探 [J]. 当代世界, 2012 (04): 54-56.

[17] 陈伟恕. 中国海外利益研究的总体视野——一种以实践为主的研究纲要 [J]. 国际观察, 2009 (02): 8-13.

[18] 陈曦. 国际援助透明度的发展沿革及启示 [J]. 国际经济合作, 2020 (05): 14-24.

[19] 陈晔. 试析中国海外利益内涵及分布 [J]. 新远见, 2012 (07): 41-48.

[20] 陈宇瞳, 成戈威. 美国金融制裁的法律分析与风险防范 [J]. 金融监管研究, 2017 (01): 34-48.

[21] 陈玉聃. 国际法的理想主义和非理想主义观念——兼论格劳秀斯与康德政治学说的二元性 [J]. 九江学院学报, 2007 (04): 31-34.

[22] 丛文胜, 李敏. 论推进我国军事立法的合宪性审查 [J]. 苏州大学学报 (哲学社会科学版), 2019, 40 (04): 45-53, 191.

[23] 崔杰. 中国对外援助工程项目的实践与启示 [J]. 国际经济合作, 2020 (06): 38-47.

[24] 崔守军. 中国海外安保体系建构刍议 [J]. 国际展望, 2017 (03): 78-98, 156.

[25] 崔文星, 叶江. 结果导向型援助及其超越——兼论中国国际发展合作与全球发展话语权 [J]. 国际展望, 2022, 14 (01): 74-94, 159-160.

[26] 戴德生, 王勇. 美国关于私营军事安保公司的法律规制及其对中国实施"一带一路"战略的启示 [J]. 江海学刊, 2017 (05): 202-208.

[27] 戴然. 浅谈英国常备军制度的发轫——以 1689 年英国《权利法案》及《叛变法案》为蓝本 [J]. 法制与社会, 2013 (20): 38-39.

[28] 翟相娟. 经济法视阈中的利益观 [J]. 河北法学, 2011 (07): 133-139.

[29] 丁松泉, 张小敏. 国际合作的新自由主义视角 [J]. 国际关系学院学

报，2004（03）：1-5.

[30] 杜涛. 国际商事合同中的经济制裁条款效力研究 [J]. 上海对外经贸大学学报，2020，27（05）：5-21.

[31] 杜涛. 欧盟对待域外经济制裁的政策转变及其背景分析 [J]. 德国研究，2012（03）：18-31，123-124.

[32] 方杰. 戴西冲突法思想述评 [J]. 河北学刊，2015（04）：175-180.

[33] 方炯升. 有限的回击：2010年以来中国的经济制裁行为 [J]. 外交评论（外交学院学报），2020，37（01）：65-87，6.

[34] 冯德恒. 中国海外投资法律适用制度的实证考量与完善路径——以国际投资准据法的趋同化为视角 [J]. 北方法学，2017（06）：85-92.

[35] 葛勇平. 论欧洲联盟成员国的国家主权让渡 [J]. 福建江夏学院学报，2013（02）：39-45.

[36] 郭华春. 美国经济制裁执法管辖"非美国人"之批判分析 [J]. 上海财经大学学报，2021（01）：122-137.

[37] 郭金良. 我国《证券法》域外适用规则的解释论 [J]. 现代法学，2021，43（05）：174-186.

[38] 郭雳. 域外经济纠纷诉权的限缩趋向及其解释——以美国最高法院判例为中心 [J]. 中外法学，2014（03）：822-839.

[39] 何秉孟. 重拾"第三条道路"？——金融危机后美欧的政治思潮与经济选择 [J]. 国外社会科学，2014（06）：4-10.

[40] 何佳馨. "一带一路"倡议与法律全球化之谱系分析及路径选择 [J]. 法学，2017（06）：92-105.

[41] 何力. 中国海外能源投资的地缘风险与法律对策 [J]. 政法论丛，2014（03）：64-71.

[42] 何其生. 格劳秀斯及其理论学说 [J]. 武大国际法评论，2004（00）：347-360.

[43] 何田田. 领事保护之概念辨析和中国领事保护法律的完善 [J]. 宁夏社会科学，2021（04）：97-104.

[44] 何志鹏. 国际法在新时代中国的重要性探究 [J]. 清华法学，2018（01）：6-30.

[45] 何志鹏. 涉外法治：开放发展的规范导向 [J]. 政法论坛，2021，39（05）：177-191.

［46］何志鹏. 主权：政治现实、道德理想与法治桥梁［J］. 当代法学，2009（05）：3-21.

［47］胡锦光，刘飞宇. 论国家行为的判断标准及范围［J］. 中国人民大学学报，2000（01）：83-87.

［48］胡燕，孙羿. 新自由主义与国家空间：反思与启示［J］. 经济地理，2012（10）：1-6，35.

［49］韩永红. 中国对外关系法论纲——以统筹推进国内法治和涉外法治为视角［J］. 政治与法律，2021（10）：79-90.

［50］韩立余. 构建国际经贸新规则的总思路［J］. 经贸法律评论，2019（04）：1-13.

［51］胡运锋. 中国特色社会主义与新自由主义的制度比较及启示［J］. 理论导刊，2016（10）：20-24.

［52］黄风. 美国金融制裁制度及其对我国的警示［J］. 法学，2012（04）：123-130.

［53］黄风. 国际金融制裁法律制度比较研究［J］. 比较法研究，2012（03）：100-111.

［54］黄涧秋. 论海外公民权益的外交保护［J］. 南昌大学学报（人文社会科学版），2008（03）：93-97.

［55］黄进，鲁洋. 习近平法治思想的国际法治意涵［J］. 政法论坛，2021，39（03）：3-13.

［56］黄世席. 国际投资争端中投资规则与人权规则适用的冲突与挑战［J］. 当代法学，2018，32（04）：119-133.

［57］贾济东，胡扬. 论我国反洗钱法域外适用的困境与出路［J］. 华中科技大学学报（社会科学版），2021，35（02）：116-126.

［58］简基松. 联合国制裁之定性问题研究［J］. 法律科学·西北政法学院学报，2005（06）：91-98.

［59］郎帅，杨立志. 中国海外利益维护：新现实与新常态［J］. 理论月刊，2016（11）：119-122，128.

［60］李伯军. 论海外军事基地人员之刑事管辖权的冲突及其解决［J］. 环球法律评论，2021，43（01）：179-192.

［61］李伯军. 论海外军事基地的由来、界定及国际法渊源［J］. 太平洋学报，2021，29（05）：56-69.

[62] 李海龙. 中国海外文化利益维护研究 [J]. 行政管理改革, 2021 (08): 57-63.

[63] 李鸣. 国际法与"一带一路"研究 [J]. 法学杂志, 2016 (01): 11-17.

[64] 李寿平. 次级制裁的国际法审视及中国的应对 [J]. 政法论丛, 2020 (05): 60-69.

[65] 李双元, 李金泽. 世纪之交对国际私法性质与功能的再考察 [J]. 法制与社会发展, 1996 (03): 35-48.

[66] 李双元, 孙劲, 蒋新苗. 21世纪国际社会法律发展基本走势的展望 [J]. 湖南师范大学社会科学学报, 1995 (01): 1-9.

[67] 李文. 新自由主义的经济"成绩单" [J]. 求是, 2014 (16): 48-51.

[68] 李小瑞. 对外援助的国际法律规范分析 [J]. 国际关系学院学报, 2012 (02): 89-98.

[69] 李新, 席艳乐. 国际公共产品供给问题研究评述 [J]. 经济学动态, 2011 (03): 132-137.

[70] 李众敏. 美国保护海外经济利益的实践与启示 [J]. 金融发展评论, 2012 (10): 75-84.

[71] 梁咏. 石油暴利税与中国海外投资安全保障：实践与法律 [J]. 云南大学学报（法学版）, 2009 (06): 127-133.

[72] 廖凡. 比较视角下的不可靠实体清单制度 [J]. 比较法研究, 2021 (01): 167-179.

[73] 廖济贞. 论尊重人权在欧盟法中的优先地位——兼析欧盟法院卡迪系列案 [J]. 哈尔滨工业大学学报（社会科学版）, 2011, 13 (04): 99-105.

[74] 廖诗评. 国内法域外适用及其应对——以美国法域外适用措施为例 [J]. 环球法律评论, 2019 (03): 166-178.

[75] 廖诗评. 《阻断外国法律与措施不当域外适用办法》的属事适用范围 [J]. 国际法研究, 2021 (02): 44-62.

[76] 凌胜利. 中国周边地区海外利益维护探讨 [J]. 国际展望, 2018 (01): 31-50, 148-149.

[77] 刘波. "一带一路"安全保障体系构建中的私营安保公司研究 [J]. 国际安全研究, 2018 (05): 120-136, 159-160.

[78] 刘建伟. 私营安保公司参与中巴经济走廊安全治理：现状评估与前景

展望 [J]. 国际关系研究, 2021 (01): 110-125, 158-159.

[79] 刘乐. "一带一路"的安全保障 [J]. 国际经济评论, 2021 (02): 107-128, 7.

[80] 刘莲莲. 国家海外利益保护机制论析 [J]. 世界经济与政治, 2017 (10): 126-153, 159-160.

[81] 刘猛, 汪勇, 梅建明, 等. 中国反恐情报信息国际交流的法制规范与推进理路 [J]. 情报杂志, 2017 (06): 16-21.

[82] 刘宁元. 效果标准基础上之反垄断法域外管辖的正当性分析 [J]. 华东政法大学学报, 2010 (04): 47-53.

[83] 刘萍. "白尔丁号事件"与法国在华治外法权的废除 [J]. 近代史研究, 2018 (02): 116-128, 161.

[84] 刘群. 英国的海外利益保护 [J]. 中国投资（中英文), 2019 (Z1): 28-29.

[85] 刘仁山. 人权保护对国际民商事判决承认与执行的影响——以《欧洲人权公约》之适用为中心 [J]. 法学评论, 2015 (03): 10-19.

[86] 刘涛. 促进中国对外援助发展的法治化建议 [J]. 广西政法管理干部学院学报, 2016 (01): 26-31.

[87] 刘艳. 战后日本对外援助政策的演变与国家利益的实现 [J]. 国际援助, 2015 (05): 82-89.

[88] 刘艳娜. 美国经济法域外性问题的理论演变及评述 [J]. 理论月刊, 2016 (04): 162-167.

[89] 刘志云. 国家利益观念的演进与二战后国际经济法的发展 [J]. 当代法学, 2007 (01): 84-90.

[90] 刘志云. 国家利益理论的演进与现代国际法——一种从国际关系理论视角的分析 [J]. 武大国际法评论, 2008 (02): 12-55.

[91] 刘志云. 国家利益的层次分析与国家在国际法上的行动选择 [J]. 现代法学, 2015 (01): 139-148.

[92] 刘宗义. 印度海外利益保护及其对中国的启示 [J]. 现代国际关系, 2012 (03): 16-23.

[93] 柳剑平, 刘威. 经济制裁与贸易报复——对经济制裁内涵的再界定 [J]. 思想理论教育导刊, 2005 (05): 36-41.

[94] 卢代富. 经济法对社会整体利益的维护 [J]. 现代法学, 2013 (04):

24-31.

[95] 陆俊元. 界定中国国家安全利益 [J]. 江南社会学院学报, 2001, 3 (02): 19-25.

[96] 罗豪才, 宋功德. 行政法的治理逻辑 [J]. 中国法学, 2011 (02): 5-26.

[97] 罗颖, 陈忠. 美国经济制裁背景下的国际工程承包企业制裁合规体系建设 [J]. 国际工程与劳务, 2020 (08): 33-36.

[98] 毛瑞. 自由主义的人权观 [J]. 黑龙江生态工程职业学院学报, 2011 (06): 142-143.

[99] 庞珣, 权家运. 回归权力的关系语境——国家社会性权力的网络分析与测量 [J]. 世界经济与政治, 2015 (06): 39-64, 157-158.

[100] 漆多俊. 论权力 [J]. 法学研究, 2001 (01): 18-32.

[101] 漆彤. 欧盟《阻断法》的适用困境及其对我国的启示——以伊朗梅利银行诉德国电信案为例 [J]. 财经法学, 2022 (01): 179-192.

[102] 强世功. 帝国的司法长臂: 美国经济霸权的法律支撑 [J]. 文化纵横, 2019 (04): 84-93, 143.

[103] 秦天宝. 国际法的新概念"人类共同关切事项"初探——以《生物多样性公约》为例的考察 [J]. 法学评论, 2006 (05): 96-102.

[104] 屈文生. 从治外法权到域外规治——以管辖理论为视角 [J]. 中国社会科学, 2021 (04): 44-66, 205.

[105] 屈文生, 万立. "五四"时期的法律外译及其意义 [J]. 外国语 (上海外国语大学学报), 2019 (05): 96-103.

[106] 冉从敬, 何梦婷, 刘先瑞. 数据主权视野下我国跨境数据流动治理与对策研究 [J]. 图书与情报, 2021 (04): 1-14.

[107] 商舒. 中国域外规制体系的建构挑战与架构重点——兼论《阻断外国法律与措施不当域外适用办法》[J]. 国际法研究, 2021 (02): 63-80.

[108] 上海市第一中级人民法院课题组. 我国法院参与中国法域外适用法律体系建设的路径与机制构建 [J]. 法律适用, 2021 (01): 157-168.

[109] 沈四宝, 顾业池. 世贸组织透明度原则与中国的法治进程 [J]. 国际商务·对外经济贸易大学学报, 2004 (01): 69-73.

[110] 沈伟. 中美贸易摩擦中的法律战——从不可靠实体清单制度到阻断办法 [J]. 比较法研究, 2021 (01): 180-200.

[111] 施诚, 施西. 香料贸易与现代国际法的起源 [J]. 贵州社会科学, 2017 (03): 64-68.

[112] 石佳友, 刘连炻. 国际制裁与合同履行障碍 [J]. 上海大学学报 (社会科学版), 2021, 38 (01): 54-74.

[113] 时殷弘, 霍亚青. 国家主权、普遍道德和国际法——格劳秀斯的国际关系思想 [J]. 欧洲, 2000 (06): 12-19.

[114] 宋杰. 进取型管辖权体系的功能及其构建 [J]. 上海对外经贸大学学报, 2020 (05): 22-34.

[115] 宋杰. 刑法修正需要国际法视野 [J]. 现代法学, 2017 (04): 134-149.

[116] 宋晓. 域外管辖的体系构造: 立法管辖与司法管辖之界分 [J]. 法学研究, 2021 (03): 171-191.

[117] 宋莹莹. 简析美国海外经济利益保护机制 [J]. 世界经济与政治, 2012 (08): 107-128, 159-160.

[118] 宋云霞, 王全达. 军队维护国家海外利益行动法律体系构建 [J]. 国防, 2015 (07): 34-35.

[119] 苏华. 美国和欧洲的经济制裁: 分歧与跨境交易风险——基于欧盟法院系列判决的分析 [J]. 国际经济合作, 2014 (08): 17-21.

[120] 苏长和. 论中国海外利益 [J]. 世界经济与政治, 2009 (08): 13-20, 3.

[121] 眭占菱. 外交保护机制与外国投资者权益保护问题研究 [J]. 金陵法律评论, 2015 (02): 302-311.

[122] 孙国平. 论劳动法的域外效力 [J]. 清华法学, 2014 (04): 18-46.

[123] 孙南翔. 美国法律域外适用的历史源流与现代发展——兼论中国法域外适用法律体系建设 [J]. 比较法研究, 2021 (03): 170-184.

[124] 唐昊. 关于中国海外利益保护的战略思考 [J]. 现代国际关系, 2011 (06): 1-8.

[125] 陶文钊. 中国的改革开放与有利国际环境的积极营造 [J]. 国际展望, 2018 (03): 1-12, 151-152.

[126] 滕宏庆. 我国海外公民的权利克减与法治保障 [J]. 理论探索, 2016 (03): 99-103.

[127] 汪段泳. 海外利益实现与保护的国家差异——一项文献综述 [J].

国际观察, 2009 (02): 29-37.

[128] 王承志. 美国《外国人侵权法》诉讼中的普遍管辖问题——以 Kiobel 案为切入点 [J]. 武汉大学学报 (哲学社会科学版), 2016 (05): 104-109.

[129] 王发龙. 美国海外利益维护机制及其对中国的启示 [J]. 理论月刊, 2015 (03): 179-183.

[130] 王洪一. 合规建设"一带一路"安全保障先行——2018 年安全形势展望及安保工作的思考 [J]. 国际工程与劳务, 2018 (03): 20-22.

[131] 王虎华, 肖灵敏. 再论联合国安理会决议的国际法性质 [J]. 政法论丛, 2018 (06): 43-57.

[132] 王佳. 美国经济制裁立法、执行与救济 [J]. 上海对外经贸大学学报, 2020 (05): 52-64.

[133] 王麟. 利益关系的行政法意义 [J]. 法学, 2004 (10): 13-16.

[134] 王曦. 主权与环境 [J]. 武汉大学学报 (社会科学版), 2001 (01): 5-11.

[135] 王晓晔. 我国《反垄断法》域外适用的理论与实践 [J]. 价格理论与实践, 2014 (02): 9-14.

[136] 王彦志. 新自由主义国际投资机制初探——以国际机制理论为视角 [J]. 国际关系与国际法学刊, 2011 (00): 113-163.

[137] 王洋. 我国证券法域外适用性改革研究 [J]. 金融监管研究, 2021 (06): 70-83.

[138] 王逸舟, 唐永胜, 郭宪纲, 等. 大国之道: 中国外交转型与调整 [J]. 世界知识, 2016 (05): 14-25.

[139] 王逸舟. 市民社会与中国外交 [J]. 中国社会科学, 2000 (03): 28-38, 203-204.

[140] 王中美. 经济主权散论——国际经济法的视角 [J]. 国际经济法学刊, 2004 (01): 408-420.

[141] 吴超. 我重大海外利益发展现状及对策思考 [J]. 国防, 2017 (02): 21-26.

[142] 项文惠. 海外利益研究热点、趋势及理论基础的知识图谱 [J]. 浙江工业大学学报 (社会科学版), 2016 (04): 389-396.

[143] 肖河. "一带一路"与中国海外利益保护 [J]. 区域与全球发展, 2017 (01): 24-36, 154-155.

[144] 肖河. 全球治理视域下私营安保产业国际化研究 [J]. 贵州省党校学报, 2017 (01): 50-56.

[145] 肖河. 国际私营安保治理与中国海外利益保护 [J]. 世界经济与政治, 2018 (01): 94-116, 159.

[146] 肖永平. "长臂管辖权"的法理分析与对策研究 [J]. 中国法学, 2019 (06): 39-65.

[147] 谢海霞. 人类命运共同体的构建与国际法的发展 [J]. 法学论坛, 2018 (01): 23-33.

[148] 辛田. 中国海外利益保护私营化初探 [J]. 国际展望, 2016 (04): 57-75, 154-155.

[149] 邢广梅. 国际武装冲突法及其相关概念辨析 [J]. 西安政治学院学报, 2008 (02): 78-84.

[150] 徐加, 徐秀丽. 美英日发展援助评估体系及对中国的启示 [J]. 国际经济合作, 2017 (06): 50-55.

[151] 许小亮. 从万国法到现代国际法——基于国家理性视角的观念史研究 [J]. 环球法律评论, 2013 (02): 38-67.

[152] 许章润. 政治立法的主权言说论纲: 一个主要基于公民社会和公共空间的观察 [J]. 中国法律评论, 2014 (01): 96-109.

[153] 宣增益. 国际私法中主权原则的承载及变迁 [J]. 政法论坛, 2006 (01): 93-105.

[154] 薛瑛. 预防冲突原则下英国对非洲军事外交探析 [J]. 国际研究参考, 2017 (02): 14-20.

[155] 阎学通. 无序体系中的国际秩序 [J]. 国际政治科学, 2016 (01): 1-32.

[156] 颜剑英, 熊伟. 20世纪90年代以来美国经济制裁的发展趋势 [J]. 国际安全研究, 2005 (02): 19-23.

[157] 杨国华. 亲历法治——WTO对中国法治建设的影响 [J]. 国际法研究, 2015 (05): 60-69.

[158] 杨敏. 二战后美国海外军事基地及驻军协定探析 [J]. 军事史林, 2021 (08): 72-78.

[159] 杨永红. 次级制裁及其反制——由美国次级制裁的立法与实践展开 [J]. 法商研究, 2019 (03): 164-177.

[160] 杨志荣. 从《英西和约》看国际条约对海外军事基地的主要约定事项 [J]. 亚太安全与海洋研究, 2018 (06): 96-125.

[161] 殷晓阳. 英国国防工业和武器装备出口的政策特点 [J]. 国防科技工业, 2017 (11): 67-69.

[162] 尹雪萍. 印度竞争法的域外适用及其对发展中国家的启示 [J]. 法学论坛, 2015 (01): 142-149.

[163] 于恩志, 尹争艳. 评美国《统一军事司法法典》的司法原则 [J]. 西安政治学院学报, 2005 (05): 68-72.

[164] 余成峰. 宪法运动的三次全球化及其当代危机 [J]. 清华法学, 2016 (05): 69-87.

[165] 俞胜杰, 林燕萍.《通用数据保护条例》域外效力的规制逻辑、实践反思与立法启示 [J]. 重庆社会科学, 2020 (06): 62-79.

[166] 岳树梅, 黄秋红. 国际司法协助与合作中的"长臂管辖"及中国应对策略 [J]. 北方法学, 2021, 15 (02): 125-136.

[167] 张才国. 新自由主义的意识形态色彩及其批判 [J]. 探索, 2007 (04): 128-132.

[168] 张家睿, 宋雨儒. 新自由主义的危机与都市治理——从全球到地方 [J]. 人文地理, 2017 (06): 39-46.

[169] 张生. 国际投资条约体系下外交保护的空间 [J]. 中外法学, 2017, 29 (04): 1091-1101.

[170] 张守文. 数字经济与经济法的理论拓展 [J]. 地方立法研究, 2021, 6 (01): 19-31.

[171] 张伟. 试论新自由主义危害与发展中国家的经济安全 [J]. 河北经贸大学学报, 2016 (05): 116-120.

[172] 张晓芝. 论现代国际法对主权的强化与弱化 [J]. 西北大学学报（哲学社会科学版）, 2008 (06): 130-137.

[173] 张悦媛. 瑞幸事件中我国证券法域外管辖之效果标准的适用 [J]. 中国外资, 2020 (02): 118-119.

[174] 赵海乐. 安理会决议后的美国二级制裁合法性探析 [J]. 国际法研究, 2019 (01): 34-43.

[175] 赵可金, 李少杰. 探索中国海外安全治理市场化 [J]. 世界经济与政治, 2015 (10): 133-155, 160.

[176] 郑联盛. 美国金融制裁: 框架、清单、模式与影响 [J]. 国际经济评论, 2020 (03): 123-143, 7.

[177] 郑蕴, 徐崇利. 论国际投资法体系的碎片化结构与性质 [J]. 现代法学, 2015 (01): 162-171.

[178] 周程. 审视中国的海外利益——耶鲁大学教授陈志武访谈 [J]. 海内与海外, 2006 (01): 24-29.

[179] 朱景文, 程虎. 全球化与中国法制的回应 [J]. 法制与社会发展, 2001 (04): 1-11.

[180] 朱景文, 冯玉军. "法律与全球化——实践背后的理论"研讨会纪要 [J]. 法学家, 2002 (06): 115-129.

[181] 朱景文. 法律全球化: 法理基础和社会内容 [J]. 法制现代化研究, 2000 (06): 341-358.

[182] 朱景文. 反恐与全球治理的框架、法治 [J]. 华东政法学院学报, 2007 (01): 131-133.

[183] 朱景文. 关于法律和全球化研究的几个有争议的问题 [J]. 南京社会科学, 2010 (01): 103-108.

[184] 朱景文. 全球化是去国家化吗?——兼论全球治理中的国际组织、非政府组织和国家 [J]. 法制与社会发展, 2010 (06): 98-104.

[185] 朱景文. 中国特色社会主义法律体系: 结构、特色和趋势 [J]. 中国社会科学, 2011 (03): 20-39, 220.

[186] 朱文奇. 雇佣军问题对国际人道法的冲击及影响 [J]. 西安政治学院学报, 2008, 21 (05): 89-93.

(三) 报纸、电子资源

[1] 崔洪建. "一带一路"建设中的政治安全与海外利益保护 [N]. 人民政协报, 2014-10-13 (08).

[2] 张宇燕, 冯维江. 如何理解中美贸易摩擦 [N]. 光明日报, 2018-04-24 (15).

[3] 于欣. 谁会列入"不可靠实体清单"? 中国明确四种考虑因素 [DB/OL]. 中华人民共和国中央人民政府网站, 2019-06-02.

[4] 国务院新闻办公室. 中国武装力量的多样化运用 [DB/OL]. 中华人民共和国国务院新闻办公室网站, 2013-04-16.

[5] 国务院新闻办公室. 新时代的中国国防 [DB/OL]. 中华人民共和国国

务院新闻办公室网站，2019-07-24.

[6] 商务部. 中国对外投资合作发展报告2020 [R/OL]. 商务部网站，2021-02-03.

[7] 王靖. 民营安保企业可成维护我国海外利益安全的基本力量 [EB/OL]. 环球网，2016-07-26.

二、英文文献

（一）专著

[1] AMERICAN LAW INSTITUTE. Restatement (Fourth) of Foreign Relations Law [M]. St. Paul, MN: American Law Institute Publishers, 2018.

[2] CARTER B E, TRIMBLE P R. International Law [M]. New York: Little Brown and Company, 1994.

[3] HEPPLE B A. Labor laws and Global Trade [M]. Oxford: Hart Publishing, 2005.

[4] HIGGINS R. Problems and Process: International Law and How We Use It [M]. New York: Oxford University Press, 1994.

[5] BEDERMAN D J. Globalization and International Law [M]. New York: Palgrave Macmillan, 2008.

[6] WEBER M. The Theory of Social and Economic Organization [M]. New York: Oxford University Press, 1964.

[7] HOWLAND D. International Law, State Will and the Standard of Civilization in Japan's Assertion of Sovereign Equality [M]. New York: Palgrave Macmillan, 2013.

[8] COCKAYNE J, SPEERS E, CHERNEVA I, et al. Beyond Market Forces: Regulating the Global Security Industry [M]. New York: International Peace Institute, 2009.

[9] HEAD W. Global Business Law: The Business and Practice of International Commercial and Investment [M]. Durham, N. C.: Carolina Academic Press, 2007.

[10] IKENBERRY J. After Victory: Institutions, Strategic Restraint, and the Rebuilding of Order After Major Wars [M]. Princeton: Princeton University Press, 2001.

[11] PARELLO-PLESNER J, DUCHATEL M. China's Strong Arm Protecting

Citizens and Assets Abroad [M]. London: The International Institute for Strategic Studies, 2015.

[12] DOSWALD-BECK L. Human Rights in Times of Conflict and Terrorism [M]. Oxford: Oxford University Press, 2011.

[13] MALLOY M P. United States Economic Sanctions: Theory and Practice [M]. London: Kluwer Law International, 2001.

[14] UVIN P. Human Rights and Development [M]. Bloomfield: Kumarian Press, 2004.

[15] RYNGAERT C. Jurisdiction in International Law [M]. Oxford: Oxford University Press, 2008.

[16] GORDON R, SMYTH M, CORNELL T. Sanctions Law [M]. United Kingdom: Hart Publishing, 2019.

(二) 期刊

[1] ZIAEE Y S. Jurisdictional Countermeasures Versus Extraterritoriality in International Law [J]. Russian Law Journal, 2016, 4 (4): 27-45.

[2] MICHAEL A. Jurisdiction in International Law [J]. British Yearbook of International Law, 1973, 46: 145-257.

[3] MEHRA A. Bridging Accountability Gaps—The Proliferation of Private Military and Security Companies and Ensuring Accountability for Human Rights Violations [J]. Global Business & Development Law Journal, 2009, 22: 323-332.

[4] SPALDING B A. Unwitting Sanctions: Understanding Anti-Bribery Legislation as Economic Sanctions against Emerging Markets [J]. Florida Law Review, 2010, 62: 351-427.

[5] PICKENS A L. Defending Actions against Corporate Clients of Private Security Companies [J]. University of Pennsylvania Journal of Business Law, 2017, 19: 601-643.

[6] STASCH A D. ARC Ecology V. United States Department of the Air Force: Extending the Extraterritorial Reach of Domestic Environmental Law [J]. Environmental Law, 2006, 36: 1065-1095.

[7] VAN AAKEN A. Trust, Verify, or Incentive-Effectuating Public International Law Regulating Public Goods through Market Mechanisms [J]. American Society of International Law's Proceedings, 2010, 104: 153-156.

[8] PARRISH L. A. Reclaiming International Law from Extraterritoriality [J]. Minnesota Law Review, 2009, 93: 815-874.

[9] SILVERMAN B. Statutory Ambiguity in King v. Burwell: Time for a Categorical Chevron Rule [J]. Yale Law Journal Forum, 2015, 125: 44-55.

[10] GUSYAV B. National Interest in Anti-Dumping Investigations [J]. South African Law Journal, 2009, 126: 316-359.

[11] BUXBAUM H L. Transnational Regulatory Litigation [J]. Virginia Journal of International Law, 2006, 46: 251-317.

[12] MICHAEL B. International Law and the American National Interest [J]. Chicago Journal of International Law, 2000, 1: 257-261.

[13] FILIO C P. Foreign Policy and the National Interest [J]. World Bulletin, 1987 (3): 7-14.

[14] CARTER B E. International Economic Sanctions: Improving the Haphazard US Legal Regime [J]. California Law Review, 1987, 75 (4): 1159-1278.

[15] CATALDI G, SERRA G. Tied Development Aid: A Study On some Major Legal Issues [J]. British Yearbook of International Law, 2010, 20 (1): 219-245.

[16] CLARK L. H. Dealing with US Extraterritorial Sanctions and Foreign Countermeasures [J]. University of Pennsylvania Journal of International Economic Law, 2004, 25: 61-96.

[17] COLANGELO A J. A Unified Approach to Extraterritoriality [J]. Virginia Law Review, 2011, 97 (5): 1019-1109.

[18] COLANGELO J. A. Constitutional Limits on Extraterritorial Jurisdiction: Terrorism and the Intersection of National and International Law [J]. Harvard International Law Journal, 2007, 48: 121-203.

[19] BRADLEY C A. The Costs of International Human Rights Litigation [J]. Chicago Journal of International Law, 2001, 2: 457-473.

[20] DAHL R A. The Concept of Power [J]. Behavioral Science, 1957, 2: 201-215.

[21] LEYTON-BROWN D. Extraterritoriality in Canadian-American Relations [J]. International Journal, 1980, 36: 185-207.

[22] DRUMBLE M A. Northern Economic Obligation, Southern Moral Entitle-

ment, and International Environmental Governance [J]. Columbia Journal of Environmental Law, 2002, 27: 363-382.

[23] LEKA D. Challenges of State Sovereignty Age of Globalization [J]. Acta Universitatis Danubius Juridica, 2017, 13 (02): 61-72.

[24] ENGLE E. Beyond Sovereignty-The State After the Failure of Sovereignty [J]. ILSA Journal of International & Comparative Law, 2008, 15 (01): 186-204.

[25] ERNST-ULRICH P. Reforming Multilevel Governance of Transnational Public Goods through Republican Constitutionalism: Legal Methodology Problems in International Law [J]. Asian Journal of WTO & International Health Law and Policy, 2017, 12: 33-73.

[26] STREBEL D. F. The Enforcement of Foreign Judgements and Foreign Public Law [J]. Loyola of Los Angeles International and Comparative Law Review, 1999, 21: 55-129.

[27] DENG F M. Frontiers of Sovereignty: A Framework of Protection, Assistance, and Development for the Internally Displaced [J]. Leiden Journal of International Law, 1995, 8: 249-286.

[28] IRANI F. Beyond De Jure and De Facto Boundaries: Tracing the Imperial Geographies of US Law [J]. European Journal of International Relations, 2020, 26: 397-418.

[29] CAROL G. Rethinking the Development Aid Paradigm [J]. Yale Journal of International Affairs, 2010, 5: 146-149.

[30] SANT G. Court-Ordered Law Breaking: US Courts Increasingly Order the Violation of Foreign Law [J]. Brooklyn Law Review, 2015, 81: 181-238.

[31] STACY H. Relational Sovereignty [J]. Stanford Law Review, 2003, 55: 396-400.

[32] HENKIN L. International Law and National Interest [J]. Columbia Journal of Transnational Law, 1986, 25: 1-7.

[33] BRANISLAV H. Transnational Bribery: When is Extraterritoriality Appropriate [J]. Charleston Law Review, 2017, 11: 305-352.

[34] FRANKEL J. National Interest: A Vindication [J]. International Journal, 1968, 24: 717-725.

[35] LAVERS J T. Extraterritorial Offenses and International Law: The

Argument for the Use of Comity in Jurisdictional Claims [J]. Southwestern Journal of Law and Trade in the Americas, 2007, 14: 1-17.

[36] WEINSTEIN J. The Early American Origins of Territoriality in Judicial Jurisdiction [J]. Saint Louis University Law Journal, 1992, 37: 1-61.

[37] JACKSON J H. The Great 1994 Sovereignty Debate: United States Acceptance and Implementation of the Uruguay Round Results [J]. Columbia Journal of Transnational Law, 1998, 36: 157-188.

[38] LEVINE J. Alien Tort Claims Act Litigation: Adjudication on Foreign Territory [J]. Suffolk Transnational Law Review, 2006, 30: 101-140.

[39] MCGINNIS J O, SOMIN I. Should International Law be Part of Our Law? [J]. Stanford Law Review, 2007, 59: 1175-1247.

[40] NYE J S. Redefining the National Interest [J]. Foreign Affairs, 1999, 78: 22-35.

[41] COFFEE J C Jr. Extraterritorial Financial Regulation: Why ET Can't Come Home [J]. Cornell Law Review, 2014, 99 (6): 1259-1302.

[42] KU J, YOO J. Globalization and Sovereignty [J]. Berkeley Journal of International Law, 2013, 31: 210-235.

[43] MURPHY R. J. Lenity and the Constitution: Could Congress Abrogate the Rule of Lenity [J]. Harvard Journal on Legislation, 2019, 56: 423-458.

[44] DAM K W. Economic and Political Aspects of Extraterritoriality [J]. International Law, 1985, 19: 887-896.

[45] SORENSON K. The Politics of International Law: The Life Cycle of Emerging Norms on the Use and Regulation of Private Military and Security Companies [J]. Griffith Law Review, 2017, 26: 1-39.

[46] FRICCHIONE K. Casualties in Evolving Warfare: Impact of Private Military Firms' Proliferation on the International Community [J]. Wisconsin International Law Journal, 2005, 23: 731-780.

[47] LAMBERT D P. Global Food Security: In Our National Interest [J]. Journal of Food Law & Policy, 2012, 8: 99-112.

[48] LEONARD C L. In Need of Direction: An Evaluation of the Direct Effect Requirement under the Foreign Trade Antitrust Improvements Act [J]. Washington and Lee Law Review, 2016, 73: 489-531.

[49] PARSEGHIAN L E. Defining the "Pubic Act" Requirement in the Act of State Doctrine [J]. University of Chicago Law Review, 1991, 58: 1151-1180.

[50] HODA M J. The Aérospatiale Dilemma: Why US Courts Ignore Blocking Statutes and What Foreign States Can Do about it [J]. California Law Review, 2018, 106: 231-253.

[51] GERS N J. Regulating the Private Security Industry: Connecting the Public and the Private through Transnational Private Regulation [J]. Human Rights & International Legal Discourse, 2012, 6: 57-93.

[52] Note. Developments in the Law-Extraterritoriality [J]. Harvard Law Review, 2011, 124: 1226-1304.

[53] Note. Enjoining the Application of the British Protection of Trading Interests Act in Private American Antitrust Litigation [J]. Michigan Law Review, 1981, 79: 1574-1606.

[54] PARRISH A L. Changing Territoriality, Fading Sovereignty, and the Development of Indigenous Rights [J]. American Indian Law Review, 2007, 31: 291-313.

[55] PARRISH L. A. Fading Extraterritoriality and Isolationism: Developments in the United States [J]. Indiana Journal of Global Legal Studies, 2017, 24 (01): 207-225.

[56] PARRISH L. A. Kiobel, Unilateralism, and the Retreat from Extraterritoriality [J]. Maryland Journal of International Law, 2013, 28: 208-240.

[57] CHUDZICKI P K. The European Union's Response to the Libertad Act and the Iran-Libya Act: Extraterritoriality without Boundaries [J]. Loyola University Chicago Law Journal, 1997, 28 (3): 505-550.

[58] PEREZ A F. International Antitrust at the Crossroads: The End of Antitrust History or the Clash of Competition Policy Civilizations? [J]. Law and Policy in International Business, 2002, 33: 527-554.

[59] SCHEUERMAN W E. Globalization, Constitutionalism, and Sovereignty [J]. Global Constitutionalism, 2014, 3 (01): 102-118.

[60] DYE P B, DAVIDOW J H, RUMBAUGH H, et al. International Litigation [J]. International Law, 2006, 40: 275-309.

[61] POSNER E A, SUNSTEIN C R. Chevronizing Foreign Relations Law [J].

Yale Law Journal, 2007, 116: 1170-1228.

[62] EDWARD R. P. Foreign Blocking Statutes and the GATT: State Sovereignty and the Enforcement of the US Economic Laws Abroad [J]. George Washington Journal of International Law and Economics, 1995, 28: 315-343.

[63] SURRIDGE G. R, MATTHEWS R. Extraterritoriality-A Vanishing Institution [J]. Cumulative Digest of International Law and Relations, 1933, 3: 81-84.

[64] ROSE-ACKERMAN S. International Anti-Corruption Policies and the US National Interest [J]. American Society of International Law, 2013, 107: 252-255.

[65] PARK N S. Equity Extraterritoriality [J]. Duke Journal of Comparative & International Law, 2017, 28: 99-183.

[66] BASIT S H. Terrorizing the CPEC: Managing Transnational Militancy in China-Pakistan Relations [J]. The Pacific Review, 2019, 32: 694-724.

[67] BRUNSON S D. The US as Tax Haven? Aiding Developing Countries by Revoking the Revenue Rule [J]. Columbia Journal of Tax Law, 2014, 5: 170-206.

[68] PERCY S. Regulating the Private Security Industry: A Story of Regulating the Last War [J]. International Review of Red Cross, 2012, 94: 941-960.

[69] SINGER P. War, Profits, and the Vacuum of Law: Privatized Military Firms and the International Law [J]. Columbia Journal of Transnational Law, 2004, 42: 521-549.

[70] STEPHEN P B. A Becoming Modesty-US Litigation in the Mirror of International Law [J]. DePaul Law Review, 2002, 52: 627-662.

[71] SALBU R. SExtraterritorial Restriction of Bribery: A Premature Evocation of the Normative Global Village [J]. Yale Journal of International Law, 1999, 24: 223-255.

[72] SALBU S R. Redeeming Extraterritorial Bribery and Corruption Laws [J]. American Business Law Journal, 2017, 54: 641-682.

[73] WALLACE S. Private Security Companies and Human Rights: Are Non-Judicial Remedies Effective [J]. Boston University International Law Journal, 2017, 35: 69-114.

[74] ALEINIKOFF A T. Thinking outside the Sovereignty Box: Transnational Law and the US Constitution [J]. Texas Law Review, 2004, 82: 1989-2016.

[75] TAFT W H. A View from the Top: American Perspectives on International

Law After the Cold War [J]. Yale Journal of International Law, 2006, 31: 503-512.

[76] BRANDES T H. International Law in Domestic Courts in An Era of Populism [J]. International Journal of Constitutional Law, 2019, 17: 576-696.

[77] VAN DETTA J A. Politics and Legal Regulation in the International Business Environment: An FDI Case Study of Alstom, SA, in Israel [J]. University of Miami Business Law Review, 2013, 21: 1-110.

[78] WEINTRAUB R J. The Extraterritorial Application of Antitrust and Securities Laws: An Inquiry into the Utility of a "Choice-of-Law" Approach [J]. Texas Law Review, 1992, 70: 213-231.

[79] IQBAL B A, BAWAT B. Role of India's and China's FDI, Trade and ODA in the Development of African Region [J]. Journal of World Investment & Trade, 2013, 14 (3): 556-577.

跋

　　写作出版这本书的过程漫长而艰辛。

　　最初的立意和前期研究开始于 2017 年，当时基本除了上课，就在国家图书馆南区六楼的法律阅览室查资料、理思路，后来已经与管理员老师熟识到不用刷卡，感谢她们对我的关照。国家图书馆的条件真好，笔记本电脑的电源插座每个座位都有，互联网网络和数据库完全免费，常用的中外法律数据库全覆盖，甚至想要查证历史上的不平等条约原文，也可轻松找到。中午就餐也很方便，国家图书馆正门马路对面的小饭店很多，蜀乡竹林的川菜很地道，尤其宫保鸡丁十分美味。时光简单而快乐，可约好友对坐备课，可约学生们在小楼下的藤椅落座辅导论文，也可带学生一起预览室查资料做研究，看到自己的学生被搭讪还要关心一下个人情况。凡此种种，回想起来真是美好。写作虽然艰难却也一直进行，不知不觉已有 20 余万字。

　　2018 年 8 月，自得其乐的生活戛然而止。承蒙学校领导赏识和同事们信任，我开始担任当时的法律系副主任，负责教学科研管理工作。在其位谋其政，行政事务繁杂，专业建设任务严峻，必当全力以赴，这本书的写作工作完全停止了。

　　再次提笔已经是 2021 年 9 月，在领导们支持带领和同事们竭尽全力之下，国际关系学院法学专业在 2019 年年底成为教育部第一批一流本科专业建设点。经过几年的积累，感觉自己对海外经济利益保护制度有了更深入的认识，于是又打开了尘封已久的文件夹。然而匆匆三年过去，思路和逻辑进路全然不同，资料需要整理更新，结论模糊不明，原来的稿子删去将近一半，百废待兴，写作殊为不易。幸好孩子已经上大学，时间比之前相比多了不少，节假日再加加班，稿子竟然如期完成了。应朋友要求，此处删去了两段比较感性的段落。人生悲欢故事，可能只适合自己细细品尝而咽下，或者向朋友倾述而淡忘。

感谢国际关系学院的领导和同事们！感谢这个平台给我教书育人和做事的机会！感谢大家的理解、包容和支持！国际关系学院有一大批水平和能力远远超于我的领导和老师们，尤其是法学院的领导、同事们，和你们在一起有温暖、有提高，谢谢！

感谢法学界的师长和同仁们！得益于恩师沈四宝老师的人生指引，虽然联系并不频繁，您总是我心底的准则和支撑！写作期间，有很多困惑不解的问题，感谢丁丁老师、伏军老师、杜焕芳老师、霍政欣老师、宋杰老师、廖诗评老师、田洪鋆老师等优秀同仁们的不吝赐教！你们的思想点亮了我微弱的灵感火花，谢谢！

感谢实务界的各位同仁！成锡忠先生、陈忠伟参赞、冯光处长、罗颖董事长、沈高明总经理、邵彬凯总监、陈建军先生、申文浩律师、孙长刚律师等，你们在各行各业的相关实践经验，为我的研究提供了珍贵的考量、参照和借鉴，谢谢！

感谢光明日报出版社的张金良主任、王佳琪女士和杨茹编辑！本书出版时间有限，工作紧张，密切配合才促成了出版工作如期完成，谢谢！

最后感谢我的朋友们和家人们！你们是我前行的力量！与好友们煲的电话粥，与闺蜜们逛街花光的钱包，一圈圈的运动记录，烟火中的家常便饭，偶尔的一杯酒，活色生香的生活带我尽享尘世快乐。谢谢！

李秀娜

2022 年 4 月 4 日于坡上村 12 号